지체부자유아 교육

박화문, 전헌선, 김영한, 김정희, 김창평, 김하경, 도성화
민강기, 박순길, 박정식, 조홍중, 주현숙, 한경임 공저

대구대학교출판부

□저자 소개

박화문(朴華文) – 교육학박사, 전 대구대학교 특수교육과 교수
전헌선(全憲鮮) – 문학박사, 전 대구대학교 초등특수교육과 교수
김영한(金榮漢) – 문학박사, 대구대학교 초등특수교육과 교수
김정희(金貞姬) – 문학박사, 한국대학교육협의회 선임연구원
김창평(金昌平) – 문학박사, 부산여자대학 유아특수재활과 교수
김하경(金河慶) – 문학박사, 경주 계림중학교 교사
도성화(都城和) – 문학박사, 우석대학교 유아특수교육과 교수
민강기(閔强基) – 교육학석사, 대구광역시 남부교육지원청 교사
박순길(朴淳吉) – 문학박사, 남부대학교 초등특수교육과 교수
박정식(朴正植) – 문학박사, 대구대학교 직업재활학과 교수
조홍중(趙洪仲) – 교육학박사, 전남대학교 특수교육학부 교수
주현숙(朱賢淑) – 문학박사, 경주시 장애인종합복지관 발달지원팀장
한경임(韓景任) – 문학박사, 창원대학교 특수교육과 교수

1판1쇄 | 2011년 8월 25일
1판2쇄 | 2016년 9월 2일
1판3쇄 | 2017년 8월 10일
1판4쇄 | 2019년 1월 30일
1판5쇄 | 2019년 8월 5일
1판6쇄 | 2020년 9월 21일

지은이 | 박화문, 전헌선, 김영한, 김정희, 김창평, 김하경, 도성화,
민강기, 박순길, 박정식, 조홍중, 주현숙, 한경임
펴낸이 | 김상호
펴낸곳 | 대구대학교출판부
경북 경산시 진량읍 대구대로 201
전화 053) 850-5662 | 팩스 053) 850-5669
http://press.daegu.ac.kr/
찍은곳 | 다운미디어
ISBN 978-89-7794-568-5-94370
정가 | 16,000원

지체부자유아 교육

머리말

선진화된 지식·정보화 사회가 가속화 될수록 사회복지는 강조되고 있습니다. 사회 복지 분야에서도 장애자복지는 현대사회에서 큰 이슈가 됩니다. 현대의학이 발달하면 할수록 태어난 생명은 대부분 존재하게 되고 인구의 고령화 현상은 노인 장애자의 문제를 만들고 있습니다. 그래서 장애인의 양적인 증가는 장애인에 대한 재활과학의 발전을 가져오게 하였습니다.

장애인의 재활은 의료재활, 교육재활, 사회·심리적 재활, 직업재활이란 네 가지 접근으로 이루어진다고 볼 수 있습니다. 교육재활인 특수교육은 인접학문의 도움과 협력으로 그 빛을 발하게 됩니다. 그래서 재활은 관계 전문가의 협력(team work)으로 완성된다고 하겠습니다. 특수교육 분야 중에서도 지체부자유아 교육은 곧 재활의 일환이라고 할 수 있습니다.

특수교육의 기회 확대란 교육정책과 세기적인 조류는 완전취학, 교육권의 회복, 장애인의 삶의 질 향상 등 특수교육의 과제를 제시하고 있습니다. 그래서 지체부자유아 교육 현장에는 장애의 중도화, 중복화, 다양화의 문제가 나타났습니다. 인간주의, 통합교육, 질적 교육은 현재 특수교육의 패러다임이 되고 있습니다. 그러므로 지체부자유아 교육은 학생들의 장애 특성과 정도에 적합한 교육을 계획하고 실행해야 할 것입니다.

지체부자유 학생의 특성과 장애정도는 이들의 교육 내용면에서 다양한 교육 과정을 요구합니다. 국민공통기본교육과정, 기본교육과정, 그리고 생활중심 기능교육과정에 대한 이론과 실제 그리고 운영의 효율화는 현장 교사들이 해결해야 하는 연구 과제가 됩니다. 학습자의 특성면에서 보면 지체부자유학생들은 이동능력이 열약하여 학습경험이 협소하고, 정의적 특성면에서 장애의 중적·심화 과정이 쉽게 나타날 수 있으며, 운동·기능적 특성에서는 집단적 원시반사(G-패턴)가 계속된다고 할 수 있습니다. 그래서 지체부자유아 교육은 학습경험의 확충, 중적·심화과정의 예방, G-패턴을 I-패턴으로 변화시키는 것을 핵심 과제로 삼고 있습니다.

이 도서는 지체부자유 학생들의 특성과 장애정도를 이해하고 이들에게 요구되는 질적 교육을 보장하는데 일조가 되고, 또한 이 학문분야를 개척하고 연구하려는 분들에게 안내서의 역할을 감당할 수 있기를 소망하면서 이 학문분야의 동학들의 뜻을 모아 집필하였습니다. 여러 집필자의 원고를 편집과정에서 수정 · 보완 하였으나 탈고의 순간에 오니 부족함을 느끼게 됩니다. 부족한 내용은 독자 제현의 아낌없는 조언과 지도를 받아 개정판에 반영하기로 하겠습니다.

끝으로 이 도서를 발행하도록 허락해 준 대구대학교출판부와 도서의 기획, 편집 · 교정 작업에 온 정성을 쏟아 주신 김영한 교수를 비롯한 많은 지체부자유아 교육 가족들에게 감사드립니다. 학문의 정체성, 정통성, 수월성을 확보하려는 많은 동학들에게 다시한번 감사드립니다.

2011년 8월

대표저자 적음

차례

I. 지체부자유아 교육의 기초 · 1

제1장 지체부자유아의 개요 ···· 3
1. 지체부자유아의 개념 ···· 3
2. 지체부자유아의 특성 ···· 10

제2장 지체부자유아의 생리학적 접근 ···· 17
1. 신경성 운동장애 ···· 17
2. 유전되는 질병들 ···· 41
3. 기타장애 ···· 51
4. 요약 ···· 55

제3장 지체부자유아 교육의 역사 ···· 56
1. 사회적 배경과 구빈 보호적 교육 ···· 57
2. 근대 공교육 제도의 성립과 지체부자유아 교육 ···· 61
3. 현대 사회와 지체부자유아 교육 ···· 66
4. 우리나라의 지체부자유아 교육의 발전 및 현황 ···· 72

II. 지체부자유아의 특성 · 77

제4장 지체부자유 아동의 심리적 특성 ···· 79
1. 지체부자유 아동과 심리학적 접근 ···· 79
2. 지체부자유아동와 심리발달 ···· 81
3. 지체부자유아의 인지 및 언어 ···· 90
4. 지체부자유아의 정서 · 사회성 발달 ···· 95

제5장 지체부자유아의 학습적 특성 ··· 107
1. 지체부자유아의 언어특성 ··· 107
2. 지체부자유아의 언어학습 특성 ··· 110
3. 지체부자유아의 인지-언어 특성 ··· 116

제6장 지체부자유아의 생활기술 특성 ··· 132
1. 아이를 안고 다니기 ··· 133
2. 안는 방법 ··· 134
3. 아이의 자세 잡기 ··· 136
4. 자세유지방법 ··· 137
5. 보조기구 ··· 138
6. 요약 ··· 155

III. 지체부자유아 교육의 실제 · 157

제7장 지체부자유아의 진단 및 평가 ··· 159
1. 진단 및 평가의 개념과 중요성 ··· 159
2. 진단 및 평가 관련 요소 ··· 168
3. 특수 교육 대상자 선정과 배치 절차 ··· 172
4. 지체부자유아를 위한 진단 평가 도구 ··· 181

제8장 지체부자유아의 교육과정 ··· 199
1. 특수학교 교육과정 변천사 ··· 200
2. 2008년 개정 특수학교 교육과정의 특성 ··· 202
3. 2008년 개정 특수학교 교육과정의 주요 내용 ··· 204
4. 지체부자유아를 위한 교육과정 ··· 209

제9장 순회교육 ··· 223
1. 순회교육의 개념 및 법적 근거 ··· 225
2. 순회교육의 발전 ··· 231

3. 순회교육 운영 실태 ········· 234
4. 순회교육을 위한 교사의 준비 ········· 244
5. 순회교육의 전망 및 과제 ········· 248

第10장 지체부자유아의 교수 학습 방법 ········· 254
1. 지체부자유아의 교수-학습의 원리 ········· 255
2. 지체부자유아의 교수-학습에 관한 연구 ········· 257
3. 지체부자유아의 교수-학습 지도의 실제 ········· 260

第11장 지체부자유아를 위한 교육공학 ········· 274
1. 지체부자유아를 위한 공학과 접근성 ········· 274
2. 지체부자유아를 위한 컴퓨터의 활용 ········· 278
3. 지체부자유아를 위한 보조공학 ········· 280
4. 여가생활를 위한 보조공학 ········· 289
5. 컴퓨터 접근성 ········· 290

第12장 지체부자유아의 전환교육 ········· 294
1. 전환교육의 의의 ········· 294
2. 전환교육의 개념 ········· 296
3. 지체부자유아의 진로발달과 전환계획 ········· 304
4. 지체부자유아의 전환교육 모형 ········· 310
5. 지체부자유아의 성인의 삶을 위한 준비: 중등학교의 역할 ········· 320

IV. 지체부자유아의 가족 관계 및 의사소통지도 · 331

第13장 지체부자유아의 가족관계 및 특성 ········· 333
1. 부모교육의 필요성 및 목적 ········· 333
2. 부모의 역할 ········· 337
3. 부모교육의 방법 ········· 338
4. 장애아동 가족의 심리 특성 ········· 340

5. 가족지원 ········ 348
6. 장애아동 가족지원의 과제 및 전망 ········ 352

제14장 지체부자유아의 의사소통 지도 ········ 354
1. 뇌성마비의 정의와 수반 장애 ········ 354
2. 뇌성마비의 신경근 운동 장애 ········ 357
3. 뇌성마비 의사소통 장애의 원인과 특성 ········ 360
4. 뇌성마비아의 의사소통 지도의 실제 ········ 369

참고문헌 · 378
찾아보기 · 402

I. 지체부자유아 교육의 기초

제1장 지체부자유아의 개요

1. 지체부자유아의 개념

1) 지체의 의미

지체(肢體)란 체간(體幹)과 사지(四肢)를 의미한다. 체간은 척추를 중축으로 한 상반신으로 머리, 목, 몸통이라고 할 수 있고 흉복부의 내장기관은 이에 속하지 않는다. 이를 자세히 살펴보면 척추는 경추(목), 흉추(등), 요추(허리)의 세 부분으로 이루어져 머리 부분을 지지하면서 운동 기능을 발휘하게 된다. 따라서 체간을 기능적으로 보면 주로 정적인 지지 능력과 동적인 운동 기능으로 볼 수 있다. 그리고 사지는 상지(上肢)와 하지(下肢)로 구분된다. 상지는 주로 일상생활과 작업 활동에 관련되고, 하지는 서기, 걷기 등과 같은 이동 기능에 관련된다. 따라서 상지(팔)는 견관절, 주관절, 지관절의 중요 세 부분으로 이루어지고, 하지는 고관절, 슬관절, 족관절의 중요 세 부분으로 구성되어 있다. 즉, 지체는 우리의 몸 전체를 가리킨다고 볼 수 있다.

지체라는 말은 몸, 肉體, 身體, 肉身 등과 흔히 바꾸어 사용하기도 한다. 사전적 의미에서 지체나 몸은 사람이나 동물의 머리로부터 발까지 딸린 모든 부분의 총칭으로, 신체, 육체, 육신과 더불어 사용하고 있다. 그러나 지체와 여타의 말은 서로 다른 의미를 내포하고 있어서 그 의미를 명료히 하지 않는 이상 서로 혼용되어 사용될 경우 상당한 혼란을 야기할 수 있다. 서양사회에서는 정신 혹은 마음(psyche)과 몸(soma) 등의 인간에 대한 이분법적 인식이 뿌리 깊은데, 여기서 몸은 단순히 물질적인 것, 동물적인 것, 유혹하는 것, 부정적인 것, 그리고 진정한 자아(즉, 정신)와는 따로 떨어진 별개의 것으로 간주함으로써 심신의 위계 관계를 낳았다. 즉 지체는 정신의 자아실현을 방해하는 것으로 개념 지어진다(이주하, 2001).

객관주의자에게 있어 의미와 합리성은 개인이 어쩌다가 의미를 파악하거나 이해하는 방식을 넘어선다고 생각하며, 이성을 추상적이고 절대적인 언어로 보는 경향이 있다. 이 견해에 따르면 이성은 마치 신체적 제약에서 벗어나 자유로운 영역에서 작용하고, 이성 고유의 논리적 규칙에만 지배되어 있는 것처럼 비친다. 객관주의에 의하면 이해의 인간성(인간이 신체를 가지는 일; human embodiment)은 의미와 합리성의 본성과 아무런 관계도 없다는 것으로, 이는 서양 철학의 오랜 전통이다(이주하, 2001).

전체적으로 현상학에서는 지체를 우리의 지각에 필요한 참조 틀로 간주한다. 그래서 우리의 지체는 지각의 도구이며 또한 사고의 도구이며 또한 사고의 매개체이다. 우리가 어떤 대상에 접하고 또 그것이 지각되어 나의 실존과 은연중에 관련이 깊은 의미 있는 이미지로 부각되어 의식되는 것은, 우리의 지체가 그 현상학적 만남의 그릇이 되기 때문이다. 이러한 지체의 현상학적 의미는 곧 과거의 物/心, 內/外, 主/客 등의 이원론적 인식관의 갈등을 해소하는 중요한 전기를 마련해 준 것으로 평가할 수 있다. 인간의 몸은 동물의 유기체와는 본질적으로 다르고 영혼을 인체에 결합시키거나 정신을 영혼에, 또는 실존을 정신에 결합시키면서 이전보다 더 큰 목소리로 정신을 찬양한다고 해서 극복되는 것이 아니다 라는 하이데거의 지적은 정신과 지체를 이분시하는 데카르트적 전통에 대한 통렬한 비판이다. 하이데거는 손을 예로 들어 인간과 동물의 차이를 지적하면서 사유(思惟)를 수지기능(手肢機能)의 사유로 탁월하게 묘사한 것은 신체와 정신의 통합을 의미한다. 이렇게 지체는 단순히 지체 그 자체로서가 아니라 정신과 더불어 나아가는 통합된 실체로 개념화될 수 있다.

즉, 지체는 자연인 동시에 그 자체로 어떠한 본질을 가지지 않고 결코 자연 상태로 머물지 않는다. 그래서 지체는 경험의 총합이며 문화이다. 지체로 대변되는 몸은 공간을 차지하는 물질인 동시에 시간적 경험이 축적되어 있는 사유적 존재이다. 그러므로 지체나 몸은 정신과의 소통을 통해 끊임없이 변화해 가는 세계의 존재이다. 지체나 몸과 분리된 정신은 관념에 불과하고 정신(깃들어 있는) 지체는 아무 의미가 없는 것이다. 따라서 감성과 오류를 통해 비로소 인식에 이르게 되듯이 지체 역시 정신과의 소통을 통해 비로소 의미를 가진다. 인간은 자신의 몸(지체)를 통해서만 타인의 눈(目)에 보이기 때문에 눈에 보이지 않는 사람은 있을 수 없다. 그러므로 우리가 무엇보다도 필연적으로 지체를 통해 이 세계와 연결되기 때문에 이 세계는 하나의 정신이라기보다는 하나의 지체라고 말할 만하다.

이상에서 볼 때 지체는 정신보다 못한 존재로서가 아니라 정신, 감정의 지지자로서 주체적으로 기능하는 인간 본체이다. 이는 곧 본격적인 인간 탐구를 위해서는 인간을 총체적으로 다루어야한다는 점을 확인시켜준다. 교육에서도 예외일 수 없다. 학생을 교육한다는 것은 그들의 정신만을 교육시키는 것이 아니라 그들의 정신과 지체를 함께 교육하는 것이다.

2) 지체부자유의 의미

자유란 흔히 남에게 피해를 주지 않는 범위 내에서의 자기 마음대로의 행위라고 일컬어진다. 그러나 자유를 누리는 사람들의 표현 방식이 각각 다름으로 해서 그 개념적 이해의 차이를 느끼게 하고 있다. 자유란, 사전적 정의에 의하면 남에게 구속을 받지 않거나 무엇에 얽매이지 않음을 의미한다. 즉, 억눌리거나 얽매이지 않고 제가 뜻하는 대로 행동하는 것이나 그러한 마음의 상태를 뜻한다. 그런가 하면 법학적으로 볼 때 자유는 법률의 범위 내에 있어서의 자기 마음대로의 행위, 즉 법률의 범위 안에서 완전한 권리, 의무를 가지는 일이다. 한편 철학적으로는 남으로부터의 규정, 구속, 강제, 지배를 받지 아니하는 일이라고 정의되기도 한다(최용미, 1996).

자유에 대한 개념의 본질 및 근거를 논하기 위해서는 자유의지(free will)에 관한 이해 또한 선행되어야 한다. 자유는 의지의 뿌리에 자라는 나무 같은 것이다. 자연 물질에 생명이 가해지면 그것이 곧 의지이고 이 의지가 자각을 내포하게 되면 그것이 곧 자유가 된다. 자각은 감각과 더불어 지성과 이성의 작용도 내포한다. 사람들이 자유를 한계 내에 있어서의 가능성의 자각이라고 정의 짓는 이유가 여기에 있다.

자유의지는 윤리학적 용어로, 첫째 외적인 강제성이 없는 상태를 말한다. 즉, 어떤 종류의 강제성도 없어야 하고 내재적인 영향에 의한 긴장감도 없는 상태라야 한다. 둘째 자유의지란 다르게도 할 수 있었을 것이라는 의미로 만일 한 인간이 다르게 선택했었다 거나 다르게 요구만 했었다면 혹은 다른 심리적 상황에 놓여 있기만 하였어도 그는 다른 방향으로 행동했었을 것이다는 뜻으로 해석 할 수 있다. 셋째 자유의지는 행위자의 자기결정으로서, 자아에 의한 결정이고 인간적 성격에 의한 것이 아니며, 자아 그 자체에 의해서 일으켜진 선택이고 외부적 영향 때문에 형성되어진 인간성에 의한 것이 아니다. 넷째 자유의지의 행사에는 반드시 도덕적 책임이 따른다.

단적으로 말해서 자유의지는 적극적 의미의 자유개념이다. 자유는 인간 본연의 자아에서 비롯된 의지로써 행해지는 것이다. 자유의지는 인간의 의지가 작용한다는 점에서 자유주의의 의미와 일맥상통한다. 또한 자유를 행함에 책임이 수반된다는 점에서 자유의지 역시 사회적 상황을 고려한다. 자유의지 역시 자유주의와 함께 논의되어야 하는 까닭이 여기에 있다(최용미, 1996).

한편, 부자유라는 것은 자유스럽지 않다는 것을 의미한다. 즉, 무엇에 얽매여서 몸과 마음을 마음대로 움직일 수 없는 상태이다. 전술한 바와 같이 지체는 체간(體幹)과 사지(四肢)를 의미한다. 이 중에서 체간은 주로 우리 신체의 지지기능 및 자세취하기 기능을 가진다. 그리고 사지는 다시 하지와 상지로 구분되는데 하지의 기능은 주로 우리 신체의 이동 기능을 가지며 상지는 신체의 조작 기능 및 시각과 협응하여 실시되는 조작기능을 가지고 있다.

그러므로 지체부자유아란 용어가 가진 함의를 살펴보면 다음과 같다. 국제 장애 정의 개정안(ICIDH 2)에 의하면 장애를 능력저하(disablement)로 보고 있는데 비해, 부정적 측면이 사용되고 있는 장애의 정의(ICIDH)는 세계보건기구(WHO)가 1980년에 정의한 것으로 장애를 손상(impairment), 불능(disability), 불리(handicap)라는 세 가지 차원을 포함한 것이다. 이것은 국제질병 분류(ICD)를 근간으로 정의하였기 때문에 다양한 건강상의 조건과 경험, 그리고 여러 가지 양상을 포괄하지 못하고 있다는 지적을 받고 있다.

이에 WHO는 20여년이 지난 후 이 분야의 물리적, 정신적, 사회적 안녕을 널리 포함하는 세계 공용의 언어를 개발할 것을 결의하고 국제적 합의를 통해 다양한 건강 상태를 포괄하는 용어로 장애 대신 능력저하(disablement)라는 용어를 제시하였다. 이 능력저하라는 용어는 손상(impairment), 활동(activity), 참여(participation)이라는 세 가지 하위 차원을 지니고 있다. 이 용어에는 중요한 철학적 의미가 있다. 그것은 이전의 정의가 능력저하의 하위 차원을 부정적 측면으로 국한하여 이해하였다고 볼 수 있다. 불능은 능력저하로 인해 발생된 활동을 부정적으로 보는 사회적 태도를 반영한 것이고, 불리라는 용어도 같은 이유에서 참여라는 중립적 의미로 개정한 것이다. 이러한 WHO가 정의한 준거에서 볼 때 지체부자유아라는 용어는 능력저하에 대한 중립적 차원과 철학적 의미를 담고 있다고 할 수 있다. 이러한 지체부자유아의 개념을 안병즙(1978)이 종합 고찰한 것을 살펴보면 다음과 같다.

"원인에는 관계없이 지체(체간 및 사지)의 기능에 부자유로 인하여 그대로 두면 장차 자활이 곤란한 아동(자)을 지체부자유아(자)라고 정의 할 수 있다."

전술한 바와 같이 지체란 체간(추간)과 사지를 의미한다. 사지는 상지와 하지로 구분된다. 상지는 주로 일상생활과 작업 활동에 관련되고, 하지는 서기, 걷기 등과 같은 이동 기능에 관련된다. 상지(팔)는 견관절, 주관절, 지관절의 중요 세 부분으로 이루어지고, 하지는 고관절, 슬관절, 족관절의 중요 세 부분으로 구성되어 있다. 이와 같은 신체의 어느 한 부분에 정형외과적으로 운동 기능 장애가 발생하게 되면 지체부자유라고 할 수 있으나 본인 자신이 부자유스럽다고 느끼지 못할 때는 지체부자유라고 할 필요가 없다. 예를 들어, 서양 사람들이 정좌위(앉기)가 어렵고 재래식 화장실을 이용하기 불편한 것은 문화의 차이에서 보는 것이며 옛날 중국 여인들의 소녀와 같은 작은 발(전족)은 시대, 사회의 차이에서 오는 것으로 볼 수 있다. 따라서 지체부자유에 대한 개념도 그 시대와 사회의 문화 양상에 따라 관점을 달리해야 할 것이다.

그대로 두면의 의미는 운동 장애를 극복하고 개선하려고 노력하지 않는 경우이다. 인간의 심신 기능은 작업성 비대와 비작업성(폐용성) 위축의 원리가 적용된다. 이것은 상지 어느 한 부위가 골절이 되어 3개월 정도 부목을 대거나 깁스 상태로 고정된 후에 열어 보면 위축되고 구축이 일어난 것을 볼 수 있다. 따라서 필요한 신체 기능 훈련으로 신진 대사와 운동 기능을 회복시키는 치료 교육 활동이 전개된다면 생활 기능은 회복될 수 있을 것이다. 다시 말한다면 지체부자유아에게는 계획적인 훈련과 교육이 제공되어야 재활이 가능하다고 볼 수 있다.

자활의 곤란이란 자립, 재활이 어렵다는 의미이다. 지체부자유아 교육은 의료, 교육, 복지, 직업 재활 분야 관계 전문가의 협력(team work) 체제가 잘 이루어 질 때 그 효율성을 기대할 수 있는 것이다. 교육 재활인 특수 교육도 지체부자유아가 스스로 장애를 극복하고 개선하는데 필요한 지식, 기능, 태도 및 사회 적응력을 길러 전인적 성장 발달을 도모할 수 있도록 필요한 관련 서비스와 가족 지원 체제를 구축하는 것은 이들의 자립과 재활을 위한 것이다. 이렇게 하기 위해서는 신체의 기본 동작, 일상생활 기본동작(ADL), 응용 동작, 작업 동작, 의사소통, 감각과 지각, 사회 및 심리적 훈련 등을 통해 자활할 수 있는 기초를 마련해야 할 것이다. 그러므로 지체부자유아에게는 자활이 가능하도록 필요한 훈련과 교육을 지속적으로 할 필요가 있는 것이다.

3) 지체부자유의 법적 정의

2001년 6월 30일에 개정된 우리나라 장애인복지법 시행규칙 제 2조 제1항에 관련된 장애인의 장애 등급표에 의하면 "뇌성마비"라는 용어는 사용되지 않고 지체 장애와 뇌병변 장애라는 두 가지 용어가 사용되고 있다. 여기서 미루어보면 뇌성마비는 뇌병변 장애에 포함되는 것으로 볼 수 있다. 뇌병변 장애(소분류)란 중추 신경의 손상으로 인한 복합적인 장애라고 세분류(細分類)되고 있는데, 신체적 장애(대분류), 외부 신체 기능의 장애(중분류), 뇌병변 장애(소분류)로 표현되고 있다. 그리고 절단 장애, 관절 장애, 지체 기능 장애, 변형 등의 장애는 지체 장애라는 개념에 포함된다.

뇌성마비와 관련된 장애인 등급표의 내용을 정리하면 <표 1-1>과 같다.

<표 1-1> 장애인복지법의 뇌성마비 분류체계

교육용어	대분류	중분류	소분류	세분류
지체부자유	신체적 장애	외부 신체 기능의 장애	뇌병변장애 (출생 전·후)	중추 신경계 손상으로 인한 복합적인 장애 (뇌성마비 등)
			지체장애 (후천적)	절단 장애 관절 장애 지체기능장애 변형 등

상기의 내용으로 미루어보면 지체 장애란 뇌병변 장애와 구분된다. 의료 및 복지 분야에서 사용되고 있는 이 용어를 모두 포함하는 교육적이고 인간 중심의 철학적이고 중립적인 용어는 지체부자유라고 보아도 무리가 없고 타당하다고 할 수 있다. 기능장애(disability)와 사회적 장애(handicap)를 구분하여 장애란 용어의 개념 정립을 하고 있는 WHO의 노력을 우리는 상기하지 않을 수 없다. 특히 지체부자유 학교의 교육 대상이 뇌성마비아가 주류를 이루고 있는 것을 보면 뇌병변 장애와 지체 장애를 소분류에서 구분한 장애인복지법의 내용 규정도 주목된다.

미국에서는 20세기에 접어들어 Boston을 중심으로 뇌성마비아에 대한 교육과 치료가 시작되었다. 그중에서도 Phelps는 뇌성마비라는 용어로 통일하여 사용할 것을 제안하고, 실제로 뇌성마비의 치료에 큰 업적을 남겼다. 1948년 그의 논문 "Let's define Cerebral Palsy"에서 Little 등의 개념에 포함된 정신 지체라고 하는 요소를 제외시키고, 뇌성마비라는 개념을 명확히 하였다. 현대의학에서는 Phelps의 견해를 1947년 설립된 미국 뇌성마비학회(American Association for the Cerebral Palsied, AACP)에서 채택함으로서 공식적으로 널리 사용하게 되었다. (강수균·조홍중, 2003).

한편, 우리나라의 교육법에 의한 정의는 주로 이전의 특수교육진흥법을 폐기하고 2007년에 제정된 장애인 등에 대한 특수교육법의 제15조 특수교육대상자의 선정에 의한다. 그 구체적인 내용은 다음과 같다.

제15조(특수교육대상자의 선정)

① 교육장 또는 교육감은 다음 각 호의 어느 하나에 해당하는 사람 중 특수교육을 필요로 하는 사람으로 진단·평가된 사람을 특수교육대상자로 선정한다.

1. 시각장애 2. 청각장애 3. 정신지체 4. 지체장애
5. 정서·행동장애 6. 자폐성장애(이와 관련된 장애를 포함한다)
7. 의사소통장애 8. 학습장애 9. 건강장애 10. 발달지체
11. 그 밖에 대통령령으로 정하는 장애

② 교육장 또는 교육감이 제1항에 따라 특수교육대상자를 선정할 때에는 제16조 제1항에 따른 진단·평가결과를 기초로 하여 고등학교 과정은 교육감이 시·도 특수교육운영위원회의 심사를 거쳐, 중학교 과정 이하의 각급 학교는 교육장이 시·군·구 특수교육운영위원회의 심사를 거쳐 이를 결정한다.

그리고 장애인 등에 대한 특수교육법 시행령 제10조 특수교육대상자의 선정 기준에 따르면 보다 구체적인 정의를 알 수 있는데 그 내용은 다음과 같다.

지체장애를 지닌 특수교육대상자 ; 기능·형태상 장애를 가지고 있거나 몸통을 지탱하거나 팔다리의 움직임 등에 어려움을 겪는 신체적 조건이나 상태로 인해 교육적 성취에 어려움이 있는 사람

2. 지체부자유아의 특성

지체부자유아의 수업에서 그 효율성을 높이기 위해서는 교육 과정에 대한 올바른 이해는 물론이고 학습자의 특성에 대한 구체적인 정보를 분석하고 있어야 한다. 학습자의 특성 이해는 개인차의 관점에서 이루어져야 하고 지체의 부자유라는 증상이 원인이 되어 일어나는 심리적 중적 심화 과정에 대한 이해는 이들의 독특한 교육적 욕구를 충족시킬 수 있는 기반이 된다. 이와 같은 특성들은 개인적, 사회적, 정서적 적응의 상태, 지능이나 경험의 구조, 운동 기능에 따라 개인차를 나타내게 된다. 특히 뇌성마비아의 경우에는 지각 기능, 협응 기능, 운동 기능 등에서 현저하게 나타난다.

지체부자유아는 일반 학생과 공통되는 특성도 있지만 일반적으로 이동 능력이 제한되어 경험의 영역이 협소하고 그 질과 폭이 열등하며, 견문도 한정되어 있기 때문에 지적 발달이나 언어 발달 등이 지체되어 있을 뿐만 아니라 사회적인 열등 평가와 불안에 직면하는 일이 많기 때문에 성격 형성에도 많은 문제를 일으킨다고 볼 수 있다. 지체부자유아의 일반적인 특성들을 인지적, 정의적, 운동 기능적 영역으로 구분하여 종합 정리하면 다음과 같다(전헌선, 1987).

1) 인지적 영역의 특성

지체부자유아는 원인 질환에 관계없이 일반적으로 행동 기능이 제한되어 경험의 영역이 협소하고 그 질과 폭이 열등하여 견문도 한정되어 있는 등 후천적인 영향으로 지능의 발달이 지체되어 일반 학생의 지능보다 다소 열등한 경향을 나타내고 있다. 또한 학습의 준비성을 이루는 경험적 배경 면에서 직접 경험은 물론이고 간접 경험마저 제한되어 있어 각종 사물이나 사상에 관한 개념 형성이 유치하고 왜곡되는 일이 많이 일어난다. 그러므로 지체부자유아 수업에서 학생들의 경험적 배경과 지적 능력을 정확히 진단 및 평가하여 부자유의 중도 및 중복화에 대처할 수 있는 개별화된 교육 계획과 개별화된 수업 계획을 마련해야 한다.

지체부자유아 교육의 주된 대상은 뇌성마비아이다. 뇌성마비아는 대체로 학습의 효율성이 느리게 나타나고 왜곡된 학습이 많으며, 학습 곡선도 매우 불규칙적이다. 또한 학업 성취가 일어나기 직전에 전이가 일어나지 않는 경우가 있음도 인정되고 있다.

뇌성마비아들은 일반 학생에 비해 직접 경험이나 간접 경험의 배경이 빈곤하고 얕아서 지각-운동 장애, 언어 장애, 정서의 불안정, 학습 장애, 전경-배경 변별 장애 등의 현상이 현저히 나타나서 사고력 자체도 둔화된다. 이러한 개념 형성의 곤란성이나 장애는 사고의 미발달성을 의미한다. 이와 같은 현상에 영향을 미치는 요인은 전도성, 사고의 고집성 등이며 이차적인 요인은 경험의 부족이라고 할 수 있다. 그리고 뇌성마비아들은 투입 정보를 의미 있는 전체로 조직하는 능력과 배경으로부터 전경을 변별하는 능력도 낮다.

이상을 종합하면 뇌성마비아는 인지적 특성에서 개념 사고가 뒤떨어지고, 뇌손상의 영향이 개념 사고에 부정적 영향을 미친다고 할 수 있다. 다시 말하면 뇌성마비아는 대상물에 대한 본질적인 것을 관계 맺는 것은 적고 이질적인 것을 많이 관계 맺는 경향이 있다고 할 수 있다. 뇌성마비아의 특성과 지적 능력에 대한 관심은 이 증후가 Little에 의해 소개된 이래로 많은 사람들이 관심을 갖게 되었으며 초기의 뇌성마비아 지능에 대한 견해는 대부분 모든 아동들이 정도의 차이는 있지만 심한 정신 지체 현상을 보이는 것으로 간주되었으나 Phelps는 뇌성마비아 중에서 70%는 뇌손상이 지능에 영향을 미치지 않고 정상적인 지능 수준을 나타내며 나머지 30%가 지체 현상을 보인다고 보고하였다. 그러나 이후의 연구에서는 지적 결함을 가진 뇌성마비아의 비율이 Phelps의 연구보다도 높다는 것이 보고되고 있다.

그리고 뇌성마비아의 지능은 지능 지수 상에서 정상 아동에 비해 지능이 지체되고 있다는 것이 정설로 인정되고 있다. 정상아의 지능 지수 분포가 지능지수 100을 중심으로 해서 정상분포를 이루는데 반해 뇌성마비아의 지능은 지능지수 85-100을 정점으로 낮은 방향으로 편중된 분포를 보였다. WISC를 사용하여 언어성 지능지수와 동작성 지능지수를 비교한 결과 70% 이상이 뇌성마비아는 언어성 지능지수가 높다고 보고하고 있다. 또한 뇌성마비아는 동작성 검사에서 짝 맞추기, 부호, 적목 등의 고도한 인지 기능이나 운동 기능을 필요로 하는 하위 검사가 특히 저조하다고 할 수 있다. 그러나 이와 같은 뇌성마비아의 지능은 그 유형에 따라 논의 될 수도 있지만 분류 자체에도 문제점이 있고 개인차가 존재하기 때문에 정설로 인정하기에는 무리가 따른다.

뇌성마비아는 단순한 지체부자유아와는 달리 지능이 떨어진다고 볼 수 있어, 지능 지체 혹은 지적 결함을 가진 중도·중복 장애아가 많다고 할 수 있다. 그리고 학습 경험이 충분하더라도 개념 사고가 뒤떨어지며, 뇌손상으로 개념 사고에 나쁜 영향을 받는다고 본다.

2) 정의적 영역의 특성

정의적 행동이란 인간의 비지적(非知的) 행동으로 성격, 태도, 가치관, 동기, 자아 개념, 흥미 등을 통틀어 말한다. 다시 말하면 인간의 사회성, 인간성, 태도, 성격 등을 정의적 행동이라고 한다. 정의적 영역의 특성에 대한 교육 내용으로는 감수성, 흥미, 동기, 태도, 신념, 가치 등을 들 수 있으며 교육 목표로는 감수성의 개발, 흥미나 동기의 유발, 태도나 신념의 형성, 가치관의 확립 등이 강조된다.

지체부자유아는 일반 아동과 동일한 욕구를 가지고 있다. 그러나 지체의 부자유와 표현 기능의 부자유로 인하여 욕구가 저지되거나 좌절되기도 하며, 욕구 불만이나 부적응의 문제가 야기될 수 있고, 부모의 과보호적 태도나 보상적 태도는 직접 경험의 기회를 제한시켜 성격 발달에 이상을 초래할 수 있다. 일반적으로 지체부자유아는 사회적인 열등 평가와 불안에 직면하는 일이 빈번하기 때문에 성격 형성에 영향을 끼치게 되어 부적응의 문제가 일어난다. 그리고 사회성, 책임감, 지배성 등에서 지체부자유아가 일반 아동보다 열등하다고 하였다.

昇地(1976)는 지체부자유아의 정서적 및 사회적 적응에 대해 지체의 부자유라는 제1차 증상이 원인이 되어 정서 불안, 열등감, 비사회적 행동, 반사회적 행동이란 제5차 증상까지 나타날 수 있다는 장애의 중적 심화 과정을 제시하였다. 뇌성마비아의 기본적인 성격 특성에서는 과동성(hyperactivity), 전도성(distractively), 고집성(perseveration)이 있으며 심리적 특징으로는 정서 불안, 과민, 자발성 결함, 자신감 상실, 열등감 등을 있다. 또한, 그들의 자아 개념은 학업 성취, 가정환경, 적응, 불안 등과 높은 상관이 있다. 특히, 지체부자유아가 정상아보다 부정적인 자아 개념을 형성하는 경향이 있으며, 문화적 및 사회적으로 가치가 부여된 자아 개념 특징을 보이고 있고 일반 또는 비장애 학생과 다른 세계관을 가지고 있으며 고독을 느끼고, 침울하고 자기 비하 감정과 감상에 빠지는 경우가 많아서 타인의 태도에 의심을 품게 되고 활동이 자유롭지 못해 일반 학생들이 경험하지 못한 좌절감도 일상생활에서 가지게 되어 그들의 자아상이 확립되지 않고 타인에게 자주 오해를 사는 경우가 많다. 이에 의하여 도피적 행동이 많으며, 도덕적 및 윤리적 기준이 낮고 성격적 자아 요인에도 다른 장애아보다 낮다.

이상과 같은 연구 결과들을 종합하여 보면, 지체부자유아의 정의적 영역의 특성을 다음과 같이 요약할 수 있다.

첫째, 지체부자유아는 지체의 부자유로 인하여 욕구 불만이나 부적응이 야기되며 성격 발달에 결함을 나타내는 경향이 있다.

둘째, 지체부자유아는 정서적, 사회적 적응에 있어 심리적으로 장애의 중적 심화 과정이 나타날 수 있다.

셋째, 지체부자유아의 성격 특성으로 과동성, 전도성, 고집성이 있고, 심리적 특성으로는 정서 불안, 과민, 자발성 결함, 자신감 부족, 열등감 등이 나타날 수 있다.

넷째, 지체부자유아의 자아 개념은 부정적, 도피적 행동 경향성이 많이 나타나고 있으며, 안정성이 없고 유동적이며, 자기 방어적이고 경계심이 많은 편이다. 특히 뇌성마비아는 부정적인 자아 개념을 보다 많이 나타낼 수 있다.

3) 운동 기능적 영역의 특성

체간과 사지에 운동 장애라는 부자유가 영속하는 것을 지체부자유라고 하는데 그 원인이 되는 질환은 다양하다. 인체해부학적 측면에서 보면 신경계 질환, 골과 근육 질환, 관절계 질환으로 운동 장애가 나타나는 영속적인 경우라고 할 수 있다. 다시 말하면 지체부자유란 체간과 사지에 운동 기능 장애가 변형, 기형 등의 형태적 이상과 신체적인 기능 장애를 가지고 있는 것이다. 이러한 장애를 지닌 학생들의 지도에는 의학적 지식도 필요하고 운동 기능 장애의 특성과 장애 정도를 바르게 진단·평가하고 기능 회복 내지는 개선의 전망을 예견할 수 있어야 하며 일상생활의 기본동작에 대한 검사 방법도 익혀둘 필요가 있다.

지체부자유아는 원인 질환에 따라서 운동 기능의 특성도 각각 다르게 나타난다. 이들에게 나타나는 주 장애는 운동 기능 장애라고 할 수 있다. 그러므로 주 장애를 극복하고 개선하는 일은 지체부자유아 교육의 중심 과제라고 할 수 있기 때문에 운동 기능 장애의 특성을 바르게 이해하고 기능의 회복 내지는 개선 방법을 강구하는 것은 중요하다고 하겠다. 일반적으로 지체부자유아들의 운동 기능 장애를 개선하는 데는 신체 기능 훈련과 의학적 치료의 측면을 들 수 있다. 의학적 치료는 재활의학과, 정형외과, 신경외과, 소아과 등 관련 의료 기관에서 진료할 수 있는데 인접 학교 형태의 지체부자유 학교에서는 방과 후 시간을 이용하여 수익자 부담으로 진료가 이루어진다.

지체부자유아의 신체 발달 가운데 형태적 측면의 발달은 신장, 체중, 앉는 키는 일반 학생에 비해 남녀 모두 약간 지체되어 있고 흉위는 남녀 모두 일반 학생과 비슷한 발달을 하고 있으며, 발달의 속도 면에서 남자가 신장, 체중, 흉위, 앉는 키 등 모든 부분에서 대개 11~12세 이후까지 발달의 촉진을 보이고, 여자는 그 보다 더 어린 나이에서 촉진을 보이고 있었다. 지체부자유아 중에는 골격의 발달이 침해 되어 있거나 척추가 측만된 학생도 포함되어 있어 신장, 앉는 키 등의 지체는 당연하다고 볼 수 있으며 신체적 장애로 인한 운동 부족이란 이차적 원인에 의한 경우도 있고, 비타민 섭취량 부족 등에서 오는 영양상의 장애도 있다고 보고되고 있다(안병즙, 1978).

뇌성마비아는 신체 기능 장애와 그로 인한 운동량의 부족과 심리적 위축이나 열등감 때문에 지체부자유아는 활동 범위가 협소하고 일상의 운동과 신체적 활동 시간이 일반 학생들의 일일 평균 2-6시간의 활동량에 미치지 못하여 운동기능이 일반적으로 지체되어 있고, 유연성, 근력, 순발력, 민첩성, 평형성, 지구성과 같은 운동 기능이나 호흡 기능이 매우 열등함을 보이고 있다. 뇌성마비아는 일반적으로 대뇌의 기질적 장애에 기인되기 때문에 운동 기능의 발달상 다음과 같은 특징이 있다.

첫째, 일반적으로 발달의 지체가 크다.

둘째, 발달에 개인차가 심하다.

셋째, 불규칙적인 발달을 하는 경우도 있다.

그러므로 지적, 정서적, 신체적 측면의 발달에 있어서의 상호 관계가 일반 학생과 같은 병행 관계가 아니라고 할 수 있다. 다시 말하면, 뇌성마비아는 인간 발달 영역에 불균형이 존재한다고 할 수 있다. 그리고 아동기는 유아기보다 운동 기능의 현저한 개선을 기대 할 수 없고, 지적 발달은 완만하고 일반 아동보다 빨리 정점에 도달하는 경향이 있다.

뇌성마비아는 의도적인 동작이 잘 나타나지 않는다. 아무리 노력해도 쉽게 의도한 움직임이 신체 운동으로 표현되지 않는 것을 불수의 운동이라고 한다. 이것은 노력의 방법이 틀렸거나, 불완전하거나, 미숙하기 때문이고 자기 의지대로가 아닌 동작이 나타나게 된다. 그리고 신생아성 긴장인 G패턴으로부터 해방이 잘 이루어지지 않아 언제나 G패턴의 잔존에 의한 비활성적, 만성적인 근긴장이 동작의 발달과 학습을 방해하고 있는 것이 근본적인 특징이다. 그래서 동작은 만성화된 과도의 긴장 때문에 자기 제어가 곤란하게 되고 주체적인 의도와 노력에도 불구하고 결과 행동인 신체 운동은 의도한 것과 다르면 부자유스러운 동작을 하게 된다. 다시 말하면 뇌성마비아는 신체가 움직이기는 하지만 자신이 의도하고 노력한 대로 움직여지지 않는 경우가 대부분이다. 이러한 과정은 동작 부자유라는 개념이 되며 뇌성마비아의 기본적 동작 특징이라고 할 수 있다.

뇌성마비아는 일반적으로 연령이 높아짐에 따라 정형(整形)이라고 하는 독특한 자세와 동작의 고정화가 일어나기 때문에 가능한 한 조기에 중심적인 장애 요인을 제거하여 본래의 동작이 가능하도록 하는 것이 중요한 과제가 된다. 이렇게 하기 위하여 집단적 원시 반사를 억제하거나 G패턴을 I패턴으로 바꾸는 다양한 훈련방법을 도입하게 된 것이다. 따라서 뇌성마비아에게는 근의 긴장과 이완을 위한 자기 조정이나 자기 억제가 동작 훈련에서 중심적인 과제가 된다.

이상의 연구 결과를 종합하여 운동 기능적 영역의 특성을 다음과 같이 요약할 수 있다.

첫째, 지체부자유아는 운동 기능 장애는 물론이고 형태적 이상과 같은 신체적 문제를 가지고 있다.

둘째, 형태적 측면에서 신장, 체중, 앉는 키가 일반 학생에 비해 지체되어 있고 흉위는 동등한 발달을 하고 있다.

셋째, 유연성, 근력, 순발력, 민첩성, 평형성, 지구력과 같은 운동 기능이나 호흡 기능이 매우 열등하다.

넷째, 발달에 개인차가 심하여 불규칙적인 발달을 하는 경우도 있다.

다섯째, 뇌성마비아는 신생아성 긴장인 G패턴의 잔존에 의하여 비활동적이며 만성적인 근긴장이 동작의 발달과 학습을 방해하고 있다(전헌선 외, 2002 재인용).

제2장 지체부자유아의 생리학적 접근

뇌성마비는 선천적 또는 후천적인 뇌 병변으로 인해 신경, 근육 등에 이상이 오는 장애를 말한다. 이들은 외형상 운동기능의 장애로 일상생활에서 움직이거나 이동에 어려움이 따른다. 또한 대뇌의 운동신경 손상 및 신경근육의 수의적인 장애로 생활이 불편한 아동을 말한다. 이들 중에 대표적인 신경성 운동장애 원인과 특성을 간단히 살펴보고 뇌성마비에 대한 개념, 원인과 특징을 알아보기로 한다.

뇌성마비는 하나의 질병이 아니라 비슷한 임상적 특징을 가진 증후군을 집합적으로 일컫는 용어로 미성숙한 뇌에 대한 비진행성 병변 혹은 운동과 협응에서 장애를 보이는 임상증후군을 말한다.

1. 신경성 운동장애

신경성 운동장애는 기능을 통제하는 신체 움직임이나 자세를 자유롭게 유지하는 데 장애를 가지는 증상이다. 이 증상은 신생아기 또는 유아기에 신체 여러 기능에서 나타난다.

신경관에서 나타나는 장애는 Spina Bifida, Encephalocele, Anencephaly와 복합적인 뇌수종을 포함된다. 신경관 장애에 대한 보고는 종족과 민족 간에 현저한 차이가 있다. 가장 높은 발생률은 영국(아일랜드와 웨일즈의 광산

계곡에서 가장 높은 발생률이 보고되며 영국의 서부와 동부 지역에서 점진적으로 낮은 발생이 나타남), 북 인도, 이집트의 카이로와 알렉산드리아에서 보고되고 있다. 중간 정도에 빈도는 유럽에서 발견되며 낮은 발생률은 몽골인과 Afro Carribean 사람에게 발생한다. 오스트리아에서의 출생률은 다른 유럽 국가와 오스트레일리아 사람보다 영국에서 이주해온 사람에게서 가장 높은 비율을 보인다(Hobbs, 1974).

예방의학이 발달한 최근에도 신경성 운동장애는 계속 발병하고 있다. 그 중 뇌성마비는 의학적으로 치료하기 어려운 높은 수준에서 지목되고 있다. 따라서 신경성 운동장애는 의료 교육에 관련된 여러 가지 전문 지식의 이해가 필요하다.

1) 뇌성마비

뇌성마비(Cerebral Palsy)라는 용어는 1861년 영국의 Little이 임성보고 후에 1889년 오슬러(Osler)에 의해 뇌성마비라고 부르게 되었다. 현대 의학용어에서 사용하기 시작한 것은 미국의 정형외과 의사인 Phelps(1937)가 미국 뇌성마비학회(AACP)에 채택함으로써 공식적으로 사용되고 있다.

뇌성마비는 학자마다 다르게 정의하고 있으나, 대부분 뇌손상의 후유증으로 정의하고 있다. 즉 운동 지배를 하는 뇌신경 부분에 손상에 의한 주 운동기능 이상으로 정의했다. 또는 대뇌 각 부위 병변에 의하여 수의운동에 이상이 있는 총칭이다. 또한 미국 뇌성마비학회는 뇌에 있는 신경조직의 결손, 손상 또는 병변에 의하여 야기되는 운동 및 기능의 이상으로 정의했다.

한국에서는 김세주(1980), 강세윤과 안용팔(1984) 등이 이와 비슷한 정의를 하고 있다. 아동이 발달기간에 손상을 입은 뇌가 기능부전을 일으킨 상태로 인하여 수위의 조절이 상실되거나 매우 어렵게 일어나며 병변이 진행되지 않는다. 이와 같은 대부분의 뇌성마비는 뇌신경 손상으로 인한 중추 운동기능장애로 정의하고 있다.

이상을 종합해 보면, 모두가 뇌에 기인한 단순한 운동신경 장애로 한정했으나 질병의 양상이 더 다양하고 복잡해 눈에 관찰되는 운동장애뿐만 아니라 감각, 지각, 인지, 정서문제를 동반하는 중복장애로 정의하고 있다. 그러므로 뇌성마비를 영어의 Cerebral Palsy로 설명하기는 미흡하다. 그 이유는 병리의 병변이 대뇌(cerebrum)에 국한하지 않고 basal ganglia, midbrain, cerebellum 등 뇌의 여러 곳에 이상이 발생하여 신경 증후를 나타내는 단순한 마비(Paralysis) 현상보다 지나친 운동이나 경련, 또는 억제하기 어려운 운동 등의 증세가 동반되는 장애로 분류되고 있다.

뇌성마비는 생리적 분류, 장애부위별 분류, 병인 분류, 장애 수반에 따른 분류, 신경생리학적 기능의 분류와 같은 여러 유형으로 이루어지고 있다. 뇌성마비 분류는 Minear(1939)에 의한 분류방법을 미국 뇌성마비협회와 소아과협회에서 동의하여 받아들이고 있다.

여기서는 미국 뇌성마비학회에서 제시한 운동장애에 따른 그 특성으로 다음과 같이 분류하였다.

· **근육 긴장** : 뇌성마비 증상의 약 60%는 근육 긴장으로 발전해 간다. 그것은 때로는 '발작' 으로 혼동하기 쉽다. 운동신경과 척추가 영향을 받는다. 이들은 행동의 범위에 있어서 점차 후천적 제약을 나타나게 되는데 근육과 인대가 짧아짐에 따라 야기되는 연속 동작이 어렵다.

척추기형은 장애의 정도에 따라 척추만곡, 좌우로 곡선(S자만곡), 척추 후만증, 후부돌출, 엉덩이 탈구, 팔목 · 손 · 무릎 · 발의 수축 등으로 진전된다. 근육 긴장을 가진 아동은 발작을 일으키거나 근육이 균형을 잃어서 이를 교정하기 위해서 손과 발의 근육에 보조 장치를 하여 경한 증상을 유지한다.

· **근육 저긴장** : 대부분의 뇌성마비아동들은 처음에는 근육이 저기장 증세를 나타낸다. 특히 목과 몸통 부분이 허약하다. 이러한 허약 정도가 위급한 발작이나 추체 외 장애(extrapyramidal)가 무의식적으로 운동기제 없이 1년 동안 지속되면 일반적 근육이 저긴장으로 진단된다. 일부 연구자들은 이러한 증상이 선천적 장애와 관련이 있는 것으로 생각한다.

다운증후군을 가지고 있는 유아들은 전형적으로 근육 저긴장 증세를 보인다. 근육 저긴장들이 나타나는 자세나 운동을 4~8개월 영아에서 나타난다. 개구리 다리 모양의 자세, 앉았을 때 등 아랫부분이나 배가 돌출하는 것, 중심을 잡기 위해 다리를 넓게 벌리고 서는 것 등의 자세를 보이며, 또한 많은 아이들은 기어서 움직이기보다는 앉은 채로 몸을 잡아 당겨서 이동한다. 이 아이들은 대개는 걸음을 늦게 배우고, 어떤 아기는 30개월이 될 때까지도 걷지 못한다. 균형 감각도 더디고 전체적으로 운동능력에서 그 수준이 낮다.

서 있는 자세를 하고 있을 때 근육 저긴장 증세의 유아들은 대개 발을 안쪽으로 향한 채로 서 있다. 발의 내전 현상으로 인해 발목과 다리가 안쪽으로 굽어지고 발가락이 발톱 쪽으로 돌아가기 때문이다.

발의 기형은 설 때의 안정성과 지속성을 방해할 수 있다. 넘어지지 않으려고 애쓰는 것은 기형을 더 악화시킬 수 있으며 신체를 안정시키고 움직이기 위해 몸의 자세를 유지하려면 손과 발이 더 굳어질 수 있다. 따라서 발의 기형은 몸통, 어깨근육, 팔목, 엉덩이, 무릎, 발목, 발가락 등이 굳어질 수도 있다. 근육 저긴장 증세가 심한 아동들은 서 있기 위해서는 외부의 힘에 의존해야 한다. 비록 처음에는 관절 부분이 느슨하다 하더라도 관절 기형이나 근육 수축이 심해지면 고질적이 비정상적 자세가 야기된다.

· **추체 외 운동계** : 무의식으로 행하는 운동을 관장하는 곳으로, 선 조치, 담 창구, 적핵, 핵질, 등은 주체 외 중요한 중추임)에 영향을 미치면, 기적핵, 신경설(basal ganglia : 말초신경의 경과 중에 국부적으로 굵게 된 곳에 신경세포가 모여 있음), 아테토이, 코레오 아테토이(choreoathetosis), 또는 운동이상 증상(dyskinesia)이 일어난다. 뇌성마치의 약 20% 정도가 추체 외 장애를 나타낸다. 그리고 뇌성마비는 뇌의 침범 부위에 따라 나타나는 증세는 경직형, 불수의 운동형, 운동 실조형, 혼합형 등이다. 그중에 경직형은 뇌성마비의 60%를 차지하며, 나머지 50%는 비경직형 혼합형이다.

뇌성마비에 연관된 용어는 다음과 같다.

1. 비긴장성 : 불수의적이고 근육의 긴장이 감소됨을 의미한다.
2. 긴장성 : 뇌성마비의 경련성과 관련되어 근육의 긴장이 증가됨을 의미한다.
3. 강직형 : 근육들이 단단한 영향을 받아서 긴장이 적용된다.

4. 진전형 : 몸통과 사지의 율동적인 경련과 움직임이 진동이 움직일 때 일어난다.

· **경직형**(Spastic) : 뇌성마비 중에 경직성(경련성)이 전체의 약 60%를 차지하고 있다. 불수의 운동형, 운동 실조형의 두 가지 유형이 있다. 그것은 피라미드형의 거대한 영역에 손상 때문이다(움직임을 빠르게 하는 역할의 대뇌의 피질에 뉴런들과 관련되어 있고 그들의 이름은 피라미드와 같은 형태라는 것에서 유래하였다). 운동피질의 신경세포들은 대뇌피질에서 척추조직을 경유하여 손발근육으로 내려간다. 이곳은 얼굴, 손발들, 몸 그리고 사지들의 근육들을 통제하는 부분이다. 경직형은 근육이 균형이 이루어지지 않으며 딱딱하거나 약한 것이 특징이다. 이것은 근육들이 너무 많이 수축하여 수축에 저항하기엔 너무 약해 진 것을 의미 한다. 이 경직성을 가진 아동들은 자세가 불규칙적이고, 반사적 행동이 정상아동들보다 더 높게 나타난다. 손발들이 완전 마비되어 팔은 다리보다 먼저 영향을 받는다. 이러한 반신장애는 뇌성마비 인구 중 가장 많이 나타난다.

운동은 심하게 몸이 뻗치는 현상을 보이며 정교한 움직임이 어렵고 계속된다. 뻗침 반사와 간헐적 경련증상이 일어난다. 뻗침 반사로 인해 근육의 움직임을 통제하지 못하고 갑자기 움직이는 현상과 이 움직임을 방해하는 길항근의 폭발적인 움직임으로 간헐적 경련 현상을 보인다(근육 운동의 부조화, 갑자기 뻗으려 할 때 근육의 불수의적인 수축, 수의 운동의 어려움).

예컨대 유아에게 발바닥의 바깥 부분을 자극하면 엄지발가락이 위로 뻗치고 다른 발가락은 부채처럼 벌어지는 바빈스키 반응이 일어난다. 아동이 성장하면 경직형 근육은 작아져서 사지나 척추, 골반이 기형이 된다. 두뇌구조에서 경직형은 뇌 피질의 추상형 부분에 장애가 생길 때 일어난다. 특히 전두엽의 원동력은 신경을 경유하는 척수운동을 신호로 하는 과정에서 문제가 발생되어 이 경로의 어느 부분에 손상을 입어도 경련은 일어난다. 이들은 일반적으로 지능지수가 떨어지며 지각, 청각, 시각, 언어장애 등 여러 관련장애를 나타낸다. 과다한 근육긴장으로 인해 근육이 수축되어 근육을 짧게 만들거나 변형되지 않도록 매일 관절운동을 수동적으로 실시해야 한다.

이런 아동들은 점점 앉거나 걷거나 이야기하는 것이 지연되고 학교에서는 지각장애가 나타난다. 이상한 신체의 발달은 다리가 짧아지고 팔꿈치와 손목관절이 안으로 휘어져 들어가고 근육을 사용하지 않아서 근육의 수축이 일어나는 것이다. 경련성 아동은 다양한 장애를 가지고 낮은 지능, 운동장애, 촉각장애, 경련이 일어나고, 말하기 어렵고, 듣기와 시력에 문제가 있으며, 이동이 어렵고, 호흡이 어려우며, 수축 근육을 가지고 있다. 또한 이 아동들은 숙련된 아동들보다 가정과 학교생활의 요구에서 어렵게 대처한다.

· **불수의 운동형**(Athetoid) : 뇌성마비의 불수의 운동형은 무의식적으로 한 목적을 위해 둘 이상의 근육계를 쓸 수 없이 움직임이 증가하고 쓰기와 극적인 근육이 느려진다. 아동이 움직이거나 잠자거나 휴식을 취할 때는 과장되어 나타난다. 이것이 자발적으로 움직이기 시작했을 때는 몇몇의 근육을 긴장시키게 된다. 최초의 반사들은 연속적이고 각각 강직반사와 모로 반사는 불균형적으로 대부분 장애를 동반한다. 얼굴의 움직임은 혀와 입술이 안으로 들어가고, 호흡을 조절하기에 대부분 이상을 보이며 말하는 근육들은 영향을 받는다. 지능은 보통 정상아동과 같거나 좋은 편이며 청각장애는 거의 없다. 왜냐하면 그들은 과도하게 움직이기 때문이다. 불수의 운동형의 뇌의 손상은 비경직성 뇌성마비 시스템과 뇌의 조절부위에 세포들에 영향을 주고, 불수의 운동형의 뇌의 손상은 비경직성 뇌성마비 시스템과 뇌의 조절부위에 세포들에 영향을 주고, 기본 신경절들의 자세와 움직임의 조절을 돕는다.

불수의 운동형은 기저 핵(basal nuclei : 7대뇌방구의 시상 바깥쪽에 있는 회백질 덩어리)의 과정에 문제가 있는 것으로 신생아기에 심한 황달을 앓은 아이 중에 나타나거나 중추신경의 손상이 원인으로 운동 선택이 곤란하다. 주로 대뇌 핵(Basal ganalia : 말초신경에 경과 중에 국부적으로 옮게 되어 있는 곳에 신경세포가 모여 있는 것)에 손상이 있을 때 나타나며, 운동형태에 따라 여러 종류로 구분된다. 어떤 아기는 생후 12개월 이상 3세까지도 이상 운동이 나타나지 않을 수 있다.

휴식 중에도 느리게 불수의 운동이 나타난다. 특히 손목과 손가락에서 심하다. 의도적으로 움직이면 뒤틀리고 이어진 한 그룹의 근육이 통제할 수 없이 수축한다. 이는 거의 계속적으로 나타나 움직이게 된다. 그러나 수면 시간에는 정지한다. 이 형태의 뇌성마비아동 중에 비긴장성 불수의운동형은 뒤틀린 움직임이 주로 나타나지만 근육의 긴장은 없다. 따라서 사지, 목, 몸통이 때때로 회전 형태이거나 뒤틀린 위치에 있다. 그리고 제자리로 돌아오는 형태와 춤추는 듯한 형태가 있다.

긴장형 불수의 운동은 근육이 긴장되고 뒤틀리는 현상은 일어나지 않으나, 경직형과는 달리 관절의 빠른 반복적인 움직임이 일어난다. 긴장이 되면 근육은 연해지고 부드러워지나 경직형에서는 뻣뻣해진다.

이들 특징은 저긴장에서 과다 긴장까지 근육 긴장도의 변화가 심하다. 운동의 수의적 조절이 힘들다. 느리고 불수의 경련으로 움직이며, 뒤트는 운동, 근육의 통제할 수 없는 수출(수면 중에는 정지)으로 일정한 조절이 거의 안 된다. 따라서 움직임을 자율적으로 통제하지 못하며 예측할 수 없다. 특히 손가락과 손목 근육에 가장 많이 일어나며 손으로 글 쓰는 것이 어렵고 그와 유사한 동작의 협응이 거의 불가능하다.

기저 핵인 두뇌 중심부에 장애가 생긴다. 심부선 반사(고무망치로 무릎을 두드리면 다리가 튀어 올라오는 신경근육 증상)는 정상이고 지능은 많이 떨어지지 않지만 언어장애가 나타난다.

이들의 특징을 요약하면 첫째, 얼굴표정 짓는 것과 먹고 말하는 동장에 큰 어려움이 있다. 부분적으로 머리가 뒤로 젖혀진 상태에 있으나 예측할 수 없이 머리가 좌우로 돌려지고 혀가 나오고 침을 흘린다. 둘째, 시각으로 집중이 어렵다. 머리 가누기에 어려움으로 시각으로 물체를 따라가며 보는 것이 힘들다. 셋째, 감적의 기복이 심하고 다소 불안하고 미성숙하다. 경직형 보다 두려움이 없고 흥분을 하기 쉽다.

불수의 운동형(이상 운동형)은 사지 · 목 · 안면 등을 지속적이며 불규칙하게 뒤틀거나 꿈틀거리는 운동을 억제할 수 없이 나타내는 것이 특징이다. 긴장하거나 움직이면 증세가 더욱 심해지고 잘 때에는 나타나지 않는다. 근육이 짧아지거나 관절 변형은 드문 편이다.

· **강직형(Rigdity)** : 뇌성마비 중에는 강직형은 5%로 매우 적은 편이다.

강직형 뇌성마비는 그 손상이 신경조직 바깥통로에서 발생한다. 운동을 하려고 할 때 팔 다리의 갑작스런 불수의 운동을 수반하고 운동조절이 어렵다. 근육의 신축성이 상실되어 팔, 다리를 움직이면 계속적인 운동저항이 강하게 나타난다. 언어와 동작이 경직되고 발육과 지능발달이 좋지 않다.

경직형이 더 심해서 나타나는 장애처럼 보이며 사지를 펴는 동작마저 방해된다. 경직된 사지를 움직이면 마치 납으로 된 파이프처럼 굽어진다. 이러한 아동들은 대게 사지에 마비가 있다. 강직형의 아동들은 불수의 아동들과는 달이 대부분 날씬하다.

· **운동실조형(Ataxia)** : 운동실조형은 운동피질을 조절하고 운동근육의 정제를 하는 소뇌의 손상으로 야기된다. 운동 실조의 아동들은 공간에서 균형과 자세를 조절하는 동작에서 실패한다. 팔에 영향을 주어 움직임을 정확하게 하고 솜씨와 다리에 영향을 주어 걸음걸이에 불완전하게 떨린다. 때때로 네 개의 손발 중에 팔보다 다리에 더 많이 나타난다. 때로는 안구 진탕증, 떨림이 나타난다.

소뇌의 손상으로 방향과 평형감각에 이상이 생겨 균형을 잡지 못하고, 잘 넘어지고, 서있을 때나 걸을 때 마치 술에 만취한 사람처럼 비틀거린다. 잡으려고 하는 물건을 지나치기 쉽다. 균형을 잡으려는 동작은 행동으로 더 심하게 나타난다. 아동들이 행동이 불안한 것을 보충하기 위해 많은 노력을 하는 것처럼 보이지만 동작이 점점 심해진다.

운동 실조형은 유아가 걷기 시작해야 발견할 수 있고 서는 것은 가능하나 보행은 곤란 하다. 그리고 손과 손의 협응이 불가능하여 균형 잡기, 미세한 손놀림이 어렵다. 그리고 자세나 균형이 잡히지 않아서 무작정 움직인다. 균형감각 상실, 공간에서의 위치감각 장애, 그리고 심한 경우에 공간 개념이 떨어진다.

자기수용기에 심한 장애를 갖게 되면 무게중심의 위치나 몸자세, 공간 내의 물체 사이를 걸을 때, 울퉁불퉁한 길이나 내리막길을 갈 때 균형 유지가 어렵다.

뇌성마비의 한 가지 유형으로 진단은 거의 적절하지 않다. 뇌손상은 자주 퍼져나가기 때문에 일반적으로 중복으로 나타난다. 따라서 아탁시아 증세를 가진 장애가 중복하여 나타나는 증후를 가진 불수의 운동형(Athetoid) 사지에 장애를 가진 것으로 진단을 내리는 경우가 자주 있다.

· **진전형**(Tremor) : 뇌막염과 같은 질병에 의해 생긴다. 뇌성마비 중 약 2%에서 나타나는 유형이다. 진전형은 규칙적인 리듬을 억제할 수 없는 불수의운동이 특징이다. 조절할 수 없는 진전이 계속되어 사지가 흔들리며 근육에 율동적인 불수의적 운동이 일어난다. 운동조절이 어려워 대소변을 가리지 못하고 심하게 말을 더듬는다. 쉬고 있어야 할 경우에는 계속적으로 온몸이 움직인다. 자율적으로 조절할 없는 떨림을 인해 연속적인 근육의 긴장이 있다. 진전형은 관(lead pipe) 같이 경직성을 보이며 예후가 나쁘다.

· **혼합형**(mixed type) : 여러 가지 형이 혼합되어 있는 것으로 경련성과 무정위 운동성 같이 일어나는 이 아동은 대부분 중증이고 복합장애를 보인다.

신경운동손상에 따라 신체의 부위에 따라 편마비, 하반신마비, 삼지마비, 사지마비가 있다. 그 내용과 46명 뇌성마비를 분석한 결과는 아래와 같다(Ellembera, 1986).

· 편마비 : 몸의 같은 쪽의 상·하지에 장애가 있는 것으로 전체의 약 20%를 차지한다. 대부분 경련성에서 드물게는 불수의 운동형(Athetoid)에서 볼 수 있다. 다리보다 팔의 장애가 더욱 심하고, 한쪽에 장애가 심하여 거의 사용할 수 없다. 뇌성마비는 장애의 정도, 형태, 분포의 차이에 따라 특별한 범주로 나눠진다. 예를 들어 경련성 유형의 뇌성마비가 매우 심할 수도 있고, 양손과 발에 중복될 수 있다. 이 경우의 진단은 심한 경련성 사지마비이다.

· 하반신마비 : 양쪽 하지에 장애가 있다. 뇌성마비의 10%를 차지하며, 항상 경련성이 있다.

· 삼지마비 : 양쪽 하지와 한쪽 상지의 장애를 가지며 경련성이 대부분이다.

· 사지마비 : 사지 전체에 장애가 있다. 뇌성마비의 60%를 차지하며, 이들은 무정위 운동 증상을 보인다.

(1) 출현율

한국에서 장애 인구 조사는 5년마다 실시하여 전국 장애 인구를 추정하여 발표하고 있다. 보건복지부가 2001년 말에 실시한 장애인 실태조사에 의하면, 전국의 장애인은 1,134,177명(1995년 장애인구 1,053,000명) 으로 인구의 3.9%(미국 14.5%, 1991년/일본 3.5%, 1991년/호주 15.6% 1987)가 장애인이다. 이들 장애인구 중에는 지체 장애인이 682,325명(뇌 병변 장애인 209,880명)으로 전체 장애인의 58%를 차지하고 있다. 그러나 장애인 조사에 뇌성마비 인구가 분류되지 않아서 그 수를 정확히 알 수 없다. 외국의 출현율 최저 0.1~0.2%를 적용 하여 한국 뇌성마비 인구를 추정하면 약 4만~6만명 정도가 있을 것으로 추정된다.

유럽에서는 뇌성마비 1000명 중 0.6%~5.9%로 발표하고 있으나 여러 나라에서 다양하게 조사되고 있다. 미국에는 1956년에서 1965년 사이에 뇌성마비아동이 가장 많이 발생했다. 높은 발병률은 1,000명당 각 0.6~2.4명이 발생하여 그 후 감소해 아동 1,000명당 1.5명이 발생한다는 보고들이 유력하다. 또는 전체 인구에 0.15~0.2% 정도 발생하며 신생아기 1500명당 7명이 발생한다(서울대 의과대학 재활의학과,2003).

한국에서 1970년대 초부터 말까지 재활원이나 재활의학과에 내원하는 뇌성마비아동은 매년 20%씩 증가하였다. 1980년에는 재활원을 찾는 아동의 44.2%가 뇌성마비였다. 이들 뇌성마비의 78%가 12세 이하이고 6세 이하에서 30%나 되어, 치료교육에 요구가 크게 나타나기 시작했다. 한편 지체부자유 특수학교에 재학생의 실태에서도 뇌성마비의 비율은 크게 증가하였다. 1995년에 삼육재활학교 344명의 재학생 중에 317명(여 118명, 남 199명)이 뇌성마비 학생이다. 이는 전체 재학생의 92.1%의 비율을 나타내고 있다. 2003년에는 301명 중에 243명(80.8%(남 153명, 여자 90명) 한국우진학교는 180명 학생 중에 142명(78.9%)이 뇌성마비 학생이다. 이와 더불어 장애범주가 확대되어 특수학교 재학생들의 장애 종류도 다양하게 변화될 것이다.

(2) 원인

뇌성마비의 원인은 다양하다. 대부분의 경우 하나 혹은 그 이상의 원인, 또는 정확하게 그 원인을 알 수 없는 사례가 많다.

뇌성마비는 미성숙한 뇌에 의하여 영구적이고 비진행적인 장애로 인한 운동과 자세에서 나타나는 장애이다. 뇌성마비의 운동은 종종 시각, 청각, 언어나 지적 능력이 미숙한 장애를 수반한다. 이들의 대부분은 혀나 입술의 조절이 잘 되지 않고, 시각인지장애, 촉각 판별능력 손실, 척추장애, 발작 같은 비정상적인 행동을 보인다. 이러한 시점은 출생 이전이나, 출생 직후, 또는 출생 후에 나타나거나 기타 여러 요인이 복합적으로 나타난다.

출생 전 원인이 태아의 뇌에 산소의 결핍, 임신 중에 어머니에서 물려받는 감염을 원인으로 지적한다. 출생 전 산소의 결핍과 산모 태내에 있는 아기의 뇌의 손상, 조산 그리고 신진대사의 장애와 당뇨병이나 임신중독증과 같은 원인에 의해 생긴다. 결과적으로 빌리 루빈의 초과와 산소생산의 결핍과 연관되어 칼리루빈은 결과적으로 뇌에 손상을 끼칠 것이다. 뇌성마비의 약간의 출생 전 원인은 분명히 알려지지 않았다. 출생 전 원인은 아기 뇌에 출생부상과 그리고 산소결핍증(산소의 공급이 부족하여 일어나는 것)이 포함된다.

뇌성마비의 결과는 출생 후 기간에 뇌막염과 같은 뇌의 감염과 뇌염이다. 뇌종양과 뇌손상은 뇌가 뇌성마비에 손상을 입히는 것을 유발할 수 있다.

뇌성마비의 세 가지 중요한 원인은 경련성 예비환자, 불수의 운동형, 운동 실조형으로 분류할 수 있다.

뇌성마비의 원인 통계적 분류와 임상적 분류는 임신부터 출생 전, 출생 중, 출생 후로 구분하고, 출산을 중심으로 출산 전은 태아부터 출산 후 2주 이내까지 선천성으로 분류한다.

분류에 따른 원인을 구체적으로 살펴보면 다음과 같다.

· **출생 전** : 출생 전 요인은 유전요인이나 임신 중 산모의 부적절한 태내 환경이나 약물중독 등을 들 수 있다. 산전원인(30%)중에 가장 많은 자궁내 태아의 무산소증을 유발할 수 있는 모든 조건에서 의심을 한다. 그리고 산모의 감염, 약물복용, 독극물에 의한 노출, 대사성 질환 등이다. 그러나 유전인자의 결함(defects of hereditary material)은 거의 적거나 없는 편이다. 그리고 생화학적 결함(defects biochemical mechanism), 모체의 감염(infection),

출혈, 태반 이상, 모체의 산소 결핍에 기인한 임신 중의 저산소증(hypoxia), 모체와 태아의 혈액형불일치로 인한 핵 황달, 태아의 미숙(prematurity) 등을 들 수 있다.

이 밖에도 임신 중에 부적절한 의학적 처치, 약물중독(poisonous), 산모의 영양실조, 임신 중 질병, 임신중독, 복부 엑스선 촬영, 성병, 가스 중독, 심한 신체 충격 등이 뇌성마비 발생의 60%를 차지하고 있다. 특히 미숙아는 분만 외상을 받기 쉽고 두개골 내 출혈과 산소 결핍을 일으키기 쉽기 때문에 발생률이 더 높다. 미숙아에서는 정상아에 비해 3배나 높은 발생빈도를 보인다. 황달과 고열은 초산의 경우에 뇌성마비 출현의 원인으로 많이 보이는 증상들이다. 조산 유아의 경우에 어머니의 영양실조에서 많다. 영양실조 조산은 임신 중 지나친 편식과 심한 입덧으로 음식물을 섭취하지 못한 임산부에게서 많다. 이밖에도 모자간 혈액이 맞지 않아 부적합으로 발생하거나 정자와 난자의 수정 시나 임신 3개월 이내에 모체의 가스중독, 임신부가 임신 3개월 이내에서 독일홍진(German Measles; Rubella)을 앓았거나 식중독 기타 독성에 음식물 중독 등이 지적되고 있다. 어떤 연구에서는 선천성 발육부진, 모체와 임신 중 진정제 과다복용을 지적하고 있다. 이 밖에도 알콜 중독, 흡연 등의 원인도 꼽을 수 있다.

· **출산 시** : 출생 중에 외상이나 산소결핍이 크게 영향을 미친다. 분만 지연, 난산 등의 기계적 요인과 기도의 폐색, 호흡마비, 양수 흡입 등으로 기인한 신생아 가사 등을 들 수 있다. 뇌성마비 중 30%가 출산 중에 원인으로 발생된다.

아기가 분만을 준비하지 않은 위치에 있는 상태에서 위치변화를 시도하는 것은 신체 손상을 주기 쉽다. 외상으로는 아기의 과다한 체중으로 인한 겸자 분만에 의한 조산으로 태아에게 산소 공급이 중단되어 장애를 일으킬 수 있다. 산소 결핍은 출생 과정에서 태아에게 공급되는 산소의 양이 감소될 때 일어난다.

오정희(1997)는 임상 보고에서 분만 시에 태아의 질식, 탯줄이 먼저 나오거나 또는 태반이 조기 박리되었을 때 뇌 조직의 산소부족, 혈종 등으로, 또는 분만 시의 뇌혈관 장애 등으로 반신 마비가 일어날 때가 많다.

분만 중 60%는 전치 태반, 분만 자연 또는 출산을 인위적으로 조작하는 아이, 제대 압박, 태아에 비해 산도가 좁거나 머리가 나오는 방향에서 변경된 아기, 신생아기의 심폐 질환, 자가 면역, 용혈성 질환으로 심한 황달 등이 원인이다.

· **출산 후** : 출산 후에 발생하는 기간은 길게 3년 이내에 발생한다. 그러나 임상에서 보면 9개월 이전에 발생한 아동이 85%에 이른다. 출생 후에는 미생물에 의한 뇌막염, 뇌에 바이러스 감염으로 영아기에 열이나 산소의 부족으로 생후2년 이내에 일어난다. 이들은 뇌염(emcephalitis), 뇌막염(meningitis; 수막에 염증이 생긴 증상) 등의 감염으로 인한 합병증으로 외상, 뇌혈관 장애, 종양이 원인이 되어 36개월 안에 나타난다. 주원인으로는 두뇌의 외상감염(뇌염, 뇌막염) 등을 의심하고 있다. 유아기의 뇌막염과 뇌의 바이러스 감염은 근육을 허약하게 가져올 수 있다. 뇌막염은 미생물에 의해 일어나고 뇌성마비와 유사한 증후를 일으킬 수 있다. 두 가지 감염은 어느 때나 일어나지만, 생후 2년 이내에 자주 일어날 수 있다. 심한 황달, 납중독, 사고 외상, 고열, 뇌종양 등 발생의 10%가 이에 속한다.

어머니가 태아를 갖고 진통을 하고 출생하기까지 복잡한 여러 가지 요인이 작용한다. 출산 후 원인의 95%가 여기에 해당하며, 나머지 5%의 원인은 신생아기, 유아기의 뇌막염, 머리의 외상 등에 의한 것이다. 이 밖에도 노산·아기에서 위험이 있으나, 약 40%는 뇌성마비 원인을 규명할 수 없다.

여기서 중요한 것은 뇌성마비의 발생을 예방하는 일이다. 보통 아기가 태어날 때 약 1.11~1.8kg의 신생아는 더 신중하게 처치하고 양육함으로써 뇌성마비의 발생을 감소시킬 수 있다. 체중 미달의 신생아는 위험 있을 것을 예상하고 확인함으로써 뇌성마비의 발성을 줄일 수 있다. 그러나 체중 미달의 신생아도 건강하게 발육할 수 있는 능력을 가지고 있다.

뇌성마비의 대부분의 유전이 아니며, 장애가 진행되지 않고, 남에게 전염도 되지 않는다.

(3) 장애 특징과 관련 장애

뇌성마비는 신경운동 손상 외에 시각·청각·언어·감각의 이상이 있을 수 있다. 정신장애나 발작도 나타날 수 있다. 비록 뇌 손상이 점차 진행되지 않는다 하더라도 신체를 적게 사용하거나 한 부분을 사용하여 이차적 장애를 가지기 쉬워 아이가 성장에 따라 척추와 팔다리에 진전된다.

뇌성마비아동은 두뇌의 손상으로 운동신경 조절기관이 장애를 가지고 있다. 뇌 기능손상의 정도와 범위에 따라 다른 기능까지 장애를 갖게 된다. 뇌 기능 장애는 행동장애뿐만 아니라 감각 기능과 그 와 관련된 장애를 동반한다. 따라서 이들은 운동장애 외에도 지각, 언어, 청각, 시각 등의 장애와 발달지체를 동반한다.

뇌성마비에게 수반되는 언어장애(82%), 정신지체(19~65%), 시각장애(34~50%), 경련발작(25~40%), 청각장애(15%), 감각장애(13.6%), 그리고 정서장애, 학습능력의 감퇴 등이 나타날 수 있다. 이외에 소화기 계통·비뇨기 계통의 문제도 동반될 수 있다.

한편 뇌성마비아동의 신체 발달은 장애종류, 장애정도에 따라 불규칙하다. 신체 발달은 이동제한으로 뚜렷하게 나타난다. 모든 뇌성마비아동의 가슴둘레를 제외하고 키, 앉은 키, 몸무게에서 뒤지며 몸의 유연성이나 근력, 순발력, 민첩성, 평행감각 등에서도 일반아동보다는 열등하다. 따라서 체력이나 신체의 발육기에 어려움이 있는 것을 관찰된다.

신체발달과 정서는 뇌성마비아동의 인지발달, 언어발달에 영향을 미친다. 더 나아가 신체장애는 사회발달, 자아발달까지 방해를 준다. 인지적 특성으로는 빛나 움직이는 물체에 주의를 하려고 애를 써도 근육이 조절되지 않아서 자율적 반응이 어렵다.

학습에서 불수의 운동과 주위의 잡음이나 감각 등에 예민하여 주의가 산만해지거나 주의력결핍 현상이 나타난다. 그리도 어떤 개념에서 상위 개념에로의 전환이 안되고, 사회경험의 부족으로 자기중심에서 벗어나는 시기가 늦거나 지체된다.

특히 사회·심리적인 문제들은 개인적으로나 가족들에게 영향을 주고 정상 지능을 가지고 있는 아동들은 청년기동안 더 악화되는 경향이 있다.

일반적으로 뇌성마비 아동은 다양한 자극이 제한되므로 어릴 때부터 접촉의 범위가 좁아 흥미, 경험, 인과관계가 제한되어 사고의 발달이 지체되거나 미숙하기 쉽다. 유전적 소질이 우수하더라도 발달이 지체되기 쉽다. 차차 나이가 들어가면 신체 매력에 열등감과 불만으로 나타나고 자아 발달이 미숙하기 쉽다. 특히 사회에서 친구나 동료에서 소외되기 쉽고, 동일시 대상을 찾기가 힘들다. 이것이 사회적으로 미숙하거나 사회적 장애를 수반하게 되는 중요한 요인이 된다. 보행의 불편과 경험의 제한 때문에 사회참여에 어려움이 장기간 계속되면 사회적 고립이 되기 쉽다. 또 그들은 사춘기에 가면 자존심의 빈곤과 자아정체감에 대한 열등감 때문에 정서적으로 미숙하거나 그 반대의 불안에 빠지기 쉽다(이에 관한 문제를 사회정서 심리발달, 사회심리발달에서 더 충분하게 읽어야 한다).

· **정신지체** : 뇌성마비 아동 60% 이상에서 정신지체를 나타낸다. 이들을 20~30%는 지능이 매우 낮거나 심한 발달지체를 보인다. 7세 이상의 뇌성마비 아동 225명 중 85%는 독서 능력이 낮으며, 93%의 수학능력이 떨어진다. 그러나 뇌성마비 아동 중에 60~75%는 경하든 심하든 정신발달지체를 가지고 있다. 뇌성마비 정신발달지체 15%는 경한 정신지체, 35%는 훈련가능 정신지체, 그리고 50%는 보호에 해당하는 정신지체를 보이고 있다. 그러나 20~30%의 아동 대부분은 지능 지수가 평균 이상이거나 정상 발달을 보인다.

뇌성마비 불수의 운동형의 아동은 경직형 아동보다 정신지체가 가볍다. 또 경련성 장애를 가진 아동의 80%는 정신지체를 가지며, 경련성의 사지장애를 가진 30% 정도의 중복장애 아동은 정상적인 지능을 가지고 있다. 무정위 운동증상 40%의 아동은 지적장애를 갖고 있다. 이들은 도형배경, 두점의 분별능력, 위치감각, 잔동감각, 통각, 온도감각에서 장애를 보인다.

· **언어장애** : 뇌성마비 아동은 30~60%의 언어장애가 있다. 듣기 · 말하기 장애는 기능장애의 특성으로 인해 언어장애를 나타낸다. 선천적 풍진으로 인한 뇌성마비는 대부분 청각의 손실이 있다. 피라미드를 벗어난 뇌성마비 아동들은 정상적인 발음에 문제가 있고, 혀와 성대 등 움직이는 기능에 영향을 준다. 말하기에서 발음이 부정확한 것은 뇌의 장애로 인하여 나타나는 것이다. 특히 경련성 사지 마비에서 언어장애가 많이 나타나며, 편마비보다

는 사지나 양쪽 하지 마비에서 더 많이 나타난다. 무정위 운동장애는 구음장애(dysarthria)가 있다. 이는 말하는 근육이 마비되거나 조절을 하기 어려워 장애가 나타난다. 그리고 말을 조직하고 선택하는 데 어려움이 있다.

· 청각 및 시각장애 : 시각 · 청각장애는 각 5~20%에 이른다. 청각장애는 불수의 운동형에 흔히 나타나며, 경직성 뇌성마비는 2%의 청각문제를 가지고 있다. 1,293명의 뇌성마비아동 청력 조사결과 5%에서 명확히 청력장애가 나타났으며, 8%에서는 의심을 가질 만한 이상을 보였다. 한국의 뇌성마비 601명 중에는 청각장애를 가진 사람은 3.7%였다(김승국 외, 1992). 특히 핵 황달(회백질 : 핼액 중에 고농도의 빌리루빈과 관련된 중증의 신경증상을 사진 신생아의 대뇌 회백질의 녹황색으로 물들며 광범하게 파괴성이 나타나는 황달이다)에서 장애가 된 뇌성마비에서 80%의 청력에 장애를 보였다.

뇌성마비 601명 중에 3.1%가 시각장애를 보였다. 시각에 장애아동 25~50%는 사시(strabismus)를 가지며 경련성 아동에게서 많이 보였다. 발달이 미숙한 유아는 망막이 미성숙하며, 반신마비장애아동은 자주 시야의 한 영역을 볼 수 없다. 따라서 뇌성마비 40%는 학습에 영향을 미치는 시 · 지각에 장애를 가지고 있다.

특히 불수의 운동형을 보이는 아동은 눈을 위로 치켜뜨지 못한다. 핵 황달을 가진 아동은 시각을 위를 응시할 수 없다. 이외에도 손의 모양이 없고 촉감이 적으며 상지가 작고 감각에 장애를 보인다. 60%의 핵 황달에 의한 장애아동은 적든 많든 시각장애를 나타낸다.

· 이상뇌파 간질의 특성 : 뇌성마비아동의 80%는 이상뇌파를 보였다. 그들의 30%는 살아가면서 발작이 나타나기 때문에 교육과 사회적응에서 심각한 문제를 가지게 된다. 간질은 과도한 전기적 뇌 기능이 뇌의 신경세포에 과잉 자극하여 일어나는데 아동의 학습능력도 다양하게 영향을 미친다. 간질은 뇌성마비, 뇌종양 등 중증아동에서 발생되는데, 발작형태도 다양하고 신체적 문제뿐 아니라 사회 · 심리적인 문제가 더 심각하다.

발작의 형태는 일반적 발작과 부분적 발작으로 나눠볼 수 있다. 일반적 발작은 대발작, 소발작, 근간대 경련, 무정위 운동발작 등 예고 없이 일어나며 심하면 의식까지 잃게 된다. 부분 발작은 운동기능과 행동에 영향을 주고 잠시 목적 없이 행동이 나타난다.

각 추형은 간질이 가장 넓게 퍼져 있다. 대발작은 편마비 아동에게서 자주 일어나고 가벼운 발작은 사지마비와 경직형에서 자주 나타난다. 뇌성마비 아동의 30~50%에서 간질이 나타나는데 불수의 운동의 아동은 12%가 간질을 보이며, 불수의 운동형 편마비 중에서 55%의 아동이 간질을 보인다.

어린이가 경련을 일으킨다고 모두 다 간질은 아니다. 다만 먹지도 않았는데 씹거나 삼킨다든가, 눈동자의 움직임, 헛소리, 몸의 움직임, 반응의 처침 등을 잠시 또는 오랫동안 반복해서 관찰해야 한다. 진단방법으로는 완전한 신체 및 신경언어 검사가 실시되고, 때로는 두뇌X-ray 실험과 EEG, CAT 등이 있다.

간질의 예방이나 치료는 위험한 환경과 뇌 손상을 줄 수 있는 환경을 개선하여 방지할 수 있다. 간질의 치료는 보통 약물 치료를 하는데, 약물치료는 학업을 계속하는데 도움이 된다.

한국의 601명 뇌성마비 조사에서는 11.3%가 경기를 하는 것으로 보고했다(김승국, 1992). 후천성 뇌성마비는 무정위보다는 경련성에 더 많이 발생한다. 이상과 같이 뇌성마비는 뇌 병변으로 인하여 다른 장애를 중복을 갖고 있다.

이 밖에도 뇌성마비아의 부모는 그의 뇌성마비 자녀의 양육에 큰 어려움을 준다. 그리고 그들의 80%의 가정은 육체적으로 심리적으로 영향을 준다. 뇌성마비의 출현은 부모의 기대가 무너지고 양육에서 오는 부담으로 인하여 정신건강을 위태롭게 하거나 가족에게 슬픔을 줄 수 있다(구본권, 1982, 1991). 일반아동이면 스스로 할 수 있는 시기인데도 부모는 자녀의 능력을 너무 낮추어 실망하거나 자녀는 돌보는 데 지쳐 그 책임에서 벗어나고 싶어 한다. 따라서 가정에 장애아동의 출현은 치료의 비용이 부담되고 치료 효과를 크게 기대하지 못하여 실망하기 쉽다. 그들의 부모는 장애아동의 짐에서 언제 벗어날지 모른다.

2) 뇌수종

뇌에는 뇌척수액(cerebrospinal fluid, CSF)이라는 맑은 체액이 뇌의 안과 밖을 채운 채 순환하고 있다. 뇌의 안쪽에는 뇌실(ventricles)이라는 작은 빈 공간들이 있으며 이곳에 있는 맥락총 혈관(choroids plexus vessels)에서 뇌척수액이 만들어진다. 뇌척수액은 혈액에서 적혈구나 백혈구 세포들이 제거된 혈장과 비슷한 액체이며, 생성된 뇌척수액은 뇌실의 구역을 따라 흘러서 소뇌 주변의 제4뇌실의 출구를 통하여 뇌의 바깥쪽으로 나온게 된다.

뇌척수액은 뇌를 충격으로부터 완충하는 쿠션의 역할을 하고, 두개강 내의 압력을 골고루 분산하는 역할도 하며, 영양분이나 노폐물을 운반하는 역할도 하는 것으로 알려져 있다.

어떤 원인에 의하여 뇌실 내 맥락총 혈관에서 마지막 상시상 정맥동에 이르는 뇌척수액의 순환로가 일부 막히게 되면 뇌척수액이 두개강이나 척추강에 비정상적으로 축적되게 된다.

뇌척수액의 축적은 대부분의 경우 뇌압의 상승으로 이어지며 이로 인한 증상과 뇌 발달의 장애를 일으킨다. 급격한 뇌압 상승은 생명을 위협할 수도 있다.

선천적인 뇌와 척수의 구조 이상과 연관되어 나타나는 경우가 많아서 소아에게 많이 발생한다. 그러나 뇌출혈, 뇌종양, 중추신경계 감염과 같은 후천적인 질병과 연관된 경우는 소아뿐아니라 성인에서도 나타나며 노인에서는 미세한 뇌척수액 순환장애로 인하여 뇌압이 높아지지 않는 가운데 뇌척수액이 축적되는 독특한 형태의 수두증이 나타난다.

뇌실에서 지주막하 공간에 이르는 길이 막혀있는 경우 뇌실만 확장되는 비교통성(non-communicating) 수두증이 발생하고, 제4뇌실의 출구 이후에 지주막하 공간에서 폐색이 있는 경우 뇌실과 지주막하 공간이 모두 확장되는 교통성(communicating) 수두증이 발생한다. 이 분류는 치료 방법을 결정하는데 중요한 기준이 되기도 한다.

선천적인 이유로 뇌실 내 지주막하낭종과 같은 낭종이 생겨 뇌실을 막거나, 제3뇌실과 제4뇌실을 이어주는 중뇌수도관(aqueduct of sylvius)이 막혀 수두증이 발생할 수 있다. 제4뇌실 내 낭종과 소뇌 발달 이상이 동반되는 댄디-워커(Dandy-Walker) 증후군도 영아에서 수두증을 초래하는 중요한 원인이다. 한편, 척수 수막류(myelomeningocele)가 있거나 키아리1형 기형(chiari i malformation)이 있는 경우, 원인은 다소 불명확하나 뇌척수액 순환에 이상이 생겨 수두증이 흔히 나타난다.

후천적인 원인으로는 조산아가 뇌실 내 출혈이 있거나, 성인에서 뇌 지주막하 출혈이 있는 경우 수두증의 발생빈도가 높다. 출혈로 응고된 혈액이 뇌실을 막거나 이 혈괴가 흡수되는 과정에서 지주막에 염증이 발생하여 뇌척수액 흐름에 장애가 생기는 것으로 생각된다. 뇌수막염과 같은 감염이 있는 경우 역시 지주막에 염증과 상처가 생기면서 수두증이 발생하기 쉽다. 뇌종양은 소아와 성인 모두 흔히 수두증을 동반하며 뇌종양의 치료와 수두증의 치료를 병행해야 하는 경우가 많다. 두부 외상에 흔히 뇌출혈이 따르므로 역시 수두증이 생길 위험이 높다.

천천히 발생하는 뇌수종은 연령에 따라서 다양한 증상이 나타난다. 2세 이하의 소아는 아직 두개골이 닫혀있지 않으므로 수두증이 진행되면 머리둘레가 비정상적으로 커지는 모습을 보이게 된다. 대천문이 볼록하게 튀어나오고 때로는 아이가 짜증을 많이 내거나 구토를 하는 모습을 보이며 계속 잠만 자는 경우도 있고, 눈이 아래로 처지거나 안쪽으로 모이는 모습을 보이기도 한다.

좀 더 큰 소아는 두통을 주로 호소하게 되는데, 그 증상은 지속적이며 특히 아침에 깨었을 때 심하다. 구토를 자주하거나 졸린 모습을 보이기도 하며, 취학 아동의 경우 학교성적이 떨어지고 이상 행동을 보이기도 한다.

뇌출혈이나 매우 빨리 자라는 악성 뇌종양에 의한 급성 뇌수종은 급격한 뇌압 상승을 동반 하는 매우 위험한 상황이다. 심한 두통과 구토가 나타나며 의식저하, 팔다리 강직을 보이고 강직성 발작(hydrocephalic fit)을 보이기도 하는 빠른 치료를 요하는 상황이다.

열려있는 대천문을 통하여 두개강 초음파나 뇌 전산화 단층촬영(CT)으로 뇌실의 확장을 확인한다. 수두증의 원인에 대한 좀 더 자세한 검사로서 뇌자기공명영상(MRI)이 널리 쓰이며, 뇌척수액의 흐름을 평가하기 위한 동영상 자기공명영상(cine-MRI)도 사용된다. 수두증으로 인하여 뇌압이 실제 높아져 있는지 확인할 필요가 있으며, 뇌압 모니터를 두개강에 넣거나 요추 천자를 하여 압력을 측정하기도 한다.

비수술적 치료 방법은 없다.

조산아가 뇌실 출혈이 있는 경우, 바로 션트수술을 하면 실패율이 매우 높으므로 요추 천자가 뇌실 천자로 뇌척수액을 주기적으로 뽑아주는 경우가 있으나 이는 조산아가 수술을 견딜 수 있을 만큼 성숙할 때까지 임시 방편으로 뇌압을 줄여주는 방법이다.

뇌종양에 의하여 수두증이 생긴 경우, 뇌종양을 제거하면 수두증이 해결되는 경우가 많으나 25~70%의 환자는 수두증이 지속되어 치료를 요하게 된다.

션트 수술은 뇌실에 얇은 관을 두고 뇌척수액을 두피 아래로 뽑아내어 이어진 관을 통하여 이를 복강이나 흉강으로 보낸 후 그 곳에서 복막과 흉막을 통하여 다시 몸에 흡수되도록 하는 수술이다. 중간에 밸브 장치를 설치하여 뇌압의 높은 정도에 따라서 흐르는 뇌척수액의 양을 조절해준다. 예전에는 밸브의 압력 수치를 조절하려면 다시 수술하여 밸브 자체를 교체해 주었으나 최근에는 체외에서 조절 가능한 밸브가 개발되어 환자의 상태에 따라 쉽게 압력을 조절할 수 있다. 션트 수술을 수두증에 대한 가장 기본적인 수술로서 교통성 및 비교통성 수두증 모두 치료 가능하다.

3) 이분 척추

이분척추라는 말은 나누어진 척추를 의미한다. 이러한 상태의 아동에 있어서, 척추의 일부에서 하나 이상의 척추가 완전히 형성되지 않은 선천적인 결함을 의미한다. 정상적인 척추에서는 중앙에 뇌와 신체의 여러 부분을 연결하는 신경을 감싸고 있는 척수를 포함하는 관이 있다. 척추가 파괴되거나 깨져 있을 때 이 중앙통로는 완전하지 않으므로 척수와 피복이 깨진 부분을 통해 돌출되어 아동의 등에 혹이 생기는 원인이 될 가능성이 있다. 이 부분에서 신경의 분열과 손상은 마비의 원인이 되는 뇌와 대동맥, 수족 간의 신호가 전달하는 데 방해가 되는 것을 의미한다. 촉감, 통증, 위치의 감각을 나타내는 신체에서 뇌로의 신호도 또한 차단된다. 척추의 손상은 어느 곳에서도 발생할 수 있으며 대게 아래 부분에서 발생한다. 이분척추 아동이 출생한 후에는 연이어지는 임신에서 재발할 높은 위험이 높다. 일반인 또는 비장애인 이분척추를 가진 아동의 가족에서 무뇌증(anencephaly)의 발생 위험이 있다. 임신 초기에 이분척추에 대한 검사가 가능하다.

이분척추의 세 가지 주 형태가 있다. 가장 경한 형태는 척추의 기형이 등뼈의 아랫부분에서 발생하는 Spina Bifida Occulta로 알려져 있다. 척수의 돌출은 없으며 기형은 표면에서 살이 덮인다. 이것은 주요한 의학적 또는 교육적인 문제를 일으키지 않는다.

두 번째로 가장 심각한 형태는 Meningocele이다(cele는 자루를 의미한다). 이에서는 척수피복이 노출된다. 여기에는 피부에 의해 덮이거나 덮이지 않는 돌출 Meningocele가 있다. 돌출은 목의 척추 또는 등 위쪽에 있다. 척수는 척수 관에 있다. 일반적으로 이 상황은 방광, 창자, 신체의 정상 기능의 일부를 소실시키는 원인이 된다. 가장 심각한 것은 허리부분에서 발생하는 창자(myelocele; myelomening ocele, menin gomyeocele)이다. 척추에서 신경이 노출된다. 다리의 마비와 감각의 손실 외에 괄약근에 공급되는 신경이 영향을 받아서 방광과 창자의 부절제의 원인이 된다. 척추가 높아질수록 장해가 발생하고 기능의 상실이 커진다. 감각은 종종 Arnold-Chiari 기형과 관련된다. 이와 함께 일반적으로 뇌의 근본(골수)을 감싸고 있는 두개골의 신경은 두개골 안보다 목의 위쪽(경추)에 있다. 이는 뇌수종을 일으킨다. 만일 연합 뇌수종이 이분척추에 있으면, 과잉액이 뇌에 모이고(순환의 장애에 의해), 그 압력에 의해 아동의 머리는 점진적으로 뇌가 압축되고 손상된다. 이분척추에 추가된 합병증은 출생 시에 발생하거나 생후 6개월 안에 발생한다. 그러나 그 후에 발전하지는 않는다.

다른 비정상 발생은 안짱다리(club-foot), 또는 엉덩이의 전위일수가 있다. 정신적 퇴보는 심한 뇌수종과 함께 온다. 반면에 지능은 정상적일 수 있다. 일반적으로 척추 상해가 높아지면 신경조직의 분열에 의한 장애가 증가한다.

이분척추의 치료는 다소 논쟁의 대상이다. 혹은 제거하고 척추를 덮기 위한 조기 수술은 일부 의학 전문가에 의한 강력이 논쟁되고 있다. 수술을 함에도 불구하고 나중에 뇌수종, 마비와 부절제로 발전된다.

심리학적으로 어머니는 초기의 모습이 그녀에게는 매우 고민이 되는 그녀의 자녀에서 무언가 도움이 되었다고 느끼는 것이 도움이 된다. 그러나 논쟁은 그들이 죽을 것이라는 예상에서 매우 심각하게 감염된 아동에 대하여 아무 처치를 하지 않도록 추천하는 것에 있다. 이분척추를 가진 거의 20%의 아이가 아무 치료도 없이 생존하고 있다(Hall, 1984). 생후 바로 치료를 할지 또는 말지를 결정하는 것은 의사와 관련하여 부모에게 매우 어려운 문제이다. 치료가 제공된다고 가정하면 외과적 수술이 먼저이며 위에 언급된 뇌수종과 마비, 부절제에 대한 치료가 그 다음이다.

이분척추에서 척수의 손상 정도는 다리의 약함과 마비의 정도에 영향을 줄 것이다. 만일 결함이 척추의 아래에 있다면, 발과 무릎의 근육만이 영향을 받을 수 있고 어린아동은 걸음을 돕기 위해 짧은 다리 부목을 착용할 수 있다. 만일 결함이 흉부 중앙에 있다면, 어린 아동은 가슴아래 근육이 무기력하게 마비되기 때문에 휠체어를 사용해야 할 것이다. 걸음을 돕고 혹이 정상 위치에 유지되기 하기 위한 물리치료의 일부가 필요하다. 수족에 감각의 상실이 있을 때, 타박상과 느낄 수 없는 종양에 대한 검사는 절단을 요하는 극단적인 상황이 되거나 치료하기 어려운 상태가 될 수 있는 궤양의 발생을 억제한다.

방광과 대장의 실금문제는 여러 방법으로 다룬다. 특히 여자에 대해서는 소변을 회선 절차에 의해 방광으로부터 외부 주머니로 돌리는 수술이 행해진다. 음경 주머니(penile bag)는 많은 남성에게 있어서 해결방법이다. 어떤 경우에 있어서는 이 문제는 대장유실(washout) 또는 방광의 수동 표현에 의해서 다루어질 수 있다. 근래에 일반적인 방법은 간헐적으로 요도관을 꽂는다. 이는 요도관의 배출을 위해서 방광 안에 삽입된다. 비뇨기 감염과 신장 손상은 심한 합병증을 일으키고 이를 피하기 위해서 주의가 요구된다.

이분척추를 가진 어린 아동의 치료는 초기에 집에서 그리고 궁극적으로 그 상황에 수반되는 넓은 범위의 장애가 복잡해질 수 있다. 아동은 일생의 초기에 대부분을 병원에서 보내고, 정상적인 지각발달은 그 후에 이루어진다. 실금의 심리학적인 문제는 어린아동에게 있어서, 특히 사회생활에 있어서 극복하기란 어렵다. 실금은 일반교실에서 공부하는 아동에게 있어 가장 큰 장애이다. 특수학교에서 교육의 문제를 아동이 옷을 갈아입게 되고 치료와 주의를 기다리는 동안 실금은 차차 없어진다.

일종의 특수교육이 이분척추를 가진 대다수의 아동에 대해서 가능한 시각, 지각, 지능, 교육의 어려움을 극복하기 위해 전문가의 도움이 필요하다. 그러나 대다수는 주요한 물리적 또는 지능적인 문제를 갖고 있지 않다. 적은 비율의 아동들이 심한 지능장애아동이다.

4) 척추기형

척추기형은 대개 특별이 나타나는 증상으로 선천성 신경근육 장애의 원인이 된다. 다른 원인은 종양, 감염과 신진대사 질병과 같은 것이 포함된다. 척추기형에는 척추측만증, 척추전만증, 척추후만증이 있다.

· **척추측만증** : 이는 등뼈가 옆으로 휘는 장애로, 한쪽 쇄골이 다른 쪽보다 현저해서 한쪽 어깨나 엉덩이가 다른 쪽보다 높다. 이러한 변화 때문에, 대동맥의 정렬이 변형되어 골반, 가슴과 머리가 서로 정확히 위치를 유지하기 어렵다. 척추 만곡은 치료하기 어렵다. 대개의 경우 몸통에 점점 심한 변형을 일으킨다. 이것은 심장, 폐 기능 장애를 유발시키는 흉곽을 변형시킬 수 있다. 또한 심한 등 부위의 통증과 이동의 제한을 증가시키는 허리부위의 척추관절을 변형시킬 수 있다.

· **척추전만증** : 이는 옆에서 보면 등뼈가 앞으로 휘는 장애로, 허리부위 척추의 정상 전면 곡선의 과대된 상태다. 신경 근 장애 상태에서는 매우 과대되어 앉고 눕고 걷는 것이 불가능 하거나 매우 힘들다.

· **척추후만증** : 측면에서 등뼈가 뒤쪽으로 휘는 장애로, 흉부에서 척추의 정상적인 뒤쪽으로 곡선이 심해진 상태다. 심한 경우에는 폐활량을 감소시킬 수 있으며 또한 신장이 짧아지는 기형의 원인이 된다. 척추기형의 처방은 힘의 정도, 위치와 아동의 나이에 따라 시행한다. 이것은 관찰, 보고지구에 의한 기능회복 훈련이나 수술을 한다. 척추기형의 조기 발견은 매우 중요하다. 특히 중복장애아동에게는 부목의 설계와 사용법, 시기, 수술 범위가 결정적이며 조심스러운 관찰에 따라야 한다.

5) 진행성 근육위축

근육위축은 근육약화가 진전되는 선천적 질병이다. 이 병은 근이양증이라고도 하는데 여러 가지 형태가 있다. 가장 흔한 것은 뒤센형 근육위축증이다. 뒤센형 근육위축증은 남성 3,500명중 1명에게 감염된다. 여성들은 대게 남아의 50%에게 이 증상을 전달하지만 자신들은 걸리지 않는다. 특별한 치료 방법이 없기 때문에 서서히 병세가 악화되어 심장이나 폐 근육에 까지 이동하여 사망한다. 진단에는 감염된 남자아동의 모계 어머니와 남매에 CPK 검사가 사용된다. CPK 효소는 PMD에 걸린 아동의 혈액과 그 어머니들의 70~80%의 혈액 속에서 상승한다. 이 병의 1/3 가량이 이 병에 걸린 적 없는 가계의 유전변이에 의해 발생한다.

뒤센형 근육위축증은 2~6세 무렵의 유아기에 시작되는데 이때 아동들은 계단을 오르거나 달리는데 어려움을 느낀다. 경한 증세를 보이는 아동이 나타나는 증상은 골반근육에서 시작되거나 어깨근육에서부터 시작된다. 골반근육이 상당히 약해질 때 나타나는데, 바닥에서 일어나기 위해 아동들은 손을 이용하여 넓적다리를 들어 올리거나 똑바로 선 자세를 하기 위해 넓적다리로 걷는다.

호흡기능이 점차로 약해지는 것은 복부와 가슴근육 약화의 부차적인 증상이다. 이것은 분비물 배설을 저해하고 폐렴을 일으킬 수도 있다. 특히 아동은 이동하는데 어려움을 겪게 되어 보조기구를 필요로 하게 되고 식탁곁에 서 있는 것도 어려운 시가가 올 것이다. 10~14세 무렵이 되면 걷기를 중지하고 휠체어가 필요하다. 전기 휠체어는 많은 의지를 할 수 있기 때문에 유용하다. 근육위축 환자가 휠체어 사용하게 될 경우 대게 심각한 척추만곡이 진전되는데, 단지 척추용해(fusion)에 의해서 막을 수 있다. 장기간 앉아 있기만 하고 근육의 힘을 불균형하게 하는 것은 엉덩이의 굴근, 무릎, 발목, 발의 수축을 진전시킬 수 있다. 3개월 이상 의자 생활을 하게 되면 다시 걸어 다닐 수 있는 가능성이 상당히 감소된다. 침대에 누워 있으면서 치료받는 기간도 또한 아이의 기능적 수준을 저하시킨다.

환자를 관리하는 부모나 교사들은 활동적이고, 직립자세 등을 유지시키기 위해 노력함으로써 이러한 증상이 급격한 진전에 대처해야 한다.

근육위축 환자는 보통 사춘기나 청년기까지 밖에 살지 못한다. 생명이 다할 무렵에는 호흡기질환에 감염되기 쉽다. 사망 원인은 보통 심장근육 약화에 따른 심장마비나 가슴근육 약화에 의한 호흡마비이다. 척추수술과 폐 치료 분야의 발전에 따라 예상 수명이 증가하고 있다. 아직 특별한 치료법은 발견되지 않았지만 최근에 유전자 결함에 관한 중요한 발견이 이루어졌고, 활발한 연구가 진행 중이다.

근육위축증 아동들은 치명적 질병에 대한 사회·심리학적 암시를 경험한다. 그들은 약화된 신체적 상황과 절망적인 예측과 맞서 있다. 치명적인 질병을 가진 아동과 생활하는 것은 많은 사람들이 편치 않은 어려운 상황이다. 불치병을 가진 아동이 심리학적 문제에는 더 대처하기 힘들다. 병에 걸린 학생들, 그의 친구들, 가족들, 교사들은 모두 죽음에서 소생할 수 있다는 소망을 요구한다. 이들은 병이 진전될수록 학교 활동과 일상생활에서 더욱 많은 신체적 도움을 필요로 하게 된다. 컴퓨터는 여러 면에서 유용한 기구이다. 두뇌나 몸의 통제능력을 상실한 아동들도 컴퓨터를 사용할 수 있고 말(혀)을 통해 학교과제를 수행할 수 있다. 이들에게 컴퓨터는 또한 예술이나 여가, 직업, 환경 조절에 이용될 수 있다.

2. 유전되는 질병들

인체구조에 대한 새로운 이해는 1953년 DNA분자의 구조를 발견한 James Watson과 Francis Crick에 의해 시작되었다. DNA가 유전정보를 담고 있는 중요한 물질의 발견은 한 세대의 특성을 다음 세대에 전달하는 방법을 더욱 명확히 했다. Watson & Crick은 크로모좀이 두 개의 나선 형태로 만들어지는 DNA의 두 개의 긴 줄은 어떻게 서로 결합되는지를 나타내었다. 크로모좀의 복사는 나선형 중 하나의 줄기가 풀릴 때 나타난다. 오래된 줄기는 각각 나선의 완전한 길이를 만드는 파트너가 이어지는 형성에 의해 새로운 나선형이 만들어진다. 정확한 규칙은 주요소(유기적인 물질, 아데닌, 시토신, 티민, 구아닌)들이 짝을 이룬 것이다. 정확한 화학적 배열과 유전적인 안전성이나 계속성을 확실하게 하는 짝이 각각 결합하여 나선형의 기반을 형성

케 한다.

생물학적 정보는 DNA에 저장된다. DNA의 기능 중 하나는 세포가 분열될 때마다 정보저장을 되풀이한다. 그리고 살아있는 세포들이 화학적 결합을 위해 필요한 정보를 확실하게 받아낸다. 이 후반의 과정에서 유전정보는 DNA로부터 RNA로 전환되고, 다음 아미노산부터 단백질을 합성하는데 사용된다. 단백질은 수많은 아미노산으로 구성된 큰 분자이고, 세포의 생물학적 기능을 떠맡는다. DNA에 있는 각 유전자는 특정 단백질 코드를 제공한다.

과학자들이 직접 유전변칙을 정확히 그 과정에 끼어들 가능성은 주요소와 아미노산의 변화가 일어나거나 갑작스럽고 지속적인 DNA 변동이 있을 때 일어난다. 이런 변화들은 근육 영양실조, 겸상적혈구 빈혈증, 다운증후군 등의 유전 장애를 초래한다. 태아의 장애를 예방하기 위해서는 자궁 내 반복과 유전적인 안전성이 순차적으로 일어나는 회복에서 제대로 된 DNA가 만들어져야 하는 것이다.

James Watson에 의하면 미국 HGO는 게놈(genome)-세포의 유전적 자료의 전체적 이름-내의 모든 유전자를 확인하는 과정이 진행되고 있다. 이로써 왜 그것이 그렇게 중대한 것인지를 아는 해결의 실마리가 크게 영향을 미치게 될 것이다. 유전자의 대체라고 불리는 유전 자료는 이미 워싱턴의 베데스타 병원의 환자들에게 아데노신 데미나즈 결핍을 치료하는 위산 실험이 진행 중에 있다. 이 희귀한 질병은 환자가 후천성 면역 결핍증으로 고통받는 사람처럼 모든 종류의 영향을 받기 쉽다.

이에 대한 윤리적인 의문들은 유전자 치료나 개인의 유전자 지식의 사용으로 해결되어야 한다. 사람은 환경과의 충돌을 언제 멈추는가? 개인의 유전정보는 오용될 수 있는가? 유전치료의 접근은 인간의 가장 지속적이고 불행한 병변의 실마리를 위한 연구를 통해 가장 흥미롭고 희망찬 분야가 될 것이다.

1) 근육영양실조

근육영양실조는 다양한 근육 집합들의 진행에서 약화되서 발생되는 과정이다. 근섬유가 붓고, 히알린 퇴화로 알려진 것을 경험하여, 연결조직과 지방으로 대체된다. 이들은 대체한 근육보다 더 많은 공간을 차지하고, 그 흔적은 이에 영향을 받을 수족이 자라게 하는 결과로 유사 비대란 용어가 생기게 되었다. 근육의 영양실조가 시작되는 연령, 진행속도, 유전양식 등에 따라 다양한 실조의 다른 형태들이 있다. Duchenne 근육영양실조의 발생률은 대략 남자 신생아 3000명당 1명꼴로 나타난다(Hall,1984). 근육영양실조는 근육에 디스트로핀이라는 단백질이 결핍되어 그 원인이 된다. 하버드 대학의 Tony Monaco와 Louis Kunkel은 1986년 유전자가 단백질을 책임진다는 것을 발견했다. 이 유전자의 부재나 손상은 단백질의 생산이 일어나지 않으며 몸의 근육은 손실되기 시작한다.

최근에 듀크대학 메디컬센터의 분자유전학자들은 근육영양실조를 보이는 동물에게 부족한 단백질을 포함한 미니 유전자를 치료를 위해 이식했다. 이러한 시도는 DNA치료법이 인간에게도 적용될 것이라는 것이다.

가장 심하고 일반적인 형태의 90%가 그 질병의 전달에 성별이 연관된다. 어머니는 아들에게 명백한 형태를, 딸에게는 보균의 형태를 전달한다. 나머지 10%는 양부모가 열성유전자를 전달시키고, 두 성별 모두 명확하게 영향을 받을 수 있다. 혈액 검사로 증상이 발견되지 전에 이 병을 가진 아동과 70~80%의 보균자인 어머니들을 확인할 수 있다.

Duchenne 유형의 근육영양실조를 가진 아동은 일반적으로 2~3년간 증상을 보인다. 그 증상은 엉덩이, 허벅지의 근육에서 시작한다. 그 아동은 천천히 걷고, 뛰지 못하며, 넘어졌다 일어날 때 어렵다. 이병의 증상이 명확하게 나타날 때의 특징은 아동이 바닥에서 일어설 때 고개를 돌리고, 손과 발을 바닥에 대고, 직립상태가 될 때까지 손으로 다리를 잡고 일어선다. 아동이 어설픈 걸음걸이를 하거나 종종 안짱다리나 편평족이 되기도 하며, 어깨는 일반적으로 경사지게 되고, 물건을 들거나, 손을 머리 위로 드는 데 어려움이 있다. pelvic girdle 근육, 허벅지근육, 어깨를 감싸는 근육, 상박근이 약화된다. 유사 비대는 허벅지와 종아리에서 가장 잘 나타난다. 결국 아동은 다리를 심하게 절면서 걷게 되고, 삼키고 숨쉬는 것을 제외한 다른 근육의 움직임이 불가능해지게 된다. 이런 아동은 대부분 11세경이 되어도 걷기가 불가능하다. 요즘은 더 오래 사는 아동이 있기도 하지만, 대부분 폐렴이나 심장정지(cardiac arrest)로 인해 14~20세 사이에 생을 마감한다.

수족을 감싼 근육의 영양실조는 양성 모두에 같은 수로 영향을 미친다. 다른 근육으로 퍼지기 전 수년간 지속되는 골반(pelvic)이나 어깨를 감싼 근육 또는 두 근육 모두에서 시작한다. 그 증세는 20대 초반, 심지어 어떤 경우는 중반기나 후반기에 시작된다. 결국 휠체어에 의지하는 삶이 시작되고, 환자들은 대게 호흡장애 같은 것 등으로 생명을 이어가기 어렵게 된다. 이 병의 이러한 형태는 두 영향을 받지 않은 열성 유전자의 보균자를 가진 아동에게 나타난다.

어깨근육(facioscapulo humeral)의 영양실조 또한 양성 모두에 같은 수로 일어나며 일반적으로 20대에 나타난다. 안면 근육과 어깨 부위의 근육이 영향을 받는다. 환자는 눈을 감거나 입술을 굳게 다물고 볼을 부풀리거나 휘파람을 부는 데 어려움을 느낀다. 하지만 이 병은 매우 느리게 진행되고, 그 장애는 비교적 가볍다. 따라서 대부분의 환자들이 그로 인해 수명이 짧아지는 것은 아니다. 감염된 개인이 유전될 가능성은 50%이다.

아직 근육 영양실조를 치료하는 약은 없다. 이 병을 다스리는 하나의 접근은 식이요법(myoblast) 전이로 알려져 있다. 이는 디스트로 핀을 정상적으로 생산하는 건강한 근육 세포를 병이 있는 근육에 이식하는 것이다. 지금까지 이 치료의 효과는 그다지 지원할 만한지는 못하다. 이런 증상을 갖은 아동의 관리는 대게 수동성보다 능동성과 직결되어 있다. 능동적인 운동은 바람직하지만 피로하게 할 수 있으므로 과도한 운동은 피해야 한다. 잠자는 활동을 제외하고, 1~2시간 이상의 지속적인 활동은 피해야 한다. 처방된 식이요법은 비만을 방지하기 위해 조절이 따라야 한다. 일반적인 낙관주의적 태도를 가진 아동은 병으로 진행될 수 있는 의기소침한 증상을 완화시킬 수 있다. 대부분의 학교에서 활동은 이 병의 초기단계에 있는 아동의 수용능력 내에서 이루어진다. 후반기 동안 학생 시간표의 수정이나, 심지어는 학기를 단축시키는 것 등은 학교에 출석하여 공부하는 이익을 극대화시킬 수 있다. 아동이 피로로 인해 학교의 모든 교과과정에 참여하기는 어려워 학습에서 진전을 감소시키는 경향이 있다.

2) 방광섬유증

방광섬유증은 스위스의사 Guido Fanconi가 1936년에 처음 보고하였다. 아동기의 이 병에 대한 최초의 자료는 1705년에 기록되었다. 그것은 백인 아동들이 일반적인 유전 질병의 하나로, 그 발생률은 흑인 신생아 17,000명당 1명에 대해 2,000명당 1명의 꼴로 높으며 동양에서는 거의 이 병에 걸리지 않는다. 이 병은 열성 유전자와 변종에 의한 것으로, 한 아동이 한쪽 부모에게서 물려받고 그 증세는 점점 심해진다. 이 병은 신체의 외분비선이 그 일반적인 기능을 하지 못하게 된다. 외분비물들은 관을 통해서 신체의 외부 표면이나 속이 빈장이나 기도 같은 기관들로 전달된다. 외분비선과 그들의 분비물은 건강한 신체의 활동에서 중요한 역할을 한다. 이 병에서 점액생산선은 종종 진하고, 끈적이는 분비물을 생산한다. 이 분비물들은 관이나 다른 통로들을 막는다. 이 장애는 거의 대부분 폐나 장에서 일어나고 그런 장애들은 또한 숨쉬기나 소화 같은 생명 유지에 꼭 필요한 신체의 기능들을 방해할 수 있다.

이 병을 갖은 아동의 외분비선에서 생산되는 신체 분비액의 검사는 두 가지 기본적인 이상을 보이는데, 그것은 이상 전해질 결합과 이상 점액이다. 그 전해질 결합의 이상은 생산된 땀의 염분 증가를 뚜렷하게 보여주고 있다. 이는 이 병을 진단하는데 정확한 수단으로 사용되는 '땀' 검사의 발전을 주도해 왔다. 환자 피부로부터 땀 샘플 채취는 고통 없이 이루어지고, 염분의 정도를 측정하게 된다. 특정 수준을 넘으면 정확하게 이 병으로 측정 된다.

치료받지 못한 이 병의 증상은 1세경에 나타난다. 대량의 구역질나는 변통과 증가하는 식욕이나 거의 늘지 않는 몸무게, 장의 팽창으로 인한 복부 팽창이 주된 증상이다. 지속되는 기침은 진한 점액이 생성되면서 점차적으로 폐에 상처를 주고, 감염을 일으킴으로써 숨 쉬는데 어려움이 있다. 결국 폐의 손상으로 호흡과정에서 산소와 이산화탄소의 교환은 영향을 받게 되고, 심장도 그 영향이 진전된다. 간, 장, 공동, 성장, 성 발달을 포함한 다른 합병증이 발생할 수도 있다.

병으로 진단되면 치료는 숨쉬기와 기침하는 연습과 배수, 기도를 깨끗이

유지하기 위한 물리치료를 포함한 약물치료와는 차별된, 폐 감염의 예방과 조절로 이루어진다. 이 병에 걸린 아동들은 호흡근육의 강화유지를 위한 좋은 영양분과 감염에 대항할 산체 방어를 위한 일반적인 성장과 발달이 필요하다. 오늘날, 이 병으로 판별된 아동들은 췌장 효모 공급과 더불어 정상적이고, 균형이 잘 맞는 식이요법을 제공받을 수 있다. 지금은 그들의 성장과 발달에 필요한 중요한 원료들을 공급하기 때문에 지방의 섭취는 아동들에게 매우 중요하고도 안전한 것으로 인식되고 있다. 지방 흡수는 췌장 효모의 흡수의 가감으로 통제할 수 있다. 이 병을 가진 아동들은 병합을 위한 지방에 의존하지 않는 수용성 비타민을 섭취할 수 있다. 다른 치료법들은 특별히 심장 합병증을 위한 수술과 가정 내의 산소 이용 등으로 구성된다.

이 병의 유전적 원인의 조사는 몇몇의 세계적으로 앞선 메디컬 센터에서 계속적으로 이루어지고 있다. 미국의 과학자들은 그들은 실험에서 건강한 유전인자를 병이 난 세포에 주입함으로 병을 성공적으로 고쳤다. 그들은 또한 비정상적인 호흡 관련 부분과 환자의 췌장 세포에 유전적으로 설계된 바이러스를 유전자의 복사에 주입해 왔다. 그것은 이 병의 세포가 점차적으로 아픈 세포들이 점점 건강해지는 것임을 주장했다. 하지만 다른 과학자들은 이 병을 정복해온 그 눈부신 발견에 대해 우려를 보내고 있다. 호주 멜버른 의학 학교의 Dank는 실험실 밖에서 이 병의 치료가 의학적으로 사용할 수 있기 까지는 반드시 넘어야 할 훨씬 더 많은 장벽들이 있다고 피력했다. 그럼에도 불구하고 환자들의 유전 치료에 관해서는 가장 완고한 학자들 중에서조차 낙관적인 전망이 있다. 바이러스 전달자의 사용은 일반적으로 선호하지 않는다.

연무질을 주입하는 유전자 전달의 방법도 있다. 학교에서의 문제점에는 장기간의 결석, 지속적인 기침, 약물과 특별 식이요법으로 인한 방해 등이 있으며, 감정적인 문제점에는 물리적으로 동료들과 경쟁능력의 부족과 예후의 불확실성 등이 있다.

3) 혈우병

이 병은 외관상으로는 남성에게만 발견되지만 여성에 의해 전달되는 반성 열성 유전자인 변종에서 기인한다. 혈액을 응결시키는 요소가 없거나 부족할 때 그 장애를 일으킨다. 혈우병 환자의 피가 응결되려면 수 시간이나 수일이 소요되고, 계속 피가 나오기 때문에 관절, 근육, 연조직, 내부 장기 모두에 영향을 미친다. 이 증상은 대부분 초기아동기에 경하게 시작한다. 그 후 증상은 진전되는 경향이 있다. 그것은 아마도 신체상의 어떤 사고를 피하기위해 취하는 더 강한 조치 때문일 것이다. 병중에 건강과 병상에서 지혈은 피 흘리는 결과가 성장을 방해하는 것과 같다.

이 병의 치료와 관리는 성장하는 아동의 안전을 확실하게 하는 모든 예방책을 포함한다. 이는 보호복을 항상 입는 것과 치과와 외과 치료 중에 어떤 특별한 조치를 취하는 것을 포함한다. 피 흘리는 것을 막는 치료법은 인간이나 동물에게 만들어 지는 요소의 정맥에 투약을 한다. 이것은 매우 빠르게 공급되지만 유전자의 무성생식은 가까운 장래에 얻을 수 있는 자료를 보다 쉽게 제공할 수 있다.

일반 지능을 가진 혈우병의 아동들은 일반 학교에 등교할 수 있고, 스포츠 활동과 놀이 활동에서 적절한 예방이 이루어진다. 부상 등으로 인해 학교에 결석하는 것이 많지만, 개별 교육이 가능하면 이를 구제할 수 있다. 특별한 의학적 조치가 필요하고 일반적인 지능 발달을 보이는 이 같은 아동들에게 올바른 교육을 제고하기 위해서는 신중한 관리가 필수적이다. 이런 아동들의 부모들은 일반적으로 적용하는 규정에 대해 불만을 갖고 있다. 이런 아동의 관리에서 긴장은 아동과, 그 가족에게 모두 도움이 된다. 최근 수년간, AIDS의 세계적인 확산 때문에 혈우병 환자들은 더 진보된 문제로 고통 받아 왔다. 수혈의 필요성을 그들 자신의 건강의 위험과 사회적 오명과 함께 일부 아동들이 사고로 AIDS 바이러스를 투여 받을 결과 때문에 나타난다.

4) 겸상 적혈구 빈혈증

이는 적혈구에 영향을 주는 유전된 증상이며, 이는 비정상적인 헤모글로빈을 생산으로 특성화된다. 이것은 상염색체, 열성 유전적인 병이다. 겸상 적혈구 빈혈증은 지중해, 중동, 아프리카 사람들에게 번지고 있다. 그리고 미국에서 열 명의 흑인 중 한명이 이 병에 걸린다.

겸상 적혈구 빈혈증에서 그 세포는 늘어나고, 둥글고 편평해진다. 이 상태에서 신체는 급속한 속도로 빈혈증을 초래하는 겸상 세포를 공격하고 파괴한다. 더 나아가 경직된 겸상 세포들은 혈액 순환을 방해하여 장기 내의 세포를 파괴한다. 겸상 적혈구 빈혈증 아동들은 일반 적혈구의 수혈이 필요하다. 이 병에 대한 치료법은 알려지지 않고 있지만 관리를 잘 하여도 성인까지 살아남기 어렵다.

이러한 아동은 휴식과 격렬한 물리적인 운동으로부터 격리시킬 필요가 있다. 만약 중추신경계가 영향을 받았다면 심리학적 경과는 뇌상을 의태할 수 있고, 학습 능력에 영향을 준다.

5) 간질과 발작

간질은 뇌의 기능과 장애 발작이 갑자기 발견되어 나타난다. 자발적인 경우도 있고 재발할 경향을 가지고 있다. 간질은 또 다른 장애를 가져온다. 뇌성마비와 뇌수종은 이러한 현상들은 집중력을 잃어버리거나 무의식적인 것조차도 함께 빈번히 발생된다. 몸의 움직임이 무의식적인 것을 동반할 것이다. 뇌의 특별한 부분과 그것들과 관계된 것은 자주 시작할 것이다. 이것은 부분적인 발작을 일으키며 무의식적인 것을 잃어버리지 않는다. 다른 자극도 뇌에 나쁜 영향을 줄 수 있다. 무의식적으로 잃어버린 것 같이 일반적인발작은 나타난다. 진단에 관련된 절차들이 다르기는 하지만, 흔히 있는 평가는 1000분의 0.3과 18.6% 사이에 있다(Caveness, 1976; O' Donohoe, 1979).

발작은 한 가지 요인으로 일어난다. 몸의 상태가 방해를 받는 것도 하나의 이유가 될 수 있다. 열이 생기면 발작의 가능성은 증가한다. 또 다른 가벼운 요인은 감정의 피로 또는 흥분자극, 피로를 예방하기 위한 약의 부적당한 복용과 관련 있다. 유아들과 아동들은 성숙하고 신경조직의 발달단계와 또한 감수성의 영향과 공격적인 행동으로부터 영향을 받는다.

간질에 대한 분류와 다른 기준은 다음과 같다.

발작의 신경성 표현, 부분적인 발작 사이에서의 차별, 해부 조직상의 장소에 따라서, 그리고 원인과 일반적으로 알려진 뇌의 손상에 의하여 일어나는 현상을 간질이라고 말할 수 있다. 어떤 원인도 결정하기 어려운 간질은 그 원인을 알 수 없다. 뇌에 생화학적인 이상을 가진 집단에 발작이 있을 수 있다. 다음의 기준들은 발작장애를 분류하는 공통적인 방법이다.

· **열이 심하여 일어나는 경련** : 아기들이 생후 3개월부터 5세 까지의 짧은 기간 동안에 계속적으로 발생한다. 그리고 그것은 열병과 관련되어 있다. 유전학적인 요소는 이들 경련에서 큰 부분을 차지한다. 이것은 열과 함께 발생하는 열병으로 경련을 제외하고는 강직하고 간헐적으로 일어나는 경련성이다. 매우 불규칙적인 일반화된 발작들의 특징들을 알 수 없다. 열병으로 일어나는 경련은 간질이 심해지는 것과는 관련이 없다.

· **일반화된 발작** : 이는 의식의 상실과 관련 있으며, 강직하고 간헐적인 경련성이 있고 매우 불규칙적(가장 일반적인 발작형태)이다. 때때로 아동은 두통이 시작되는 것으로 발작을 예상 할 수 있다. 또한 피곤을 느끼고 심지어는 두려움을 느끼기고 한다. 경련이 생기면 의식을 잃고, 눈동자가 위로 굴러가고, 호흡이 순간적으로 멈추는 것이 일반적이다. 또한 걱정하며 신음소리를 내고 잠에 종종 취하거나 소변을 통제하기 어려워 실수를 하기도 한다. 혀와 입술을 깨무는 증상도 일어나지만 이는 매우 드물다. 만약 아동이 발작을 일으키며 옆에서 구르면 옷의 단추를 풀고 위험한 물체들은 제거한다. 어떤 때는 입을 벌려 무엇인가를 끼워줌으로써 혀를 깨물거나 삼키기 불가능하게 조치한다.

· **간질병** : 간질이 연속되어 무언가를 끼워줌으로써 일어나는 아동은 적응하는 기간이 빠르지만 가끔 경직되어 공격이 무의식의 상태로 바뀐다. 의학적으로는 위급한 경우에는 도와준다.

· **어린 시절 간질은 일어나지 않는 비간질** : 3세에서 9세 사이의 아동에게 일어난다. 그리고 15세 이후의 아동에게는 약 5%로 드물게 나타난다. 그것은 순간적으로 의식을 잃고 발작 없이 기운이 없고, 후에 영향도 없다. 아동이 말하는 것을 멈추거나 공간을 응시할 때 그의 눈꺼풀이 떨릴 것이

다. 숨쉬기(깊이 숨쉬기)나 빛의 자극에서 나타날 수 있다. 어린 아동은 무의식적으로 일어나지 않아 에피소드는 하루에 많은 시간 동안 일어난다.

· **미오크로누스** : 갑자기 근육이 경련을 일으키거나 뭉치는 것으로 무의식간에 나타날 수 있다. 이것을 드물거나 또는 발작하는 아동에게서 일어날 수 있다.

· **부분적인 발작** : 이는 뇌의 다른 기능도 자주 손상시킨다. 특별한 복합체(측두 둥근 돌출부의 경련) 경련은 흔한 것으로, 이상한 배출과 측두의 돌출에서 시작된다. 아마도 이것은 냄새나 미각의 환각에서 생겨나는 것으로 어린 아동이 위가 아프거나 발작하며 두통을 느낄 수 있다. 부분 발작은 혀의 이상한 행동으로 인해 입술은 몇 개의 반복적인 움직임으로 보인다. 이 아동은 누군가의 옆에서 안정을 찾는 것을 보면 깜짝 놀랄 것이다. 발작이 거의 없는 움직임, 땀 침 흘림, 창백한 얼굴, 빠른 맥박 등의 움직임 신호를 보낸다. 이것은 어린 아동들에게 측두의 둥근 돌출부에서 태어날 때 외상을 남기게 된다. 이 상태는 아동을 돌볼 때 나타나는 이상한 패턴으로 괴롭고 짧은 형태로 나타난다. 또한 기분이 바뀔 때, 공격적인 경향이나 화가 난 성향으로 어느 정도 두려움이나 수줍음을 동반한다. 특별한 발작은 확실히 진단하기 어렵고 발작의 종류는 다른 어떤 것보다 민감한 치료를 요구한다.

진단은 크게 주위 사람이나 일가친척의 정보에 기반을 둔다. 이것은 뇌의 활동에 지원되는 뇌 X-ray 촬영이 있다.

발작치료는 약물치료와 외과치료와 측두 돌출부의 경련과 함께 나타난다. 약70%의 경련은 항 경련 약들이 발작을 억제하는 데 좋은 성과를 이루고 있어서 오직 약으로만 발작을 억제할 수도 있다.

모든 경련을 억제하는 것은 대단한 영향을 미치는 잠재적인 효능이 있다. Carbamazepine 나트륨, 베트로 에이트 그리고 Clobazam을 포함하여 한쪽에만 영향을 미친다. 바르비루르 약제들과 Clonazepam은 대부분 한쪽에만 영향을 미친다.

중요한 것은 교육적인 관점에서 볼 때 한쪽 부분이 많은 영향을 주는 것은 피로와 낮은 집중력과 저하된 기억력이다. 이들에게 검사와 처방이 필요할 것이다. 대부분의 아동들은 계속적인 경련성과 함께 항 경련 투약에서 4년 동안 발작이 없었으며 증상이 심해지는 것을 예방하는 것에 도움이 될 것이다.

3. 기타장애

1) 수족장애

선천적인 수족 장애의 원인은 거의 알려져 있지 않다. 단지 선천성으로 손이나 발에 결함을 가지는 3~5%의 아동이 유전적인 연관성을 보인다. 대부분의 경우 임신 4~6주 사이에 신체 발육이 진행될 때 일종의 성장 부진에 의해서 영향을 받는다. 매우 드문 경우로서 태아의 신체가 성장할 때 압축 밴드에 의한 압박에 기인하기도 한다.

그리고 후천적인 사고, 질병 또는 수술에 기인한다. 수족이 한 선을 갖는 정상신체의 피부 표면의 반 이상을 차지하기 때문에 수족이 없으면 온도와 혈액 균형을 조절하는 신체의 능력에 영향을 줄 수 있다. 때때로 미미한 감염도 고열로 발전한다. 지체부자유가 있는 아동이 자유롭게 땀을 흘리게 하고 가볍게 옷을 입을 필요가 있다.

지체부자유가 있는 어린 아동은 정상적인 지능을 보인다. 그들은 어떠한 일을 완수하기 위해 더 열심히 노력하기 때문에 그들은 대부분 학교에서 높은 성취를 보인다. 그들이 이른 나이에 작업치료 또는 물리치료의 효과를 갖게 되면 그들은 학교에서 능숙하게 기술을 발전 시킬 것이다. 기회가 주어지면, 그들의 장애에서 발생되는 문제를 극복하기 위하여 그들만의 방법을 통해서 일할 수 있다. 어떤 아동들은 보장구를 착용한다. 어린 아동이 보장구를 사용하거나 놀 때 그들 자신이나 도움을 주는 타인에게 피해를 줄 위험은 거의 없다.

2) 천식

숨쉬기 어려운 증세의 천식이라는 병명은 그리스에서 극심한 형태의 질병으로 고통스러워하는 것에서 나왔다. 여기에서 천식은 징후 없는 간격으로 간헐적인 기관지 경련에 의해 나타나는 특징은 임상 질병으로 정의된다. 이것의 주된 증세는 색색거리고, 숨이 짧고, 기침과 때때로 질긴 가래가 나온다. 천식은 아동의 3~10% 정도 발생하고 여자보다 남자에게 더 보편적이다. 이것은 종종 이른 소년기에 시작되나 일부 아동은 늦은 소년기 또는 이른 청년기에서야 발생한다. 천식은 연중 어느 때나 발생할 수 있으나 특히 가을에 일반적으로 나타난다.

천식은 기관지 염증, 경련과 폐의 작은 통로를 포함하는 복잡한 질병이다. 통로가 좁아짐으로써 폐로 공기가 흐를 때 저항이 증가하여 숨쉬기가 더 힘들어진다. 천식은 알레르기, 바이러스 감염, 자극물, 감정과 운동을 포함하는 여러 자극제에 의해 야기될 수 있다.

천식 환자는 종종 건초와 열과 개인의 습진 이력과 같은 알레르기 질병에 대한 가족 이력을 가지고 있다. 그 외에 환자들은 감염이나 감성적인 자극에 의해 야기되기 쉽다. 감성적인 인자는 천식을 가진 신경질적이고 감성적이며 때로 분열된 사고를 보이는 것을 일부 아동에게서 볼 수 있다. 종종 감성적인 스트레스의 원인은 가정에 있으며 많은 천식 환자는 기숙학교로 이사하면 발병을 멈춘다.

천식 발병은 갑작스럽게 나타난다. 일부 아동에 있어서 발병의 시작은 대부분 감기라고 생각되는 알레르기 비염에 의한 콧물로 시작된다. 이는 코풀기가 지속적으로 나타나는 일반 감기와는 다르다(기침은 발병으로 진행되는 다른 징후이다). 심한 발병으로 인해 아동의 코는 푸르게 변하고 호흡곤란을 겪게 된다. 기관지 경련은 대게 갑자기 멈추나 발병은 갑자기 멈추기보다 흔적을 남긴다. 이의 한 가지 이유는 분비물이 좁은 기관지 안에 남아 있게 되고 기침을 해 내보내기 전까지는 폐가 깨끗해지지 않기 때문이다. 이러한 축적된 분비물은 가슴에서 색색거림의 시작이나 가래 끓는 소리로 변화되어 후천적인 소리 변화의 원인이 된다.

천식을 가진 대부분의 아동은 정상적인 외모를 가지나 일부 좁은 턱, 높은 위턱, 부정교합을 갖는 소위 입 호흡, 콧소리(adenoidal facies)를 보인다. 상습적인 천식을 가진 아동들은 호리호리하고 평균 이하의 체중을 갖는 경향이 있다. 급성 발병의 치료는 물리적인 치료와 발작이 일어나지 않도록 한다.

장기치료는 환경조절, 즉 환경에서 알레르기 원인제거, 알레르기 대한 저항성을 높이는 시도, 물리치료와 호흡운동 증상을 약화하기 위한 약물치료, 감성적이고 심리적인 장애를 감소시키는 수단, 소아 정신과의사의 도움이 필요하다. 천식환자의 부보들은 여러 측면의 장기치료에 충분히 동참해야 하고 그들의 적적히 설명하는 방법을 가지고 있는 것이 기본이다.

천식이 있는 아동에 대한 교육에서 가장 큰 문제는 수업을 빠지는 것이다. 더구나 학교에서의 학업의 실패를 우려할 수 있다. 위에 언급된 감성적 문제는 교실에서 행동으로 나타날 수 있다. 교사들은 인지하지 못하지만, 천식 발병의 직전의 기간에서 아동이 초기 증상을 보일 때 교사가 말하는 것을 이해하지 못할 것이다. 그러므로 그가 발병에서 충분히 회복된 후에 아동에게 수업의 일부를 보충하거나 반복할 수 있다.

아동의 친구 관계와 자존심의 상실에 있어서도 또한 만성적인 질병의 효과가 있다. 운동이 발병을 유발한다면 물리적인 활동은 제한될 수 있다. 약물치료에서 부가 효과는 감소된 주의집중 시간을 늘려줄 수 있다. 일부 경우에 있어서 약물은 학교에서 관리되어야 한다. 먹는 약의 양을 정확하게 조절하는 것이 효과를 가져 올 수 있다. 감성적인 스트레스 또는 과도한 흥분이 발병을 야기할 수 있기 때문에, 천식 아동은 학교환경에서 가능한 조용하고 스트레스를 받지 않도록 유지해야 한다. 적절한 관리와 부모, 의료진, 교사들과 충분한 협력으로 최근에는 천식에 걸린 아동들은 그 조건에 대한 최소한의 노력을 정상적인 학교생활을 할 수 있다.

3) 소아 관절염

아동의 관절염에 대한 모든 원인은 알려져 있지 않다. 그러나 신체의 면역체계가 류마티스성 염증에 견디는 주요인이라는 것이 인정되고 있으나 무엇이 자동면역 염증을 야기시키는지는 알려지지 않다. 아동들은 2~3세 이

전에 영향을 받을 수 있다. 이 질병은 만성적이고 재발에 돌발성을 보이는 시간까지 소강상태를 유지할 수 있다. 연간 1,000명의 아동 중 대략 0.5명 정도 발생하며, 남자는 여자들 보다 더 많은 영향을 받는다.

영국에서 아동의 관절염에 대해 일반적인 질병을 포괄적으로 말하는 Still의 질병이라고 부른다. 이것은 특유의 발진, 고열, 비장의 확대, 간장과 관절의 문제를 포함하는 아동이 질별의 특별한 반응양식을 처음 인식한 Frederic Still의 이름을 딴 것이다. 이 질병은 지금 미국에서 쓰여지는 소아 류마티스성 관절염이라고 불려 지고 있다. 유럽에서 소아 만성 관절염이라고 불린다. 최근 연구에는 아동에게서 여러 가지 다른 형태의 관절에 질병이 나타나고 있다.

어린 아동의 관절 치료는 약물, 특별한 아스피린, 물리치료, 특히 수 치료법으로 이루어진다. 수술은 때때로 기형을 고치거나 관절을 교체하는데 사용된다. 고통을 완화하고 근육과 관절을 편하게 하는 방법에는 'hot pack' 왁스 치료와 유도 발대야(바닥에 전류가 흐르는 전기판이 있는 발대야)가 사용된다. 관절(orhoses) 또는 부목은 쉬거나 일할 때 널리 사용된다. 관절보호 기술은 매우 중요하다.

대부분이 여자인 일부 어린이들은 성인의 류마티스성 관절염과 유사한 질병의 형태를 갖는다. 시작하는 나이는 5세 이하일 수도 있지만 대개는 12세나 그 이후이다. 이 형태는 대부분 일부관절의 문제에서 시작하여 다른 관절로 퍼진다. 병의 활동력은 지속적이며 몇 년 동안 소강상태로 계속된다. 페니시리민(penicillamine)과 같은 강한 약들이 병의 활동을 멈추기 위하여 신속히 사용된다. 대부분 남자에 영향을 미치는 질병의 다른 형태는 강직척추염(ankylosing spondylitis)로 알려진 척추 관절염의 형태이다. 시작 연령은 대개 9세에서 12세지만 그보다 빠를 수도 있다.

아동기에 미치는 관절염의 영향은 발육을 저해하거나 불규칙적인 성장 또는 한쪽 다리가 더 긴 것 등이 생길 가능성을 초래하는 관절염은 아동기에 있어 성장에 영향을 미친다. 그것은 부작용으로 인한 상당량의 투약을 필요로 하는 매우 고통스러운 질병일 수 있다. 간헐적으로 격한 분노를 수반하는 이 질병의 만성적인 문제는 자주 학교를 결석하게 되기 때문이다. 또한 아동은 피곤을 자주 느껴서 짧은 시간 내에 학업을 마쳐야 할 때가 있다.

4. 요약

전국 지체부자유 학교에 재학생 중에는 85% 이상이 뇌성마비 아동들이다. 뇌성마비아동은 운동을 지배하는 뇌신경의 손상으로 운동기능에 어려움을 보이는 대표적인 뇌 병변 장애이다. 즉 뇌의 운동중추 손상에 의한 신경학적 장애 또는 뇌성마비는 어느 하나의 특정한 신경 근 질환이 아니라 대뇌피질 및 피질하의 운동조절 영역의 손상에 의해서 일어나는 장애의 총집합이다.

이 장에서는 뇌성마비의 원인, 장애 종류, 유형과 특징, 출현 비율에 대해 설명하였다. 그리고 이에 수반되는 시각·청각·지각·언어·인지·심리적 관련 장애를 간단히 살펴보았다.

뇌성마비의 유형은 출생 전 부모가 가지는 유전적 요인에는 경직형, 불수의 운동형, 운동 실조형, 강직형, 진전형, 혼합형으로 분류하고 이들에 발생원인은 임신 중에는 산모의 부적절한 태아 환경이나 출생 시에는 외상이나 산소 결핍이 크게 작용하며, 출생 후에는 뇌막염, 뇌에 바이러스 감염으로 열, 산소의 양이 부족으로 발생한다.

뇌성마비 관련 장애는 학습, 놀이, 운동, 작업, 진학에도 영향을 준다. 경직형과 경련성 사지마비는 장래에도 장애가 계속되어 남에게 의존하여 살아가기 쉬우며 편마비의 강직형 경련성이 있는 아동은 독립적으로 생활할 수 있는 좋은 예후를 가지고 있다. 운동이상에 다른 문제를 많이 가지고 있는 아동은 발작과 시각에 장애를 동반하기 때문에 청각과 지적인 장애를 동반하게 된다.

따라서 뇌성마비를 가정과 사회에서 자연스럽게 수용하고 받아들이는 환경에 따라 장애로 나타나는 문제는 크게 줄이거나 달라질 수 있다. 이러한 문제는 관련 분야 전문가들의 노력으로 발달에서 오는 문제를 극복하면 아동은 보다 정상적인 삶을 가질 수 있다.

제3장 지체부자유아 교육의 역사

지체부자유아 교육은 1741년 안드레(Andry)가 "정형외과학"을 저술한 이후 의학 분야의 정형외과학의 진보와 함께 발전해 왔다. 그 후 1779년 스위스의 의사 베넬(Venel)이 정형외과학을 임상에 응용하여 정형외과 병원을 개설할 때 이미 치료 효과를 높이는 요건으로써 장기 입원 환자에게 학교 교육을 실시하여 병원내 학교 교육의 기원이 되었다. 이와 같이 초기 지체부자유아 교육은 목사, 의사 등에 의해 시작되었으며, 교육 내용도 주로 직업교육이 중심이었다. 그리고 19세기 후반에 들어서면서 지체부자유아의 사회적 자립을 목표로 한 직업 훈련 중심의 시설이 설립되었다.

1899년에 학교 조직이 개인차에 입각하여 분화 발전한 형태로써 미국 시카코에 공립 통학제 특수 학급이 설치되었고, 런던에서는 워드(Ward) 여사에 의해 공립 통학제 지체부자유학교가 세계에서 최초로 설립되었다. 양자가 통학제 교육 계획에 의해서 이루어 진 것은 당시의 지체부자유아 교육의 의무화의 움직임과 맞물려 지체부자유아 교육의 확대에 지대한 영향을 미치게 되었다.

제1차 세계대전 전까지 미국과 독일, 영국에 있어서 지체부자유아 교육 형태를 보면 첫째, 통학제 학교(학급), 둘째, 병원내 학급, 셋째, 기숙제 특수학교의 3대 교육 형태로 교육이 이루어져 있었다는 점과 나아가 이러한 교육 형태의 성립 사정에서 보면 ① 통학제 학급은 교육면에서, ② 병원내 학급은 의료면에서 ③ 기숙제 학교는 직업 지도면에 각 각 중점을 주고 있다는 점이 특징이다. 이러한 교육 형태 가운데 기숙제 학교는 그 후 지체부자유아의 취학 의무화의 진행에 따라 통학이 곤란한 지역에 사는 지체부자유아와 장애의 특성상 특히 수용을 필요로 하는 지체부자유아를 주 대상으로 하는 교육 기관으로 분리 발전하게 되었다. 이러한 면에서 보면 초창기의 직업 재활 지도 기관적인 특성에서는 후퇴하였다고 볼 수 있다.

20세기에 들어서면서 지체부자유아 교육은 국가의 책임으로 발전하게 되어 형식적인 교육의 단계에 이르게 되었다. 제2차 세계대전 후 세계 각국은 의무제를 실현하여 뇌성마비 아동만을 위한 특수학교를 설립하는 등 장애의 중도화 및 중복화에 대응하여 다양한 교육 계획을 마련함과 동시에 경도의 지체부자유아에게는 통합 교육을 권장하였다.

1. 사회적 배경과 구빈 보호적 교육

지체부자유아 교육의 역사는 고대에서 부터 생존했었던 지체부자유인에 대한 사회적 처우의 관점에서 다음의 4단계로 구분 수 있다. 첫째, 지체부자유인은 사회에 있어서 불필요한 사람으로 보았던 절멸의 시대이다. 이 시대 고대에서는 생존을 위한 투쟁이 극심했기 때문에 손발이 부자유로운 지체부자유인은 유기의 대상이 되었다.

둘째, 지체부자유인을 구경거리나 조롱의 대상으로 본 조롱의 시대이다. 로마 시대에는 지체부자유인을 구경거리나 광대로써 조롱거리가 되는 것을 서민의 일반적인 직업으로 인정되었다. 지체부자유인 자신도 자력으로 살아가려면 직업으로써 광대가 되는 길 밖에 다른 길이 없었다.

셋째, 지체부자유인의 신체적 보호에만 관심을 가졌던 신체적인 보호의 시대이다. 특히 18세기 중엽에서 시작하여 19세기에서 20세기에 거쳐서 정형외과학이 현저한 발달을 하게 되었다. 특히 오늘날 정형외과학의 개척자로 알려진 독일의 Stromeyer(1804-1876)와 뇌성마비의 개념에 대해서 최초로 의학적으로 기술한 영국의 Little(1810-1894), 그리고 미국 최초의 정형외과의라고 부르는 Brown(1819-1891) 등이 이 시기에 활약하였다(일본 문부성, 1982). 이들의 활약으로 이러한 정형외과학이 발달하게 되고 정형외과학의 발달로 인하여 지체부자유아의 신체적 보호에 관심을 가지게 되었다.

넷째, 지체부자유인을 교육의 대상으로 본 시기이다. 이 시기는 지체부자유도 사적 원인에 의한 개인의 책임이라는 관점에서 사회적 의무로 생각하게 되었다.

이러한 제4단계설과는 달리 지체부자유아 교육을 포함한 특수교육 전반의 역사적 발전을 기독교가 지배한 중세(500-1500년 경)를 기준으로 하여 그 이전의 원시 시대 및 고대와 그 이후의 근대라고 하는 3단계로 시기를 구분하여 원시 시대와 고대는 지체부자유인을 포함해서 장애인이 일반적으로 학대를 받은 시대, 중세는 기독교를 배경으로 장애인에 대한 자선적 태도가 생기게 된 시대, 근대는 장애인에 대한 보호 정책과 교육 조치가 실현된 시대로서 각 시대를 특징으로 설명한 설도 있다(Frampton & Rowell, 1938 재인용).

한편, 건강한 빈민과 노동력이 없는 빈민을, 나아가 후자의 빈민을 장애의 종류나 연령 등에 입각하여 점차로 분리하는 과정에서 근대에 있어서 장애인의 다양한 사회적 문제가 발생하게 되었다. 지체부자유아 교육의 경우도 예외는 아니다. 즉, 지체부자유인을 포함한 사회적 약자에 대한 직업훈련을 실시하게 되고, 나아가 그 전재로서 특수교육을 실시하게 되었다. 여기서 지체부자유인을 포함한 교육이 발생하게 된 주요한 기반이 되었지만 그러나 이러한 기반이 강화되어서 이러한 종류의 교육이 성립·발전하기까지는 일반 교육이 어느 정도까지 확립할 때까지 기다리지 않으면 안되었다. 이와 같이 지체부자유인에 대한 근대적 장애인관에 입각한 교육의 가능성을 모색하게 한 근대 사상의 형성은 지체부자유아 교육사에 있어서 중요한 의미를 가지고 있다. 이른바 르네상스 이후 인본주의 사상 및 종교 개혁을 통한 사상의 진보와 더불어 중세 후기의 의학 발전은 지체부자유아 교육의 문제를 과학적인 근거 위에서 신체적 보호와 재활, 특수교육의 가능성 모색 등 새로운 계기를 마련하게 되었다.

1) 근대 교육의 발생과 지체부자유아 교육

근대 특수교육의 성립이 있기까지 지체부자유인은 교육의 대상에서 장기간 소외되었다. 특히, 특수교육이 공적 및 제도적으로 정비될 때까지 지체부자유인들은 오랜 기간 동안 사회적으로 소외되어 차별의 삶을 살아오게 되었다. 16세기 영국에서 정규 직업을 가지지 못한 빈민 계층이 대량으로 도시로 진출하게 되었고 이때에 발달하게 된 구빈 제도에는 당연하게 여기에 대처하기 위해서 고려였다.

즉, 이러한 빈민 계층의 증대를 방치하면 폭동의 온상이 되는 위험이 있었기 때문에 그것을 방지하기 위해서 치안 대책상의 목적이 있었다. 그러나 그것과 동시에 빈민 계층의 자녀와 부랑아, 고아를 그 시대를 지배하고 있는 악덕과 타락에서 보호하고자 하는 의도도 있었다. 후자의 입장은 17세기 말엽이 되어서 더욱 진보하여 최하층의 자녀를 교육함으로써 세상을 개선하고자 하는 운동과 결합하여 종교 단체의 손에 의해서 자선 사업으로 발전하게 되었다.

2) 근대 사회 구조와 지체부자유아 교육

일반 교육은 사회 구조의 변혁과 밀접한 관계를 가지면서 발전해갔다. 그러나 지체부자유아 교육을 포함한 특수교육 전체의 성립은 결코 일반 교육과 같이 사회 구조의 변혁과 직접 결부되어 있지 않았다는 점에 주목 할 필요가 있다. 즉, 빈민 대중의 자녀를 대상으로 한 자선 학교 운동이 전개되어도 그것이 직접적으로 빈민 대중의 장애 아동을 대상으로 한 학교 설치 운동으로 결부되지 않았기 때문이다. 왜냐하면 첫째, 장애 아동의 수는 일반 아동의 수에 비해서 극소수였기 때문에 장애 아동의 문제가 사회적 문제로 성립하기에는 곤란한 점이 있었다. 둘째, 장애 아동은 결코 비생산자였기 때문에 교육 투자라는 입장에서 전혀 관심의 대상이 되지 못했다. 셋째, 장애 아동에 있어서는 그들의 장래, 세상을 악화시킬 수 있다는 점에 있어서 문제가 되지 않았다는 점이다. 넷째, 장애 아동의 교육 방법에 있어서 특수한 교육 방법이 필요했기 때문에 그 문제가 어느 정도 해결될 때까지 성립되기가 곤란했다.

이와 같이 장애아의 문제가 일반 아동의 그것과 동시에 사회적 관심사로써 취급되지 않게 되었다고 하는 것은 전술한 자선 학교 운동의 정신이 빈민 계층의 일반 아동으로부터 장애 아동에 이르기까지 확대되어 그 결과 장애아를 위한 학교가 설립되기 까지는 상당한 시간이 필요하게 되었다.

3) 지체부자유아 교육 발전의 지연

초기의 특수교육은 맹, 농의 교육에 한정되어, 동일한 신체 장애인임에도 불구하고 지체부자유인을 위한 특수교육은 시도되지 않았다. 그것은 18세기 말엽까지에는 시각장애 및 청각장애 교육의 학교가 최초로 출현하였지만 지체부자유아 교육을 포함한 그 외의 특수교육은 시도되지 못하였다. 그 이유는 다음과 같다.

첫째, 지체부자유아의 생존자 수가 매우 적었다는 점을 들 수 있다. 즉, 18세기가 되기까지 런던에서 출생한 지체부자유아 가운데 70% 이상이 5세 이전에 사망하였다(Watson & Frederick, 1930 재인용). 실제로 과학의 진보는 18세기의 현저한 특징 중 하나이지만, 의료혜택이나 병원 서비스는 아직 미비하여서 현재에는 생존가능한 장애 아동의 대부분이 사망했다. 더구나 일반 학교에 취학 가능한 비교적 경도의 지체부자유아의 생존 수는 당시에는 아직 극히 소수였을 것으로 추측된다.

두 번째의 이유로서 시각장애 및 청각장애인에 대한 사회적 편견에 비해 지체부자유인에 대한 부정적인 편견이 더욱 강했다는 점이다(Baker, 1959). 재인용). 즉, 시각장애아 및 청각장애아 교육의 학교는 18세기 말 정도에 설립되었음에도 불구하고 지체부자유아 교육이나 정신지체아 교육에 관한 학교가 그 시대까지는 설립되지 않았다고 하는 사실에 대해서 지체부자유나 정신지체 등과 같은 장애를 신의 노여움이라고 보는 학자도 있다.

세 번째 이유는 첫 번째와 두 번째 이유와도 관련된 내용으로 중요한 내용 중의 하나는 의학의 발달을 들 수 있다. 왜냐하면 지체부자유아 교육에 있어서 비교적 장애가 고정적인 시각장애아 및 청각장애아의 교육의 경우와는 다르게 의학과의 밀접한 결합이 필수적이지만 그 중요한 의학, 특히 정형외과학이 긴 세월 동안 미개척 분야였기 때문이다. 지금의 정형외과학의 개척자라고 하는 독일의 게오르게 프레드데릭 루이스 슈트로마이어(Stromeyer, G.F.L, 1804-1876)이나 1834년에 뇌성마비 문제에 대해서 처음으로 언급하여 유명하게 된 윌리엄 존 리틀(Little, A. W. J., 1810-1894), 혹은 미국 최초로 정형외과 전문의라고 알려지고 있는 브라운(Brown, B., 1819-1891) 등 모두가 19세기의 인물이다(神中正一, 1953, 재인용). 이와 같이 정형외과학의 성립이 지체되었다고 하는 사실은 지체부자유아에 대한 적절하고 확실한 의료적 보호책이나 사망률의 저하, 나아가 지체부자유와 같은 장애를 신의 노여움과 직결시켜서 설명하는 미신 타파 등이 지체되어 결국은 지체부자유아 교육의 성립을 저해하게 되었으며, 이러한 의미에서 전술한 3가지의 이유는 각각의 유기적으로 깊은 관련을 가지고 있다.

네 번째의 이유로는 교육 방법상의 문제이다. 즉, 시각장애 및 청각장애 교육에서는 일반 아동 교육과의 교육 방법 차이가 명백하기 때문에 일반 아동으로부터 분리하여 점자를 사용하거나 수화나 구화법 등에 의한 독자적인 방법으로 교육한다는 것을 당연하게 생각하는 경향이 있었지만 지체부자유아 교육에 있어서는 독자적인 교육 방법이 제시되지 못한 점 등을 들 수 있다.

이상과 같은 사정에 의해 시각장애아 및 청각장애아 교육에 비해 그 발전 속도나 과정이 지체되어 특수교육의 분야에 등장하게 된 지체부자유아 교육도 19세기에 들어서면서 유럽의 각 지역에서 점차적으로 발생하기 시작하여 20세기에 들어서면서 조직적 발전을 위한 기초를 형성하게 되었다. 그런데 이러한 지체부자유아 교육의 기반의 성립에 영향을 미치게 된 최대의 요인은 일반 아동 교육의 발달이었다는 점에 주목할 필요가 있다.

2. 근대 공교육 제도의 성립과 지체부자유아 교육

1) 사회적인 배경과 근대 교육

산업 혁명이 일단 완료된 1870년경부터는 철도, 신문, 전신 등과 같은 문명의 이기가 발달하게 되어 인적 사상적 접근이 현저하게 강화되게 되었다. 이러한 문명 이기의 이용은 교통 운수의 발달을 촉진하게 되고, 세계 시장의 획득 경쟁을 촉진하는 방향으로 나아가게 되었다. 이것은 당연히 국제적인 대립의 첨예화를 유발하여 그것은 최후에는 국제 관계의 위기에서 파국으로, 이른바 제1차 세계 대전(1914~1918)으로 나아가게 되었다.

1870년 경의 특색은 교육사적 측면에서 보면 각각의 특수성에 따라 국가가 민중 교육의 필요성과 의의를 인정하여 교육의 관리와 육성에 착수하게 되었다. 그 위에 근대적인 공교육 제도가 현저하게 발전을 하게 된 것도 이 시기이다. 교육에 정치 권력이 개입하여 국가 관리가 추가되는 것은 한편으로 배타적인 애국심과 극단적인 국가주의를 초래하게 되는 위험성이 있으며 한편으로는 오늘날의 공교육 제도의 수립, 교육의 보급, 국민 전체의 지적 수준의 향상 등을 가져오게 되었다. 특수교육도 정치 권력을 매개로 하여 공교육화에의 길을 걷게 됨으로써 본격적인 발전을 이루게 되었다. 그러나 특수교육의 공교육은 일반 공교육 제도의 확립이 선행되고 나서야 본격적인 발전을 이루게 되었다. 왜냐하면 공교육으로서의 특수교육은 지체부자유아 교육을 포함하여 일반 공교육 제도의 발달에 조장되어 성립해가는 경향이 강하기 때문이다(石部, 1964 재인용).

2) 미국의 지체부자유아 교육

오늘날 광범위한 지체부자유아 교육 활동을 보이고 있는 미국은 산업 혁명의 승리를 증명한 것으로 알려진 남북 전쟁(1861~1865)에서 1890년대의 약 30년간에 경제면에서 비약적인 성장을 이룩하였다. 결국 남북 전쟁을 계기로 하여 동부 지방의 공업화의 추진 및 서부 지방에의 농업화의 발전에 추가하여 동서 지방간의 경제적 결합의 강화되고 교통 운수 통신 기관이 비약적으로 진보하게 되었다.

이러한 상태에서 나아가 전국적인 규모에 있어서 광범위하게 공업화가 촉진되었다. 이러한 사회적인 배경을 근거로 하여 근대적 의무 교육 제도가 19세기 후기에서 20세기 초기에 걸쳐서 미국 전토에 걸쳐서 성립하게 되었다. 이러한 발달은 전국적으로 일률적으로 수행되는 것이 아니라 대체적으로 각 지역을 중심으로 경제적인 사정을 반영하면서 추진되게 되었다. 그것은 의무 교육 제도의 실현이 가장 일찍이 산업 혁명이 진행을 보게된 동부의 여러 주에서 다른 지역으로 앞서서 행해진 것과 공업화가 지체된 남부의 여러 주에서 비교적으로 지체되어 실현을 보게 된 사정을 보아 명확하다. 이와 같이 의무 교육 제도의 발달은 당연하게 공교육으로서 지체부자유아 교육에도 영향을 미치게 되었다.

왜냐하면 초기의 지체부자유아 교육의 성립은 의무 교육 제도가 비교적 일찍이 확립한 동부나 5대호 주변의 여러 주에 있어서 나타났기 때문이다. 이것은 또한 정형외과 병원이라든가 지체부자유아 수용 시설 등이 이러한 지역에서 일찍이 설치되었다는 것을 의미하기도 한다(Reeves, 1914 재인용). 초창기의 미국의 지체부자유아 교육은 정형외과 병원이나 수용 시설을 중심으로 성립되었다.

(1) 병원내 교육

미국에 있어서 최초의 정형외과학은 윌리엄 데트몰드(Detmold, L.,1808～1894)가 그의 스승인 슈트로미이야 밑을 떠나서 독일의 하노버에서 뉴욕에 도착한 1834년에 성립하였다. 실제로 정형외과학 병원에서 교육이 개시된 것은 수술 요법에 난색을 보이는 미국 최후의 보수적인 정형외과 의사 제임스 나이트(Knight, 1810～1887)에 의해서 뉴욕에 1863년에 창설되었다. 이 병원이 미국 최초의 정형외과 병원이다(Valentin, 1961 재인용). 이 병원은 그가 이 병원의 입원 아동에게 교과 교육과 종교 교육의 필요성을 주장하여 병원 내에서 지체부자유아 교육을 수행하게 이르렀다.

원래 공영 병원 내에서 공교육이 이루어지게 되는 것은 이보다 조금 후에 20세기에 들어서서이다. 초기에는 매사츄세츠주의 칸튼시의 주립 병원내 학교(Massachusetts Hospital School 1906년 창설)의 경우나 지체부자유아를 자녀로 둔 부모의 요구가 빈발하여 1897년에 미국 최초의 지체부자유아 보호 치료의 공공성에 관한 법률이 제정되었고, 동법에 입각하여 같은 해에 미내소타주 센트폴시에 개교한 미국 최초의 주립 지체부자유아 학교 병원(State Hospital for Indigent Crippled Deformed Children)에서 지체부자유아 교육이 실시되었다.

(2) 기숙제 교육

지체부자유아의 보호와 교육을 위해서 설치된 미국 최초의 수용 시설은 펜실베니아주 필라델피아에 1882년에 설치되었다. 계속해서 같은 곳에 흑인 지체부자유아를 대상을 한 시설이나 지체부자유아를 위한 가정복지시설 등이 차례로 설치되었다. 그러면서 이러한 시설은 일차적으로는 양육적 보호

수용소의 성격을 가지고 있기 때문에 순수한 교육 시설이라고 부르기는 곤란한 점이 있다. 여기에 교육적 기능을 전면적으로 들고 있는 이른바 통학제 학교의 등장을 기다리게 하는 원인이 되었다.

(3) 통학제 교육

교육적 의도가 명확히 표면으로 나타난 최초의 시설은 뉴욕 아동 원호 협회(New York Children's Aid Society)에 의해서 1890년 뉴욕시에 개교된 "라이네란더 지체부자유아 실과 학교(Rhinelander Industrial School for Crippled Children)"이었다(Reeves, 1914 재인용). 이 학교는 통학제 방식을 취하고 있었다는 점에서 현대적 학교와 일맥 상통하는 점이 있었다.

이렇게 하여 지체부자유아 교육은 미국에 있어서도 먼저 사립 시설에 의해서 지체부자유아 교육이 발전하였고 1899년 시카코에 미국 최초의 공립 지체부자유아 특수 학급이 설치되고, 이어서 1906년에는 뉴욕시의 교육 위원회에 의해서 같은 종류의 학급이 설치되었다. 그 후 이러한 종류의 교육 계획은 급속히 확충되어 1914년에는 3,269명의 지체부자유아가 교육을 받기에 이르렀다. 그러나 이러한 교육의 기회가 주어진 지체부자유아의 대부분은 1914년에 이르기 까지 뉴욕, 시카코, 크리블랜드, 디트로이드의 4개시를 제외하면 지체부자유아의 공교육 규정은 거의 존재하지 않았다(Heck, 1940 재인용). 따라서 교육의 기회는 이러한 4대 도시에 거주하는 자에 한하여 주어졌다.

이렇게 하여 1910년대에 까지는 한정된 지역에서 만이 이러한 종류의 교육이 성립하였다. 더구나 최초에는 결코 민간의 자선 단체의 활동에서 시작하여 그 활동이 이윽고 지방 교육 당국에 의해서 이루어지게 되는 과정을 완만하게 취하면서 지체부자유아 교육의 공교육화가 진행하게 되었다.

3) 독일의 근대 지체부자유아 교육

독일에 있어서 산업 혁명의 영향이 급격하게 표면화되기 시작하게 된 것은 1871년에 프로이센이 다년간의 숙원이 이루어져 독일 제국의 맹주가 되어 프로이센 왕 빌헬름 1세를 황제로 하여 비스마르크를 제상으로 하는 독일 제국이 발족하면서이다. 근대적인 초등 교육 제도가 독일에서 정비되기 시작하기 시작한 것도 이 시기에 와서이며, 1888년에 있어서 초등 학교의 수업료의 전폐 등은 그렇게 나타난 특징 중의 하나이다. 한편, 독일에서는 1873년의 경제 공황 이래 사회주의 세력이 현저하게 신장하게 되었지만 여기에 대해서 비스마르크 및 그 후의 빌헬름 2세는 철저하게 탄압을 가했다. 이때의 학교 교육에 의해서 당시의 사회주의 사상의 보급을 저지하려고 한 독일 정부는 극히 보수적인 교육 정책을 강행하였다. 그 결과 독일의 일반 교육 제도에는 20세기에 들어서도 더욱 종파적인 중립의 실현을 보이지 않는 듯 상당히 전근대적인 색체가 존재하였다.

독일 지체부자유아 교육의 특색은 첫째, 당시의 강한 보수적인 교육 정책의 기조를 보이는 것은 군국주의적인 국가주의였다. 따라서 그러한 이념 하에서 지체부자유 자녀의 인권을 존중해서 이러한 종류의 장애아 교육 문제를 국가가 전면에 내세우게 되었다. 1906년에는 프로이센 정부 당국의 지원에 의해서 이러한 종류의 장애아에 대한 대규모의 실태 조사를 실시하였지만 교육 문제도 포함해서 지체부자유아 재활 원호 사업의 제일의 특색은 결코, 제1차 세계 대전 전의 독일에서는 종교적인 자선 사업적인 색채가 강하였다. 두 번째 특색은 이 시기가 끝날 무렵인 1910년 독일에서 통학제 학교가 함브르크에 등장하게 되었다(Bläsig, 1966). 이미 성립한 기숙제 학교, 병원내 학교(Krankenhausschulen)의 교육 형태와 함께 3대 주요 형태가 성립하게 되었다. 세 번째 특색은 1880년대의 지체부자유아 교육을 포함한 지체부자유인 재활 원호 사업이 전 독일적인 것으로 폭넓게 추진되게 되었다.

이상의 내용을 종합해보면 다음과 같다.

제1차 대전 전까지 미국과 독일, 영국에 있어서 지체부자유아 교육 형태를 검토해 보면 첫째, 통학제 학교(학급), 둘째, 병원내 학급, 셋째, 기숙제 특수학교의 3대 교육 형태로 교육이 이루어져 있었다. 나아가 이러한 교육 형태의 성립 사정에서 보면 ① 통학제 학급은 교육면에서, ② 병원내 학급은 의료면에서, ③ 기숙제 학교는 직업 지도면에 각각 중점이 주어졌다고 볼 수 있다. 이러한 교육 형태 가운데 기숙제 학교는 그 후 지체부자유아의 취학 의무화에 진행에 따라 통학이 곤란한 지역에 사는 지체부자유아와 장애의 특성상 특히 수용을 필요로 하는 지체부자유아를 각각 주 대상으로 하는 교육 기관으로 분리되어 발전하게 되었다. 이러한 면에서 보면 초창기의 직업 재활 지도 기관적인 특성에서 후퇴하였다고 볼 수 있다.

이상에서 기술한 것과 같이 역사적 전통을 가지고 있는 각 국에서도 아직 제1차 세계 대전이 일어난 1914년 경까지는 지체부자유아 교육은 대개 독지가나 종교적 자선 단체의 자선에 근거하여 사적인 시도에 머물고 있었다.

3. 현대 사회와 지체부자유아 교육

1) 사회적 배경과 지체부자유아 교육

제1차 세계 대전은 전승국에게도 패전국에게도 지대한 변화를 가져오게 되었지만 그 가운데도 가장 현저한 변화의 하나는 사회주의 세력이 뒤이어 이 시기에 정권을 장악하게 되었다는 점이다. 1917년의 러시아 혁명에 의한 공산당 정부의 수립, 패배 후의 독일에 있어서 재정폐지에 대신하여 사회민주당을 중심으로 한 정권의 탄생, 영국에 있어서도 1923년 노동당의 대승리와 맥도날드 내각의 출현 등이다. 이렇게 해서 혁신 세력의 대두에 함께 서민 대중의 교육은 일층 확충되어 진행되었지만 지체부자유아도 또한 그때 새로운 진전을 이룩하게 되었다. 그러나 이러한 여러 나라의 사회주의적 정권도 소비에트를 제외하고 영속적이지는 못했다.

특히 1929년 대공황은 국제적으로 독일에 있어서 히틀러가 이끄는 국가사회주의 독일 노동자당(나찌스)의 대두와 그 정권의 수립, 혹은 일본 군국주의화 등의 촉진은 중대한 영향을 미치게 되었다. 즉, 공포에 근거한 자본주의의 위기에 대처함에 있어 경제적인 기반의 빈궁한 일본이나 독일 등의 제국 가운데에 있어서 필연적으로 과격한 방법, 이른바 파시즘적인 정책을 취할 수밖에 없었다. 한편 여기에 대해서 경제적 기반이 비교적 정비되어 의회주의라고 하는 평화적 방법이 발달한 영국이나 미국 등의 국가에서는 스스로 국가 체제를 유지하기 위하여 국가주의를 발전시켰다.

이렇게 하여 서로 국가 형성의 원리가 다른 파시즘적 국가들과 여기에 대한 반 파시즘적 국가주의 군들이 격돌하여 세계는 이전보다도 더욱 대규모적인 대전으로 재차 돌입하게 되었다. 이것이 이른바 제2차 세계 대전이다. 이 대전에 의한 민주주의의 승리와 전후 사회체제의 복구 및 정립이라는 것은 필연적으로 세계 각국에 있어서 사회 복지 정책을 현저하게 전진하게 되었다. 이것의 일환으로 지체부자유아 교육을 포함한 특수교육 전체가 대폭으로 전진하게 되었다.

이러한 양대 세계 대전을 통해서 지체부자유아 교육은 구체적으로 지대한 영향을 받으면서 오늘날과 같이 공교육의 일환으로서 지위를 확립하게 되었다. 그러한 영향에 미치는 요인으로는 첫째, 양 세계 대전의 영향, 둘째, 제 과학의 발달, 셋째, 민간 운동의 고조 등을 들 수 있다.

(1) 지체부자유아 교육의 공교육화

제1차 대전은 900만에 가까운 전사자와 2,000만을 넘는 부상자를 발생하게 하였다. 이때의 이 대전에 있어서 주역을 한 영국과 독일에서는 다수의 전상자가 발생하였기 때문에 양국에서는 당연히 이러한 장애인에 대한 재활 원호 정책이 추진되었다. 그리고 이러한 정책의 이념은 이윽고 일반의 지체부자유 자녀에게까지 확대되어 이윽고 이러한 종류의 자녀 교육에 공교육화의 실현에 이르게 되었다. 이것은 영국에 있어서도 1918년 교육법 중에 지체부자유인과 병약자를 주 대상으로 한 신체적 결함자를 위한 의무교육 규정이 또, 독일에 있어서는 프로이센 지체부자유자 재활 원호법 중에 의무 교육 규정이 각각 성립하게 되었다.

제1차 세계 대전 후 약 20년을 경과하여 촉발한 제2차 대전에서는 전사자만으로 약 1,500만이 이르렀으며, 총 전비는 제1차 대전의 약 4배를 넘게 되었다. 그 만큼 제2차 세계 대전 후의 재건은 곤란을 초래하였다. 전승국 미국조차 생활 보호를 의뢰하는 하는 자가 500만을 넘어 실업자는 150만에 달하게 되었다. 그 위에 질병이나 불구로 인하여 일할 수 없는 자가 700만에 달하게 되었고 그 가운데 350만 명은 생애에 거쳐 불구가 되었다고 한다. 패전국의 경우에는 그 이상으로 심각하였다. 이러한 전후의 세계에서는 이미 개개의 자선가의 노력으로는 구제할 수 없게 되었다. 그래서 국가에 의한 구제가 필요하게 되었다. 이러한 구제의 필요성은 제2차 세계 대전 후의 민주주의 승리와 관련되어 전후 참전국은 물론 세계 각국에 있어서 사회 복지 정책을 현저하게 추진하게 되었다. 이것이 이윽고 각국의 지체부자유아 교육도 크게 전진하게 되었다.

(2) 관련 학문의 발달

엄격히 말하면 양 대전의 영향은 바로 지체부자유아 교육의 발달로 이어졌다고는 볼 수 없다. 왜냐하면 이러한 교육 발전의 전제에는 의학, 심리학, 물리학, 화학 등 관련 학문의 발전이든가 민간 운동의 고양 등이 필요하기 때문이다. 예를 들면 X선을 통한 의학적 진단, 지능이나 인성 검사, 통학버스나 휠체어 혹은 보행기의 이용, 각종 보조 장구라든가 측정 장치 등의 고안 등의 관련 학문의 발전을 초래하게 된 것이며 이러한 것들은 지체부자유인의 의학적 심리학적 진단, 수술 치료, 교육적 조치 등을 바르게 할 수 있도록 직접적인 역할을 하고 있기 때문이다.

(3) 민간 운동의 고양

1909년의 독일의 지체부자유인 재활 원호 협회, 1919년 영국의 지체부자유아 보호 중앙 위원회, 1919년 미국 전국 지체부자유아인 협회(Nationals Society for Crippled Children and Adults), 1925년 일본의 지절불완전아복리회(肢節不完全兒福利會) 등의 민간 단체가 각각의 입장에서 제1,2차 세계대전을 통해서 활동하게 되었다. 이러한 단체의 제 활동도 또한 오늘날의 지체부자유아 교육을 발달하게 하는 중요한 요인으로 볼 수 있다. 이러한 민간단체에 의한 여러 활동이 결국은 관계 당국을 움직이게 하여 지체부자유아 교육에 관한 법안의 성립과 재정적 부담의 문제를 원활하게 추진하는 하나의 중요한 원동력이 되었던 것이다. 이러한 현상은 각국의 사회 복지 정책이 대폭으로 전진한 제2차 세계 대전에 있어서 특히 현저하게 나타나게 되었다.

(4) 현재의 지체부자유아 교육의 발전

제2차 세계 대전 후 비약적인 발전을 하게 된 오늘날의 지체부자유아 교육은 단적으로 말하면 첫째, 의무제 실시의 보급, 둘째, 뇌성마비 교육의 진흥, 셋째, 능력별 교육 계획의 실시 등으로 인하여 발전하게 되었다.

① 의무제 실시

지체부자유아 교육의 의무화가 비교적 초창기에 실시된 나라는 오스트리아, 벨기에, 덴마크, 영국, 독일, 이탈리아, 스웨덴 등이다. 이외에 설치 의무에 추가하여 취학 의무의 규정까지도 적지만 미국을 들 수 있다.

② 뇌성마비 교육의 진흥

오늘날 유럽 각국에 있어서 뇌성마비 교육의 진흥에는 백신의 개발로 인하여 척수성 소아마비가 줄어들고 결핵 대책의 추진에 의해 골관절 결핵균의 감소 등의 사정이 배경이 되어 있다. 종래의 교육의 곤란성으로 인하여 곤란을 느끼고 있었던 뇌성마비아에 대한 교육의 기회가 현저하게 확충되어 온 것은 지체부자유아 교육의 전진을 나타내고 있다. 뇌성마비 교육 중시의 경향은 지체부자유아 교육에 있어서 많은 부분이 뇌성마비아를 주축으로 검토되고 있다. 그리고 지체부자유아 학교에 실제 재학하고 있는 학생의 대부분이 뇌성마비 아동이기 때문에 실질적으로는 뇌성마비아를 위한 학교로 변화되었다.

③ 능력별 교육 계획의 실시

오늘날의 지체부자유아 교육의 전진의 요인의 하나는 능력별 교육 계획의 실시에 있다. 이것은 지체부자유아 교육의 대상의 확충이 대상자의 지적 능력의 상한선과 하한선을 확대하게 되었다는 점에 있기 때문에 단적으로 말하면 지체부자유아 교육의 교육 계획을 통학제, 기숙제, 병원내(시설내) 재택교육이라고 하는 형태에 추가하여 일반 지능, 정신지체인 수준의 지능, 영재아 지능, 중복 장애라고 하는 각 집단에 초점을 둔 형태에서 실시하게 되었다. 지체부자유아 교육의 전반적인 발달의 검토에 대해서 각국의 주요국에 있어서 지체부자유아 교육의 공교육화가 중요한 의미를 가지고 있다.

④ 관련 서비스의 통합

최근, 지체부자유를 가진 아동의 완전통합교육에 대한 논쟁이 야기되고 있다. 이는 아동에게 지체부자유 및 건강적인 요구를 제공하는 데 있어 학교와 교사가 얼마만큼의 책임을 져야 함을 의미한다. 관련서비스의 경비와 보험의 활용은 학교인사 요원들에게 부담을 주고 있다. 이와 유사한 문제들은 지체부자유아가 일반학교에서 필요로 할 수 있는 장비와 특별지원 서비스에서도 야기되어질 수 있다. 예를 들어, 뇌성마비의 아동을 위하여 비용이 많이 드는 컴퓨터화된 의사소통 시스템을 누가 제공해야 할 것이며 부모, 학교, 부모와 학교 혹은 다른 기관 중에서 어느 쪽이 부담해야 하는가 등과 같은 문제들이다.

학교는 지체부자유아가 일반학급에서 가능한 한 많은 요구를 충족시킬 수 있도록 계속 노력해야 한다. 물리치료사, 작업치료사, 사회복지사, 심리치료사와 다른 지원요원들이 교실에 와서 교사, 아동 그리고 학급동료들을 도와줄 것이다. 이러한 관련서비스의 통합은 고립된 환경에서 서비스를 제공하기 위하여 교실로부터 장애아동들을 분리할 때보다 전문적인 시간과 기술을 더욱 효과적이고 경제적으로 사용할 수 있게 한다.

⑤ 보조공학의 강화

과거 몇 십 년 동안 장애로 인한 불편을 최소화하기 위하여 사용한 공학은 소수의 개인에게 도움을 주는 것에 불과하였지만, 현재는 많은 사람의 삶의 질을 향상시켜 주는 것으로 발전하고 있다. 공학과 생물의료적 공학의 새로운 발전은 지체부자유를 가진 많은 사람에게 흥미와 기대를 가져다 주고 있다. 척수 손상이나 다른 원인으로 지체가 마비된 사람들은 이미 손상된 신경을 보상함으로써 마비된 근육을 자극할 수 있는 정교한 마이크로 컴퓨터에 의해 도움을 받고 있다.

공학 시스템은 많은 지체부자유아를 도와주면서 더욱더 효율적으로 확산되고 있다. 신체공학적으로 만들어진 팔다리[myoelectric(bionic) limbs]는 뇌로부터의 전기신호를 수용할 수 있게 되었다. 로봇공학 또한 지체부자유아의 독립적인 기능을 증가시켜 줄 것으로 생각된다.

⑥ 통합교육의 강화

지체부자유아 및 건강장애 아동에게 있어서 건강관리의 목적이 충족되고 나면, 장애에 대한 수용(acceptance)은 가장 기본적인 요구사항이 된다. 지체부자유아에게 부모, 교사, 학급동료, 그리고 주변의 사람들이 어떻게 반응하는가는 장애 그 자체만큼이나 중요하다. 많은 지체부자유아는 과도한 연민이나 동정, 그리고 과잉보호에 의해 고통받는다. 그러므로 지체부자유아는 그들이 지체부자유나 만성적 건강상태에 의해 보여지는 여러 가지 도전에 직면하든 그렇지 않든 간에, 그들은 자기 존중감을 가지고 가정·학교·지역사회의 활동에 참여할 필요가 있다.

교사는 지체부자유아와 특별한 건강보호가 필요한 아동들을 장애를 가진 경우로 보기보다는 오히려 가치 있고 전인적인 사람으로 수용하고 효과적으로 대처해야 한다. 그리고 지체부자유아에게 가능한 한 많이 독립적인 행동을 하도록 격려해야 한다. 그럼에도 불구하고 지체부자유를 가진 많은 학생들은 특정한 시간이나 장소에서는 다른 사람들에게 의존할 필요성을 느낀다. 그러므로 교사는 학생들이 효과적으로 장애에 대처하고 현실적인 목표를 설정하도록 하며, 도움이 필요할 때 도움을 제공해야 한다. 학교 내의 교실은 특수아동을 통합하고 지체부자유아의 이해와 수용을 격려하고 장애에 대해 토론할 수 있는 유용한 장소가 되어야 하고 이는 지체부자유아에게도 마찬가지로 적용되어야 한다.

⑦ 대안적 교육 배치

특수아동 중에서도 지체부자유아는 교육적 서비스와 배치에 대한 선택의 폭이 좁다. 집에서 교육을 받는 것이나 병원에서 교육받는 프로그램은 최중도의 지체부자유를 가진 아동들에게 유용하다. 병원에 입원하거나 혹은 집에서 처치될 필요가 있다면, 지역의 학교당국은 IEP를 개발할 의무가 있으며 자격 있는 교사에 의한 적절한 교육서비스가 제공되어야 한다.

이들 아동은 대개 가정이나 병원에서 일반아동과의 상호작용이 거의 없기 때문에 특수교육 서비스의 가장 제한적인 수준으로 간주된다. 규모가 큰 대부분의 병원과 의료센터는 교수를 계획하고 전달하기 위하여 입원한 학생의 가정·학교와 서로 협력할 수 있는 교육 전문가를 고용한다. 집으로 돌아온 아동들은 정기적으로 인터넷 교사나 학교로부터 고용된 가정교사에 의해 규칙적으로 방문교육을 받게 된다.

⑧ 자기주장력의 강화

전통적으로 장애의 문제는 사회적 책임으로 간주해 왔으며, 특수아동은 제공된 서비스에 대하여 감사해야 하는 것으로 생각되어져 왔다. 그러나 그들은 자비를 원하지도 않으며 필요로 하지도 않는다. 그들은 비장애아와 같은 교육, 직업, 거주지, 여가의 기회를 필요로 하며, 그렇게 공평하게 대우받기를 기대한다. 지난 20년 이상 법률 제정과 소송사건들은 공평한 취업을 명령하였으며, 기회 개선에 많은 자금을 투자했다. 이러한 움직임과 함께 특수아동은 스스로 자기를 변호할 수 있게 되었다. 특수아동을 위한 자조(self-help) 단체들이 많이 있다. 이러한 단체들은 특수아동을 지원하거나 정보를 제공하고 있다. 비장애아동의 부모가 자립한 특수아동을 접촉하게 하여 그들을 이해하고 도울 수 있게 한다. 교사들은 지체부자유아에게 그와 같은 성인과 단체들을 소개함으로써 자기 인식과 자기 정체감을 증진시키도록 도울 수 있다. 몇몇의 자기 변호 단체들은 지체부자유아의 자립생활을 돕기 위하여 적응장치, 재정보조, 직업선택, 개인관리 보조원을 지원하는 센터 역할을 한다. 어떤 단체들은 사회 속에서 의미 있는 참여를 하지 못하는 지체부자유아를 위하여 환경개선을 위한 활동을 한다. 건물의 물리적 장벽 제거와 일반인의 의식을 개선시키는 데 노력하여야 하며, 부모와 가족들을 위하여 더 많은 지원서비스를 제공해야 할 것이다. 이러한 요구들이 충족될 때 지체부자유아는 일반사회에 완전히 참여할 수 있는 기회를 가질 수 있다.

4. 우리나라의 지체부자유아 교육의 발전 및 현황

1) 우리나라 지체부자유아 교육의 발전

현재, 우리나라 지체부자유아 학교에 재학하고 있는 취학 대상의 대부분은 뇌성마비아이다. 따라서 지체부자유아 학교는 사실상 뇌성마비아 교육을 의미하고 있다고 볼 수 있다. 따라서 지체부자유아 교육의 특징은 장애의 중복화 및 중도화, 그리고 다양화가 특징적이다고 볼 수 있다. 따라서 대상의 특성에 따라 지체부자유아 교육은 여러 가지 형태를 나타내고 있다.

우리나라의 지체부자유아 교육의 교육 형태는 특수학교, 특수학급, 순회교육(itinerant education)의 3가지 형태로 실시되고 있다. 우리나라의 형식적인 지체부자유아 교육은 1937년 일반 학급에 설치된 허약 아동을 위한 양호 학급에서 시작되었다. 그리고 지체부자유아 특수학교에 취학하고 있는 대상 학생을 보면 뇌성마비 아동이 80% 이상을 차지하고 있다는 점이 시사하고 있듯이 지체부자유아 특수학교는 장애의 중복화 및 중도화, 그리고 다양화가 특징적이라고 볼 수 있다. 이러한 특징은 우리나라 지체부자유아 특수교육의 발전 과정에 잘 나타나 있다. 즉 지체부자유아 교육의 한 형태인 순회 교육의 형태로 나타나게 되었다. 순회 교육은 사회 복귀의 하위 목적인 학교 복귀를 목적으로 하고 있다(전헌선, 2001).

우리나라에서의 순회 교육은 1963년에 부산시에서 처음 실시된 후 1964년 연세재활학교가 설립되기 이전까지는 일반 학교에서 전담해왔다. 본격적인 순회 교육은 국가적 차원에서는 1994년 특수교육진흥법을 전문 개정하면서 활성화되고 있지만, 순회 교육의 시작은 1963년 3월 가정 방문제 학급이란 이름으로 부산시 김현옥시장과 오복근 교육감의 협의로 중도 장애로 취학하기 곤란한 장애 아동 128명의 학습을 위해서 개설되었다. 1963년 7월 당시 국가재건최고회의 박정희 의장으로부터 순회 교육을 위한 특별 보조금을 받아 1964년 3월 입학식을 거행하였다. 이어서 1965년에 장애 학생 236명에 35학급이 편성되었고, 1973년에는 1,182명에 28학급이 편성되어 교육을 실시하였다. 그러나 해가 지날수록 점차 감소되어 1990년에는 25명, 1991년에는 20명, 1992년에는 18명으로 감소되었으며, 담당 교사가 별도로 지정되어 있지 않고 그 학군내에 해당 일반 학교 특수학급 교사가 주당 4시간 정도 가정 방문 교육을 실시하였다.

한편, 우리나라 최초의 특수학교는 1964년 병원내 지체부자유아 학교로 인가된 연세소아재활원국민학교(현 연세재활학교)이다. 이어서 1966년 12월 26일에 대구보건학교가 통학제 지체부자유아 학교로 설립되었고, 1972년에 대구보건학교에 중등과를 설치함으로써 처음으로 9년제 지체부자유아 학교가 되었다. 복지 시설 내 특수학교로 대전에 대전성세재활학교(1967년 6월 2일)와 서울에 삼육재활학교가 1969년 7월 28일에 설립되었다. 이와 같이 1960년대에는 지체부자유아 학교는 사립 학교만 4개교가 되었다. 1972년 대구 교육청은 복지 시설인 성보원에 문성초등학교 분교장을 설치, 2명의 교사를 배치하여 1년간 교육하고 1973년에는 대구 성보학교로 한국 최초의 공립 지체부자유아 학교로 승격 설립하였다. 이어서 부산혜성학교가 공립학교로 설립되었다. 1980년, 12월 11일에 메아리학교, 1981년 11월 13일에 진주혜광학교, 1981년 12월 4일에 인천은광학교, 1982년 12월 21일에 승덕학교, 1983년 12월 11일에 은혜학교, 2000년 4월 17일에 국립 학교로 한국우진학교가 각 각 설립되었다. 한편, 지체부자유아를 위한 우리나라 최초의 시설은 1952년 6월 12일 서울특별시 신대방동에 지체부자유아의 재활 복지를 위하여 민영재에 의해 삼육아동재활원이 설립되었다.

2) 우리나라 지체부자유아 교육의 현황

표 3-1과 같이 2010년 현재(2010년도 특수교육연차보고서), 장애영역별 특수교육대상학생 중에서 지체부자유아는 10,367명으로 전체 특수교육대상학생의 13.0%를 차지하고 있으며 이는 정신지체아 다음으로 가장 많은 수를 차지하고 있다. 그리고 해마다 지체부자유아는 그 수가 증가하고 있음을 알 수 있다. 구체적인 현황은 다음의 표 3-1과 같다.

<표 3-1> 연도별 장애영역별 특수교육대상학생 현황

(단위 : 명, %)

연도	시각 장애	청각 장애	정신 지체	지체부 자유	정서 행동 장애	자폐 성 장애	의사 소통 장애	학습 장애	건강 장애	발달 지체	전 체 학생수
2006	1,902 (3.0)	2,806 (4.5)	33,958 (54.3)	6,957 (11.1)	8,852 (14.2)		301 (0.4)	6,738 (10.8)	1,024 (1.6)	-	62,538 (100)
2007	2,292 (3.5)	2,864 (4.3)	36,041 (54.7)	7,739 (11.7)	7,695 (11.6)		1,185 (1.8)	6,982 (10.6)	1,142 (1.7)	-	65,940 (100)
2008	2,103 (3.0)	3,073 (4.3)	40,222 (56.3)	8,788 (12.3)	7,681 (10.7)		1,226 (1.7)	6,754 (9.4)	1,637 (2.3)	-	71,484 (100)
2009	2,113 (2.8)	3,385 (4.5)	40,601 (54.0)	9,659 (12.8)	3,537 (4.7)	4,647 (6.2)	1,324 (1.8)	6,526 (8.7)	1,945 (2.6)	1,450 (1.9)	75,187 (100)
2010	2,398 (3.0)	3,726 (4.7)	42,690 (53.6)	10,367 (13.0)	3,588 (4.5)	5,463 (6.9)	1,591 (2.0)	6,320 (7.9)	2,174 (2.7)	1,394 (1.7)	79,711 (100)

※ 2009년부터 「장애인 등에 대한 특수교육법」에 따른 장애영역별 조사

한편, 장애영역별 학교수는 2010년 현재(2010년도 특수교육연차보고서), 전국 150개교 중에서 지체부자유아교육을 담당하고 있는 특수학교의 수는 18개교이며, 2,587명이 재학 중이다. 이 중 국립학교에 161명, 공립학교에 981명, 사립학교에 1,445명이 재학 중이다. 그러므로 사립학교의 재학생 비율이 높은 편이다. 구체적인 현황은 다음의 표 3-2와 같다.

<표 3-2> 장애영역별 특수학교 수 및 학생 수 현황

· 학교 수 (단위 : 개교)

장애영역	장애영역별 학교수					계
	시각장애	청각장애	정신지체	지체부자유	정서장애	
학교수	12	18	95	18	7	150

· 학생 수 (단위 : 명)

구분	시각장애 학교	청각장애 학교	정신지체 학교	지체부자유 학교	정서장애 학교	소계
국 립	268	131	193	161	195	948
공 립	233	401	9,046	981	181	10,842
사 립	933	1,285	7,324	1,445	999	11,986
계	1,434	1,817	16,563	2,587	1,375	23,776

2010년 현재(2010년도 특수교육연차보고서), 특수학교, 특수학급, 일반학급 및 특수교육지원지원센터 등에 재학 중인 지체부자유아의 구체적인 현황은 다음의 표 3-3과 같다.

<표 3-3> 특수교육대상학생 현황

(단위 : 명)

구 분	특수학교	일 반 학 교		특수교육 지원센터	계
		특수학급	일반학급		
전체 특수교육대상학생	23,776	42,021	13,746	168	79,711
시각장애	1,563	390	438	7	2,398
청각장애	1,150	1,056	1,491	29	3,726
정신지체	15,316	23,806	3,537	31	42,690
지체부자유	3,238	4,033	3,032	64	10,367
정서 · 행동장애	895	2,007	681	5	3,588
자폐성장애	1,267	3,667	526	3	5,463
의사소통장애	79	828	682	2	1,591
학습장애	15	4,996	1,309	-	6,320
건강장애	24	496	1,652	2	2,174
발달지체	229	742	398	25	1,394
계	23,776	42,021	13,746	168	79,711

표 3-3에서와 같이 2010년 현재(2010년도 특수교육연차보고서), 특수교육대상자 79,711명 중에서 지체부자유아는 10,367명이고 이 중 대부분이 특수학교(3,238명)와 특수학급(4,033명)에 재학 중이며 일반학급에도 3,032명이 재학 중이다. 그리고 특수교육지원센터에는 64명이 재학 중이다.

II. 지체부자유아의 특성

제4장 지체부자유 아동의 심리적 특성

1. 지체부자유 아동과 심리학적 접근

인간의 사고와 활동은 인지와 심리의 영향을 받는다. 인간의 행동 또한 심리적 영향 하에 놓여있다. 역사적으로 볼때 인간 심리에 대한 연구는 19세기 이후 그 꽃을 피웠다. 인간 심리는 학자에 따라 다양한 연구분야를 탐구하였는데 19세기 생리학자들은 감각과 정신기능을 실험적으로 측정 가능한 분야로 개척하였다. 20세기에 들어 Binet와 Simon을 비롯한 학자들은 인간의 고등정신을 측정・평가하려고 노력하였으며, 개인차를 고려한 새로운 심리학적 접근방법을 모색하여 장애아동 연구 분야에 새로운 지평을 열었다. 지체부자유 아동을 대상으로 한 심리학자들의 연구업적을 간략히 살펴보자.

20세기 초반 지체부자유 관련 연구로 Adler의 기관열등감 이론이 등장하였다. 이에 따르면 지체부자유 아동은 운동기능의 장애나 신체의 형태이상으로 인한 열등감을 가지게 되는데 이를 기관열등감이라 한다. Adler는 이들이 갖는 심리나 행동상의 문제는 기관열등감에 근거한 보상이나 과보상의 산물이라고 하였다. 또한 Lewin과 사회심리학자들의 연구로 신체심리학(somatopsychology)이 나타났다. 이것은 Barker과 Wright에 의해 한층 발전하였으며 지체부자유아동, 시각장애아동, 청각장애아동, 건강장애아동을 그 대상으로 하였다. 이들에 의하면 신체심리학이란 기능과 형태상으로 보통과 다른 신체적 이상을 가진 개체는 개인과 타인의 심리상태에 어떤 형태로든 영향을 미친다고 보았다(박화문, 2001). 아울러 Doll은 지능지수 외에 아동을 파악 할 수 있는 방법을 연구하여 바인랜드 사회성숙척도(Vineland Social Maturity Scale)란 이름의 사회성숙도 검사를 1935년 처음으로 구성·발표 하였다. 또한 Head는 신체상의 개념을 제시하여 지체부자유를 가진 아동의 임상적 이해를 한층 더 광범위하게 할 수 있는 계기를 만들었다.

한편 뇌성마비에 대한 초기의 심리학적 연구는 Werner와 Strauss의 실험적 연구업적을 들 수 있는데 이들은 뇌장애아(brain damage), 혹은 뇌손상아(brain injured)라는 용어를 사용하며 장애아동의 외인성 특성인 피전도성(distraction), 억제곤란(disinhibition), 통합곤란(dissociation), 다동성(hyperactivity), 강박 반응성(forced responsiveness), 고집성(perseveration)을 주장하였다. 그리고 Strauss와 Lehtinen(1947)은 뇌성마비 아동은 출생 전, 출생 중, 출생 후에 뇌손상에 따른 기질적 장애로 정보의 수용 및 사고의 장애, 과활동성, 충동성, 정서불안 등을 지적하며 이들에 대한 교육방법을 제안하였다.

그리고 뇌성마비의 지능분포 연구로 이 분야에 큰 영향을 미친 Cruickshank(1961)는 이들의 제안을 바탕으로 장애아동과 일반아동을 위한 교육과정(Montgomery Country Project)을 개발하였으며 지속적인 연구로 Cerebral Palsy(1976)에서 뇌성마비 아동의 지적 특성을 밝혔다(2001). 전헌선에 의하면 뇌성마비에 대한 초창기 심리학적 연구는 아동의 개념형성, 전경-배경, 정의적 특성, 행동특성, 기질적 원인에 따른 환경과 심리적 영향 등에 대한 연구가 주로 이루어졌다고 지적한다.

이처럼 20세기 초반의 자체부자유 아동에 대한 심리학적 연구가 생리 및 의학적 접근으로 아동이 가진 장애로 인한 기질적 특성과 심리적 양상을 주로 연구했다면 2000년 이후 최근 지체부자유 아동에 대한 연구는 아동이 장애에도 불구하고 일반 환경에 좀 더 잘 적응할 수 있도록 심리적 지원과 통합 환경에서 일상생활을 독립적으로 해 나갈 수 있는 다양한 교수방법 및 전략을 모색하는 방향으로 나아가고 있다.

2. 지체부자유아동와 심리발달

정상발달을 하는 아동의 경우 모태에서부터 발달이정(里程)에 따라 발달과정을 거치며 성장한다. 아기는 태어나면서 발달에 필요한 모든 잠재적 요소를 가지고 태어나서 생후 어머니를 비롯한 주변의 다양한 환경적 자극을 받으며 자라게 된다. 아기는 먼저 자신의 신체를 이용한 감각·운동을 통해 성장하고, 또한 감각기관을 거치는 다양한 지각과정을 경험하며 개념과 인지발달을 이끌게 된다. 여기서는 인간의 감각·운동발달의 의미와 감각·지각발달에 대해 알아보고 지체부자유 아동의 감각·지각발달의 특성과 감각·지각발달의 지도에 대해 간략히 살펴보자.

1) 감각 및 운동발달의 의미

인지발달은 환경으로부터 필요한 요소를 흡수함으로써 가능하다. 인지발달에 필요한 요소를 환경으로부터 흡수하기 위해서는 흡수통로가 활성 되어야 하며 그 흡수 통로가 바로 감각기관이다.

감각장애아는 대뇌의 인지적 발달에 필요한 요소를 충분히 공급 받을 수 없는데 일차적 문제가 있다. 사물에 의한 개념형성은 감각·운동정보에 의한다. 예컨대 사과라는 개념이 정확히 형성되기 위해서는 사과의 생김에 관한 시각적 정보와 사과 표면의 매끄러움에 대한 촉각적 정보와 사과를 먹을때 발생하는 독특한 후각적 정보가 감각적 신경로를 거쳐 대뇌피질에 전달되고 전달된 감각적 정보들은 대뇌작용을 거쳐 상호 결합되어야 비로소 사과의 속성에 대한 정확한 개념이 형성된다.

그러므로 감각장애는 개념형성에 필요한 정보의 차단 내지 결핍으로 인해 정신발달에 부정적 영향을 미치고 있어 이를 극복하기 위해서는 감각·운동훈련이 필수적이라 할 수 있다. 그리고 감각·운동 기능의 활성화는 지적교육과 불가분의 관계에 있기 때문에 감각장애의 경감을 위해서는 감각·운동 경험을 쌓아가는 훈련이 필요하다.

Hebb에 의하면 감각이 박탈되면 지능과 정서 쪽의 문제가 발생하며 감각적 자극이 결핍되어 수면 시간이 증가하고 운동능력이 저하되며 주변 환경에 대한 관심이 부족해진다고 한다. 또한 Brunner 역시 감각상실의 경우 지적인 전략창출 능력이 저하됨과 동시에 그 외 사물에 대한 개념형성이 곤란해진다고 한다(이태영, 1995).

지각이란 환경으로 부터의 자극이라든가 그 밖의 여러 상태를 지각해서 이를 인지하게 되는 과정을 뜻한다. 지각의 과정을 생리학적으로 이해하자면 인체의 감각기에 수용된 자극이 신경회로를 통해 대뇌피질에 전달하게 되고 전달된 자극은 대뇌피질을 흥분시키게 되고 이를 통한 대뇌작용에 의해 사물을 지각하게 된다(西本・松原, 1979).

시각・청각장애와는 반대로 정신지체의 경우 대뇌의 분석기능과 정보의 통합적 처리기능이 원활하지 못해서 시각, 청각, 후각, 미각, 촉각 등을 비롯한 감각기능 모두에 문제를 지닌 경우가 대부분이다. 이러한 뇌기능의 문제성과 감각・운동기능의 문제점이 악순환 됨으로 인하여 심각한 인지 장애가 초래되고 이는 다시 학습활동을 직접적으로 방해하고 있기 때문에 사고와 조작의 기초를 형성하지 못 할뿐더러 추상화, 일반화 등 심리적 기능 전반에 악영향을 미치게 된다(강수균 외, 1999).

장애아동의 감각・운동발달에 관해 연구 한 대표적인 이론은 Itard의 감각・운동교육, Seguin의 감각・운동교육, Montessori의 감각교육 등이 있다.

2) 감각 및 지각발달

우리는 신생아기부터 오감의 감각 수용기를 통해 발달을 시작하는데 신체의 내외 모습을 알고 느끼는 과정과 지각하는 과정을 거치며 인식작용을 하게 된다. 감각작용과 지각작용은 모두 신체기관을 통해 신체 내외의 모습을 인식하는 작용으로 명확히 구별하기는 어렵다. 일반적으로 신체자극에 직접 결부되어 작용하는 것이 감각이고, 감각을 통해 '둥글다', '높다'와 같이 판단이나 기억 등의 작용이 포함된 보다 복잡하고 고차원적 인식작용을 지각이라 한다. 즉, 지각은 외계 사물을 인지하는 기능으로 지적 활동의 한 과정이다.

감각과 지각은 수용기관에 따라 표 4-1과 같이 분류하기도하고 지각대상에 따라 원근지각, 방향지각, 시간지각, 리듬지각, 운동지각으로 나누기도 한다. Frostig는 시지각을 분류하여 표준화 검사를 만들어 아동들의 학습에 활용하였다.

<표 4-1> 감각·지각의 종류

감각 · 지각의 종류	감각기관
시각, 시지각	눈의 망막
청각, 청지각	귀의 와우(달팽이관)
후각	코의 후점막
미각	혀의 미뢰
촉각, 촉지각	피부의 압점
온각	피부의 온점
냉각	피부의 냉점
통각	피부 및 신체 내부의 통점
평형감각	귀의 세반고리관
운동감각	힘줄이나 관절

유아는 오감과 아울러 피부와 평형, 운동감각 등은 수용기를 통해 지각한 자극을 수용하고 기억하고 판단하는 과정을 거쳐 정보를 해석하며 인식작용을 확대한다.

신생아에서 생후 1년간 단계별로 유아가 감각 · 지각을 발달하는 단계를 살펴보면 표 4-2와 같다. 유아는 연령에 따라 감각과 지각이 점차 분화되고 세련되어 가는 것을 볼 수 있는데 일반유아는 2세-5세 사이에 감각 · 지각이 대부분 발달한다.

<표 4-2> 연령에 따른 유아의 감각·지각발달 특성

개월	감각 · 지각발달 특성
신생아	빛이나 소리에 반응
1개월	물체 응시
2개월	소리에 따라 반응
3개월	딸랑이 따라 눈을 움직임
4개월	손에 잡은 것 입 속에 넣음

5개월	움직이는 물체를 눈으로 따라감
6개월	소리가 나는 쪽으로 고개 움직임
7개월	자신이 떨어뜨린 물체를 눈으로 찾음
8개월	원하는 것에 대한 주의력과 집중력 증가
9개월	물건 잡으려 통 속에 손을 넣음
10개월	물체를 잡아 던짐
11개월	안 보이는 장난감을 찾음
12개월	좁은 구멍에 물건을 넣음

위 표에서는 유아의 감각·지각 발달 관점에서 첫 12개월의 두드러진 발달 부분을 나타내었으나 이러한 성장을 보이기 위해서는 대소근육, 인지, 언어, 사회성, 자립 등의 영역에서 고른 발달위계가 이루어져야한다.

감각·지각발달에 관한 대표적 이론으로는 Piaget의 인지발달이론, Kephart의 지각운동이론, Getman의 시각운동이론, Ayres의 감각통합이론 등이 있다. 이러한 이론들은 정상발달 과정에 습득되어야 할 감각·지각발달의 중요성과 건강한 성장을 위해 유아가 달성해야 할 발달과업을 다양한 관점에 따라 제시하고 있다.

3) 지체부자유아 감각 및 지각의 특성

뇌성마비 아동의 경우 신체의 감각기관에는 특이한 기능상의 장애가 보이지 않지만 정확한 지각이나 인지기능을 하지 못하는 아동이 있다. 이러한 뇌성마비 아동의 지각장애의 원인은 아동 개개인의 개체적 문제와 환경적 문제에서 기인한다.

이러한 아동의 개체적 문제로는 뇌성마비로 인해 나타나는 감각기관 장애, 운동기능 장애, 뇌기능부전에 기초를 둔 행동문제를 들 수 있다. 감각기관 장애는 시각장애(사시, 약시, 시야결손, 안구진탕)와 청각장애(청력장애)가 있다. 운동기능 장애는 마비로 인한 조작, 쓰기, 만들기 등의 곤란으로 지각발달에 영향을 미친다.

환경적 문제로는 무엇보다 장애로 인한 경험부족이다. 뇌성마비의 경우

운동장애로 인해 유아기부터 신체활동에 제한을 받아 조작활동, 이동활동 등이 원활하지 못하다. 이는 상대적으로 주변 환경으로 부터 자극을 제한하고 탐색활동과 같은 흥미 유발을 방해하여 사물에 대한 경험부족을 초래하여 지각발달에 부정적 영향을 미친다.

지금까지 연구를 살펴보면 뇌성마비 연구에서는 지각발달 중 주로 시지각 발달에 대한 연구가 이루어졌다. 대표적인 뇌성마비 아동의 시지각 발달 연구로는 Frostig(1963)의 연구를 들 수 있다. 그는 아동의 시지각 발달검사를 고안하고 시지각 발달의 중요성을 강조하였다. 그에 따르면 시지각은 시각적 자극을 선행 경험과 관련시켜 인식하고 변별하고 선택하는 능력으로서 단순히 눈으로 보는 능력만이 아니라 시각적 자극을 해석하는 두뇌 활동까지 필요하다고 하였다.

Frostig의 시지각 발달은 시각-운동협응(VM : Visual-Motor Movement), 도형-배경지각(FG: Fifure-Ground Perception), 항상성(PC : Perceptual Constancy), 공간위치지각(PS: Position in Space), 공간관계지각(SR : Spatial Relation)으로 이루어진다.

(1) 시각-운동협응(VM : Visual-Motor Movement)

시각-운동협응이란 시각을 신체운동 혹은 신체 일부와 조정시키는 능력이다. 예를 들어 그리기, 쓰기를 하려면 눈과 손의 협응이 일어나야 한다. 이처럼 시각과 움직임이 연쇄적으로 자연스럽게 일어나야 원활한 그리기, 쓰기 학습의 기초가 된다. 뇌성마비의 경우 시각-운동의 어려움으로 문장을 읽을 경우 시각추적이 원활하지 못해 문장을 다 읽지 못하거나 글자 혹은 문장을 빼고 읽거나 그리기, 쓰기, 가위질, 착탈의가 미숙한 경우가 많다. 박영자(1987)연구에 따르면 뇌성마비 아동은 전반적으로 일반아동보다 시각-운동의 발달이 더디게 나타난다고 한다.

(2) 전경-배경지각(FG: Fifure-Ground Perception)

우리가 사물을 볼 때 전체를 한 번에 지각하는 것이 아니라 주의를 기울인 부분을 불필요한 배경자극으로부터 떼어 지각한다. 이 때 떼어낸 부분을 도(圖), 배경이 되는 부분을 지(紙)라 한다. 예를 들어 교실에서 수업을 할 때 교사의 설명을 듣기(圖) 보다 옆 친구의 필통 여닫는 소리(地)에 주의를 더 기울이는 경우와 같다. 뇌성마비의 경우 도형-배경지각의 곤란으로 주자극과 배경자극의 선택에 어려움을 겪으며 이는 아동의 주의가 산만하고 혼란스럽게 한다. 또한 책의 페이지나 사물 찾기가 어눌하고 글의 행을 건너뛰곤 한다. 정재권(1978) 연구에 따르면 뇌성마비 아동은 전반적으로 일반아동보다 도형보다 배경에 더 반응하는 경향이 높게 나타난다고 한다.

(3) 항상성(PC : Perceptual Constancy)

5세에서 7세 사이에 급속히 발달하며 사물을 보는 조건(크기, 밝기, 색, 형)은 변해도 대상물은 항상 그대로의 사물이라고 인지하는 능력이다. 예를 들어 사진의 토끼와 실물토끼는 크기는 달라도 같은 토끼로 인식하는 것이다. 뇌성마비의 경우 항상성에 어려움을 보여 같은 단어나 도형을 크기나 글자체를 다르게 나타내면 다른 것으로 인식할 수 있다. 즉, 위치와 배경에 따라 크기와 형태가 달라 보이지만 같은 글자와 도형이라는 인지가 어렵다.

(4) 공간위치지각(PS: Position in Space)

물체가 있는 공간과 관찰자 간의 관계를 지각하는 것이다. 예를 들어 물체가 자신을 중심으로 앞, 뒤, 위, 아래, 옆에 있는 것을 지각하는 것이다. 뇌성마비 아동의 경우 자신의 신체를 중심으로 좌우, 위아래와 같은 위치지각의 곤란으로 학습에 있어 아와 어, 오와 우, 6과 9의 혼동, 12와 21의 차이의 혼동 등이 빈번히 일어나기 때문에 읽기, 쓰기, 수 계산에 곤란을 겪는다.

(5) 공간관계지각(SR : Spatial Relation)

둘 이상 물체의 위치 및 물체 상호간의 위치, 즉 물체 상호간의 관계를 지각하는 능력이다. 예를 들어 저금통에 동전을 넣는 아동은 자신과 저금통과 손에 잡은 동전의 위치뿐만 아니라 동전과 저금통의 위치도 지각할 수 있어야 한다. 뇌성마비 아동이 공간관계의 지각이 덜 발달될 경우 구슬 꿰기, 적목 쌓기와 같은 활동에 어려움을 보인다. 또한 학습에 있어서도 글자를 바르게 읽기, 바르게 쓰기, 지도 찾기, 그래프 이해하기 등의 과제에서 어려움을 나타낸다.

뇌성마비의 경우 시자극 뿐만 아니라 촉지각, 청지각의 발달에 있어서도 어려움을 보인다. 이는 뇌성마비 아동이 학습과제를 수행함에 있어 과제를 왜곡된 형태로 지각하여 일상적 과제와 학습과제의 수행에 큰 어려움이 나타내는 원인이 되므로 아동의 감각지각 특성을 정확히 파악하여 학습전략을 세워야 한다.

4) 지체부자유아의 감각 및 지각지도

뇌성마비 아동의 감각·지각훈련은 아동의 장애유형과 상태에 따라 다양할 수 있다. 중요한 것은 아동이 반복적 훈련과 여러 가지 경험을 통해 사물과 자극의 속성을 판별하고 세밀히 해석하는 능력을 기르는 것이다. 이를 바탕으로 주의산만을 줄이거나 주위환경 변화에 쉽게 적응을 유도하여 궁극적으로 아동의 학습과 일상생활의 활동을 원만하게 하고자 함이 지도의 핵심이다.

지각은 외부로부터 받아들여지는 다양한 감각적 자극을 통해 주위의 사물과 관계를 인지하는 과정이다. 이는 인간발달의 가장 기본적인 요소로 학습은 이러한 감각과 지각이 운동과 더불어 원활이 수행되어야 한다.

그러나 뇌성마비는 운동장애가 주장애이므로 아동이 발달과정에서 왜곡된 감각·지각을 수용하거나 미성숙이 나타나면 아동의 성장에 부정적 요소로 작용 할 수밖에 없다. 따라서 무엇보다 중요한 것은 아동들의 발달 연령에 준한 감각·지각발달을 가져오는 것이다. 이를 위해 아동들의 흥미와 개인차를 고려한 교육계획을 세워 학습활동과 원활한 일상생활 활동이 이루어질 수 있는 체계적이고 전략적인 접근 방법이 필요하다. 표 4-3은 뇌성마비 아동이 감각·지각활동을 할 수 있는 주요 지도 내용을 감각영역별로 나타낸 것이다.

<표 4-3> 감각 영역에 따른 주요 지도

영 역	주요 지 도 내용 및 활동	
시지각	· 눈과 손의 협응 운동	예)오리기
	· 항상성	예)다른 모습의 같은 물건 찾기
	· 도형-배경지각	예)분류하기, 다른 것 찾기
	· 공간위치지각	예)인물화 그리기
	· 공간관계지각	예)같은 모양 만들기
청지각	· 청각적 변별	예)환경음 알기
	· 청각적 도형과 배경 변별	예)비슷한 소리 변별
	· 소리가 나는 위치, 방향, 거리 변별	예)소리의 원근알기
촉지각	· 촉각적변별	예)촉감알기
	· 촉각적인지	예)촉감과 사물 연결하기
	· 촉각적 도형과 배경	예)비슷한 촉각 구분
지각의 통합-시각과 청각	· 색(빛)과 소리 자극에 동시에 집중·변별·기억하기	예)천둥번개, 불꽃놀이
기타 감각통합	· 사물변별-시각 +미각	예)바나나, 음식, 꽃, 밀가루, 콩, 로션 등 일상생활 감각 활용
	· 사물변별-시각 +촉각	
	· 사물변별-시각 +후각	
	· 사물변별-미각 +후각	

지각은 인간이 기능적으로 활동하기 위해 발달해야 하는 중요한 심리적 기능이다. 귀와 눈과 같은 감각기관을 통해 들어온 자극을 인식하고 해석하는 지각과정은 두뇌 활동의 일부다. 일반아동의 경우 시지각, 청지각, 촉지각, 미각, 후각 등의 자극은 일상생활을 통해 우연히 학습되거나 발달과정에서 자연스럽게 습득될 수 있다.

그러나 뇌성마비 아동의 경우 원시반사가 잔존하거나 혹은 감각적 둔화나 인지능력의 문제로 감각기관을 통해 들어오는 자극을 제대로 변별하거나 해석하기가 어렵다. 따라서 반복적인 선행경험을 통해 자극을 해석하고 사물을 판별하는 잠재능력을 기르는 지도가 반드시 필요하다.

표 **4-4**는 감각 · 지각발달을 유도하는 중도 뇌성마비 아동의 지도안의 한 예이다. 이러한 교육계획은 아동의 장애유형과 정도에 따라 **IEP**를 아주 면밀히 세워 접근하면 감각 · 지각발달에 도움이 된다.

<표 4-4> 감각·지각활동 지도안의 예

영 역	감각 · 지각활동		
단 원	지각 기능	제 제	시지각 기능
주요활동	눈과 손의 협응	활동명	떼어 붙이기
활동목표	스티커 떼어 붙이기를 통하여 시지각-운동 협응력을 기른다		
지도유형	활 동 내 용		자료 및 유의점
같은 학용품 스티커 찾기	〈학용품의 종류와 크기에 맞게 스티커 떼어 붙이기〉 1. 구체물로 학용품 이름을 익힌다. 2. 구체물과 같은 사진 스티커를 구체물에 떼어 붙인다. 3. 빈 종이에 구체물 사진 스티커를 떼어 붙인다. 4. 사진스티커와 같은 그림을 찾아 스티커를 떼어 붙인다.		· 학용품-구체물 · 학용품 스티커 학용품 사진은 아동이 사용하는 것을 직접 찍어 사용한다.
인물스티커 완성하기	〈신체부위에 맞는 스티커 떼어 붙이기〉 1.자신의 신체부위 이름 4 곳을 익힌다. (눈, 코, 손, 발) 2. 자신의 신체 부위나 교사의 신체부위에 맞는 스티커를 떼어 붙인다. 3. 종이 위 사람의 신체 부위에 스티커를 떼어 붙인다. 4. 익숙해지면 4 등분, 6 등분 등 좀 더 분화된 신체부위의 스티커를 떼어 붙인다.		· 사람그림 · 사람 신체부위 스티커

3. 지체부자유아의 인지 및 언어

유아의 경우 인지발달과 언어발달은 밀접한 관계가 있다. 뇌의 신경병변의 문제로 인한 뇌성마비는 주장애가 근의 컨트롤(control)의 어려움으로 운동장애를 나타낸다. 따라서 단순 뇌성마비는 인지적 문제를 갖지 않지만 근의 컨트롤의 어려움은 수반장애를 가져온다. 이중 언어가 가장 두드러지는 문제의 하나이다. 왜냐하면 우리의 언어는 수 십 가지의 근이 순간적인 협응에 의해 이루어져야 가능한 활동이기 때문이다. 단순 뇌성마비의 수반장애 중 언어문제는 인지적 능력의 결함이 아닌 구강주변의 근육조절이나 협응의 문제로 인한 것이다. 이는 표현 언어능력의 결함을 가져와 원활한 언어적 의사소통과 사회적 상호작용에 방해를 하게 된다. 여기서는 뇌성마비의 인지와 언어에 대해 간략히 알아보자.

1) 지체부자유아의 지능 연구

인간의 지적능력을 나타내는 개념 중 가장 일반적이고 대중적인 개념이 지능이다. 교육현장에서 지능은 곧 학업성취와 연결되는 개념이므로 교사와 학생들에게 지대한 영향을 미친다. 지능지수(IQ)는 아동의 지적특성을 이해하고 학교와 직업사회에서 성공여부를 예언하는 중요한 배경자료로 활용되어왔다.

뇌성마비 아동을 대상으로 한 Werner와 Thuma(1942), Bensberg(1950), Bennett와 Poit(1963) Chruickshank(1961)와 같은 연구에서 볼 수 있듯이 1940-1960년대의 초창기 인지특성 연구는 주로 뇌성마비 아동들이 가진 감각, 지각, 운동, 변별, 개념 학습의 특성을 신경생리학적 측면에서 연구하고 주로 일반아동과 비교하여 열악한 위치에 있다는 결론을 내렸다.

1960년대 후반부터 1990년대까지의 뇌성마비 아동의 지능연구는 뇌성마비의 유형에 따라 지능은 어떠한 특성을 보이는가를 주로 연구하였다. 1965년 WISC가 개발되어 본격적으로 교육현장에서 아동들의 지능을 측정하게 되었다. 1968년 WISC로 뇌성마비의 장애유형에 따라 동작성 지능지수와 언어성 지능지수를 측정하였는데 이들의 관계를 조사한 결과는 뇌성마비 아동은 언어성 지능지수가 동작성 지능지수 보다 높게 나타났다. 또한 Cruickshank (1976)는 뇌성마비 아동의 지능 분포는 정상에서 정신지체까지 다양하나 전체적으로 낮으며 뇌성마비 아동의 25%는 지능지수 90-110이상, 25%는 지능지수 70-89, 나머지 50%는 지능지수 69-50이하로 밝혔다. 이후 뇌성마비 아동의 지능에 대한 일반적인 관점은 Cruickshank의 연구결과를 인정하는 경향이었다.

한편 昇地三郞(1974)은 뇌성마비 아동의 유형별 지능은 경련형과 무정위운동형은 매년 지수가 향상되는 경향이 있으며, 실조형이나 강직형은 그다지 상승되지 않으며 반면 경련을 수반한 뇌성마비는 매년 저하되는 것으로 밝혔다. 곽승철(1987)의 연구에서 지체부자유 특수학교에 재학 중인 뇌성마비의 경우 지능지수 70이하가 50%를 넘으며 불수의 운동형이 경직형보다 정신지체가 다소 적게 나타난다고 하였다. 그러나 다른 연구에서는 일치된 결과가 나타나지 않아 뇌성마비의 경우 지적구조가 불균형이 심한 것으로 보고되었다. 또 다른 연구에서는 뇌성마비의 유형에 따라 인지적 특성이 다양하기는 하나 경직형 편마비는 사지마비보다 지능이 더 높았으며(Pellegrino, 1997), 불수의운동형이나 실조형은 경직형 보다 인지결함이 낮다고 보고했다(Hill, 1999). 김은영(2004)은 K-ABC 이용하여 정신지체, 특정언어장애(SLI), 뇌성마비, 정상발달의 네 집단으로 분류하고 유아들의 인지특성을 알아 본 결과에서 뇌성마비집단과 정상발달집단에서는 인지처리와 습득도의 차이가 없었다고 보고하였다.

2000년대는 지금까지 간과되어온 뇌성마비의 특성을 고려하지 않은 지능측정 검사도구의 문제점이 지적되면서 Wechsler을 표준화한 K-WISC-IV, 국립특수교육원의 동작성 검사 KISE-KOHS 등이 개발되어 현장에서 많이 사용되고 있다.

1980-1990년의 조사에 의하면 최근 뇌성마비 아동은 1000명당 약 2.1명의 출현율을 보이고 그 중 5명당 1명, 20%가 중도의 지적결함을 가지는 것으로 나타났다(Johnson, 2002). 따라서 뇌성마비 아동의 지능을 대부분의 표준화에서 사용하는 규준지향검사(norm-reference test-동일 연령대에서 몇 %에 해당되는가)의 지능지수만으로는 중도의 장애를 가진 아동의 잠재력과 가능성을 예견하기 어렵다. 그래서 Gardner(2007)는 단일요인이 아닌 다중지능

개념을 주장하며 현재까지 8과 1/2개 영역의 지능을 주장하고 있다. 백종남・김삼섭(2010)의 연구에 따르면 뇌성마비 아동의 다중지능은 자기성찰, 대인관계, 음악지능에서 강점을 보인다고 한다.

뇌성마비 아동의 경우 주장애와 수반장애로 인한 감각지각 특성, 근의 움직임, 인지능력, 언어능력 등의 어려움이 있다. 곽승철(1987)은 뇌성마비 아동 179명을 대상으로 한 연구에서 뇌성마비아의 지능을 다음과 같이 보고하였다.

첫째, 뇌성마비의 지능은 극단적으로 나쁘지만은 않다.

둘째, 뇌성마비의 지능은 구조적으로 불균형이 크다.

셋째, 뇌성마비아의 지능 평가는 일반아동과 같은 절차에 따라 평가하는 것은 부당하다.

그러나 지능과 관련해 한 가지 간과된 부분은 많은 연구들이 이루어진 시기는 사회가 장애에 대한 차별과 편견이 심하고 뇌성마비 장애아동이 일반 사회와의 접촉경험이 아주 빈약한 시기의 아동을 대상으로 한 연구로 그 연구결과를 현재까지 일반화하기에는 큰 무리가 따른다.

과제는 뇌성마비 아동의 언어 특성과 동작 특성을 고려하여 신뢰도와 타당도가 확보된 검사도구가 개발되어 정확한 측정을 할 필요가 있다. 뇌성마비는 지능과 직접적인 상관이 없다. 뇌성마비 아동이 가진 개개인의 학습능력과 학습양식을 파악하여 개인에게 적합한 교육환경을 제공함으로 얻어지는 학업성취가 숫자로 나타나는 지능지수보다 아동들의 교육에 더 실제적이다.

<그림 4-1>
Cruickshank(1976) 그의 책 Cerebral Palsy에서 나타난 CP의 지능분포는 이후 CP의 지능에 대한 많은 오해를 낳았다.

2) 지체부자유아의 언어 문제

중추신경계의 기질적 손상인 뇌성마비로 인해 정신지체, 감각발달 지체, 감각장애, 지각장애 등의 수반장애는 언어장애를 일으키는 직접 또는 간접적 원인이 된다. 한 마디의 음성언어를 표출하기 위해서는 근의 협응, 호흡, 조음, 성대 등의 다양한 구성요소가 순간적인 협응을 이루어야한다.

그런데 뇌성마비는 근의 컨트롤(control)이 주문제이므로 언어표현의 곤란이 수반으로 따른다. 뇌성마비는 장애유형에 따라 다소의 상이한 언어문제를 가질 수 있으나 경직형, 불수의형, 실조형의 경우 구어산출 하위체계 중 호흡, 발성, 공명 및 운율체계에서는 유사한 특성을 가지나 조음체계에서는 유형 간에 차이를 나타낸다(남현욱, 2009). 그러나 일반적으로 뇌성마비의 언어표현의 문제는 다음과 같은 원인에서 기인한다.

(1) 호흡문제

음성언어는 숨을 내뱉는 날숨에 의해 이루어진다. 뇌성마비의 경우 날숨이 짧고, 폐활량이 적고 얕은 숨을 쉬는 경향이 있다. 또한 역호흡(일반적으로 숨을 쉴 때 흉곽을 넓히고 동시에 횡경막이 내려가지만 역호흡의 경우 횡경막이 위로 올라가 충분한 숨을 쉬지 못 함)을 하며 호흡주기가 불규칙하고 얕고 빠르며, 말을 하면서 숨을 조금씩 내쉬는 호흡 조절의 어려움이 있다.

(2) 조음기관

조음은 조음기관을 통해 말소리가 만들어지는 움직임의 과정이다. 조음기관에는 혀, 입술, 턱, 치아, 경구개, 연구개 등이 있다. 여러 가지 자음을 조음하기 위해서는 혀끝을 독립적으로 움직여야 한다. 혀의 움직임이 원활하지 않는 경우 혀를 하나의 전체적 단위로 움직인다. 뇌성마비는 혀의 앞부분이나 전체를 구부려 조음하려는 경향을 보여 혀끝으로 형성되는 /s/, /z/, /r/, /l/과 같은 음의 산출이 어렵다. 또한 뇌성마비는 입술과 턱은 움직임이 느리고 탄력성이 아주 제한적이다. 또한 턱과 치아는 근 긴장도의 불균형으로 부정교합을 보이는 경우도 많아 조음산출에 부정적 영향을 미친다(전헌선 등, 2002).

(3) 후두기능

구어가 가능한 뇌성마비 아동 중에는 숨찬 음성 혹은 공기가 새는 듯 한 음성 양상을 보이는 아동이 있다. 이는 발성을 위해 과하게 성대를 내전(adduction)시키거나 성대의 과긴장 때문이다. 또한 성대의 진동이 이루어지지 않아 긴장되거나 귀에 거슬리는 소리를 내기도 하며 무성음 산출을 위한 빠른 외전(abduction)으로 무성음을 유성음으로 대치하는 경향이 나타나 언어의 정확도의 어려움이 있다.

(4) 연인두 기능

뇌성마비의 연인두 기능의 문제는 구어 산출시 다른 생리학적 문제와 함께 나타난다. Hard(1983)에 의하면 연인두 기능부전은 성로를 통해 너무 많은 공기를 내보내게 되어 조음산출 시 호흡에 과중한 부담을 준다고 하였다. 또한 이는 삼키기 문제(권도하, 2001)와 과대비음 유발요인인 공명장애를 가져 올 수 있다. 그리고 자음의 명확한 산출을 위한 성로의 공기압력 유지를 위한 비강폐쇄가 어려워 언어의 명료도에 어려움이 따른다(전헌선 등, 2003 재인용).

(5) 언어환경

풍요로운 언어적 환경에서 다양한 언어를 접한 유아와 그렇지 못한 유아의 경우를 조사를 하면 언어발달과 학습에 지대한 영향을 미친다. 뇌성마비 아동의 경우 신체적 제약으로 또래 유아와 같은 직접 경험과 다양한 언어적 자극이 결여된다면 언어발달을 저해하게 된다.

(6) 수반장애

뇌성마비는 지능, 시각, 청각, 지각, 간질 등의 수반 장애를 나타내어 언어발달의 문제를 가져온다.

뇌성마비 아동의 경우 발달 초기에 습득 되어야 하는 운동, 사회, 인지 및 놀이 경험의 부족은 언어습득 이전의 몸짓, 제스처 등의 행동을 발달시키지 못하므로 의사소통 기술을 습득하는 데 방해 요소가 된다. 박지은(2008)은 경직형 뇌성마비 아동 55명을 대상으로 한 연구에서 명료도에 영향을 미치고 있는 변인은 호흡기능 과제, 발성기능 과제, 조음기능 과제 중 입술과 턱 관련 과제 등에 골고루 분포하고 있었다고 지적하였다.

그러나 이러한 문제에도 불구하고 중도의 언어와 신체적 장애를 기질적으로 가진 아동이라도 교수전략을 세워 접근하면 비구어나 기타 보완대체 의사소통 등의 방법으로 아동이 자신의 내적 언어를 표현할 수 있는 방법은 있다. 다양한 원인들로 인해 뇌성마비 아동의 경우 여러 가지 언어 발달적 특성을 보인다. 언어발달의 지체, 소리이상, 구음문제, 리듬문제, 말하는 태도, 듣기문제, 내적언어 기능문제 등은 뇌성마비 아동의 의사소통 증진과 학습을 위해 지원되어야 할 영역이다.

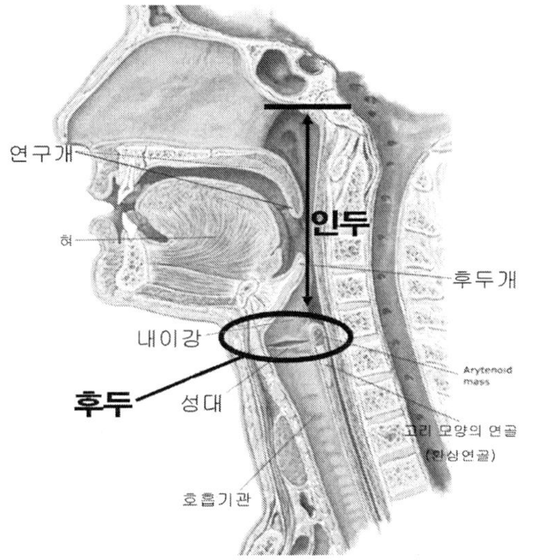

<그림 4-2> 발성기관

4. 지체부자유아의 정서·사회성 발달

지체부자유 아동의 경우 성장과정에서 성취경험을 통한 자신감보다 실패

경험을 통한 좌절경험이 더 많을 수 있다. 또한 가족과 주위의 우려 섞인 목소리에 노출되어 늘 근심의 대상으로 자랄 경우가 많다. 이러한 좌절경험과 주위의 어두운 시선은 아동의 긍정적 성격형성과 타인에 대한 호감을 기르는데 어려움을 줄 수 있다. 여기서는 지체부자유 아동의 정의적 특성으로 정서행동 발달과 성격특성을 알아보고 자아존중감을 비롯해 사회성과 교우관계 및 장애수용은 어떠한 특성을 가지는지 간략히 알아보고자 한다.

1) 정서·행동 발달

장애를 가진 아동의 정서행동 발달 특성을 설명하는 이론들은 다양하다. 대표적으로 Lewin의 장이론, Adler의 기관열등감이론, Freud의 정신분석적 관점에서 보는 이론, Head의 신체상이론, Nielsen이 주장하는 자기개념이론, 사회심리학자들이 주장하는 신체심리학이론, 장애의 중적 심화 등이 있다. 여기서는 장이론과, 기관열등감, 신체상, 장애의 중적 심화과정에 대해 간략히 살펴보고자 한다.

(1) 장이론

Lewin에 의해 제창된 장이론은 장애아동과 일반아동의 환경적응 가능성에 대한 문제로 논의된다. 공간과 인간의 상호작용의 관점에서 인간의 행동을 이해하고자 하는 장이론은 '인간의 행동은 개인(개체)과 환경의 함수관계에 의해 결정된다' 고 하였는데 이는 개인과 환경 간에 어떤 관계가 이루어지느냐에 따라 행동이 결정된다고 보는 것이다.

B = f(P×E)

B : behavior(행동)

P : person(개인)

E : environment(환경)

지체부자유 아동의 경우 장애의 적응문제는 성공적인 적응을 하는데 있어서 현실적으로 개선될 수 없거나 스스로 개선되지 않는다고 느낀다. 즉 일반학생은 장벽에 직면했을 때 본래의 목표에 가까운 대상적 만족을 발달시켜 가는 데 비해 지체부자유 학생은 자신의 장애가 그대로 장벽으로 남아 있으므로 대상적 만족을 발달시키기가 어렵다. 따라서 현실적 장면에서 지체부자유라는 상황은 개인의 능력으로서는 개선되지 않으므로 욕구불만이나 좌절감을 키울 수 있다.

그러므로 지체부자유 아동의 경우 장애의 장벽에 직면하여 적응할 수 있도록 새로운 상황을 모색하며 대안적 상황을 발달시키는 자기개념의 성장이 필요하다.

(2) 기관열등감

기관열등감에 관한 개념은 Adler가 처음 사용한 개념으로 장애를 가진 아동의 정서행동 발달과 밀접한 관계가 있다. 그에 의하면 유기체적 열등감은 선천적으로 약하거나 부족하게 기능하는 신체기관에서 오는 열등감이라고 하였다. 즉 모든 개인의 진보, 성장, 발달은 그 열등감을 극복하려는 시도에서 나왔으며 열등감 보상을 위한 노력은 모든 발전의 원동력이 된다. 그러나 열등감을 극복하기 위하여 노력해도 어떤 이유로든 안 될 경우 이 열등감이 더욱 강화되어 병적 열등감으로 이르게 되며 이러한 병적열등감은 자신감을 잃고 세상을 살아가게 만든다.

뇌성마비 아동이 되는 열등감은 대부분 신체에 관한 기관열등감이다. 정영옥(2003)은 뇌성마비 아동 60명을 대상으로 신체상과 열등감의 관계를 알아보았다. 뇌성마비 아동의 열등감 수준은 대체로 높은 편이며 연령과 성별에는 차이가 없으나 보행 유무에는 차이가 있었다. 즉, 독립보행이 가능한 아동이 불가능한 아동의 열등감보다 낮았다.

이 결과에서 두고 설명하면 결국 보행이 불가능한 아동의 경우 독립보행의 어려움이 열등감을 형성하고 그 보상으로서 여러가지 부적응 행동을 유발 할 수 있다. 그러나 다른 한편 불가능한 독립보행을 보상하기 위해 더 많은 노력으로 학습이나 다른 분야의 성취를 더 크게 이룰 수도 있다.

따라서 지체부자유 아동의 기관열등감은 자신이 처한 상황에 대해 스스로 어떤 해석을 하느냐의 문제다. 직면한 자신의 장애를 통해 도전과 성취를 경험하며 장애에 적응하느냐 장애를 외면하고 안주하여 체험과 경험을 회피하며 부적응으로 기관열등감을 키우느냐는 장애를 자기 내부에서 어떻게 처리하느냐가 무엇보다 중요하다.

(3) 신체상

신체상은 Head가 제시한 개념으로 자세나 촉각으로부터 생겨난 신체도식을 의미하고 이 개념을 좀 더 확대 발전시킨 사람은 Schilder로 신체상은 마음속에 형성되어 있는 자기 자신에 대한 모습으로 보았다.

신체상(body image)은 신체도식(body schema), 신체개념(body concept)과 함께 사용되는 개념으로 자기 자신의 신체 일부 또는 전체에 대해 가지고 있는 것으로 신체의 모습이나 능력에 관한 관념이다(특수교육 용어 사전, 1993). 신체상은 신체에 있어서의 모든 느낌의 총체이며 신체도식은 자기 자신을 알고 신체에 자유로이 명령을 내리는 것이며, 신체개념은 신체의 사실 또는 기능에 대한 지식이다 (박화문, 2001). 그러나 이들 용어는 미묘한 차이는 있을 수 있으나 실질적으로 상호연관이 있는 동의어에 가깝다고 볼 수 있다(임경애, 1999).

신체상의 형성과정은 제일 먼저 감각운동 차원에서 신체도식이 생기고 이것을 바탕으로 하여 지각운동, 개념, 인지적 차원에서 신체인식이 형성되고 그 다음 이 두 측면을 바탕으로 인지적인 차원에서 신체상이 형성된다. 이렇듯 신체상과 신체도식, 신체개념은 구별되지 못하고 혼동되고 있는 실정인데, 이는 특히 개념의 내용이 추상적이고 발달적인 면에서도 구분이 불분명하기 때문이다. 즉 이들 관계를 그림으로 나타내면 그림 4-3과 같다.

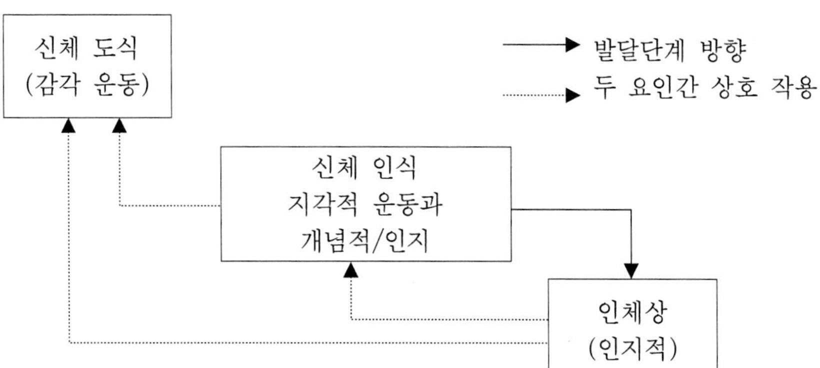

<그림 4-3> 신체 자아 개념의 구성요인

뇌성마비 아동은 태어나면서부터 손이나 다른 신체기관의 움직임이 원활하지 않아 자신의 몸을 만지거나 자신의 신체를 활용하여 뭔가를 성취한 경험이 적어 자신의 몸에 대한 신체도식이나 신체상의 형성에 상대적으로 불리한 조건이다. 즉 자신의 몸에 대한 상하, 좌우, 전후, 고저 등의 방향이나 움직임, 정지 상태의 위치 공간 등의 개념을 충분히 발달시키지 못한다.

뇌성마비 아동의 신체상에 대한 연구에서 뇌성마비 아동의 신체상 인식수준은 전체적으로 낮았고 연령, 성별의 차는 보이지 않으나 보행 유무는 차이가 있다. 즉 보행이 가능한 학생이 불가능한 학생보다 높은 신체상 인식수준을 나타낸다(임경애, 1999; 정영옥, 2003).

이는 운동지각, 개념, 인지와도 연결되는 신체상의 형성에 불리한 뇌성마비 아동들은 그 만큼 학습에서도 불리한 여건에 놓일 수밖에 없다. 또 자신이 자각하는 신체가 곧 자기라는 의식의 문제와 장애수용의 문제와도 연결되어 나타나므로 신체상은 뇌성마비 아동이 일찍 부터 성취해 가야하는 발달 과업이다.

(4) 장애의 중적 심화과정

昇地三郎은 지체부자유의 경우 신체적 장애 그 자체만이 아니라 그로 인해 나타나는 사회 심리적 문제를 5단계에 걸쳐 설명하였다. 표 4-4는 장애의 중적 심화과정을 나타내고 있다.

장애는 지체부자유 아동의 정서나 사회적 부적응에 따라서 지체부자유라고 하는 제 1차적 증상이 원인이 되어 생리적 욕구 저지의 상태가 일어나고, 이에 대해서 신경적인 정서불안이라는 제 2차 증상이 생긴다. 여기에 부모의 과보호나 친구들의 조롱이라는 가정 및 사회적 조건이 첨가되어 제 3차 증상인 열등감을 생기게 한다. 이 열등감은 결국 열등감 태도에 의해서 제 4차 증상으로서 공격이 아니면 퇴행이라는 열등감에 대한 반응행동으로 이상행동이 되어 나타난다. 그것이 사회를 향한 반사회적 행동으로 나타날 때 제 5차 증상이 된다.

				반사회적행동	→제 5차적 증상
			반응행동	반응행동	→제 4차적 증상
		열등감	열등감	열등감	→제 3차적 증상
	정서불안	정서불안	정서불안	정서불안	→제 2차적 증상
지체부자유	지체부자유	지체부자유	지체부자유	지체부자유	→제 1차적 증상

<그림 4-4> 장애의 중적 심화과정

뇌성마비 아동은 일반적으로 가정에서는 과보호되거나 거부되는 양극단이 많고 사회에 대해서는 될 수 있는 대로 숨기려는 경향이 강하기 때문에 열등감에 대한 제 4차 증상인 반응행동도 기형적으로 나타나는 경우가 빈번하다.

제 3차 증상의 열등감을 원인으로 하는 제 4차 증상인 열등감 반응행동으로서의 이상행동이 가정 내에 머무르지 않고 가정 밖으로 표출될 때, 가정 내에서의 불균형한 역학적 관계가 제 5차 증상인 반사회적 행동으로 발전하게 된다. 이러한 하나의 과정이 지체부자유 아동의 인격형성을 크게 저해하며 지체부자유의 이러한 심화과정을 장애의 중적 심화과정이라고 한다(박태희, 1998).

2) 성격특성

성격이론은 성격형성 측면에서 일반적으로 유전적 요인과 환경적 요인으로 구분하며 유전적 요인은 체액에 따라 기질선, 체격론, 내분비론, 생득설 등으로 나누고 성격에 많은 영향을 미친다.

환경요인으로는 부모로 대표되는 가정이 1차 사회로서 성격형성의 중요한 출발점이 되며, 심하게는 모태의 환경도 성격형성에 한 가지의 결정요인으로 본다. 가정환경에는 부모가 롤모델이므로 부모의 태도, 성격, 교육정도, 생존여부 등에 영향을 받고 형제관계에서는 출생 순서가 성격형성에 영향을 받을 수 있으며 학령기에는 학급 사회를 환경적 요인으로 들 수 있으며 학급집단 내의 역할과 지위에 의해 성격형성이 달라지며, 아동은 교사의 지도에 따라 성격이 달라진다고 학자에 따라 주장한다.

지체부자유 학생은 일반 학생과 같이 심리적인 성격특성은 다양하다. 박경희(1998)는 뇌성마비 아동 60명을 대상으로 자유화 그리기를 하고 그림에 나타난 특징을 심리적으로 분석하였다. 그녀에 따르면 경련형은 초록색을 많이 사용하였으며 이는 자제, 자신감, 조심성 등이 결핍과 주변인으로부터 애정을 호소하고 있다. 비경련형에서는 파랑색이 많이 나타나 신경 피로, 불안 조절, 의존적인 경향을 취하고 있다고 보았다. 정현숙(1991)은 나무그림 검사를 통하여 뇌성마비아동 120명을 대상으로 심리특성을 규명하였는데 뇌성마비 아동은 환경에 대한 부적응, 원만하지 못한 대인관계, 퇴행경향 그리고 정신적으로도 지체되어 있음을 보고하였다. 또한 뇌성마비 유형별로 경련형은 내향적이고 비경련형은 외향적이라고 하였으며, 뇌성마비 아동의 나무그림 공간위치 분석에서 뇌성마비 아동은 내향적이고 안정되지 못하고 부적절하다고 느끼며, 우울증을 보이고 현실적이고 구체적인 것에 얽매이는 경향을 띄고 있다고 보고하였다.

지체부자유 아동은 사회적인 열등한 평가와 불안에 접하는 일이 많기 때문에 성격형성에 영향을 끼치게 되는데 문예숙(1983)은 일반아동 513명과 지체부자유 아동 263명을 대상으로 조사한 결과에서 지체부자유 학생은 일반학생에 비해 안정성, 활동성, 사회성, 책임성, 사려성, 우월성, 동조성 등에서 부족함을 지적하고 있다. 이러한 점에서 볼 때 일반학생은 적극적이든 소극적이든 자기의 태도를 분명하게 표명하는 데 비해 지체부자유 학생은 중립적은 반응이나 무응답 또는 무의미한 반응이 많다고 지적하였다. 또한 橋本(1976)는 사회적 접촉의 기회가 제한되어 있어서 사회나 이웃에 대한 태도가 미숙하고 미분화되어 있는 것에 기인하여 정서불안이나 내향적인 학생이 많다고 하였다(정재권 · 안병즙, 2003).

Hallahan과 Kauffman(1982)은 지체부자유 아동의 심리적 특성은 신체적 한계에 어떻게 적응하느냐와 그들이 어떤 사회적 위치에 있으며 부모, 형제자매, 교사, 또래 집단 등의 반응이 어떠한가에 달려 있다고 하였다. 안병즙(1978)은 지체부자유아동의 경우 신체적인 장애, 기관열등감, 욕구불만, 신체상 등의 관점에서 성격에 많은 왜곡을 가져오게 되며, 이들의 적응을 어렵게 하는 요인들은 첫째, 신체적 행동의 불일치, 둘째, 신체의 자세나 보행, 셋째, 주변환경의 호기심이나 냉대시, 넷째, 부모형제의 과보호나 거부, 다섯째, 수술, 마사지 등의 의료적 공포감, 여섯째, 지능, 언어, 감각상의 결함 등을 들고 있다.

정미영 등(2007)은 뇌성마비 아동 44명을 대상으로 자유화를 그리고 그에 나타난 정서적 특성을 다음과 같이 보고 하였다. 첫째, 뇌성마비 아동의 성별에 따른 정서적 특성에서 남학생은 공격성/충동성이 높게 나타났고 여학생은 자신감/안정성이 높게 나타났다. 둘째, 장애정도별에서 1-2급은 공격성/충동성, 3급은 자신감/ 안정감이 높게 나타나 장애가 무거울수록 공격성/충동성이 많았다. 셋째, 뇌성마비의 장애유형별에서 경련형은 자신감/안정성이 나타나고 비경련형은 공격성/충동성이 많았다.

일반적으로 뇌성마비 아동의 행동특성으로는 다동성(hyperactivity), 피전도성(distractibility), 고집성(perseveration), 통합곤란(dissociation) 등을 들고 있으나 이는 아동 개체의 심인적 특성이라기보다 뇌성마비라는 장애로 인해 나타나는 특성으로 이해해야 할 것이다.

3) 자아존중감

인간은 일상 속에서 자신과 타인, 그리고 환경과의 끊임없는 상호작용을 하고 살아간다. 이 때 자기가 자신과의 관계를 어떻게 형성하는가는 삶의 전반에 영향을 미친다. 자아존중감은 자신이 지닌 모든 속성에 대해 자신이 스스로에게 갖는 감정적·평가적 태도이다(주현숙, 2002).

그래서 자아존중감이 높은 사람은 자신의 상황을 긍정적으로 생각하며 자신 있게 행동하기 때문에 생활이 원만하고 매사 적극적인 태도를 가지나, 자아존중감이 낮은 사람은 자신을 가치 없다고 여기기 때문에 자기에 대한 불만이 많고 불안정하고 소극적 생활태도를 보인다. 뇌성마비 아동의 경우 신체의 일부가 장애이거나 제한적 활동으로 인해 좌절감이나 열등의식에 사로잡힐 수 있는 심리적 특성이 있어 자신에 대해 부정적 혹은 낮은 자아존중감을 가질 수 있는데 이에 대해 김기장(2002)은 뇌성마비 아동 336명을 대상으로 자아존중감의 특성 알아보고 다음과 같이 밝혔다.

첫째, 신체적 능력과 외모에서는 남학생의 자아존중감이 높다.

둘째, 초등부 학생의 인지적 유능감이 중고등부 학생보다 높다.

셋째, 남학생은 외모, 여학생은 인지적 유능감과 외모의 자아존중감에 높은 상관을 보인다.

넷째, 초등학생은 사회적 수용, 중학생은 행동, 고등학생은 외모에 따라 전반적 자아존중감이 높다.

다섯째, 경련형은 외모, 무정위운동형은 사회적 수용, 기타는 외모가 높으며 전반적 자아존중감이 높다.

이와 같은 결과로 볼 때 뇌성마비 아동의 신체적 제한으로 인한 외모나 사회적 수용 학습능력에 따른 자아존중감은 아동의 전반적인 발달에 영향을 미친다. 아동이 자신이 가진 긍정적 요소를 지각하며 좀 더 적극적이고 높은 자아존중감을 형성하여 밝고 건강한 생활을 할 수 있는 지원이 필요하다. 뇌성마비 아동의 자아존중감 증진 방안으로 고보경(2009)은 다음과 같이 제안한다.

첫째, 사회적 관계형성을 증진한다. 이는 뇌성마비 아동이 신생아기부터 노년기까지 사회적 관계를 지속적으로 만들어 가고 그 속에서 발달단계에 맞게 자아를 발전시켜 사회관계 속에서 건강한 구성원으로 살아가는 것을 말한다.

둘째, 육체적 활동을 강화한다. 뇌성마비 아동의 경우 보행유무와 일상생활 수행 여부가 자아존중감 형성에 영향을 미친다. 따라서 물리치료, 운동 등을 꾸준히 실시하여 아동의 독립적인 일상생활 수행능력을 향상하는 것이 중요하다. 아울러 자신의 외모나 신체를 타인 앞에 드러내어 신체에 대한 자부심을 가질 수 있는 기회가 필요하다.

셋째, 정신적 요인을 강화한다. 정신적 건강상태를 증진하는 노력의 일환으로 아동의 경우 뇌성마비와 지능과는 직접적인 상관관계가 없으므로 아동들이 자신이 좋아하는 것을 하며 성취감을 경험하고 자신감을 기르고 개인의 능력에 적합한 과제를 하면서 자신에 대한 긍정적인 태도와 자부심을 가지는 것이 무엇보다 필요하다.

4) 사회성과 교우관계

인간은 사회 즉 집단 속에서 살아간다. 엄마 품을 떠나 독립을 하면서 늘 집단 속에서 타인과의 관계를 맺으며 살아가게 된다. 타인과의 관계를 어떻게 해 나가느냐 곧 어떠한 사회성을 갖느냐는 아주 중요하다.

사회성이란 인간이 사회 환경 속에서 생명을 유지하고 균형과 안정을 유지하여 적절히 반응하며 적응해 나가는 능력이다(김희정, 2003). 아동의 발달과정에서 가장 역동적인 사회화 과정이 일어나는 관계가 또래관계와 교우관계이다. 학령전기 또래관계와 학령기의 교우관계는 아동이 사회화 과정을 거치며 성장하는 가장 중요한 환경으로 사회적 기술 습득과 사회・정서적 지원이 형성되는 시기다. 즉 또래와의 교우관계는 의사소통 기술과 갈등관계를 풀어가는 방법을 모색하고 실천하는 장을 제공한다.

뇌성마비 아동들의 사회성에 관한 연구는 미비하게 이루어지다가 통합교육이 이루어지면서 이에 대한 관심과 연구가 증폭되었다. 정희선과 남경욱(2009)은 1990년부터 2007년까지 국내 학술지의 사회성 관련 연구 따르면 현교육 상황에서 사회성 발달과 적응 교수가 현장특수교육의 큰 관심을 받고 있는 교수 영역임을 감안 할 때 사회성관련 중재 연구가 외국에 비해 부족하다고 지적하였다.

통합교육이 이루어지면서 뇌성마비 아동은 또래와의 관계를 원활하게 하는 사회적 기술에 어려움을 나타내었다. 일반적으로 뇌성마비나 장애를 가진 아동들의 경우 교우관계를 형성하는 기술부족으로 일반학생과 친구관계가 될 수 있는 환경을 제공 받더라도 친구관계를 형성하는데 어려움을 갖는다(Staub et al., 1994). 김윤혜(2001)는 8세~14세 뇌성마비 아동 80명을 대상으로 이상적 교우관계와 현실적 교우관계를 알아보았다. 이 결과에 의하면 뇌성마비 아동은 이상적·현실적 교우관계 모두 도움과 보조를 받을 수 있는 교우관계 형성을 필요로 한다고 하였다. 일반적으로 이 나이의 아동들에게 유의미한 또래의 외모, 취미, 활동 공유와 같은 공통점이나 서로의 비밀을 유지하는 친밀감에 대해서는 크게 중요하게 생각하지 않는다고 하였다. 주로 장애를 이해하고 실제적 도움을 주고받을 수 있는가가 뇌성마비 아동이 나타내는 교우관계의 형성에 영향을 미치고 있다. 이와 같은 교우관계는 통합 환경에서 아동의 적응에 어려움을 초래하리라고 예상된다.

최근 중도의 장애아동을 대상으로 하는 특수교육분야 연구에서는 중도의 인지적 장애에도 불구하고 읽기, 수학, 과학과 같은 교과교육을 위한 노력을 기울여야 한다는 주장(Browder & Cooper-Duffy, 2003; Browder, et al., 2007)과 아울러 아동들의 사회성 증진을 위한 프로그램 개발과 적용이 두드러진다(정희남, 남경욱, 2009). 일테면 긍정적 행동에 초점을 두어 아동의 행동을 개선시켜나가는 동료수용·조망훈련(김하경, 2000)과 음악을 통해 일반 아동과 뇌성마비 아동의 친구관계 형성을 알아본 연구(장혜성, 장혜원, 2009)와 같이 예체능 활동 프로그램을 활용하여 일반학생들이 장애학생에 대한 이해와 수용을 유도하면서 사회적 관계를 형성시키는 프로그램개발과 현장의 실천이 필요하다.

5) 장애수용

장애수용은 자아의 모습에 장애가 포함되어서 장애에 대해 잘 적응하는 것과 관련이 있고, 상실에 대한 수용으로 정의되고 있다(Li & Moore, 1998). 여기서 말하는 상실은 모든 장애를 입은 사람들에게 공통적으로 나타나는 특성이다. 즉, 장애를 불행한 사건으로 지각했을 경우에 자신이 갖고 있는 잔존능력의 가치를 상실하게 되고, 타인의 존재에 대한 가치를 중요하지 않게 여기게 된다는 것이다. 그러나 장애를 수용하게 되면 상실감은 남아 있지만 잔존능력에 대한 가치를 부정적으로 생각하지 않게 되고(Dembo, 1975; 김성희, 1999 재인용), 장애수용을 통해 개인은 일반적인 기준을 우상화하기보다 자신의 특성에 적합한 행동으로 인하여 만족을 얻을 수 있다. 반면 장애수용이 이루어 지지 않은 사람은 비수용적 태도가 타인에게 투사되어 사회관계가 폐쇄적으로 되기 쉽다(임소희, 2008). 즉, 장애의 수용은 곧 자기와 타인에 대한 수용으로 귀결되어 건강한 사회적 관계 형성의 중요 요인이 된다.

임소희(2008)는 뇌성마비 청소년을 포함한 장애청소년을 면담하여 이들이 자신의 장애를 어떻게 수용하는지 연구하고 장애수용에 대한 개념을 다음과 같이 정리하였다. 즉 장애수용이란 장애로 인한 상실의 상태를 경험하고, 이러한 상태에서 벗어나기 위해 주어진 자원을 활용하여 자신의 능력을 향상시키고, 일상에서 불편을 수반하는 장애를 자신의 일부로 인정하는 방향에서 긍정적으로 자아 이미지를 형성하며, 장애가 새로운 도전을 하는데 밑거름이 되는 계기로 삼으려는 적극적인 태도이다.

또한 장애수용도는 개인이 장애를 수용하는 정도를 말하며 그 구성은 신체적 특성, 사회적 특성, 정의적 특성의 요소로 구성된다. 장애수용의 과정은 학자에 따라 다양하게 제시되며 대게 장애의 적응, 순응, 수용의 적응 단계를 거쳐 장애를 개인의 정체성의 일부로 받아들인다(Tuttle & Tuttle, 2006). Tuttle(1984)은 장애의 발생에서 수용에 이르는 과정을 정신적 외상, 충격과 부정, 슬픔과 퇴행, 굴복과 우울, 재평가와 재확인, 대처와 동원, 자아수용/자신감 7단계로 설명했다. 조성재(2007)는 장애수용 단계를 고찰하고 장애의 적응과 수용과정을 초기충격, 부인, 우울, 분노와 회의, 적응과 성장의 5단계로 설명하였다(간선우, 2009). 김하경(2002)은 지체부자유 특수학교에 재학 중인 83명의 고등부 학생을 대상으로 장애수용도와 자아존중감의 관계를 알아본 결과 신체영역의 장애수용도와 자아존중감 간의 유의미한 차를 지적하였다.

이처럼 지체부자유 아동에 있어 장애수용도는 학교, 가정, 사회에서 독립적인 생활을 하는데 있어 중요한 역할을 할 뿐만 아니라 개인에게 있어서는 장애의 수용 여부가 삶의 방향을 결정하는 요인이 될 수 있음을 시사한다.

제5장 지체부자유아의 학습적 특성

1. 지체부자유아의 언어특성

1) 뇌성마비아의 언어장애 특성

뇌성마비아의 언어장애에는 언어명료도, 표현언어, 신경성언어, 언어발달 지체 등이 있다. 뇌성마비아의 언어장애 출현율은 조금씩 차이가 있지만, 80% 이상의 뇌성마비아들이 언어장애를 수반한다고 볼 수 있다(최성규, 2001; 한경임, 1998). 언어장애가 수반되는 대부분의 뇌성마비아들은 발성기관의 마비현상으로 인한 언어장애, 발성기관의 운동조절 부족으로 인한 발음장애, 유창성 장애, 시각 또는 청각의 손상으로 오는 감각장애나 뇌 손상 등으로 인한 언어발달 지체 등을 나타낸다. 즉 뇌성마비아의 언어장애는 뇌 손상에 의한 운동장애가 원인이기 때문에 언어장애 유형이 여러 형태로 나타난다(최성규, 2001).

뇌성마비아의 언어발달은 대체로 지체되어 있는 편이다. 이것은 뇌성마비가 태내기와 신생아기 때 뇌 손상에 의한 것으로 중추신경계의 성숙이 계속 진행됨에 따라 발달이 이루어지는 것이기 때문에 발달장애 아동의 특성을 나타내게 된다. 따라서 뇌성마비아는 언어발달 지체를 보이며, 특히 정신지체 아동과 비슷한 언어발달 장애 특성을 보이기도 한다(전헌선 외, 2004). 그러나 대부분 뇌성마비아는 인지기능에 어려움이 없으며, 표현언어

발달에만 지체를 보이는 경우가 많다. 이것은 마비성 조음장애로 인한 운동구어조절(motor speech control)장애 때문이다(Lovett, 1992).

운동·기능적 측면에서 언어발달은 구어를 통한 자신의 의사전달을 하기 위해서는 올바른 호흡, 발성, 공명, 조음 등의 과정을 거쳐야 한다(박화문, 2001). 발성을 하기 위해서는 흡기에 이어 호기를 통하여 발성되어야 그다음에 조음과 발성이 이루어진다. 호흡은 본능적 행동이지만, 말하기는 일정한 호흡량과 조음기관, 발성기관의 협응을 요구하는 복합적인 활동이다. 뇌성마비의 경우 호흡의 조정을 담당하는 대뇌 중추신경계의 이상으로 발성기관인 인두 및 후두, 혀, 구강 등의 운동기능 등과 관련된 근육운동이 원만하지 못하다. 또한 뇌성마비아는 근육장애로 인해 호흡, 음성, 조음에 장애를 갖고 있으며, 신경장애로 인해 언어습득에 영향을 받게 된다(전헌선, 1993).

유창성장애는 말을 시작하기 어려운 경우, 발성 도중에 말을 지속적으로 발성할 수 없어서 힘들어하는 경우, 낱말 또는 문장 중심의 발성보다는 한 음절씩 끊어서 말을 하는 장애로 경직형은 느리게 말하는데 반해 불수의운동형은 빨리 말하거나 말을 더듬는 현상이 발견된다(최성규, 2001).

언어명료도장애는 구어를 가지고 있지만 조음기관의 운동마비에 의하여 일어나는 발성언어장애 혹은 신경성 조음장애(dysathria)로서 수용언어는 가능하지만 표현언어 장애를 주로 나타낸다(전헌선 등, 2004). 언어발달은 음운이 기초가 되어 어휘, 통사, 의미 등으로 연결되므로 뇌성마비아의 음운장애는 자연히 언어발달 지체로 이어진다. 즉 양순음 등과 같은 단음절 중심의 발성 자체는 두 마디 그리고 세 마디 음절의 발성에 영향을 미친다. 그러나 말소리 산출 능력의 지체가 언어의 통사적 구조에 대한 이해능력과 의미론에 따른 언어적 이행의 지체로 연결해서 해석할 수 없다. 즉 심한 음운발달 지체가 문장구조의 습득과 낮은 문해 능력으로 해석해서는 안 된다. 즉 뇌성마비아의 언어발달지체는 발음의 명료성이나 운동능력의 문제점으로 해석되어야 하며 읽고 쓰는 능력의 부재와 관련해서 이해해서는 곤란하다(최성규, 2001).

2) 뇌성마비아의 유형별 언어특성

뇌성마비아는 대뇌의 병변에 따라 다양한 장애유형을 나타내며 언어의 발달도 지체를 보이는 경우가 많다. 이를 장애유형별로 나누어 보면 다음과 같다(전헌선 외, 2004).

(1) 경직형 뇌성마비의 언어특성

경직형(spastic) 뇌성마비아는 일반적으로 억양이 없고 단조롭고 느리게 말하며, 노력성으로 후두에서 쥐어짜서 내는 것과 같은 소리가 특징적이며, 소리의 크기, 높이의 조정이 나쁘다. 경직형 뇌성마비아의 특징은 근 긴장도가 너무 높으며, 과도한 근육 긴장으로 점진적이고 유연한 운동을 하기가 어렵기 때문에 구어가 폭발적인 특성을 보이며, 비정상적인 멈춤과 헐떡거리는 형태 또는 약하거나 실성증적인 음성의 특성을 보이기도 한다. 또한 지나친 긴장으로 조음 접촉을 너무 탄탄하게 하기 때문에 말더듬 징후와 비슷한 형태를 보이기도 한다.

(2) 불수의 운동형 뇌성마비의 언어특성

불수의 운동형(athetoid)은 말에 명료도가 나쁘고 조음장애가 많으며, 기식성의 가성대 발성을 나타내기도 하고, 헐떡이는 모양의 잡음을 수반한 호흡이 나타나는 수가 있다. 불수의 운동형 뇌성마비아의 특징은 목소리 크기가 약하여 속삭이는 소리, 비정상적인 발성을 한다. 따라서 단어의 어미 음과 구의 마지막 단어가 종종 속삭이는 소리로 발성되는 것을 볼 수 있다.

(3) 운동 실조형 뇌성마비의 언어특성

운동 실조형(ataxic)은 조음이 불명확하고, 말하는 속도가 느리며 소리의 크기와 높이는 단조롭지만 때때로 급격하게 변화하는 특성을 보이기도 한다. 또한 소뇌 장애로 인한 구어가 느슨하고 리듬이 없는 특성을 보이며, 로봇이 말하듯 끊어지는 듯한 소리 즉, 음절이 단절되는 발성을 가진다.

<표 5-1> 뇌성마비 유형별 언어 특성

뇌성마비 유형	언어특성
경직형	· 억양이 없고 느리고 단조롭게 말함 · 후두에서 쥐어짜는 듯한 소리 · 과도한 근 긴장도로 인한 구어가 폭발적임 · 비정상적인 멈춤과 헐떡거림이나 실성증적인 음성 · 말더듬 징후
불수의운동형	· 말 명료도가 낮고 조음장애가 많음 · 기식성의 가성대 발성을 보임 · 잡음을 수반한 헐떡이는 호흡 · 목소리 크기가 약하여 속삭이는 소리를 나타냄
운동실조형	· 조음이 불명확하고 말하는 속도가 느림 · 리듬이 없는 구어를 보임 · 음절이 단절되는 발성을 함

2. 지체부자유아의 언어학습 특성

1) 뇌성마비아의 읽기학습 특성

(1) 읽기 특성

읽기는 낱말 재인 및 구어적 언어지식을 강조하는 입장에서 본다면, 말로 알고 있던 낱말을 재인하도록 소리체계와 시각정보를 연합시키며 상징체계로부터 의미를 부여하는 것이다. 또한 읽기는 글자를 읽는다는 의미와 이해한다는 의미의 두 가지 측면에서 고려되어야 한다.

읽기에 영향을 미치는 요인은 크게 세 가지로 정리할 수 있는데 읽기관련 요소들에 대한 아동 자신의 변인(Bezrukikh & Kreshchenko, 2004), 읽기를 촉진하는 환경적 요인(Koppenhaver et al., 1991; Svensson, et al., 2001), 한글 문자 요인(김현자, 조증열, 2001; 박향아, 2000; 윤혜경, 1997; 이차숙, 1999) 등이 있다.

(2) 읽기발달 단계

Chall(1983)은 읽기발달 단계를 0단계-5단계로 구분하였다

① 읽기준비단계

읽기준비단계(0단계: 0~5세)는 아동에게 글자 자체를 깨우치기 위한 관심보다는 '읽는다'는 행위에 대한 관심이 더 중요한 시기이다. 이 시기는 읽기에 대한 노출과 동시에 언어에 대한 지식을 상당부분 습득해야 한다. 음운인식도 이 시기에 습득해야 할 것 중 하나이다. 읽기준비 단계에서 음운인식의 발달은 첫째, 글자 연속체, 혹은 음운 연속체 전체를 하나의 상징체로 보고 말하는 단계로 낱말의 대부분을 기억해서 읽는다. 둘째, 음절인식 단계는 글자 연속체를 음절단위로 구분해서 인식하는 단계이다. 셋째, 말소리 혹은 자소단위로 인식하는 단계이다. 이 시기 아동의 읽기발달에 영향을 미치는 요인은 읽기자료, 읽기사건, 읽기경험을 통한 지식의 종류 등이다.

② 읽기해독 및 음운단계

읽기해독 및 음운단계(1단계: 5~7세)는 음운-자소의 대응관계를 습득하고 글자 해독, 말소리 체계로서의 음소와, 글자체계로서의 자소간 대응관계를 배우는 단계이다.

③ 음운해독 완성단계

음운해독 완성 및 의미이해의 전이단계(2단계: 7~9세)는 음운해독 과정이 확립, 안정되어 해독과정이 자동화되며 이해에 초점을 두는 단계이다. 낱말재인 속도 및 정확성과 읽기이해 간에는 관련성이 매우 높다.

④ 배우기 위해 읽는 단계

배우기 위해 읽는 단계(3단계: 9~14세)는 해독 기술이 자동화되면서 새로운 내용을 알고 정리하기 위해 읽기가 가능해지고 읽기자료의 길이에 구애받지 않는 단계이다.

⑤ 구성 및 재구성 단계

다양한 관점 및 구성과 재구성의 단계(4단계: 14~18세, 5단계: 18세 이상)는 자신의 주제와 논리를 전개하여 재구성할 수 있는 단계이다. 그러나 3단계까지는 누구나 도달할 수 있지만 4, 5단계는 도달하지 못할 수도 있다.

<표 5-2> Chall의 읽기발달 단계

읽기 단계		연령	내용
0단계	읽기준비단계	0~5세	· 글자 자체를 깨우치기 위한 관심보다도 '읽는다'는 행위에 대한 관심이 더 중요한 시기 · 음운 인식 습득 시기
1단계	읽기해독 및 음운단계	5~7세	· 음운-자소의 대응관계를 습득하고 글자 해독, 말소리 체계로서의 음소와, 글자 체계로서의 자소간에 대응관계를 배우는 시기
2단계	음운해독 완성단계	7~9세	· 음운해독 과정이 확립, 안정되어 해독과정이 자동화되며 이해에 초점을 두는 시기
3단계	배우기 위해 읽는 단계	9~14세	· 해독기술이 자동화되면서 새로운 내용을 알고 정리하기 위해 읽기가 가능해지는 시기 · 읽기자료의 길이에 구애받지 않는 시기
4단계	구성 단계	14~18세	· 자신의 주제와 논리를 전개하여 구성 및 재구성하는 시기
5단계	재구성 단계	18세 이상	

(3) 뇌성마비아의 읽기특성

뇌성마비아는 일반아동과는 달리 음성 피이드백을 갖지 못함으로써 음운 재인에 어려움을 갖거나 다양한 경험부족으로 인하여 읽기나 문장이해력, 어휘력도 일반아동과는 차이를 나타낸다(박순길, 2005; Sandberg & Hjelmquist, 1996b). 뇌성마비 아동의 낮은 읽기수행 능력으로 인하여 문장이해력이나 어휘력에서 낮은 수행을 보이는 것은 감각 손상과 같은 수반장애와 언어 부호화의 문제 등이 뇌성마비아의 읽기발달을 어렵게 하는 요인이라 할 수 있다(노선옥, 2001b; 전헌선, 1999; 한경임, 김수진, 2003; 박순길, 2005). 특히 문장이해력은 읽기를 자유롭게 할 수 없으면 가능하지 않기 때문에 뇌성마비아가 읽기에 어려움을 가진다면 문장이해력이나 어휘력에도 어려움을 가진다. 그러므로 조음능력이 우수한 뇌성마비아일수록 읽기능력과 어휘력도 뛰어나다 할 수 있다(노선옥, 2001a; 박순길 외, 2005).

뇌성마비아는 단어읽기, 문장이해력, 어휘력 중에서 어휘력의 성취수준이 가장 높게 나타나는 것으로 밝혀졌다(박순길, 조증열, 2007). 이것은 뇌성마비 아동들이 운동장애 등으로 인해 표현언어 장애를 나타내지만, 표현언어보다는 수용언어가 더 뛰어나다는 뜻이기도 하다. 특히 초등부 뇌성마비 아동의 읽기관련 변인들(단어읽기, 문장이해력, 어휘력)이 고학년 뇌성마비 아동들에게서 더 높은 성취수준을 보이는 것(박순길 외 2007)은 학교에서의 학업성취의 효과로 볼 수 있다. 즉 학년이 올라가면서 다양한 학업적 경험과 교사들의 열의로 인한 성취수준이 높아졌다고 볼 수 있다. 다른 측면으로는 뇌성마비 아동들이라도 인지능력이 어느 정도 있는 아동들은 학업적 수행에 어려움을 갖지 않는다는 뜻이기도 하다.

2) 뇌성마비아의 쓰기학습 특성

(1) 쓰기 특성

아동들의 쓰기 오류의 특징은 자음과 모음의 착어(paraphasia) 때문이라고 할 수 있다(조경덕, 2004). 이것은 쓰기과정에서 의미 접근보다는 음운적 접근이 우선적으로 일어났다는 결과이다. 또한 음소-철자 변환과정에서 나타나는 한국어 단어쓰기의 특징은 친숙한 단어철자법은 심성어휘집(mental lexicon)을 사용하고, 친숙하지 않은 단어들은 음소-철자 변환과정을 거친다. 한국어의 특성은 자음과 모음이 모여 1음절이 되기 때문에 착어가 많이 나타나며, 이것은 한글 쓰기 과정의 특징이다.

쓰기지도는 말하기, 듣기, 읽기의 지도가 충분히 이루어진 다음에 해야 한다(이차숙, 노명완, 2003). 즉, 학습자가 쓰기를 잘 하려면 읽기에 필요한 기초적인 기능부터 습득해야 쓰기를 잘 할 수 있다. 그러나 최근의 유행은 총체적 언어접근법이 읽기, 쓰기 지도의 중심이 되고 있다.

(2) 쓰기 발달단계

① 초기쓰기 단계

‘초기 쓰기’(beginning writing)는 아동 개인의 읽기, 쓰기 능력 발달 수준이나 개인이 사용하는 독특한 쓰기 방법이 충분히 반영될 수 있는 매우 복잡한 유형의 쓰기이다(Sulzby et al., 1989). 초기 쓰기의 특징으로는 음성언어의 습득과 마찬가지로 매우 자연스러운 방법으로 배우게 되며, 아주 어린 시기부터 문자언어를 접하고, 이해하고, 통제하게 된다. 그리고 주변 환경 속에서 문자언어를 지각할 때 그 지각은 매우 조직적이고 체계적이며, 확인적이다.

아동의 초기쓰기 단계는 표준적(conventional)인 상징을 사용하지는 못하더라도 맥락적인 쓰기 특징을 가진다. 예를 들면, 이제 막 글쓰기를 배우기 시작한 아동은 시장갈 때 사야 할 품목들을 기록할 때는 수직적으로 글들을 늘어 놓고, 할아버지께 편지를 쓸 때는 문단 형식의 글 배열을 한다(Harste, Burke & Woodward, 1994). 아동의 쓰기는 어느 날 갑자기 표준적인 쓰기를 하는 것이 아니라, 그리기에서부터 시작하여 긁적거리기, 창안적 글자쓰기(invented spelling), 그리고 표준적 글자쓰기(conventional spelling)로 점차 발전해 간다. 창안적 글자쓰기는 유아의 글자에 대한 인식 발달을 살펴볼 수 있는 중요한 자료가 된다(조선하, 우남희, 2004; Lombardino et al., 1999).

학습장애아는 비형식적 쓰기 전략과정에서 자유롭게 쓰기를 더 선호하는 것으로 나타났다(Wojasinski & Smith, 2002). 아동의 쓰기능력 발달을 이해하기 위해서는 무엇보다 아동이 의미를 상징화할 때 사용하는 상징의 매체들과 문식적 상태에서 아동이 행하는 문식적 행동들을 유심히 관찰할 필요가 있다(Dyson, 1988).

② 초기쓰기 이후 단계

초기쓰기 이후 단계에서 아동의 쓰기는 음성언어의 발달과 마찬가지로, 초기쓰기가 발달된 이후부터 초등학교를 마칠 때까지 쓰기의 복잡성이나 문장의 길이 등이 점진적으로 이루어지며, 그 유형은 여러 가지 접속사를 사용하여 문장을 연결하는 것에서부터 삽입된 문장을 사용하는 것으로 발달해 간다(Hunt, 1970; Loban, 1963, 1976; O'Donnell, Griffin & Norris, 1967). 또한 아동들은 나이가 들어감에 따라 음성언어에서나 문자언어에서 모두 점차적으로 더 긴 문장을 사용하고, 절을 사용한 문장을 더 많이 사용한다. 특히 연령이 더해감에 따라 부사절을 많이 사용하게 되는데 이 현상은 음성언어에서보다 문자언어에서 더 많이 나타난다(Danielwicz, 1984).

<표 5-3> 쓰기발달 단계

쓰기 단계	특징	발달
초기 쓰기 단계	· 음성언어와 마찬가지로 자연스러운 방법으로 습득 · 어린 시기부터 문자언어를 접하고, 이해하고, 통제 · 주변 환경 속에서 문자언어를 지각할 때 매우 조직적이고 체계적	· 그리기=〉긁적거리기=〉창안적 글자쓰기=〉표준적 글자쓰기로 발달
초기 쓰기 이후 단계	· 등위접속사의 사용을 줄임 · 음성언어와 문자언어를 구분 · 글을 쓸 때 음성언어의 특질을 버림 · 쓰기에 필요한 정교화와 탈맥락화를 사용	· 여러 가지 접속사 사용문장 연결=〉삽입된 문장사용으로 발달 · 긴 문장=〉절을 사용한 문장=〉부사절 사용

(3) 뇌성마비아의 쓰기 특성

쓰기에는 글씨쓰기(handwriting)와 철자법(spelling), 작문(composition)의 세 영역으로 구분할 수 있으며, 단순히 글자를 쓰는 낮은 능력에서 자신의 생각을 글로 표현하는 높은 수준의 능력에 이르기까지 그 범위가 넓다(정해동, 2001).

뇌성마비 아동은 뇌 손상으로 인한 운동장애를 가지기 때문에 자신의 의지대로 쓰기에 필요한 활동을 할 수 없기 때문에 쓰기장애를 가진다. 또한 뇌성마비 아동은 일반적으로 언어장애와 지적장애를 수반하기 때문에 쓰기에 곤란이 있으며, 시각과 청각의 특정 결함은 나중에 철자장애를 가져오게 한다. 그러나 뇌성마비 아동의 쓰기에 가장 영향을 주는 요인은 큰 운동기능과 작은 운동기능, 지각-운동 결함이다(Cogher, Savage & Smith, 1992).

뇌성마비 아동이 선긋기를 잘하면 보고 쓰기를 잘하며 받아쓰기도 잘한다(황성수, 1987). 그러나 뇌성마비 아동의 쓰기정확도 수준은 매우 낮으며, 쓰기속도는 일반아동에 비해 3-4배 느리고, 연령이 증가할수록 마비 부위가 적을수록 쓰기를 잘하고 쓰기속도도 빠르다(정해동, 2001). 그렇지만 중도 뇌성마비 아동의 문자지도에 있어서 읽기와 쓰기를 상호보완 하면서 동시에 가르치기는 힘들며 구는 받아쓸 수 있으나 문장을 받아쓰기는 어려움이 따른다(주현숙, 2003). 또한 문자-소리 대응, 첫소리 문자 선택, 이야기쓰기 활동 등의 쓰기 중재프로그램이 뇌성마비 아동의 초기쓰기에 긍정적인 변화를 준다(신수정, 한경임, 2009). 철자재인에 있어서 뇌성마비 아동은 사시를 수반한 시지각의 문제로 왜곡된 특성을 나타낸다. 이러한 문제들은 일반아동에 비해 쓰기(철자재인)에 있어서 낮은 수행을 나타내게 한다(박순길, 2005; 박순길 외 2007).

뇌성마비 아동의 문식성 발달과정은 학령전기 아동에 비해 학령초기 아동들의 문식능력이 높고, 독서시간이 길수록 문해와 독해 능력이 우수하며, 조음능력이 우수한 아동일수록 문해와 철자재인 능력도 높았다(노선옥, 2001b).

3. 지체부자유아의 인지-언어 특성

1) 음운인식의 이해

(1) 음운인식의 개념

① 음운인식의 정의

음운인식이란 구어에서 사용되는 단어 속에 들어있는 여러 가지 소리의 단위와 유형들을 지각하고 아는 것이며(Ball & Blachman, 1991; Goswami & Bryant, 1990), 자신의 말에서 단어의 소리구조를 감지하고 인식하는 것을 뜻한다(Wagner & Torgesen, 1987).

단어를 구성하는 소리인식은 크게 세 가지로 나누어진다(Ball & Blachman, 1991; Castle, et al., 1994; Goswami & Bryant, 1990). 음절단위의 소리인식, 두 세음소로 이루어지지만 음절의 하위 단위인 소리인식, 음소단위의 소리인식이다. 음절의 하위단위란 두 세 음소로 이루어지는 것으로 영어에서는 두운(onset) 혹은 각운(rime)을 말한다. 한글에서는 두 세음소가 결합하면 바로 음절이 되기 때문에 이 유형의 음운인식은 찾아보기 어렵다(이차숙, 1999).

② 음운인식 발달

음운인식의 발달은 큰 단위의 인식에서 점차 작은 단위로 발달해 간다

(조증열, 서상록, 2004). 따라서 음절의 인식이 가장 빠르며, 음절의 하위단위에 대한 인식은 음소인식 전에 가능하며, 음소인식이 가장 늦게 발달한다(박향아, 2000; 윤혜경, 1997; Goswami & Bryant, 1990; Trieman, 1992). 일반아동은 4세가 되면 음절인식이 가능하며 5세가 되면 음절체(초성 자음+중성 모음)와 각운(중성 모음+종성 자음)을 인식하기 시작한다. 또한 자소-음소 대응 규칙을 5.5세에서 40% 정도 읽다가 1학년이 되면 80%로 발달을 하고 2학년이 되면 거의 완전하게 규칙을 터득한다(윤혜경, 1997).

초기읽기를 학습하는 아동이 알아야 할 기초기술에는 문자상징이 말소리 단위를 표상한다는 것과 말소리 단위는 음소라는 것을 아는 것이다(Crowder, 1982). 즉 능숙한 읽기를 위해서는 음운인식이 필요하다는 것이다. 단어를 음소로 분석하는 것은 음절로 분석하는 것보다 어렵다(Blachman, 1984; Fox & Routh, 1975). 이러한 음소수준에서의 능숙한 언어분석능력이 초기읽기의 성공과 관련된다(Blachman, 1984; Calfee, et al., 1973; Goldstein, 1976).

③ 음운인식 능력 측정

음운인식은 단어를 이루는 낱자의 소리들을 식별할 수 있고 또 그런 소리들이 결합되어 낱말이 된다는 사실을 알며, 말소리의 최소 단위인 음소들을 합치고, 분절하고, 빼고, 삽입하고 대체할 줄 아는 것이다(이차숙, 1999). 아동이 언어를 분석하는 능력을 나타내는 과제로는 단어에서 음절이나 음소수 세기, 소리의 순서 바꾸기, 음절이나 음소분절, 축약, 탈락, 대치, 단어로 결합하는 과제, 운율인식, 또는 음소변별 등이 있다(Blachman, 1984; Lewkowicz, 1980; Wagner & Torgesen, 1987). 음운인식 능력 측정 유형에는 표 5-4와 같다(Sthal & Murray, 1994).

<표 5-4> 음운인식능력 측정 유형

측정 방법	예시
운에 대한 인식	'미나리', '개나리', '보따리'에서 '리'는 동운어
단어에 들어있는 특정 음소 찾아내기	'미나리'의 첫 음소는 'ㅁ'
특정 음소를 삭제하고 발음하기	'공책'에서 'ㅇ'을 빼고 발음하기

말소리를 지각하여 일정기간 동안 기억하기	'호리', '가리', '고리' 등의 말소리를 그대로 따라 하기
단어나 음절의 말소리들을 말소리의 최소 단위인 음소로 분절하기	'학'은 'ㅎ', 'ㅏ', 'ㄱ'의 소리로 구성되어 있음을 알기
특정 음소를 결합하여 발음하기	'ㄱ'+'ㅗ'+'ㅇ'+'ㅊ'+'ㅐ'+'ㄱ'은 '공책'으로 발음하기
특정 음소를 다른 음소로 바꾸어 발음하기	'ㄷ'을 'ㄴ'으로 바꾸고 '달래'를 '날래'로 발음하기

④ 음운구조 인식

음운구조는 읽기를 시작하는 1학년이 되면 인식이 생긴다(Liberman et al., 1974). 그러므로 음운구조나 음운정보를 활용한 자소나 음소의 대응규칙을 가르치는 것은 읽기지도에 중요한 요인이며 방법적으로는 몇 가지가 있다(이차숙, 노명완, 2003). 첫째, 자음과 모음 체계의 원리를 가르치는 것이다. 이 원리는 말소리(speech sound)를 나타내기 위하여 자음과 모음을 체계적으로 사용하는 것이다(Moats, 1995). 둘째, 음소 인식능력을 길러 주는 방법이다. 셋째, 단어를 자동으로, 빠르게 그리고 쉽게 소리내어읽기 위해서는 글자 하나하나에 친숙해져야 한다. 넷째, 반복적이고 자발적인 읽기 활동을 통하여 단어읽기의 유창성을 길러주는 방법이다. 단어읽기의 유창성이란 제시된 단어를 빠르고, 부드럽게, 자연스럽게 읽는 것을 말한다. 다섯째, 낱자를 조합하여 글자를 만드는 능력을 길러주는 방법이다. 낱자를 조합하여 글자를 만드는 능력은 철자능력과 해독능력을 길러주는데 필수요인이다.

읽기에 능숙한 사람들은 단어의 의미를 파악하는 과정에서 반드시 음운부호 계산과정을 거친다. 표음문자는 음운부호를 표상하기 위해 만들어졌기 때문에 한글과 같은 표음문자는 음운부호를 잘 표상한다. 기본적으로 읽기는 이미 알고 있는 음운부호와 그 정보를 시각적으로 표상하는 글자들과의 결합을 형성시키는 과정이라 할 수 있다(박권생, 1995, 1997; 이광오, 1993). 따라서 음운정보처리를 잘하는 아동일수록 읽기를 능숙하게 할 것이다.

(2) 음운인식과 언어학습

음운인식과 읽기와의 관련은 읽기를 학습함으로써 음절인식과 음소인식이 생기는 것인가, 음운인식이 발달하여 읽기를 가능하게 하는 것인가, 아니면 상호작용에 의해서 나타나는가이다. 중요한 것은 읽기경험이 음운인식 발달에 중요한 역할을 한다는 것이다.

음운인식과 읽기능력과의 음소분절(phoneme segmentation)능력이 유아들의 성공적인 읽기능력과 관련이 있다(이차숙, 1999; Ball & Blachman, 1991). 4~6세 유치원 아동의 한글읽기와 음운인식과의 관계(김현자, 조증열, 2001)에서 음운인식이 아동의 읽기수행을 유의미하게 예측하였다. 특히 음소인식보다는 음절의 하위단위인 음절체와 각운의 인식능력이 큰 영향을 주었다. 또한 음운인식의 요인인 음소 삭제, 대체, 삽입 등은 단어, 유사단어, 구문 읽기능력과 상관이 높다(이차숙, 1999). 또한 읽기장애아동은 단어를 음절 혹은 음소로 분리하는 과제에 어려움을 보이며(Ackerman & Dykman, 1993; McBride-Chang, 1996; Cho & McBride-Chang, 2005), 음절탈락과 음소탈락, 음소위치 바꾸기 수행에서 읽기장애아동이 일반아동보다 낮은 수행을 보였다(Eden et al., 1995).

한글은 자소·음소의 대응관계가 매우 정확하기 때문에 일단 이것을 파악하기만 하면 이 규칙을 새로운 낱말 읽기에 적용하기가 아주 쉽고, 철자법 지도도 훨씬 쉬워진다.

읽기와 쓰기는 자소-음소 대응기능이나 장기기억에 저장된 자소-음소 변환에 관련된 여러 가지 지식과 정보에의 접근 등 상당히 많은 부분을 공유하는 과정이다(송종용, 신민섭, 1998). 대부분의 쓰기장애는 읽기장애를 가지고 있다. 읽기장애와 쓰기장애가 같은 정보처리 과정상의 결손으로 인해 발생하는 것인지 아니면 읽기장애가 쓰기의 어려움을 유발하는 것인지는 중요한 연구 주제이다(송종용 외 1998). 아동의 발달과정으로 볼 때 읽기는 쓰기에 앞서 발달하므로 읽기에서의 어려움이 쓰기에 영향을 주는 것일 가능성도 높다(David, 2001).

읽기, 쓰기능력 발달을 위한 말 산출의 중요성은 구어인(speaking population)에게는 읽기, 쓰기 능력의 발달과 난독증을 가장 잘 예언하는 변인이다(Bradley & Bryant, 1983; Bradley, 1988; Ellis & Large, 1987, 1988;

Frith, 1985; HØien & Lunberg, 1992; Lundberg, 1989, 1991; Olofsson & Lundberg, 1985; Sandberg & Hjelmquist, 1997). 구어아동이 낱말과 자신들의 음소소리와 관계된 경험, 놀이발화를 유도하는 말 산출 능력이 없음에도 불구하고 음운인식이 존재한다. 또한 완전하지는 않지만 구어장애나 중도 조음장애인에게 음운인식이 존재한다(Baddeley & Willson, 1985; Bishop, 1985; Bishop, Brown & Robson, 1990; Bishop & Robson, 1989; Sandberg & Hjelmquist, 1996a; Foley, 1993). 정상적인 읽고 쓰는 능력을 훈련받지 않은 비구어(nonvocal) 비정신지체 유치원 아동은 음소합성과 단어길이 분석을 통해 비교한 결과 비구어(nonverbal) 아동들은 여러 가지 면에서 어려움을 가진다(Sandberg & Hjelmquist, 1996b). 이것은 음성적 조음이 결여되면 정상적인 음운인식 발달도 어려울 것이라고 예측할 수 있다.

(3) 뇌성마비아의 음운인식과 언어학습기능

뇌성마비아는 자신들의 운동 및 말의 장애로 인하여 소리양식 분석과 어휘지식, 구문 및 담화의 이해와 같은 기술들과 구어아동들과의 사이에서 문식능력을 발달시킬 수 있도록 좋은 관계를 유지하는 기술을 발달시키기 위한 특별한 훈련이 필요하다(Beringer & Gans, 1986).

비구어로 의사소통하는 뇌성마비아는 구어를 사용하는 아동과는 매우 다른 조건의 읽기와 철자가 필요하다. 이들의 언어는 수용언어로서 일반아동과 같은 음성언어를 포함하지만 표현언어는 일반아동과는 매우 다른 그림 혹은 상징으로 요약된 표현을 사용한다. 그러므로 비구어아동은 구어아동과는 매우 다른 상황에서 읽기, 쓰기 과제에 접근하게 된다(노선옥, 2001b).

비구어 뇌성마비아의 읽기, 쓰기 능력은 단어길이 분석 등에서 차이가 있으며, 비구어 읽기아와 비읽기아간에 음운인식에서 차이가 있었다(Sandberg & Hjelmquist, 1997).

뇌성마비아의 음운인식은 음소인식보다 음절인식 수행수준이 더 높다(박순길, 2005). 일반적으로 아동들은 음절인식이 생기고 난 다음 음소인식이 생긴다. 읽기장애아동의 읽기수행에 음소인식이 가장 영향을 주는 변인이라면 뇌성마비아동에게는 음절인식이 읽기에 가장 크게 영향을 주는 음운인식 요인이 된다.

지체부자유학교 초등부 뇌성마비아의 읽기를 가장 잘 예언하는 변인은 음절 수세기이며, 쓰기 예언변인은 초성 음소변별, 문장이해력 예언변인은 초성 음소변별과 음절탈락이고, 어휘력 예언변인은 음절 수세기라고 할 수 있다(박순길 외, 2007). 그러나 쓰기를 예언하는 변인이 음절 수세기로 나타나기도 하고(박순길 외, 2005), 초성 음소변별로 나타나기도(박순길 외, 2007) 하였는데, 그 이유는 연구대상의 정신연령과 관련이 있다고 할 수 있다. 즉, 음절 수세기보다 초성 음소변별이 예언변인일 때가 연구대상의 정신연령이 더 높았다. 일반아동들에게는 읽기나 쓰기를 가장 잘 예언하는 변인들이 음소변별인데 그 이유는 음절인식이 생기고 난 다음 음소인식이 생기기 때문에 정신연령이 높고 낮은 이유도 그 원인이 될 수 있다.

지체부자유학교 초등부 저학년과 고학년 뇌성마비아의 읽기, 쓰기에서 가장 큰 차이점은 형태소 인식이다(박순길, 2007). 저학년보다는 고학년 뇌성마비아동에게서 형태소 인식이 읽기, 쓰기와 상관이 높은 것으로 나타났다. 일반아동들에게는 대부분 형태소인식이 읽기, 쓰기와 상관을 나타내지 않지만(정영림, 2007; 이유정, 2007; 박영선, 2006), 읽기부진아동들에게는 형태소 인식이 읽기와 관련이 있다(이지영, 2005; 유영대, 2006).

2) 단기기억의 이해

(1) 단기기억의 개념

음성 재부호화(phonetic recoding)는 단기기억에 정보를 효율적으로 저장하기 위해 문자 상징을 소리에 기초한 표상 체계로 재부호화하는 것을 말한다(Baddeley, 1992; Wagner & Torgesen, 1987). 이러한 단기기억은 여러 가지 방식으로 측정되는데, 숫자, 음절, 의미단어, 무의미단어, 문장을 따라하는 것 등으로 다양하며 기본적인 용량을 측정한다(이임숙, 조증열, 2003).

자극은 맨 처음 감각기억에 등록되고 이 가운데 선택적 주의집중을 받은 일부 정보가 작업기억에 들어온다. 작업기억(working memory)은 우리가 의식하고 지각하는 첫번째 기억체계인데, 여기에서 일어나는 어떤 정신과정은 의식되지 않고 자동적으로 일어난다. 작업기억이란 어떤 정보를 유지하고 있으면서 동시에 그 정보나 다른 정보를 처리하는 제한된 용량의 처리 차원으로 정의된다(Baddeley, 1992; Case, 1985; Just & Carpenter, 1992). 즉, 의식적인 정신적 노력이 가해지는 정신적 작업 공간을 의미한다(Baddeley, 1992; Baddeley & Hitch, 1974). 예를 들어 문장을 이해하고자 할 때 단어들의 의미가 장기기억에서 인출되고 조합되어야 하는데, 이러한 조합이 이루어지는 곳이 작업기억이다. 이곳은 의식적이면서 주의를 요구하는 정신적 노력의 장소라 할 수 있다.

문어나 구어에 관계없이 문장이해는 문장 중의 단어에 대한 단기기억을 요구한다. 그러므로 음성언어(듣기, 말하기)나 문자언어(읽기, 쓰기)의 처리과정은 단기기억에 언어자료를 효율적으로 저장하는 능력을 요구한다(Liberman et al., 1972). 그러므로 단기기억이란 적은 양의 자료를 수동적으로 일시적으로 유지하고 있다가 이를 변형하지 않고 산출하는 과정이다.

(2) 작업기억 모형과 측정유형

Baddeley(1992; Baddeley & Hitch, 1974)의 작업기억 모형은 세 가지로 구성된다. 첫째, 음운루프(phonological loop)는 언어이해와 청각적 되뇌기를 위해 속엣말을 잠시 저장한다. 둘째, 시공간 스케치판(visuo-spatial sketch pad)은 시공간적 정보를 잠시 유지한다. 셋째, 중앙집행기(central executive)는 주의통제 및 판단과정을 개시하고 미래 행동계획을 수립하며 언어이해와 추론활동을 주관하고 장기기억으로부터의 인출 및 장기기억으로 정보를 전이시키는 작업을 담당한다. 음운루프와 시공간 스케치판은 비교적 낮은 수준의 정보처리를 담당하는데 단순한 조음과정이나 되뇌기, 시각적 이미지나 공간적 표상 유지에 관여한다. 반면에 중앙집행기는 높은 수준의 정보처리를 담당하는데, 언어의 이해와 추론에 관여한다(Baddeley, 1992; Baddeley & Hitch, 1974; Gathercole, Willis & Baddeley, 1991).

음성재부호화능력을 측정하는 과제는 Baddeley(1992)의 작업기억 모형 중 음운루프와 관련되며, 음운루프의 두 하위 영역은 음운저장고(음운 단기기억)와 음운(조음)통제과정으로 나뉜다. 음운저장고는 말소리 정보를 짧은 시간(약 1.5초~2초)동안 파지하며, 조음 통제과정은 내적 되뇌기를 통제한다. 음운저장고에 들어 온 말소리는 조음 통제과정에 의해 계속 유지될 수 있으며, 시각적 언어정보는 조음 통제과정에 의해 음운 부호로 변화되어 음운

저장고에 저장하기도 한다.

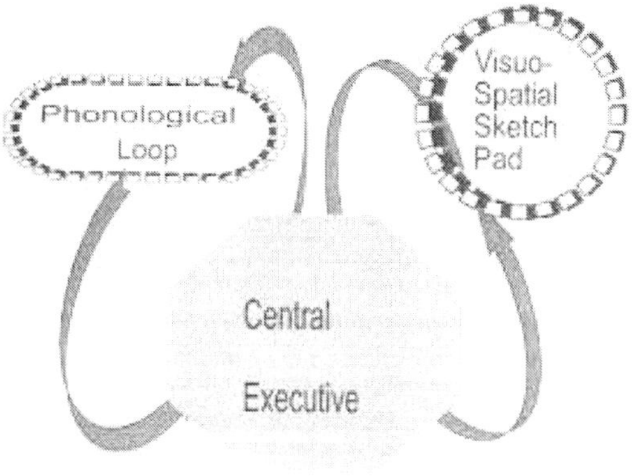

<그림 5-1> 작업기억 모형

출처: Akira Miyake & Priti Shah(1999), In Baddeley & Hitch(1974).

언어적 단기기억 과제로는 일련의 수나 단어, 문자 등을 따라하는 것이 있다. 이것은 무의미단어 따라하기 과제와 의미단어 따라하기 과제, 그리고 단음절, 다음절, 단어목록, 문장으로 이루어진 회상하기 과제로 분류할 수 있다. 무의미단어 따라하기 과제는 아동의 말소리에 대한 음성 표상능력과 아동이 단어를 읽을 때 작업기억에서 음운자료를 유지할 수 있는가를 평가하는 것이다(이병택, 1995; Gathercole, Willis & Baddeley, 1991; Mann & Liberman, 1984). 언어적 단기기억 과제로 전통적으로 해왔던 숫자 따라하기 과제와 의미단어목록으로 구성된 회상 과제가 음운기억에 유용한 측정치로 밝혀지긴 하였으나 무의미단어 따라하기 과제가 음운기억 능력에서의 개인차를 더욱 민감하게 측정해 준다(Gathercole et al., 1991). 의미단어 회상에서 읽기장애아동과 일반아동이 차이를 보이지 않았지만 무의미단어를 회상하는 과제에서는 차이를 보인다(김수경, 2000).

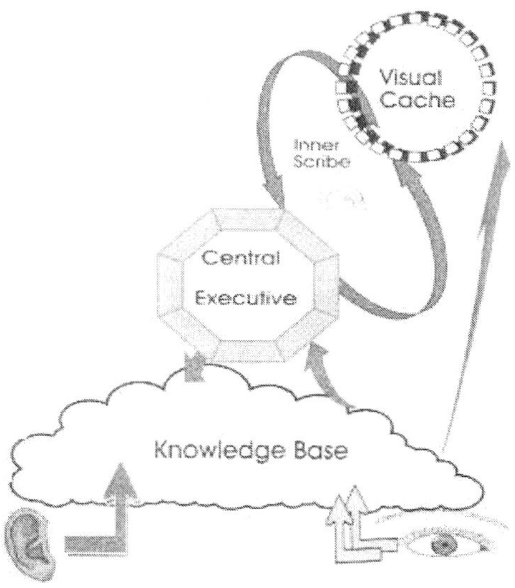

<그림 5-2> 시공간 작업기억 모형

출처: Akira Miyake & Priti Shah(1999), In Baddeley & Hitch(1974).

(3) 단기기억과 언어학습

음운 단기기억에서의 결함은 철자-소리의 일치 학습을 제한하고 무의미 단어를 음성적으로 부호화하는 것에 어려움을 가져온다. 따라서 음성을 재부호화하는 능력은 능숙하게 읽는 아동과 읽기장애아동을 구분하는 요인이 될 수 있다(Ehri & Wilce, 1979; Watson & Willows, 1995). 독자가 읽기를 할 때, 읽은 단어들을 장기기억에 저장하여 의미 있는 개념구조로 통합하기 위해 조작하는 동안 단어들을 단기기억에 보유해야만 한다. 이 목적을 위해 가장 안정된 단기기억 부호가 음성 부호인데 읽기장애아동은 이 음운 부호를 형성하고 사용하는 것이 미숙하다.

일반아동의 단기기억과 읽기는 음운기억이 읽기수행 수준과 관련이 있다(Gathercole et al., 1991). 단기기억이 읽기를 24% 예언하며, 특히 규칙적인 단어목록기억이 읽기를 40%까지 예언을 한다(Blachman, 1984). 또한 초등학생의 글자읽기와 단기기억이 8개월 후에 문장이해력 변화에도 유의하게 영향을 준다(송종용, 1999). 그러나 기억 폭(memory span)이 문장이해력을 잘 예언하는 변인이 아닐 수도 있다(Baddeley et al., 1985; Masson & Miller,

1983).

(4) 뇌성마비아의 단기기억과 언어학습기능

뇌성마비아의 기억능력은 뇌 손상으로 보다 낮을 것으로 예상하기 때문에 읽기기능에 부정적인 영향을 줄 수도 있다. 구어 아동들에게서는 언어단기기억 폭이 낮으면 읽기에서도 낮은 수행결과를 나타내지만(Hansen & Bowey, 1994; Newman et al., 1993; Siegel & Ryan, 1988), 구어 뇌성마비아는 비언어적 자료들을 언어적으로 부호화하는데 어려움이 없는 것으로 알려져 있다(Rapala & Brady, 1990; Gould & Glencross, 1990). 이러한 결과는 제한된 단기기억 용량 때문이 아니라 단기기억과 구어의 시연에서 구어의 부호화에 문제가 있을 것으로 예상할 수 있다. 또한 읽기와 쓰기의 습득에 가장 큰 영향을 미치는 변인이 정보를 처리하고 저장하며 재생하는 기억능력이다(Sandberg, Hjelmquist, 1996b).

비구어 뇌성마비아는 음성으로 말해 주지 않고 그림으로 묘사된 대상에 관한 단어의 소리를 재현하는 일에 어려움이 있다(노선옥, 전헌선, 2002, 2003; Sandberg & Hjelmquist, 1996a). 이 같은 문제들은 기억에서 안정된 음운적 재연을 구성하는데 어려움을 지니게 한다(Gathercole & Baddeley, 1990). 뇌성마비아의 단기기억 폭은 일반아동보다 숫자 단기기억 폭에서 낮은 수행을 보인다(박순길, 2005).

3) 시지각의 이해

(1) 시지각

지각은 감각과정을 거쳐 이루어지며, 감각과정은 외부자극이 신경계의 부호로 변환되어 대뇌피질에 도달하여 뇌에 저장되어 있는 지식체계 혹은 인지구조에 의해 즉각적이고 무의식적이며 거의 자동적으로 해석되어 의미있는 형태로 바뀌게 된다(정재권, 안병즙, 2001).

읽기에 필요한 가장 기본적인 능력 중의 하나는 문자의 형태를 지각하고 기억하는 능력이다. 문자는 여러 가지 모양의 선이나 원으로 구성된 시각자극이다. 따라서 문자지각을 위해서는 우선 쓰기체계에서 비슷한 형태 사이의 변별력, 철자법의 바탕이 되는 각각의 글자 패턴에 대한 시각적 기억력, 시공간관계 이해력, 글자의 형태 분석에 대한 시각형태 항상성, 시각완성 등의 기본적인 시지각 과정이 이루어져야 한다. 즉 글자와 단어를 재현하기 위한 시각-운동 통합능력, 글자와 단어를 소리와 의미로 연합하기 위한 시각-언어 통합 능력이 요구된다(Gibson & Levin, 1975).

① 지각 특성

지각은 외계의 사물을 인지하는 일이고 지적 행동의 한 과정이다. 지적 행동은 지각, 기억, 상상, 사고 등 일련의 과정에서 성립된다고 할 수 있다(정재권 외, 2001). 시지각이란 시각기관을 통해 외부환경을 인지하는 기능으로 단순히 정확하게 눈으로 보는 능력만이 아니라 두뇌 작용으로 이루어지는 시각자극의 해석능력까지 포함된다. 또한 시지각은 시각적 자극을 선행경험과 관련하여 인식하고 변별하며 해석하는 과정이며, 이러한 시지각은 학습의 기초이면서 교과 학습의 대부분의 정보를 시지각에 의존한다(Frostig, 1963).

② 시지각 유형

시지각 유형들은 다음과 같다(정재권, 안병즙, 2001).

시각-운동 협응(visual-motor coordination)은 시각을 신체운동 혹은 신체일부와 조정시키는 능력이다. 어떤 물체에 눈으로 보고 손을 갖다 대려면 손은 시각에 의해 안내되어야 한다. 이러한 연속적인 동작이 자연스럽게 일어나야 한다. 시각과 운동의 발달이 지체되어 있으면 일상생활 수행에 곤란을 느끼며, 이것은 쓰기 학습에 어려움이 있을 수 있으며 특히 눈의 운동은 읽기 학습에도 영향을 준다.

전경-배경 지각(figure-ground perception)은 우리가 받는 무수한 자극 중에서 어떤 특정한 것을 선택할 때 작용한다. 전경은 지각 중에서 주의집중이 중심이 되는 부분이다. 또한 사물의 배경에 대해 지각되지 않으면 바른 지각에 어려움을 갖는다. 이 능력이 열등한 아동의 특징은 주의가 산만하고 무질서하다. 또한 주의를 쉽게 다른 곳으로 빼앗기기 때문에 읽어야 할 부분을 건너뛴다든지, 페이지를 찾는 것이 불가능해서 쉬운 문제도 글자가 꽉 찬 속에 있으면 문제되는 곳을 골라내는 것이 어렵다. 전경과 배경을 구분하는 능력은 낱말이나 구문 또는 문장을 분석 통합하는데 기초가 된다.

항상성 지각(perceptual constancy)은 대상물을 보는 위치에 따라 눈의 망막 위에 비치는 상은 여러 가지로 다르게 보이지만 그 사물의 고유한 속성 중 특정의 형, 크기, 위치 등은 언제나 항상적이라고 인지하는 능력이다. 이 능력은 문장 속에서 이미 알고 있는 낱말이나 철자를 찾아내는데 필요한 능력이다. 이 능력에 문제가 있으면 사물의 크기와 위치가 변하여 인지가 안 되어 이미 학습한 단어가 익숙하지 않은 문맥 안에서 나온다든지 다른 활자와 서체로 쓰여 있으면 인지가 어렵다.

공간위치 지각(position in space)은 물체가 있는 공간과 관찰자간의 관계를 지각하는 것을 말한다. 이 능력에 문제가 있으면 물체나 기호 등을 정확히 보지 못할 수 있다. 안과 밖, 위와 아래, 앞과 뒤, 오른쪽과 왼쪽과 같은 공간위치를 나타내는 용어의 의미를 이해하지 못한다. 이것은 문자학습을 처음 시작할 때 현저하게 나타나는데 철자, 낱말, 구문, 숫자 등의 형태가 흐트러져 보이므로 혼란이 일어나기 때문이다. 즉 6을 9로, b를 d로 혼돈하여 지각하기 때문에 읽기, 쓰기, 계산을 하는데 어려움을 겪는다.

공간관계 지각(spatial relationship)은 관계된 둘 이상의 물체 위치 및 물체 상호간의 위치, 복수물의 상호관계를 지각하는 능력이다. 이 능력은 공간위치 지각 능력에 기초한다. 구슬을 꿰고 있는 아동은 자신과 끈과 구슬과의 위치를 지각해야 하며 끈과 구슬간의 위치도 지각해야 한다.

<표 5-5> 시지각 유형별 내용과 학습특징

유형	내용	학습 특징
시각-운동 협응	· 시각을 신체운동이나 신체일부와 조정시키는 능력	· 시각-운동 발달의 지체는 읽기, 쓰기 학습에 영향을 줌
전경-배경 지각	· 일상생활에서 받는 여러 가지 자극 중에서 어떤 특정한 것을 선택하는 능력	· 전경-배경의 곤란은 주의산만, 집중력 저하로 읽기장애나 문장을 분석, 통합하는데 어려움을 가짐
항상성 지각	· 대상물을 보는 위치는 다르지만 사물의 크기, 형태는 항상 같다고 인지하는 능력	· 항상성의 곤란은 문장 속의 낱말이나 철자를 찾거나, 익숙하지 않은 활자인지에 어려움을 가짐

공간위치 지각	· 물체가 있는 공간과 관찰자간의 관계를 지각하는 능력	· 공간위치의 곤란은 상하좌우의 개념 이해가 안되며, 경영문자의 특성을 보이기 때문에 읽기, 쓰기, 계산을 하는데 어려움을 가짐
공간관계 지각	· 둘 이상의 물체의 상호관계를 지각하는 능력	· 공간위치 지각 능력에 기초함
시각기억	· 도형을 시각적으로 기억하는 능력	· 단기기억을 요구하는 것으로 학습의 기초가 됨
시각계열기억	· 여러 가지 도형을 순차적으로 기억하는 능력	· 순차성 단기기억이 필요하며, 이 능력의 곤란은 초기 읽기, 쓰기뿐만 아니라 이해력, 독해력에도 영향을 줌
시각완성	· 시각적인 정보로 미완성된 도형을 완성시키는 고차원적인 능력	· 시각완성의 곤란은 문장의 몇 음절이 지워져서 없으면 연결하고 해석, 추론하는 것에 영향을 줌

한편 비운동성 시지각 기능 검사(TVPS-R)에는 BGT, DTVP, VMI 등과 같은 기존의 시지각 검사에 포함되지 않은 시각기억, 시각계열기억, 시각완성 유형을 포함하고 있다(Gardner, 1996).

시각기억(visual memory)은 시각적으로 주어진 도형을 기억하는 능력이다. 일종의 단기기억 능력을 요구하는 것으로서 다양한 도형을 보여주고 같은 도형을 찾는 능력을 측정한다.

시각계열기억(visual sequential memory)은 주어진 여러 가지 도형을 순차적으로 기억하는 능력이다. 시각기억과 마찬가지로 단기기억을 요구하는 능력이지만 주어진 여러 개의 도형을 순서대로 기억하게 한다.

시각완성(visual closure)은 미완성된 여러 개의 도형 중에서 주어진 보기와 같은 완성된 도형을 찾는 능력이다.

③ 시지각 검사도구

Frostig(1963)는 시지각 및 시각-운동 통합 능력을 측정하기 위해 시지각발달검사(The Development Test of Visual Perception: DTVP)를 고안하였는데

그 내용으로는 눈과 손의 협응, 도형과 배경지각, 형의 항상성 지각, 공간 위치지각, 공간관계 지각으로 구성되어 있다. 한국판 시지각발달검사(K-DTVP-2, 문수백 외, 2003)는 DTVP를 한국판으로 표준화한 것으로 시지각 및 시각-운동장애 수준을 파악하고 시지각 기관 결함 가능성에 관한 증거를 제공하며, 시각과 지각에 결함이 있는 아동을 선별하기 위한 목적이 있다.

Gardner(1982)의 시지각기능검사(Test of Visual-Perceptual Skills: TVPS)는 비운동성(non-motor)으로 개정판(Gardner, 1996)에는 시각변별, 시각기억, 시공간관계, 시각형태항상성, 시각계열기억, 시각전경-배경, 시각완성의 7개 하위영역으로 구성되어 있다. 이 검사는 비운동성이며, 도형으로만 구성된 문화 초월검사이기 때문에 다양한 계층의 아동들에게도 동등한 기회를 부여하는 장점이 있다. 또한 자극재료로 기하학적 상징을 사용하며 글자와 낱말을 사용함으로써 생길 수 있는 혼동, 즉 이전의 경험과 지식이 영향을 미칠 수 있는 요인을 배제한 검사이다(Watson & Willows, 1995).

④ 시지각장애 아동의 특성

시지각장애 아동은 여러 가지 문제를 가지고 있다(신동경, 2000; 이은화, 이승희, 2003; 이효정, 2003; 정재권, 1978, 1991; 최은주, 1992; Iverson, Slick & Seemiller, 1997; Bonifacci, 2004). 즉, 사물을 인식한다든지 공간에 있는 사물의 상호 관계의 인지가 곤란하고 잘못 지각하기 때문에 학습에 있어서도 지능이 정상이라도 시각적 부호의 지각이 왜곡되어 혼란을 가져오기 때문에 매우 어려움을 가진다.

시지각 능력은 기능의 습득만이 아니고 개념의 습득에도 영향을 미친다. 시각적으로 바른 지각을 할 수 없는 아동은 외계에서 정보를 받을 때에 장애가 있기 때문에 지식의 축적이 상당히 빈약하게 되고 모든 영역의 학습에 영향을 미친다. 이러한 지각 장애의 원인으로는 개체적 요인과 환경적 요인이 있다. 개체적요인으로는 전도성(distractibility), 통합곤란(dissociation), 고집성(perseveration), 억제곤란(disinhibition)이 원인이며, 환경적 요인으로는 뇌성마비아는 신체적인 제한에서 행동적 범위가 한정되고, 유아기부터 손으로 물건을 조작한다든지 하는 지각을 발달시키는 경험이 매우 적기 때문에 학습 준비의 부족을 일으키는 원인이 된다(정재권 등, 2001).

⑤ 뇌성마비아의 시지각 특성

뇌성마비아의 시지각 발달은 일반아동에 비해 미발달 특성들이 있는데 선행연구들을 통해서 살펴보면 다음과 같다. 색상 역전 시지각 훈련 프로그램이 경직형 뇌성마비아의 전경-배경 변별장애 개선에 효과적이며(이효정, 2003), 뇌성마비아의 시지각 능력은 시지각 검사의 전 영역에서 일반아동보다 매우 열등하며, 공간위치지각 영역에서는 소아마비아와 차이가 없고, 눈-손 협응 영역에서는 뇌성마비아가 전반적으로 열등하다(정재권, 1987). 또한 문자와 배경 색상 역전에 따른 단어습득과 파지에 있어서도 경직형 뇌성마비아는 검은색 배경의 흰색단어를 습득할 때 짧은 시간에 습득되며, 비경직형 뇌성마비아는 검은색 배경의 흰색단어를 먼저 제시받을 때 많은 단어를 파지하였다(정재권, 1991).

昇地(1978)는 7개의 도형을 가지고 시각-운동 능력 중에 인지능력과 구성능력을 연구하였는데, 인지능력은 자극도형을 보여주고 5개의 도형 중에서 같은 것을 찾아내도록 하고, 구성능력은 자극 도형을 블록으로 구성하도록 하여 측정한 결과 뇌성마비아의 인지능력은 일반아동과 차이가 없고, 구성능력은 유의하게 열등한 결과를 나타내었다. 또한 불수의 운동형 뇌성마비아는 지능의 발달 정도가 구성능력과 관계가 있으며, 9~10세에서 현저한 발달을 나타내는 것으로 알려져 있다.

경직형 뇌성마비아는 시지각 수행에 비해 시각-운동 수행에서 심한 지체를 보이며, 일반아동보다 시지각과 시각-운동 수행능력이 열등하다(최은주, 1992). 특히 뇌성마비아의 시각-운동 능력 중 인지능력 수준과 구성능력 수준은 모두 일반아동보다 열등하고 지체되어 있으며, 뇌성마비아의 인지능력은 6~10세에서 현저한 발달을 보였고, 구성능력은 뚜렷한 발달시기를 보이지 않았다(박영자, 1987).

(2) 뇌성마비아의 시지각과 언어학습기능

뇌성마비아는 공간위치, 시운동 협응, 항상성, 시지각, 촉지각 등의 장애를 나타낸다. 이러한 지각장애로 아동은 외계의 사물을 제대로 인식하지 못하여 읽기, 쓰기, 셈하기 등의 학습 활동에 영향을 미친다(박화문, 2001).

시지각은 교과학습의 준비기능이며 시지각의 결함은 학습장애에 직접적인 원인이 될 수 있다(Kauffman & Hailahan, 1976; Smith, 1968), 학습은 근본적으로 시각적인 방법으로 학습되는 것이므로 시각적 능력에 장애가 있으면 학습이 어렵게 된다(McLeod, 1967). 시지각에 장애가 있는 경우에는 일상생활에서 많은 어려움을 겪게 되며 사물이나 문자를 볼 때 그것의 차이점은 물론 상호관계를 파악할 수 없기 때문에 읽기장애나 쓰기장애를 가진다.

뇌성마비아의 쓰기능력 발달을 방해하는 요인으로 시지각과 시각변별, 시공간관계, 시각운동능력, 공간관계처리능력, 눈-손 협응 등이 있다(Harrison, 1970). 쓰기를 습득하는데 있어서 눈-손 협응, 운동 협응, 시-공간 협응, 시-공간 관계, 시각 변별, 시기억, 신체상, 좌에서 우로 쓰는 개념, 손의 선택 등의 발달이 이루어져야 한다(Kirk & Chalfant, 1984).

시지각 장애는 글자의 차이를 알기 위해서는 시각적 변별력이 있어야 하는데 이러한 능력의 부재로 ㄹ을 *s*로 방향의 혼돈을 가지는 것을 말한다(황성수, 1987). 또한 뇌성마비아는 시공간관계의 장애로 좌우 변별, 손으로 신체의 중심선 긋기, 깊이지각, 열등, 반전, 회전 및 공간에서 자신의 신체지각 등에 곤란을 겪는다. 이러한 장애를 가진 아동은 도형대칭, 방향감유지, 수평 및 수직변별, 형태, 문자, 수, 단어보고 쓰기, 단어읽기, 시간 말하기, 지도 이용 및 쓰기에 곤란을 나타낸다. 또한 시기억 장애는 읽고, 보고, 쓸 수는 있으나 기억을 되살려 문자나 단어를 재생시키지 못하는 것을 말하며, 시각적 기억이 쓰기를 하는데 장애를 준다(Kirk & Chalfant, 1984).

뇌성마비 초등부 아동들의 읽기, 쓰기, 이해력, 어휘력에 영향을 주는 시지각 변인으로는 저학년은 시각계열기억, 시각형태항상성, 고학년은 시공간관계, 시각변별 등이다(박순길, 2007). 그러나 저학년에서 시각기억보다 한 단계 높은 기억을 필요로 하는 시각계열기억이 읽기 관련변인을 예언하는 점과, 고학년에서는 수행에서 난이도가 낮다고 생각되는 시공간관계와 시각변별이 예측변인으로 나타난 것은 시사점이 있으며, 저학년과 고학년별로 읽기관련변인에 대해 확연히 구분되는 시지각 변인들이 나타난 것은 교육적 의의가 크다고 할 수 있다(박순길, 2006; 2007).

제6장 지체부자유아의 생활기술 특성

뇌성마비 아동을 돌 볼 때는 종종 의학적인 문제, 운동장애 및 발달지연 등이 더욱 돌보기를 복잡하게 한다. 예를 들면 아이가 언제부터 젖병을 떼고 컵으로 물마시기를 할 수 있고, 어떻게 하면 쉽게 할 수 있는지를 생각하는 대신에 적절한 젖병과 꼭지를 찾는 것이 더 중요한 문제일 것이다. 또한 대소변훈련을 시작해야 할지 안 할지 결정 하는 것보다는 대소변을 성공적으로 볼 수 있게 자세를 유지시키는 특별한 의자가 더 중요하다.

이런 문제들이 더 복잡해지면 아이를 양육하는 방법을 부모에게 조언할 수 있는 의학적, 교육전문가들이 있어야 한다. 물리치료사는 아이를 잡는 방법이나 관절운동의 방법을 말해줄 것이다. 작업치료사는 아이들이 손을 어떻게 조절하여 사용하고, 아이들에게 다양한 감각을 경험하도록 하는 것이 얼마나 중요한지 얘기해 줄 것이다. 언어치료사는 말놀이, 아이의 목소리를 녹음하여 들려주기, 좋은 칫솔질을 제안할 것이다. 특수교사들은 아이가 대인관계를 이해하고 사회적 기술을 배우는 방법을 제공할 것이다. 치료적 중재는 끝이 없고, 이러한 제안들은 모두 다 좋은 것이다. 하지만, 종종 부모에게 쏟아지는 새로운 치료정보들은 부담이 된다.

이 장에서는 뇌성마비 아동을 더 잘 다룰 수 있는 매일 매일의 양육에 대한 정보를 담았다. 물론 아동은 개개의 특성이 있기 때문에 이 장에서 일상생활의 모든 부분을 논의하는 것은 무리이다. 전반적으로 뇌성마비 아동을 양육하는 일상적인 방법과 개개의 아이의 필요에 맞게 평가할 수 있는 지침을 제공할 것이다.

이 장에서 제시하는 방법들은 쉽게 일상생활에 적용할 수 있는 것으로서 자동적으로 할 수 있게끔 되어야 한다는 것을 염두에 두어야 한다. 제시하는 방법들이 짐이 되어서는 안 된다. 뇌성마비 아동의 부모는 이미 커다란 짐을 안고 있어서 어떤 대가를 치르더라도 "난 부족해, 내 아이를 위해서 더 해야 되" 와 같은 생각의 악순환의 고리를 끊고 싶어한다. 이러한 생각은 비현실적일 뿐만 아니라 종종 비생산적이다. 이는 사람을 우울하게 만들고, 스트레스와 죄의식으로 난감하게 만들며 효율성을 떨어뜨린다. 그러나 일상생활에 적용할 최소한의 제안이나 적용은 큰 차이를 가져올 것이다. 앞으로 제시되는 방법이 부모와 아이들의 삶에 중요한 변화를 가져오기를 기대해본다.

1. 아이를 안고 다니기

아이를 잡고 옮기는 것은 일상생활 양육의 아주 중요한 한 부분이다. 잘 기거나 걷기 전에 아이들은 침대에 오르내리기 또는 집안에서의 이동을 위해 부모들에게 의존한다. 하루종일 아이는 부모에 의해 들리고, 옮겨져야만 먹고, 씻고, 놀고, 탐색하는 놀이에 참여할 수 있게 된다. 옮기는 것은 아직 걷지 못하는 아이에게 움직임을 제공할 뿐만 아니라, 아이와 부모 사이에 사회적이고 감정적인 결합을 제공하기도 한다. 더욱이, 아이를 옮기는 것은 아이에게 감각자극을 입력하는 좋은 기회가 된다. 예를 들어 엄마가 아이를 안고 걷고, 뛰고, 흔들고 또 춤추면 엄마는 아이에게 움직임과 중력, 그리고 공간에서의 위치들을 자극시키는 것이다. 또한 가까운 신체 접촉이라 팔과 몸의 온기가 아이의 촉각계를 자극한다.

뇌성마비 아동을 안거나 옮기는 것은 매우 중요하다. 아이를 적절히 옮기지 않으면, 주변환경과 상호작용하고 배울 기회가 없다. 아이에게 필요한 지지와 스스로 하지 못하는 조절을 제공하고, 아이가 가진 부적절한 근 긴장도나 움직임의 양상을 조절할 수 있는 방법으로 안고 다녀야 한다. 또한 나중에 근골격계의 변형이 오지 않도록 자세를 잘 잡아주어야 한다. 즉 척추를 곧게 하고, 머리를 중심에 오게 하고, 어깨, 골반 및 고관절이 잘 정렬되도록 해야 한다. 특히 다른 아이들보다 뇌성마비 아동은 많이 옮겨지기 때문에 부모는 아이의 허리에 무리가 가지 않도록 들고 옮기는 방법을 배워야 한다. 또한 하루 종일 돌봐주기를 요구하는 아이는 부모가 아프더라도 봐주기를 원할 것이다. 일찍부터 아이가 스스로 노는 법을 배우고, 주변을 보고, 듣고 움직일 수 있도록 안정된 자세를 취할 수 있게 해주는 것이 중요하다.

이 장에서는 아이를 안아 옮기는 많은 방법을 제시하고 있다. 이 방법들은 아이에게 도움이 되는 부분도 있고, 도움이 되지 않는 부분도 있을 것이다. 아이를 가장 잘 잡고 있는 방법을 선택하기 위해서는 아이가 가지고 있는 능력을 잘 평가해야 한다. 또한 아이의 안정성이나 운동기능에 대한 기본적인 문제를 잘 이해해야 한다. 예를 들면 불수의 운동형 뇌성마비 아동은 근육이 적절히 조절되지 못하기 때문에 안정성이 없지만 운동성은 있다. 따라서 아이는 조절되지 않는 부정확한 움직임을 갖는다. 이러한 평가는 전문가들과 상의하고 관찰하고 시행착오를 겪으면서 가능하다. 아이를 옮기는 방법을 선택하는 데 있어서 중요한 열쇠 중 하나는 아이의 근 긴장도를 이해하는 것이다.

2. 안는 방법

아이가 긴장도가 낮다면 빠른 움직임과 몸을 흔들어 주는 동작을 좋아한다는 것을 이미 알고 있을 것이다. 하지만 몸통을 잘 지지하고 관절과 근육들을 적절히 정렬시키면서 아이를 안고 옮기는 것이 필요하다. 초기 6개월이나 머리와 몸통을 가눌 수 있을 때까지는 다른 아이들과 마찬가지로 안는 것이 좋다.

아이가 좀 더 크고 나이가 들면 이렇게 안는 것은 부적절하다. 왜냐하면 첫째로, 아이가 주변에서 무슨 일이 일어나는지 볼 수 없고 둘째로, 아이의 몸 전체가 지지돼 자세 조절을 위한 발달이 일어날 기회가 없다.

아이의 근 긴장도가 높으면 느린 움직임과 지긋이 눌리는 촉감에 반응할 것이다. 아이의 긴장도는 흥분하거나 조급하면 쉽게 증가하기 때문에 상호작용을 낮게 유지하는 것이 좋다. 높은 근 긴장도와 과도한 긴장 양상을 멈추는 몇 가지 기본원리를 기억하고 있으면 도움이 되는데, 그 두 가지 원리는 분리와 회전이다.

분리는 몸 전체가 하나의 경직자세를 취하지 못하도록 하는 것이다. 이것은 몸에서 다리와 같은 한 부분을 움직여 경직자세에서 분리시켜 내거나 팔-다리 또는 좌측-우측을 분리시키는 것으로 가능하다. 예를 들면 양쪽 다리가 뻣뻣하게 뻗치는 자세는 한 다리를 구부려서 경직자세를 억제한다.

긴장도를 줄이는 두 번째 방법인 회전은 분리의 한 형태이다. 회전은 몸통의 대각선 움직임을 의미한다. 예를 들면 회전의 일반적인 자세로 고관절의 안정성을 유지하면서 어깨를 반대방향으로 돌려서 비틀리는 자세를 만드는 것이다. 역회전의 일반적인 자세를 한쪽 방향으로 아이의 어깨를 돌리고 고관절을 반대 방향으로 돌리는 것이다. 이 동작은 마치 마개를 뽑는 동작과 유사하다.

근 긴장도가 높거나 낮은 아이를 잡는데 중요한 것은 골반의 위치다. 이는 골반의 자세가 아이의 자세를 결정하기 때문이다. 골반이 바르게 정렬되면 아이의 몸은 잘 반응할 것이고, 아이를 편하게 상체를 잡고 안을 수 있다. 예를 들어 근 긴장도가 낮은 아이는 무릎이 구부러지고, 발 밖으로 나가 있는 '개구리 다리'와 같은 자세를 취한다. 골반을 잘 정렬하기 위해 아이의 다리를 모아서 안는 것이 중요하다. 반대로 근 긴장도가 높은 아이는 단단한 내전근과 내측대퇴근으로 인해 다리가 쭉 뻗치고 가위같이 교차된다. 이를 조절하는 방법은 양다리를 벌리고 무릎을 구부리는 것이다. 좋은 방법은 아이의 다리를 벌려 내골반의 앞뒤로 하나씩 걸치거나 작은 아이의 경우에는 손을 다리 사이에 넣어서 벌리는 것이다.

가끔 골반 문제 외에도 어깨관절이 뻣뻣하여 안기가 어려운 때도 있다. 이런 때는 아이의 팔을 부모의 어깨에 올려서 걸치도록 한다. 또한 굴곡 긴장이 심할 때는 몸이 앞으로 숙여지는 방법이 좋다.

아이에게 가장 좋은 방법을 찾지 못했다고 실망해서는 안 된다. 그리고 어느 한 방법이 좋아도 나중에는 효과적이지 못할 수도 있다. 특히 근 긴장도가 계속 변화될 때는 더욱 그렇다. 시도해보고 잘 안되면, 다른 것을 시도해보면 된다. 어떤 방법을 시도했을 때 아이에게 나타나는 몸의 반응을 보면서 적절한 방법을 찾을 수 있다. 적절한 방법을 시도하게 되면 아이는 쉽게 부모에 이끌려 잘 따라 움직이고 끌어당기거나 미는 저항을 하지 않을 것이다.

마지막으로 고려해야 할 것은 너무 많이 안아주거나 옮기지 말아야 한다. 혼자 놀고, 보고, 듣고, 주변 환경을 탐색할 기회를 주어야 한다. 만 1세가 지나면 정상아를 안아 주는 특별한 상황 즉, 다쳤거나 장거리를 갈 때 이외에는 옮겨주고 안아주는 행위를 자제하여야 한다. 아이의 자세를 잡아주되 그냥 안아주는 횟수를 많게 하지는 말라는 것이다.

3. 아이의 자세 잡기

정상적인 아기들 모두는 처음에는 몸의 자세를 스스로 잡을 수 없다. 아기를 엎드려 놓으면 머리를 이쪽 저쪽으로 돌릴 수는 있어도 똑바로 누울 수는 없다. 대부분의 아기들은 한 그룹의 근육을 조절하는 법을 배우고, 다음에 또 다른 그룹의 근육을 조절하게 된다. 가르쳐주지 않아도 머리를 들고, 뒤집고, 앉을 수 있게 된다. 모르는 사이 주위에 관심을 가지면서 보고, 만지고, 냄새를 맡고, 자세를 바꾸고 조절할 수 있게 된다.

뇌성마비 아동은 신경학적인 문제 때문에 이러한 신체 조절 능력이 지연되고 이로 인해 학습이 지연된다. 예를 들어, 가구 주변을 기어 다니거나 옮겨가지 못하는 아이는 공간적 개념을 배우는데 어려움이 있다. 앉은 자세를 유지하기 위해서 손으로 몸을 지탱해야 한다면 손의 섬세한 기능과 기술을 발달시킬 기회가 없고 잘 사용할 수 없다. 자세가 잘 유지되지 않으면 척추 측만증이나 관절 구축 같은 합병증이 발생한다. 따라서 아이들의 자세와 근 긴장도를 정상화시키고 유지하는 기술을 알아야 한다. 아이를 안고 옮기기에 이용되는 원칙이 자세를 유지시키는 데에도 적용된다. 아이를 안고 있는 것과 가장 큰 차이점은 아이에게 필요한 지지와 조절하는 힘을 제공하기 위해서 부모의 신체를 이용하는 것이다. 베게, 모래주머니, 그물침대와 같은 물건을 사용할 수도 있지만 부모의 몸을 사용할 때와는 달리 아이의 움직임에 따라 반응할 수 없기 때문에 많은 시행착오와 적응이 필요하다.

유념할 점은 아이의 근력과 필요한 요구를 이해한 후 아이에게 맞는 적절한 방법을 적용해야 한다는 것이다. 또한 근 긴장도와 움직이는 양상이 정상일지라도 현재 발달 단계에서 할 수 없는 자세를 시켜서는 안 된다. 예를 들면 한달된 아이에게 앉는 자세를 시켜서는 안된다. 아이의 운동 발달은 근육, 뼈, 신경계 및 반사가 충분히 성숙되어야 가능하기 때문이다. 너무 빠르게 진행시키려 하면 오히려 발달을 느리게 하거나 방해하고, 변형을 유발할 수도 있다.

4. 자세유지방법

1) 엎드린 자세

목가누기는 놀이를 위해서 취하는 자세 중 첫 번째 발달 자세다. 목을 가누는 정도에 따라서 엎드린 자세를 시작해야 하며, 생후 2~3개월 정도일 때가 된다. 엎드린 자세를 유지하기 힘들면 앞가슴 밑에 수건을 말아서 넣고 팔을 앞으로 향하게 해준다. 고관절이 굴곡 되어서 엎드린 자세가 안 되면 엉덩이를 엄마 손으로 눌러준다. 굴러서 엎드려 있지 못할 때에는 모래주머니를 이용해서 고정 시킬 수 있다. 엎드린 자세를 잘 유지 하는 아이들에게는 쐐기 모양의 경사대를 사용한다. 특히 경사대는 목가누기를 잘 못하는 아이들에게 유용하다. 경사대는 스펀지로 만들거나 나무로 만든 후 스펀지로 덧씌운 것을 구입할 수 있다. 엎드린 자세를 유지시킬 때 주의할 점은 스스로 돌아누울 수 있을 때까지는 옆에서 항상 지켜보아야 한다는 것이다.

2) 바로 누운 자세

바로 누워 놀면 하체를 발달시킬 수 있고 양손을 몸의 중심으로 가져 올 수 있게 된다. 두 손을 몸 앞으로 모으면 사물을 만져보고 관찰할 수 있다. 모든 자세에서 특히 누운 자세에서 몸이 바로 정렬되는 것이 효과적인 움직임에 기본이다. 근 긴장도가 높으면 목 뒤에 베개나 목받이를 받쳐 근 긴장도를 낮출 수 있다. 한쪽 또는 양쪽 무릎을 굽히면 몸을 이완시킬 수 있다.

3) 옆으로 눕기

똑바로 눕기와 같이 손이 몸의 중심에서 움직일 수 있는 좋은 자세이다. 길게 신전된 부위에 몸무게가 분배되고 촉각과 같은 좋은 정보를 받을 수 있다. 또한 머리를 가눌 수 없어서 엎드린 자세가 힘든 아이에게 주위를 둘러볼 수 있는 자세이다. 모래주머니를 한쪽에 받쳐 주거나 벽에 모래주머니를 받쳐서 자세를 유지시킬 수 있다. 옆으로 눕히기 위한 보조기구들을 구입할 수도 있다. 옆으로 눕힐 때는 항상 양쪽방향으로 교대로 한다.

4) 앉기

등을 신전시킬 수 있고 목을 어느 정도 가눌 수 있으면 앉기를 시작해야 한다. 앉을 수 있어야 먹고, 입고, 씻는 것을 배우고 놀이를 하고 사물을 관찰할 수 있다. 정상적인 발달을 보이는 아이는 7~9개월에 앉을 수 있지만 뇌성마비 아동은 앉기 시작하는 연령의 범위가 넓다. 뇌성마비 아동은 근긴장도 이상과 팔, 다리가 몸에서 독립되지 못하고, 원시반사가 지속되어서 앉기가 힘들다. 비스듬히 세워 앉힐 수 있는 의자나 결이 등 살 수 있는 것도 있다. 그러나 자세를 유지하기 위해서 수건 말은 것, 스펀지 조각 또는 헝겊 인형 같은 것으로 더 받쳐 주어야 할 때 많다. 방바닥이나 의자에 보다 더 똑바로 앉기 위해서는 특별히 제작하거나 좋은 것을 사야 한다. 앞으로 다양한 특수의자와 서있는 자세를 유지하는 데 도움이 될 보장구에 대해 설명할 것이다.

5. 보조기구

많은 부모들은 보조기구를 처음 구입할 때 거부감을 느낀다. 보조기를 착용한다는 것을 아이가 장애를 가지고 있음을 공공연하게 밝히는 것이기 때문이다. 그러나 특정 보조기구는 아이가 이전에 할 수 없던 것들을 할 수 있게 하여 어떤 방식으로든 삶에 도움을 준다. 상위의 인지, 학습, 그리고 놀이단계로 더 발달할 수 있음에도 불구하고 움직임의 제한 때문에 발달이 정체될 수 있다. 예를 들면 글로 자기의 의사를 표현할 수 있는 인지능력이 있더라도 똑바로 앉지 못하면 손의 움직임이 제한되어 의사소통의 기회를 막는다. 이러할 경우 보조기구는 다음 단계로 발달하기 위한 촉매제가 된다. 요즘에는 특성화된 보조기구들을 쉽게 접할 수 있다. 정상발달 아이라 하더라도 7개월 전에는 혼자 앉지 못하고, 12~14개월 전에는 걷지 못하기 때문에 이러한 아이의 발달을 촉진하기 위한 기구들이 시중에 많이 나와 있다. 정상 아이를 위해 만들어진 보조기구들 중에서 내 아이에게 필요한 지지를 제공하는 딱 맞는 것을 사서 사용한다면 편리할 것이다. 그러나 여기서 문제는 아이가 자라면 이 기구는 너무 작거나 적절한 지지를 제공하지 못하게 된다. 이럴 경우 추가적인 보조기구의 사용이 아이에게 도움이 될지 생각해야 한다. 좋은 지침 중 하나는 아이가 부모의 도움으로 어떠한 자세나 동작을 수행할 수 있다면 이를 독립적으로 확대시키기 위해 보조기구를 구입해야 할 시기라는 것이다. 예를 들어 아이가 약간의 도움으로 앉을 수 있다면 코너의자를 구입하여 앉는 것을 지지해주고 손을 가지고 조각을 맞추거나 그림을 그리고 먹을 수 있도록 해줄 수 있다.

보조기구를 구입하여 사용할 때에는 몇 가지 유념하여야 될 점이 있다. 첫째, 의사 또는 치료사와 상담하여 보조기구를 선택한다. 구입시 무엇을 고려해야 하며 좋은 자세를 유지시키기 위한 방법 중 손쉽게 적용할 수 있는 것에 대해 알려줄 것이다. 예를 들면 의자에 앉을 때 몸에 수건을 말아서 끼우면 비대칭적인 자세를 유지시킬 수 있으며 어떤 것이 유용하고 그렇지 않은지에 대해 말해줄 것이다. 둘째, 간편하고 최소한의 구성으로 된 보조기구를 구입해야 한다. 예를 들어 목을 가눌 수 있다면 머리 지지대는 필요 없다. 너무 많은 보조기구들이 있을 경우, 아이가 현재 가지고 있는 능력을 사용하거나 그 이상의 능력을 배우는 기회를 막으며 더 심한 장애가 있는 것처럼 보일 수 있다.

보조기구를 구입하기 전에 수준이 비슷한 다른 아이의 부모와 애기를 해보는 것도 도움이 된다. 또한 얼마나 이 보조기구를 사용해야 되는지, 자주 보조기구를 옮겨야 하는지, 그러면 가볍고 다루기 쉬운 것이어야 하는지, 외양, 안락함, 안전 그리고 다루기 쉬운지를 고려해야 한다.

보조 기구의 종류로는 자세 보조기구, 동작 보조기구, 의사소통기구, 식사 · 구강운동기구 등이 있다.

1) 자세 보조 기구

이름	용도
보조의자	아이의 엉덩이, 무릎, 다리가 90°로 되게 최적의 자세를 잡아준다. 보조의자에는 받침대가 달려 있거나 작은 책상에 들어맞게 되어 있다. 의자는 식사나 미세 동작놀이에도 쓰여야 하기 때문에 아이를 완전히 지지해 주어야 한다.
각진 의자	이 의자는 앉은 자세에서 등을 지지해 준다. 각진 등받이는 아이의 어깨를 앞으로 모아주어 너무 뒤로 당겨지지 않게 하며, 목이 뒤로 꺾이지 않도록 하여 머리를 적절하게 잡아준다. 대부분 받침대나 탁자를 배치할 수 있게 되어 있다.
바닥의자	바닥의자는 아이가 바닥에 앉을 수 있도록 해준다. 이 기구는 등받이만 있는 간단한 것부터 반 정도 등기울이기가 되는 복잡한 것까지 있다.
그물침대	길게 자른 천이나 그물을 유아용 침대나 자체틀에 걸어놓은 것을 말한다. 이 침대는 근 긴장도가 높은 아이에게 굴곡된 휴식자세를 제공해 준다.
엎드림 판	엎드림 판은 선 자세를 지지해 주는 것으로서, 엎드린 자세부터 90°에 이르기까지 자세를 유지시켜 준다. 이 자세에서는 체중을 앞으로 실은 채 기대기 때문에 아이는 거의 자세를 조절할 필요가 없어진다. 엎드림 판은 중력의 도움으로 자세를 잡아주며 머리를 조절한 상태에서 일하기 좋은 자세를 만들어 준다.
쐐기판	발포제나 나무 또는 다른 재질 등으로 만들어진 경사모양의 받침대이다. 받침대의 높은 쪽으로 머리를 두어 엎드리게 되면, 고개 조절이 잘 되며, 손과 팔에 체중이 적절히 실리게 된다.

2) 동작기구

이름	용도
목발	하지보조기와 함께 보행에 도움을 준다. 뇌성마비 아동들이 가장 많이 쓰는 목발은 팔 받침대와 손잡이가 있는 금속으로 된 목발이다. 뇌성마비 아동들은 대부분 보행기를 이용하여 보행을 시작하고 필요하다면 다음 단계인 목발을 넘어가게 된다.
보행기	보행을 지지해 주는 쇠로 된 가벼운 틀이다. 이 틀은 아이의 앞쪽에서 지지해 줄 수도(정방향 보행기) 있고 뒤에서 지지해 줄 수도(역방향 보행기) 있다.
의자차	의자차는 커다란 바퀴가 달린 의자로서 다양한 모양과 크기로 제작되며 수동 혹은 자동으로 조작된다. 종종 적절한 자세를 위해 방석을 넣기도 한다.

3) 의사소통 장치

의사소통판: 의사소통장치의 가장 간단한 형태로 포스터, 플라스틱 그리고 나무 등으로 된 판으로, 그 위에 그림이나 형상을 늘어놓을 수 있다. 아이는 손으로 가리키거나 눈으로 바라봄으로써 소통판을 사용할 수 있다.

전기 의사소통장치: 좀 더 복잡한 장치로서 전기를 이용해 아이가 말하고자 하는 것을 목소리나 글로 나타내주는 조음장치이다. 아래 쓰여진 컴퓨터와 달리 조음장치는 휴대가 가능하나 컴퓨터가 할 수 있는 다양한 일들은 수행하지 못한다.

컴퓨터: 오늘날에는 운동장애나 언어장애가 있는 많은 아이들이 의사소통을 위해 쓸 수 있도록 여러 형태로 고안된 컴퓨터들이 많이 있다. 키를 크게 만들거나, 실수로 다른 키를 치지 못하도록 가리개를 만든 키보드, 한 손이나 한 손가락으로 작동하도록 한 프로그램은 물론 터치스크린이나 보통 마우스를 쓸 수 없는 아이를 위한 특별한 마우스 등이 있다. 운동능력이 전혀 없이도 조음장치에 접속하거나 전화 다이얼을 돌려 말하게 하고 처음 한두 글자를 치면 컴퓨터가 단어를 찾아주는 소프트웨어 프로그램도 있다.

4) 식사, 구강운동 기구

세공된 컵: 한쪽 면을 반원형으로 잘라낸 컵을 말한다. 이러한 컵은 아이의 물섭취를 눈으로 확인할 수 있고 아이가 물을 마실 때 목을 과신전하는 것을 막아준다. 시중에서 이 컵을 구입하거나 부드러운 플라스틱 재질의 컵을 가위로 자린 후 자른 면을 가스 불에 살짝 굴려 모서리 처리하여 사용하기도 한다.

특수 은제품: 아이의 손에 맞도록 고안된 맞춤 손잡이를 아이 용품점이나 카탈로그를 통하여 구입할 수 있다. 또는 의사와 상담하여 구입하거나 치료사가 직접 제작하기도 한다.

구강자극기, 구강 장난감, 칫솔: 이 도구들은 입안과 입 주위가 무디거나 너무 과민한 아이들을 위해 감각신경을 자극시킨다. 애완동물 가게에서 부드럽고 견고한 구강 장난감을 살 수 있다. 구강 장난감이나 칫솔을 청결하게 관리하기 위해서는 세제를 사용하여 세척하거나 주기적으로 열소독을 해야 한다.

5) 운동

정상적으로 자라는 아이들을 관찰해보면 아이들이 조금도 가만있지 않는다는 것을 알 수 있다. 아이들은 팔과 다리를 끊임없이 움직인다. 구르거나 길 때, 또 앉으려고 하거나 앉는 자세를 벗어나려고 할 때, 아이들은 의식적인 노력없이 운동을 하고 있다.

뇌성마비 아동은 대부분 자발적인 운동이 제한되어 있으며 단 몇 가지의 움직임만 가능하므로 상대적으로 비활동적이다. 그러하기 때문에 운동은 뇌성마비 아동들에게 매우 중요하다. 여러 방향으로 관절을 움직여주면 관절구축이 예방되고 앞으로 움직일 수 있는 잠재력을 유지시킨다. 또한 체중을 싣는 운동은 골감소를 방지해 주며 운동시 발생하는 운동 및 감각신경 자극은 인지기능 촉진을 위한 기초가 된다.

뇌성마비 아동의 부모는 아이가 필요로 하는 모든 운동을 받고 있는지 확인 받고 싶어한다. 만약 아이가 수동적이고 누워서 주위를 바라보기만 하고 있다면 강제로라도 움직이도록 해야 한다.

뇌성마비 아동을 움직이게 하는 가장 좋은 방법은 다른 아이들이 일상적으로 하는 활동인 구르고 뛰는 소란스러운 놀이를 하게 하는 것이다. 이러한 놀이에서 많은 부분을 차지하는 접촉과 움직임 자극은 정상적인 촉각과 전정기관의 발달에 기초가 된다. 적절히 조절된 놀이법으로 신체반응을 주의하기만 한다면 아이들은 소란스러운 놀이를 좋아하게 된다.

예를 들어 아이를 공중에 던질 때 몸이 막대처럼 뻣뻣해진다면 조금 느린 활동을 통해 몸통을 돌리거나 다리를 벌려서 긴장을 풀어줄 수 있는 놀이를 고려해볼 수 있다. 좋은 대안적 놀이는 부모의 허리에 아이의 다리가 벌려지게 아이를 마주보고 안고 빙빙 돌리는 인간 회전목마이다. 유념해야 할 점은 저 긴장도의 아이들은 빠른 움직임에 반응하고, 고 긴장도의 아이들은 느린 속도에 잘 반응한다는 것이다. 또한 다칠까봐 아이 다루기를 두려워하지 말아야한다.

아이의 운동시간을 기저귀 갈기, 옷 입히기, 식사하기 등과 같이 하루의 일과로 만드는 것이 이상적이다. 물리치료사나 작업치료사가 어떻게 하는지 가르쳐 줄 수 있지만 기본적인 두 가지 지침을 말하자면 첫째, 물건은 아이에게서 멀리 두어 아이가 이를 잡기 위해 손을 뻗거나 기어가도록 해야 한다. 예를 들어 아이와 같이 퍼즐을 할 때 아이에게 퍼즐조각을 쥐어주지 말고 아이가 스스로 할 수 있는 모든 육체적인 운동을 하도록 해야 한다. 예를 들어 아이가 상자에서 장난감을 꺼낼 수는 있으나 너무 오랜 시간이 걸린다고 해도 성급해 하지 말고 스스로 하도록 두어야 한다.

아이의 일과에 운동을 포함시키는 것 외에도 다른 공식적인 운동 프로그램에 등록시키는 부모들도 있다. 체육교실, 활동경험 그리고 여러 프로그램들은 특수훈련이 필요한 아이들에게 매우 유용한 활동이 된다. 부모들은 교사의 도움과 협조를 구하고 싶어하지만 장애아동을 다루어 본 교사를 구하는 것만이 다는 아니다. 일반적으로 아이를 돌보면서 근 긴장도를 높이거나 또는 낮추어 정상적인 움직임을 촉진시키는 정확한 원리를 제공하는 것은 바로 아이의 부모에게 달려 있다. 또한 의사나 치료사는 부모가 고려하고 있는 프로그램이 아이에게 도움이 될지를 말해준다.

아이가 성장함에 따라 운동 프로그램에 실외활동을 포함시키는 것이 중요해진다. 유모차나 캐리어 속에서 산책하는 것은 상쾌한 바람과 집 밖의 세상을 배우는 기회가 된다. 부모가 뒤뜰 일을 하는 동안 아이가 풀 속에 눕거나 앉아서 시간을 보내는 것도 특별한 이벤트가 될 것이다. 새와 나무, 꽃, 실외향기와 소리는 감각 체계를 발달시키는 요소가 된다. 조심하기만 하면 아이는 자전거 뒷 자석에 타고 달리는 것을 즐길 수도 있다. 자전거로 달릴 때 아이의 불수의적인 운동이 일어나거나 무게중심이 바뀜으로써 운전자가 균형을 잃을 수 있으므로 항상 아이에게 헬멧을 씌우고 의자는 완전히 아이를 지지하도록 해야 한다.

아이의 운동능력 내에서 접목할 수 있는 실외활동을 고안해 내는 창의력 또한 필요한다. 대부분의 아이들이 실외에서 노는 것을 가장 좋아하므로 실외에서는 많은 운동을 더 잘할 수 있다. 때로는 실내에서 하던 활동을 실외로 옮겨갈 수 있다. 예를 들어 실외에서 그냥 기는 것도 운동이 되지만 숨바꼭질을 더하여 해준다면 더욱 재미있을 것이다. 처음 걷기 시작하는 아이는 쇼핑카를 당기게 하는 것도 재밌을 뿐 아니라 뒤로 걷는 것을 배울 수도 있다. 보행기를 실외에서 하는 것도 새로운 도전이 된다. 야외에서의 휠체어훈련은 아이에게 다른 아이들과 같은 단계에서 활동할 수 있게 하고 그들과 같이 놀 수 있는 기회를 갖게 된다.

놀이터는 아이에게 새롭고 즐거운 도전으로 가득 차 있다. 특별하게 만들어진 세발자전거를 타는 것은 신나고 새로운 운동이다. 대부분의 뇌성마비 아동에서 도움이 되는 실외운동은 수영이다. 수영은 아이들의 땅위에서 가질 수 없었던 자유로운 움직임을 선사할 뿐 아니라, 호흡기능을 향상시킨다. 차가운 물에서는 근 긴장도가 증가하며 더운 물은 이완효과가 있고 긴장도를 낮춘다는 점은 미리 알아두어야 한다. 즉 부모들은 아이의 긴장도에 가장 적합한 수온을 찾아야한다. 아이가 학령기에 이를 때 해볼 수 있는 활동은 치료용 승마와 특수 올림픽 등이 있다.

각 아이에 알맞은 즐거운 운동을 찾아내는 데는 많은 시행착오가 선행된다. 다른 아이들과 마찬가지로 뇌성마비 아동들도 각각의 운동에 대해 좋고 싫음이 있다. 이러한 느낌을 가능한 한 존중하여 운동이 성가신 일이 아닌 자연스럽고 즐거운 인생의 한 부분으로 느끼게 하는 것이 중요하다. 명심해야 할 점은 신선한 공기와 운동은 누구에게나 중요하며 아이가 어릴 때부터 이것을 소중히 여기면 일생 동안 그렇게 된다는 것이다.

6) 식사와 영양

식사는 많은 뇌성마비 아동에게 문제가 된다. 어떤 아이들에게는 그문제가 병적으로 나타나기도 한다. 예를 들면 어떤 아이들은 구토반사가 없어 음식을 넘길 때 사fp가 걸린다. 만약 아이가 음식을 넘기기 힘들어한다면, 더 이상 식사를 진행시키기 보다는 모든 가능한 내과적 문제들을 짚고 넘어가야 한다.

만약 내과적인 문제가 식사를 방해하는 요소가 아니라면 다음 단계로 식사과정의 문제를 살펴보아야 한다. 대부분의 경우 식사 초기의 문제들은 운동이나 접촉 혹은 둘 다의 문제와 관련된다.

뇌성마비 아동의 식사를 방해하는 운동요소는 턱 조절이나 혀, 입술 그리고 볼 운동의 문제이다. 이러한 문제들은 결국 근 긴장도가 너무 낮거나 높은 것이 원인이다. 식사문제를 조절하기 위해서는 먼저 근 긴장도를 조절해야 한다. 식사를 시작하기 전에 아이를 안거나 자세를 잡는 방법을 통해 가능한 한 긴장도를 정상화시키고 이를 유지시켜야 한다. 만약 아이가 턱을 조절하고 입술을 다무는데 여전히 문제가 있다면 아이의 머리를 손으로 받치거나 턱을 닫게 해주는 동작으로 조절할 수 있다.

뇌성마비 아동은 운동장애와 더불어 감각 이상을 갖고 있어 식사를 어렵게 한다. 어떤 아기들은 얼굴과 입 주위 입안의 접촉에 너무 민감하여 음식이나 젖꼭지, 숟가락이나 손끝마저도 불쾌하게 느껴 이를 깨물거나 고개를 돌려 음식을 거부하고 심지어는 토하기도 한다. 이러한 입주변의 과민반응은 '구강접촉보호기전'으로 알려져 있다. 이러한 상태가 심할 경우 식사를 위한 모든 노력이 불쾌하고 식사가 완전히 불가능할 수도 있으나 약할 경우 재질이 다른 음식을 섞을 때만 (과일조각을 넣은 요거트처럼) 음식을 거부한다.

어떤 아이들은 구강접촉 보호기전의 반대양상으로 식사문제가 있기도 한다. 즉 입주변의 과민반응과 반대로 아예 반응이 없는 것이다. 이런 아이들은 입안의 적당한 느낌이 없기 때문에 음식이 얼마만큼 들어있는지, 어디에 있는지, 입에서 어떻게 굴려야 할지, 언제 삼켜야 할지 모르게 된다. 이러한 장애가 경미하게 있는 아이들은 턱에 음식이 흘러내려도 느끼지 못하고 음식이 입에 있는지 턱으로 흘렀는지 알지 못한다.

이러한 과민반응이나 저하반응은 조절된 구강운동의 입력으로 즉, 입안과 입주위의 감각을 조금씩 저하시키거나 촉진시키는 프로그램을 통해서 식사기술을 좋게 할 수 있다. 아이가 자극에 과민하다면(손 또는 장난감을 이용하여) 입 주변부터 자극하여 입안으로 진행시키는 것이 좋다. 또한 가벼운 접촉보다는 견고하게 압력을 주는 것이 견디기 쉽다. 만약 아이가 부모의 손을 거부한다면 아이의 손을 직접 이용하기도 한다. 아이가 저 반응이라면 여러 종류의 재질과 촉감의 자극을 제공해야 한다. 작업치료사나 언어치료사는 여러 온도와 재질의 음식들을 사용하여 아이가 입안에 여러 감각들을 느낄 수 있도록 도와줄 것이다. 또한 식사시 아이 앞에 거울을 놓음으로써 식사기술을 향상시킬 수도 있다.

앞에서 설명한 운동 및 감각장애와는 별도로 다른 이유로 인해 아이가 혼자 밥을 먹지 못할 수도 있다. 한 예로, 식사기구를 잡기 못한다거나 어깨에서부터의 팔 움직임을 조절하지 못하는 등이 있다. 이러한 경우에는 식기에 보조 손잡이를 고려해야 한다. 미끄럼방지 깔개는 접시들이 움직이지 않게 해주며 특별히 고안된 흡입 컵이 달린 밥그릇과 특수그릇 등을 이용할 수 있다. 어떤 아이들은 컵을 집어서 마시는 것보다 빨대로 마시는 것이 훨씬 편한 경우도 있다.

식사시의 행동이 문제가 될 수도 있다. 이러한 문제를 최소화하기 위해 식사시 힘이 가는 곳과 약해지는 곳을 살펴보아야 한다. 그리고 이에 맞추어 적절한 자세와 외부의지지, 보조기구, 그리고 음식의 종류를 제공해야 한다. 또한 먹는 데에만 집중할 수 있도록 산만하지 않고 여유로운 환경을 조성해야 한다. 적당한 배경음악을 주면 식사를 쉽게 하기도 한다. 또한 식사하는 데 있어 아이가 능동적인 참가자가 되도록 해주어야 한다. 식사시 움직임이 의존적이라 할지라도 아이 스스로의 조절이 필요할 수 있다. 예를 들어 어떤 음식을 먹을지 고르게 할 때 두 가지 음식 중에 혹은 음식과 음료수 중에 고르게 하고 어떤 방법으로라도 가리키게 하면 선택을 표현하게 한다. 끝으로 식사시간이 의사소통과 사회성을 위한 훌륭한 시간임을 잊지 말아야 한다. 아이의 식사시간은 손이 많이 가야 하기 때문에 이러할 경우 가족식사 전후로 아이의 식사를 도와주고 부모가 식사할 때에도 아이를 참여시키는 것이 좋다.

아이들은 각각 소비열량이 다르기 때문에 양을 정할 수 없다. 식사시의 문제 때문에 많은 뇌성마비 아동들은 살이 붙기 어렵다. 게다가 근 긴장도가 높은 아이들은 더 많은 열량을 소비한다. 결과적으로 이러한 아이들은 보조식을 더 섭취하여 성장을 도와야 한다. 저 긴장도의 아이는 좀 더 빨리 체중이 는다. 이런 경우에는 아이의 열량섭취를 다시 살펴봐야 한다.

보조식을 주는 방법은 섬유소 등 칼로리가 없는 음식물은 빼고 열량선분으로 주는 것이다. 보조 열량은 단백질, 지방, 비정제 탄수화물 등에서 나온다. 예를 들어 음식에 분유, 같은 땅콩, 치즈 등을 뿌림으로써 영양과 열량을 더해줄 수 있다. 고열량이나 영양소의 균형을 맞춘 조제분유도 있다. 또한 경량아들은 일상적인 세끼 식사보다 적은 양을 자주 주는 방법을 통해 체중을 늘릴 수 있다. 아이의 소아과 의사, 언어치료사, 영양사에게 영양을 높이는 방법에 대해 조언을 구하는 것도 좋다.

7) 구강 관리

건강한 치아와 잇몸을 가지고 자라는 것은 다른 어떤 아이들과 마찬가지로 중요하다. 예방적 구강 관리는 하루 일과에 해당하며 일찍 시행할수록 좋다. 아이의 치아가 나기 전부터 유아용 칫솔이나 손가락을 이용하여 잇몸을 마사지하고 자극한다. 이는 잇몸을 건강하게 하고 이후 아이가 칫솔질하는 준비가 된다. 치아가 나면(보통 6개월 정도에서 시작된다) 정기적으로 닦아 줘야 한다. 손가락에 수건을 말거나 작고 부드러운 칫솔에 소량의 치약을(꼭 필요한 것은 아니지만)사용하여 닦을 수 있다. 칫솔로 이의 표면을 닦는 것 외에 치실을 이용하여 이 사이를 닦는 것도 중요하다. 손잡이가 달린 치실을 사용하면 더욱 편하다. 만약 아이가 구강접촉에 예민하다면 앞장에서 예민함을 줄일 수 있는 방법을 참고 한다.

아이가 어릴 때는 아이를 무릎에 눕히고 이를 닦아주는 것이 가장 간단하다. 이렇게 하면 아이가 움직이지 않게 되고 또한 입안을 들여다보기에 좋다. 보통 하루에 한번 정도 치아를 닦아 줘도 충분하다. 되도록 저녁에 이를 닦아 음식 찌꺼기가 입안에 남은 상태로 자지 않게 한다.

만약 아이가 아직도 수유를 하고 있다면 '젖병 증후군'의 위험성이 있다. 젖병 증후군이란 매우 빨리 치아가 썩는 것으로 자는 동안 젖병을 물려 놨을 경우 나타날 수 있다. 이것을 방지하기 위해서는 절대 입에 젖병을 물린 채로 잠들게 해서는 안 된다.

일단 아이가 스스로 이를 닦을 수 있기 시작한다면 제대로 잡을 수 있게 적당한 손잡이가 달린 칫솔이 필요하다. 또한 전동 칫솔은 아이가 스스로 할 수 없는 세밀한 동작을 제공한다.

두세 살이 되면 치과에 데려가 정식으로 점검해야 한다. 치과의사는 구강

관리 프로그램을 개선하고 추가적으로 예방 할 수 있는 방법들을 조언해 줄 수 있다. 예를 들면 플라스틱 실란트(치아표면을 메우는 방법)를 사용해 저항력을 높일 수 있다. 어떤 치과의사를 선택할지는 아이의 장애 정도에 달려 있다. 경험과 장비를 갖춘 정규 소아 치과의사를 찾는 것이 바람직하다.

8) 목욕 시키기

아이를 목욕 시키는 것은 즐겁고 모두에게 특별한 시간이여야 한다. 왜냐하면 목욕을 시키는 것은 상당한 시간이 걸리고 이는 단지 아이를 씻기는 것 이상의 좋은 기회다. 흥미롭고 색다른 환경에서 아이가 스스로 움직이고, 말하고, 인지목표를 위해 뭔가를 할 수 있는 자연스런 기회가 될 수 있다.

다른 아이를 씻길 때와 마찬가지로, 안전이 우선이다. 성공적인 목욕을 위해서는 가능한 한 근 긴장도를 정상화시킬 수 있는 자세를 취해야 한다. 또한 아이에게 균형 감각을 요하게 만들기보다는 안전에 대한 감각을 느끼도록 신경써야 한다. 보통 시중에서 파는 목욕의자는 부모가 두 손을 자유롭게 쓰는 동안 안전을 유지해준다. 또한 약간 바람을 뺀 튜브는 자세를 잡는데 도움이 된다. 만약 아이가 앉지 못한다면 흡착판을 이용해 고정시킨 반쯤 누운 목욕의자를 사용하는 것이 좋다. 이러한 의자들은 의료기기 판매상에서 구입할 수 있다. 목욕 스폰지판은 아이가 안거나 누운 자세로 목욕하는데 이용된다. 이러한 기구들을 사용할 땐 수면은 낮게 하고 물을 끼얹어 씻긴다.

아이가 점차 커감에 따라 특수 기구 회사에서 목욕의자나 수압식 리프트를 빌리거나 사야 할 것이다. 몇몇 나이가 찬 아이들은 무릎을 꿇거나 앉은 자세로 씻는 것을 좋아한다. 이러한 경우 호스가 길게 달린 샤워기가 편리하다. 중요한 것은 제대로 된 자세로 해야 한다는 것이다. 또한 안전을 위해 욕조나 샤워 대에 손잡이를 설치하거나 미끄럼 방지 조각을 사용할 수 있다. 가장 주의 해야할 점은 장애의 유무를 떠나 아이가 욕조나 샤워대에 있을 때 한눈을 팔면 안 된다.

목욕시간을 학습경험으로 만들기 위해 먼저 옷 벗는 과정을 생각할 수 있다. 만약 아이가 움직일 수 있다면 목욕시간은 혼자서 옷 벗기를 시작하는 자연스런 시간이 된다. 이는 또한 물리치료사나 작업치료사가 제안한 관절운동을 시킬 수 있는 좋은 기회가 된다. '팔을 안으로', '밖으로', '욕조에 물이 찼다', '없다', '욕조가 미끄럽다', '물이 뜨겁다', '차다' 등의 단어들을 가르칠 자연스런 기회다. 만약 아이가 12개월에서 18개월 사이의 발달연령에 있다면 신체부위의 명칭을 가르칠 훌륭한 기회다.

목욕할 때 아이는 인과관계, 공간관계, 손목의 회전, 그리고 다른 감각들에 내성을 가지는 많은 기회를 갖게 된다. 오리 장난감을 물에 띄우고, 비누를 잡고, 물장난을 치고, 컵에 물을 담고 버리며 타일에 거품을 묻히고 하는 과정에서 자기도 모르는 새에 깨끗해져 있다.

또한 목욕을 마치고 나서의 과정도 매우 얻을게 많다. 예를 들면 수건으로 몸을 문지르면서 감각과정과 신체지각에 도움을 줄 수 있다. 아이가 준비가 되었다면 잠옷을 입는 것이 스스로 옷 입기를 시작하는데 적당하다. 목욕 후 시간은 등을 문지르고 마사지 혹은 파우더나 로션을 바르며 이에 관련된 말을 이해하고 사용하게 되는 좋은 시간이다.

대부분의 뇌성마비 아동들에게 따뜻한 물에서 목욕은 안락하고 편안해지며 쉽게 잠이 들 수 있는 방법이다. 그러나 반대로 몇몇 아이들에게는 자극적이고 흥분적일 수 있다. 만약 이러한 반응을 보인다면 재우기 전에 목욕시키는 것을 피하는 것이 좋다. 대신 아이가 깨어 있었으면 하는 시간 직전에 목욕을 시키는 것이 좋다.

9) 옷 입히기

대부분의 아이들에게 있어 옷을 입고 벗는 것을 배우는 것은 독립적 생활로 가는 중요한 단계이다 아이의 장애 정도에 따라 혼자 옷을 입는 것은 실절적인 목표가 될 수 있다. 만약 아이가 운동기술을 가지고 있다면 아이가 목표를 달성할 수 있도록 가능한 모든 것을 도와 줄 수 있다. 제대로 움직일 수 없으나 옷 입기를 하고 싶어하고 이해할 수 있다면, 옷 입기 과정에 최대한 참여할 수 있도록 도울 수 있다.

옷 입기에서 올바른 자세는 매우 중요하다. 뇌성마비 아동들은 낮은 의자에 앉아 있을 때 옷을 입기 쉽지만 만약 목이나 몸통을 가누지 못한다면 무릎에 앉힌다.

일반적으로 옷을 벗는 것이 입는 것보다 쉽기 때문에 먼저 옷 벗는 것을 가르친다. 많은 아이들에게 양말 벗는 것이 가장 쉽다. 양말을 벗는 것을 배우기 시작할 때, 우선 양말을 발끝까지 거의 벗겨 준 후에 아이가 마지막 동작을 하게 한다. 아이가 하나씩 동작을 익힘에 따라 조금씩 도와주는 것을 줄인다.

만약 아이가 옷 벗는 것을 혼자 할 수 없다면 할 수 있는 것부터 할 수 있게 돕는다. 예를 들면 부모가 셔츠 소매를 뺄 때 아이가 팔을 들게 하거나 또는 체중 이동을 시켜 바지를 쉽게 벗게 한다. 만약 아이가 매우 제한된 동작만 할 수 있으면, "다음엔 뭘 벗어야 하지?" 하고 물어 벗어야 할 옷을 쳐다보게 한다.

좀 더 옷을 쉽게 입히기 위해서는, 옷을 살 때 좀 더 신경을 써야 한다. 몸이 불편한 사람들을 위해 쉽게 옷을 입고 벗을 수 있게 디자인된 옷들이 있다. 또 한 좀 더 편하게 옷을 입히기 위해서는 조금 큰 치수의 옷을 사거나 니트와 같이 잘 늘어나는 옷감을 골라야 한다. 옷을 살 때는 지처가 달린 옷이 단추보다 편하고, 앞이 열리는 옷이 뒤로 입는 옷보다 편하며, 매끄러운 안감의 옷이 입히기 쉬우며, 접착식 천이 달린 신발이 끈으로 매는 신발보다 편하다는 것을 염두에 두어야 한다. 마지막으로 무슨 옷을 살지 항상 아이의 의견을 존중해야 한다. 비록 아이가 혼자 옷을 입지 못하더라도 스타일과 색깔의 선택권을 줘야 한다.

현실적으로 가능하다면 독립성을 가지도록 유도하는 것이 중요하고, 만약 할 수 없다면 될 수 있는 한 수동적 보다는 적극적으로 참여하게 해야 한다. 아이가 자율성을 갖고 "내가 할 거야"라는 독립성을 가질 때는 부모는 자연스러운 기회를 줄 수 있다. 만약 이러한 기회를 잃는다면 아이의 자존의 성장을 가로막는 무력감을 학습하게 된다. 비록 해주는 것이 더 쉽고 시간 절약이 된다고 생각되더라도 할 수 있는 기회를 주고 격려해야 한다.

10) 배변훈련

아이가 배변훈련을 할 단계가 되면 이것만은 알아야 한다. 다른 아이들과 마찬가지로 혼자서 용변 보기를 충분히 할 수 있다는 생리학적 성숙의 징후를 한 번에 몇 시간씩 기저귀를 적시지 않는 것과 기저귀가 젖거나 더러워졌음을 알아차리는 것이다. 배변훈련이 준비됐음을 표시하는 아이에게 이는 자립의 단계로 나갈 수 있는 기회린데 이를 놓쳐서는 안된다.

아이가 이런 목표를 달성하는 것을 돕기 위해서는 비정상적인 근 긴장을 최소화하여 몸을 지지해 주고 자세를 잡을 수 있는 소아용 변기가 필요하다. 발이 바닥에 닿게 하는 것은 자세잡기를 위해서는 비정상적인 근 긴장을 최소화하여 몸을 지지해 주고 자세를 잡을 수 있는 소아용 변기가 필요하다. 발이 바닥에 닿게 하는 것은 자세잡기를 위해서뿐 아니라 배변시 복근에 힘을 주기 쉽게 만들어 준다. 일반 아이들이 사용하는 대부분의 변기는 뇌성마비 아동들이 사용하기에도 적합하다. 특수보조기상점에서 각각의 연령 대와 장애 정도에 맞는 변기를 구입할 수 있다. 일반 변기에 덧씌우는 유아용 변기 커버는 적절한 지지와 안정감을 주지 못하기 때문에 좋지 않다. 그러나 장애 정도에 따라 양쪽에 지지대가 있거나 변기 커버에 꼭 맞는다면 유아용 변기 커버도 효과적일 수 있다.

만약 배변훈련의 첫 시도가 실패하면 몇 개월을 기다렸다가 다시 시도해본다. 많은 뇌성마비 아동들 배변훈련이 가능하다. 그러나 발달연령은 배변훈련을 하는데 있어 중요한 요소임을 알아야 한다. 어떤 아이들은 배변훈련이 가능한 발달연령에 이르지 못한다. 대부분의 의료기상이나 대형할인마트, 약국 등에서 큰 크기의 요실금 팬티 및 기저귀를 구할 수 있다.

많은 뇌성마비 아동에 있어 배변훈련을 가로 막는 문제 중 하나가 변비이다. 이는 종종 약의 부작용, 너무 높거나 낮은 근 긴장도, 섬유소가 적은 음식 그리고 운동부족 등에 의해 생긴다. 만약 식이조절로 변비가 해결되지 않는다면 소아과(재활의학과)에서 몇 가지 약을 처방받을 수 있다. 연화제, 윤활제, 완화제, 그리고 자극제 등이 여기 해당한다. 변비가 매우 심한 경우 관장을 시도 할 수 있다. 좌약이나 미네랄 기름 등 처방 없이 살 수 있는 약을 사용하기 전에 먼저 소아과 의사(재활의학과 의사)를 찾도록 한다. 완화제를 과용하는 것은 위험하다.

11) 수면

모든 부모들은 아이들이 잘 자길 원한다. 불행히도 아이들이 잘 자기도 하고 잘 자지 못하기도 한다. 다른 아이들처럼 뇌성마비 아동들은 잠들기까지가 각양각색이다. 어떤 아이들은 쉽게 잠이 들지만 다른 도움을 필요로 하는 그렇지 못한 경우도 있다. 예를 들면 천천히 잔잔하게 흔들어주거나, 포대기에 싸서 꼭 안아주거나 따뜻하게 해주어야 한다. 음악을 들려주거나 작고 조용하게 이야기를 해주는 것 그리고 자동 흔들 그네나 유모차에 태우는 것도 도움이 된다.

아이가 매우 어린 경우, 특히 입원해 있을 경우에는 이러한 외부적 도움이 자주 필요하다. 빛, 소음, 정맥주사에 희한 통증 등은 아이를 지속적으로 과민하거나 우울하게 만든다. 집에서의 냄새, 소음 역시 아이를 자극시킨다. 만약 이러한 자극들이 아이의 수면습관 형성을 방해 한다면 규칙적인 수면주기를 형성하고, 쉽게 자고 깰 수 있도록 도와줘야 한다. 처음에는 위에 기술된 방법들을 이용하여 잠에 드는 것을 도와주고 점차 조금씩 도움을 적게 하여 스스로 잠에 들게 해야 한다.

처음에는 하루에도 수차례 잠을 자고 주로 수유할 때 마다 잠을 잔다. 아기가 커감에 따라 점차 깨어있는 시간이 늘어난다. 1살 정도가 되면 밤에는 12시간 정도 잠을 자고 아침, 점심으로 낮잠을 자게 된다. 낮잠 시간에 계속 깨어 있으면 낮잠 시간이 더 이상 필요하지 않게 됐음을 알리는 신호다. 일단 아이가 이 단계에 이르면 얼마 동안 조용히 혼자 놀게 내버려 두는 것도 좋다. 이 시간은 부모에게 꼭 필요했던 휴식과 스스로를 정리할 수 있는 시간이 될 것이다.

아이가 조금 자람에 따라 수면을 조절하는 것이 문제가 된다. 만약 잘 먹고 편안한 상태라고 생각되면 정해진 시간에 자는 것을 절대 조장하면 안 된다. 버릇은 바꿔기 매우 어려운 것이어서 다음과 같은 것들을 절대 조장하면 안 된다. 부모와 함께 자는 것(다시는 따로 재울 수 없을 것이다), 우유병 물고 자는것(치아가 썩는다), TV 보면서 자거나 침대가 아닌 곳에서 자는 것 등이다. 규칙적인 수면을 위해서는 따뜻한 물에서 씻기는 것, 이야기를 들려주거나 부모와 함께 조용한 놀이를 하는 것이 도움이 된다(만약 목욕 때문에 아이가 오히려 잠을 자지 못한다면 재우기 전에 씻기지 않는다). 자기 전에 야단법석을 떨고 놀면 재우기 힘들어진다.

부모들은 종종 어떤 종류의 침대가 좋은지 궁금해한다. 난간이 달린 유아용 침대는 처음 2~3년간은 안전하며 잠들기 좋은 조건을 제공한다. 이 시기 이후, 부모는 아이의 자아를 기르고 독립성을 키우기 위한 수면 계획을 생각해야 한다. 만약 너무 오랫동안 유아용 침대에서 재우면 비록 아이가 운동능력의 발달뿐 아니라 모든 면에서 발달연령이 증가해도 여전히 아기의 이미지만 조장하게 된다.

아이가 유아용 침대를 졸업하면 안정과 자립의 두 가지 문제에 직면하게 된다. 가능하면 아이가 혼자 침대에 오르고 내려갈 수 있어야 한다. 몇가지 선택이 있는데 안전대가 있는 소아용 침대, 안전대를 보통 침대, 바닥에 매트리스를 놓아 재우는 것이다. 바닥에 매트리스를 놓는 것이 안전과 독립 두 가지 요건을 모두 충족시킬 수 있는 방법이다. 아이가 안전하게 침대로 기어오르고 내려갈 수 있게 되면 보통 침대로 옮기는 것을 생각해야 한다. 일반적으로 딱딱한 매트리스가 가장 좋다. 한편 몇몇 부모들은 물침대가 따뜻하고, 부드러운 움직임을 줘서 아이의 긴장을 풀고 근 긴장도를 낮출 수 있어 선호한다.

12) 놀이

놀이는 아이들에게는 일상 업무가 된다. 놀이를 통해 아이들은 협응능력과 인지개념이 발달한다. 또한 아이들은 놀이를 통해 남들과 상호작용하는 것을 배우고, 자신감과 경쟁심을 발달시킬 수 있다. 그러나 놀이가 이렇게 심각한 업무임에도 항상 신나고 자발적이어야 하고 그성과를 바라보고 하는 것이 아니라 과정의 즐거움을 위해 하는 것이지 그림의 완성이나 어른들의 칭찬이 목적이여서는 안 된다는 것이다.

놀이는 탐험놀이, 조작놀이, 상상놀이 등 세 종류가 있다. 탐험놀이는 아이들이 가장 먼저 접하는 것으로 이 과정을 통해 아이들은 그들 스스로와 주위의 세계를 배운다. 이는 감각운동 자극에 기본을 두고 있는 것으로 행동이나 움직임은 주변의 모습, 소리, 냄새, 촉각 등에 반응을 해서 나타난다. 예를 들면 아기는 손이나 발을 입으로 가져가 자신의 몸을 탐구하는 것으로 탐험놀이를 시작한다. 이러한 행위에서 아이는 그네와 시소놀이를 배우게 된다. 두 번째 형태의 놀이인 손으로 다루는 놀이는 아이가 물체를 잡을 수 있으면서 시작된다. 아이가 움켜쥐고, 팔을 뻗고 물체를 잡음에 따라 눈-손의 협응운동, 시각 인지능력, 손의 기능이 발달한다. 또한 크기와 무게 그리고 공감각적 관계에 대해 배운다. 손으로 가지고 노는 장난감으로는 블록, 퍼즐, 찰흙 그리고 크레용 같은 것이 있다. 마지막으로 상상놀이는 아이들이 그들의 상상력을 믿을 때 나타난다. 이런 놀이를 도울 수 있는 장난감은 인형 옷, 장난감 가구, 차와 트럭, 인형, 작업의자, 장난감 전화기 등이다.

아이가 이런 세 가지 형태의 놀이에 대한 준비와 흥미의 수준은 아이의 지적발달, 사회성의 성숙, 그리고 운동능력에 좌우된다. 만약 아이가 지적능력과 사회성은 충분하다면 뒤떨어진 운동능력을 보완하거나 적합하게 변형 시키는 노력을 해야 한다. 예를 들면 아이가 머리와 손이 조절에 문제가 있어 블록 쌓기를 할 수 없다면 아이가 눈으로 혹은 말로 색깔을 골라 부모가 쌓는 것을 지켜보는 것으로 즐길 수 있다. 가능하다면 어떻게 움직이든 블록 쌓기를 무너뜨리게 하는 경험을 갖도록 하는 것이 좋다. 부모가 인부의 역할로 블록을 쌓는 동안 아이는 건축가가 될 수 있다.

놀이를 할 때 장난감의 단순한 변형으로 운동장애를 극복할 수 있다. 예를 들어 손사용이 힘들면 자석이 붙은 블록이나, 크기가 큰 레고 등을 사용해 탑을 만들 수 있고 접착천이 붙은 나무블록을 써서 블록 쌓기를 즐길 수 있다. 요즘은 기술이 발달되어서 매우 심한 운동장애를 가진 아이도 카세트테이프를 틀 수 있고, 장난감 피아노를 연주할 수 있고 장난감 강아지가 걷고 짖게 할 수 있다.

운동장애를 가지 아이들이 컴퓨터를 이용할 수 있게 하는 많은 장치들이 있다. 예를 들면 모니터에 터치스크린을 장치하면 마우스나 키보드를 사용하지 않고도 컴퓨터를 다룰 수 있다. 개조된 스위치나 트랙볼, 마우스 등은 손의 운동장애가 있는 아이들에게 사용될 수 있다. 이러한 도구들과 적합한 소프트웨어의 도움으로 아이들은 연필이나 붓을 잡을 수 없어도 컴퓨터로 그림을 그리고 색칠할 수 있다. 퍼즐, 카드게임 그리고 장기, 부루 마블 등과 같은 보드게임 등의 아이들에게 익숙한 많은 손을 쓰는 게임들 역시 컴퓨터로 가능하게 되었다.

장난감은 놀이의 도구이며 바라는 만큼 정교하고 비쌀 수 있으나 종종 집에 널려 있는 물건들이나 잡지들이 최고의 장난감이 될 수 있다. 냄비, 접시, 계량 숟가락, 컵, 상자들은 매우 인기가 높다. 이러한 물건들을 가지고 놀게 할 때는 제일 먼저 안전성과 다루기 쉬운가를 염두에 두어야 한다. 그리고 나서 흥미를 고려하고 얼마나 다양하게 갖고 놀 수 있는가를 생각해 보아야 한다. 예를 들면 비디오 게임은 단순히 비디오 게임으로 그치지만 트럭이나 인형 같은 장난감은 여러 가지 장법으로 가지고 놀 수 있다. 마지막으로 아이의 발달연령을 상기하고 그에 맞는 장난감을 골라야 한다.

부모들은 흔히 아이들이 가지고 놀이게 너무 어렵고 연령 수준에 맞지 않는 장난감을 사준다. 만약 이런 실수를 저질렀다면 아이의 발달수준이 그것을 가지고 놀기 적합해질 때까지 잘 보관해 두는 것이 현명하다. 이 아이의 발달수준에 적합한 장난감을 고를 때 의사나 치료사들에게 조언을 구하는 것이 좋다. 또한 주변에 장애아를 위한 장난감 대여점이 있다면 거기서도 도움을 얻을 수 있다. 일반적으로 이러한 장난감 대여점들은 많은 양의 장난감을 구비하고 있으며 대여점 직원은 아이를 위해 장난감 고르는 것을 도울 수 있다.

6. 요약

아이를 키우는 것은 전일근무나 마찬가지다. 그러나 뇌성마비 아동의 부모들은 때때로 아이를 씻기로 입히고 먹이는데 과도한 업무를 수행하는 것처럼 보여 진다. 높은 소리와 낮은 소리로 애기하고, 구강자극의 방어, 보조기구등이 부모를 지치게 만들 때, 일상의 하루하루가 수월해지는 날은 오지 않을 것처럼 보인다. 하지만 그러한 날이 올 것이라 믿어야 한다. 의사, 교사, 치료사들은 아이에게 필요한 도움들을 효과적으로 하는 방법을 알려줄 수 있다. 무엇보다 중요한 것을 인내와 끈기로 시간을 보내면 아이를 키우는 일들을 완벽하게 습득하게 되고 하루하루의 아이 키우는 일들은 단순한 일상으로 변할 것이다.

III. 지체부자유아 교육의 실제

제7장 지체부자유아의 진단 및 평가

1. 진단 및 평가의 개념과 중요성

진단의 결과가 지체부자유 학생들의 교수학습 프로그램을 계획하고 제공하는 것과 같은 여러 교육적 경험에 미치는 영향력을 생각할 때, 의미 있고 유용한 진단절차를 개발하고 활용하는 일은 매우 중요하다. 따라서 특수교사는 효율적이고 능률적인 진단·평가를 통하여 학생들의 교육적 요구를 충족시켜 주고, 각자에게 적절한 교육적 서비스를 제공하기 위한 진단·평가의 개념과 절차에 관한 지식을 갖고 있어야 한다. 지체부자유아의 진단을 실시하는 이유도 다양하며, 진단결과를 교육 프로그램에 이용하는 방법 또한 여러 가지가 있다. 그러나 대상학생에게 적절하지 못한 진단방법들은 좋은 교육 프로그램개발에 별 도움이 되지도 못하고 오히려 방해가 되기도 한다.

전통적으로 특수교육대상자의 분류와 배치에 관련된 결정은 아동의 지적 능력(H. R. Tumbull & Tumbull, 2000), 학업 성취도, 지각-운동 기술(Gresham, 1983) 등이 가장 큰 기준으로 여겨져 왔다. 그러나 이러한 유형의 진단도구들은 지체부자유아와 같은 중도(severe)의 장애를 가진 아동들의 능력을 측정하기에 어려움이 많으며, 측정되었어도 그 결과가 매우 낮게 나타나기 때문에 지체부자유아를 가르치는 교육자들에게 아동에 관한 유용한 정보를 제공하지 못했다(Downing & Pernio, 1992; Silberman & Brown, 1998).

지체부자유아의 진단에 있어서는 진단도구의 선택, 실시, 결과 해석, 프로그램 실시에 있어서의 우선권 결정 등 진단의 전 과정에 학재 간 팀 접근 노력이 필요하다. 또한 각자의 강점과 요구가 다르고, 각자의 독특한 사회적, 정서적, 물리적 환경을 가지고 있기 때문에 지체부자유아의 진단·평가를 상업적 진단도구에만 전적으로 의존할 수 없다. 어떠한 상업적 진단도구도 지체부자유아의 광범위한 정보들을 다 파악해 낼 수는 없기 때문에 교사는 학생 각자에게 맞는 개별화된 진단을 구안해야만 한다.

1) 진단 및 평가의 정의

진단과 평가는 넓은 의미의 '평가'라는 용어와 구분 없이 사용되고 있으며 측정, 검사 등과 함께 혼용되고 있다.

측정(measurement)이란 사물을 구분하기 위해 규칙에 따라 수를 부여하는 절차로서 대체로 연구자가 관심을 가지고 있는 대상의 특성을 조작적으로 규정한 다음, 반복할 수 있는 절차에 따라 체계적으로 숫자를 지정한다. 또한 측정은 어느 시점에서의 현상이나 개인의 특성이 비교적 안정적이라는 가정 하에 실시하므로 신뢰도 및 객관도에 중점을 둔다(김동일, 2000). 즉 측정이란 인간의 행동이나 사물·사건의 증거를 수집하여 이를 수량으로 표시하는 것으로 단순히 양적인 혹은 수적인 특성을 재는 것을 의미한다.

평가(evaluation)란 어떤 특성, 활동, 프로그램, 산물 등이 얼마나 바람직하고 능률적이며 가치있는가를 판단하는 체계적인 과정이며 좁은 의미의 평가로서 어떤 목적을 가지고 대상에 대하여 가치를 판단하는 것을 의미한다.

사정(assessment)이란 양적인 특성뿐 아니라 질적인 특성을 파악하는 것을 말하며 특수 교육에서의 사정은 관심 문제를 구체화하거나 확인하고 학생에 대한 적절한 의사 결정을 내리기 위하여 관련 정보를 체계적으로 모으는 매우 다면적이고 역동적인 과정이다(김동일, 1995; Salvia & Ysseldyke, 1995; Venn, 2000).

보편적으로 사정(assessment)과 평가(evaluation)는 혼용되어 사용된다. 따라서 측정과 평가라는 용어만으로 대별해 볼 때 측정은 "how much"에 해당하는 답을 추구하는 과정(예: 학생의 특성, 지능, 창의력 ...)이며 평가란 측정으로 산출된 결과가 양적, 질적으로 무엇을 의미하는지에 대한 가치 판단이 수반되는 과정이다(여광응, 1994).

2) 진단 및 평가의 목적

여러 가지 평가 유형은 서로 다른 정보를 제공한다. 교사들이 특별한 표적 기능에 맞는 교육적 중재를 선택해야하기 때문에 목적에 맞는 평가를 선택하여야 한다. 평가는 선별, 배치, 교육 과정 개발, 평가 목적에 적합한 정보를 얻기 위해 실시된다. 즉 평가는 ① 선별 ② 진단과 배치 ③ 교육 과정과 프로그램 개발 ④ 평가를 위해 사용된다(Browder, 1991). 따라서 전문가들은 평가 목적에 따라 측정 시기, 사용된 도구나 전략 등 이러한 다양한 영역과 관련성이 있어야 한다. 또한 특수 교육에서 평가의 목표는 학생의 독특한 평가 절차에 맞추는 것이 아니라 학생 개개인의 욕구에 맞는 절차를 채택해야 한다. 그러므로 평가는 학생 개개인마다 다르게 되어 있으며 이들의 목적의 차이는 표 7-1과 같다(Snell & Brown, 2000; Venn, 2000; Taylor, 2000; Bricker, 1997.).

<표 7-1> 평가 과정과 목적 및 특성

평가 과정	평가의 목적	평가 유형	주요 평가자	평가 시기
선별	·일반적으로 성취수준을 파악하기 위해 ·더 세부적인 진단이 필요한 아동을 발견하기 위해	·신생아, 유아를 측정한다. ·감각·운동기능을 측정한다. ·특정영역을 평가한다.	·의료진 ·작업치료사, 언어치료사, 물리치료사 ·심리학자	·아동기 초기에 ·뇌 손상이후
진단과 배치	·규준집단과 비교하여 문제와 지체를 발견하기 위해 ·특수교육 서비스 질을 결정하기 위해 ·학생의 IEP개발을 위해	·지능검사 ·적응행동검사 ·운동과 감각기능 검사	·심리학자나 교육전문가 ·작업치료사, 언어치료사, 물리치료사	·아동기 초기에 ·뇌 손상이후

교육과정과 프로그램 개발	·IEP목표에 맞는 교수활동에 관련한 자료수집을 위해	·생태학적 분석 ·적응행동 검사 ·과제 분석적 평가	·교육 팀 ·심리학자	·학령기 동안에 규칙적으로
평가 ·학생의 진전도 ·삶의 질 ·프로그램	·학생의 성취도 평가 ·IEP 성취도 평가 ·IEP 적절성과 프로그램 효과 모니터하기 위해	·준거 지향적인 조건에서 IEP행동과 기능에 한한, 직접 관찰 ·자료 조사하기 ·프로그램 평가 ·삶의 질 평가	·교사 ·교육팀 ·교육팀	·매일, 매주, 2주마다 ·학기별, 년간, 팀의 결정에 따라

전문가들이 적절하고 의미 있다고 보는 진단들은 아래의 세 가지 변인에 의해 영향을 강하게 받는다. 첫째는 질문의 목적과 진단의 데이터가 사용되는 방법을 통해 어떤 진단도구가 적절한지 결정하는 것이다. 둘째는 적절하다고 여겨지는 교육목표들을 결정하는 팀의 교육철학이다. 진단의 사용과 내용에 영향력을 미치는 셋째 변인은 진단에 대한 법적 요구사항이다. 미국 장애인교육법(IDEA)은 특수교육 서비스 제공 여부와 서비스를 받을 대상자의 적법한 선정에 앞서서 다학문적 접근, 다면적이고 편견이 배제된 평가를 거쳐야 한다는 점을 요구하고 있다(H. R. Tumbull & Tumbull, 2000).

<표 7-2> 비차별적 평가절차의 예

기준	구체적내용	IDEA규정
문화적 편견	·검사와 검사자료는 인종이나 문화적 편견으로 인한 차별을 두지 않는다. ·검사와 검사자료는 학생의 모국어 혹은 다른 의사소통 방법으로 제시되고 실시되어야 한다.	20U.S.C.1414(b)(3)(A)1 20U.S.C.1414(b)(3)(A)(ii)
검사 타당도와 실행	·검사는 반드시 그 검사가 사용될 구체적인 목적에 맞는 타당도를 가져야만 한다. ·검사는 훈련받은 전문가와 그 분야의 지식이 있는 인력에 의해 실시되어야 한다. ·검사는 절차상 지켜야 하는 지침을 그대로 준수하여 실시되어야만 한다.	20U.S.C.1414(b)(3)(B)
평가과정	·학생이 장애를 가지고 있는지의 여부와 그 학생을 위한 IEP에 필요한 내용, 일	20U.S.C.1414(b)(2)(A)

	반교육과정에 참여시키기 위한 정보 등을 결정하기 위해 기능적 정보와 발달적 정보 모두를 얻을 수 있는 다양한 도구와 전략을 사용한다. ·장애 판정 혹은 학생에게 적절한 교육적 결정을 할 때, 한 가지 기준, 한 가지 절차만을 사용하지는 말아야 한다. ·네 영역에 걸친 진단에 있어 기술적으로 확실한 도구들을 사용한다. 인지, 행동, 신체, 발달적 요소들 ·팀이 직접적으로 학생들의 교육적 요구가 충족될 수 있는 결정을 하도록 돕는 도구나 전략을 사용한다. ·기존에 있는 진단자료, 교실활동 진단, 관찰, 교사와 관련서비스의 관찰 등을 살펴보아야 한다.	20U.S.C.1414(b)(2)(B) 20U.S.C.1414(b)(2)(C) 20U.S.C.1414(b)(3)(D) 20U.S.C.1414(c)(1)(A)
부모참여	·부모는 평가팀의 일원이어야만 한다. ·부모는 평가보고서 복사본과 적격성(혹은 부족한 부분이 무엇인지)에 대한 서류를 받아야 한다. ·부모는 팀에게 진단을 일임할 수도 있고 그들이 제공한 정보나 평가를 팀이 고려할 것을 요구할 수 있다.	20U.S.C.1414(d)(1)(B)
부모동의	·부모는 최초의 평가, 모든 재평가, 최종평가 등에서 동의를 할 수도 있고 동의하기를 보류할 수도 있다. ·만약 학교가 부모의 동의를 구하는 합리적인 절차를 충분히 이행했음에도 부모가 학교의 동의 요구에 응하지 않은 경우라면 학교는 그 학생을 평가할 수 있다. ·만약 부모가 동의하지 않는다면 학교는 학생의 평가를 위해 중재(mediation)를 하거나 '적법절차(due process hearing)를 가져야 한다.	20U.S.C.1414(c)(3) 20U.S.C.1414(a)(1)(C),(C)(3) 20U.S.C.1414(a)(1)(C)
재평가	·최소한 3년마다 실시해야만 한다. ·특수한 경우에는 3년에 1회보다 더 자주 실시해야 한다(예: 학생이 급격한 개선을 보이거나 악화될 경우). ·부모나 교사의 요청이 있으면 실시해야 한다. 왜냐하면 그들은 학생들의 특수교	20U.S.C.1414(a)(2)(A)

	육을 더 효과적으로 할 수 있는 새로운 정보를 필요로 하거나 가지고 있을 수 있기 때문이다.	

출처: Adapted with permission From Turnbull, H. R. III & Turnbull, A. O. (1998). Free appropriate public education: The law and children with disabilities(5th ed.). Denver: Love.

또한 IDEA는 개별화된 장단기 교육목표에 따라 학생들이 어느 정도의 진전을 보이고 있는지도 평가할 것을 요구한다. 표 7-1은 IDEA가 수립한 진단과 평가의 기준 및 절차를 나타내고 있다. NCLB(The No Child Left Behind Act)도 중도장애아동을 포함한 모든 학생들은 주 전체의 학업성취 기준에 따르는 평가를 받아야만 한다는 법적 절차를 명시하고 있다.

이 장에서는 중도(severe)장애에 적용되는 진단의 쟁점과 실행의 문제들을 살펴본다. 특별히 진단의 목적과 이러한 목적을 구현하기 위한 진단의 유형들, 진단과 프로그램 계획의 관계, 무엇보다 중요한 학습과 삶의 질을 위한 의미 있는 진단 등을 살펴보면 다음과 같다.

* IDEA가 요구하는 진단과 평가의 실제

팀은 반드시 프로그램의 평가, 실시, 감독, 배치 결정에 책임이 있는 일반교사와 학생의 부모, 학생, 특수교사, 전문가를 포함해야 한다.

진단에 있어서 부모의 참여는 증가되어야 한다.

평가는 IEP 및 프로그램과 연계되어야 한다.

평가는 일반교육과정에 학생이 참여하는 것을 고려해야 한다.

교실에서의 수행에 근거한 자료가 만들어져야 하며 그 자료는 고려와 검토의 대상이 되어야 한다.

진단은 인지, 행동, 신체, 그리고 발달적 영역의 네 영역의 질에 초점이 맞추어져야 한다.

팀은 학교가 학생들의 교육적 요구에 부응하고 있는지를 알려줄 수 있는 '도구와 전략'을 사용해야만 한다.

팀은 편견이 배제된 진단도구와 진단절차를 사용해야만 한다.

학생의 부모와 교사가 관찰한 내용은 팀의 진단자료에 반영되어야만 한다.

(1) 선별

특별한 서비스나 특수교육이 요구되는 학생들은 대개 사정 절차를 통해 초기 판별되어 진다. 이러한 사정 절차는 관찰이나 성취 결과의 분석등과 같은 비형식적 절차 혹은 형식적 절차에 의해 이루어진다. 달리 말하면 사정은 후속적인 평가가 요구되는 학생을 판별하기 위하여 사용되어 질 수 있다.

또한 사정은 여러 가지 문제를 야기할 가능성이 높은 학생을 선별하는데 사용되어질 수 있다. 이들 학생들은 특별한 관심이 요구될만한 결함을 나타낼 뿐 아니라 장래에 문제가 될 만한 행동을 나타낸다. 이러한 학생은 판별을 통해 잠재적인 문제영역에 대한 세심한 관찰이나 문제 예방을 위해 고안된 프로그램이 요구된다(Bricker, 1998).

따라서 선별 검사는 교수 학습을 위한 정보를 얻거나 학생에게 왜 문제가 존재하는가를 결정하기 위한 것이 아니라 지체부자유 학생이 그의 동료들과 다른지 더 많은 검사가 요구되는지를 결정하는 것이다. 즉 선별은 시각, 청각, 발달 검목표 등과 같은 다양한 영역에서 실시하며 유전자 이상을 확인하기 위한 양수 천수 검사(amniocentesis)법은 신생아기에 실시하며 출생 즉시 이루어지는 판별 검사는 장애 조건이나 유전적, 신진 대사 이상을 체크하기 위해 내과 의사에 의해 실시되어 진다(Browder, 1999; Lewis & Russo, 1998).

신생아를 위한 선별 검사 도구로는 Apgar 검사나 Brawelton Neonatal Behacioral 검사 등이 있으며 유아와 아동을 위한 선별 검사 도구로는 대인관계, 사회성, 대근육 운동, 소근육 운동, 언어, 자립 기능 등을 측정하는 덴버 발달 선별 검사(DDST; Denver Development Screen Test) 등이 있다(Snell & Brown, 2000).

특히, 선별 과정에서 사용되는 평가 방법은 가능한 한 효과적이고 시간이 많이 들지 않고 믿을 수 있는 것이어야 한다. 수행 능력이 낮은 아동은 교사에 의해 관찰되고, 그들의 학습 수행 능력과 사회적 행동이 평가된다. 학습 문제가 있는지에 관한 부모의 의견도 필요하다. 이런 경우 학생의 현재 학습 환경이 검토되어야 하며, 학생의 학습과 행동 요구에 맞춰 고안된 다른 방법을 시도해 보아야 한다. 이렇게 해본 결과 학습 문제가 지속된다면, 그 학생은 검사를 받도록 의뢰되어야 한다(김은경, 1999).

(2) 진단과 배치

진단은 사정 과정에서 지체 원인과 장애 유형을 확인하는 적격성, 분류, 배치 결정을 위한 좀더 발전적인 과정이다.

분류와 적격성에 관한 결정은 한 가지 검사에 기초를 두고 실시하는 것은 비합법적이기 때문에 몇 가지 검사 자료에서 기초해서 평가 팀이나 IEP 팀에 의해 이루어진다. 또한 지체나 불능이 예견되는 즉시 선별이나 관찰을 통해 감각 손상, 지적 능력, 적응 기능에 대한 진단 검사가 실시되어야 한다. 즉 신경학적 검사, 지능 검사, 적응 행동 검사 등이 진단 검사에서 사용되며 이러한 검사는 심리학자, 교육전문가, 관련 전문가들에 의해 실시되며 IEP회의 시 그 결과가 제시된다(Snell & Brown, 2000).

분류를 목적으로 사정 자료를 사용하는 것에 대해서는 논란이 있다. 이론적으로 볼 때, 학생이 야기하는 교육적 문제들 간의 관계나 동질성에 의해 개인을 분류하게 되고 이를 통해 전문 영역 내에서의 학술적 의사 소통이 용이해 진다. 또한 특수교육 서비스를 받기 위해서도 학생들은 분류되어야 한다. 그러나 분류는 특정 명칭에 의한 낙인이라는 부정적인 영향을 야기하기도 한다. 배치는 대개 분류를 통해 이루어지며 사정 자료는 이러한 결정을 돕게 된다. 그러나 보다 중요한 것은 학생에게 부여되는 분류 명칭에 따른 배치가 아니라 그 학생이 가장 잘 배울 수 있고 성취할 수 있으며, 최소 제한적인 배치가 강조된다(이상훈, 1999).

(3) 교수 프로그램과 전략의 평가와 결정

사정이 가지는 또 하나의 중요한 역할은 적절한 교수 프로그램과 전략을 결정하도록 돕는 일이다. 사정을 통해 도출된 정보는 4가지 차원에서 사용되어질 수 있다. 첫째, 해당 학생이 특수 교육을 받기에 앞서 일반교사들이 무엇을 가르쳐야 하고 어떤 교수가 최선의 방법인지를 결정하는데 도움을 줄 수 있다. 둘째, 사정 절차는 특정 교수 프로그램이나 전략의 효과성을 평가하기 위한 방법으로 기능할 수 있다. 셋째, 적절한 프로그램과 전략의 결정을 위해서 사정은 정식 의뢰 서류에 포함되어야 하는 정보들을 제공할 수 있다. 넷째, 지금까지 어떤 교수전략이나 접근법이 사용되어져 왔고, 그것들의 효과는 어떠했는지 등의 정보를 제공하며 이러한 정보들은 학생들의 개별화 교육 프로그램에 활용되어질 수 있다.

이 사정 단계는 마치 부모, 심리학자, 치료사들로부터 부수적인 정보를 이끌어 내는 것처럼 교사에 의해 직접 관찰되고 평가되어야 한다. 준거 지향 검사, 정해진 적응 행동 척도와 같은 도구들은 다른 교육 평가보다 더 많이 활용되어지며 생태학적인 목록표와 같은 비형식적인 도구들은 중도 장애 아동들을 위한 기능적 교육 과정과 연령에 적절한 프로그램 개발에 중요한 정보를 제공한다(Snell & Brown, 2000).

(4) 현재 성취 수준과 교육적 욕구의 결정

학생들이 특수 교육을 받기 위해서는 현재 받고 있는 교육이 그들의 욕구를 충족시켜주지 못한다는 사실이 입증되어야 한다. 이를 위해서는 각 학생의 교과 영역뿐 아니라 사회성 영역 등 제반 영역에 대한 평가 정보가 제공되어야 한다. 이들 정보에는 부가적인 도움이 요구되는 일반적인 정보가 제공되어야 한다. 이들 정보에는 부가적인 도움이 요구되는 일반적인 영역과 학생의 강점과 약점, 요구되는 교수 전략과 치료적 접근 등이 포함된다.

평가는 사정 과정의 또 하나의 구성 요소로서 학생의 개별화 교육 프로그램과 학생의 가족에게 제공된 교육 프로그램에 대한 책임을 감당해야 한다. 또한 학생의 진전도, 학생의 삶의 질에 관한 교육 프로그램의 영향, 전체 교육 프로그램에 대한 평가를 포함하고 있다. ① 학생의 진전도 평가는 전통적인 교육 프로그램 측정 유형으로 교사들은 학생의 IEP목표에 대한 진전도 평가부터 다른 부수적인 결과까지 폭넓은 평가를 실시해야 한다. ② 학생의 성취도에 관한 평가는 양적인 평가뿐만 아니라 질적 측정을 포함해야 한다. 삶의 질에 관한 핵심적인 구성요소는 정서적 안녕, 대인관계, 물질적 안녕, 개인 발달, 신체적 안녕, 자기 결정, 사회 통합, 인권(Schalock, 1996; 박승희, 2002) 등이다. 각 개인의 삶의 질은 생활 환경이나 교육 장면, 기회 등과 관련되어 결정되어진다(Wehmeyer, 1996). 그러나 삶의 질에 관한 평가는 대상 특성 때문에 정확하게 측정되어질 것인가에 대한 의견이 다양하다. ③ 전체 교육 프로그램에 대한 평가는 아동과 그의 가족들에게 즉시 영향을 주며 학생의 진전도에서 나타나는 결함은 부적절하게 제공된 서비스에 의해 기인되며 교육 프로그램 그 자체가 표적 했던 결과를 지원하지 못한 문제일 때는 교수 프로그램을 수정해야 한다(Snell & Brown, 2000).

2. 진단 및 평가 관련 요소

평가 도구의 선택은 정보 수집에 중요한 영향을 주기 때문에 부적절한 도구는 결과가 정확할 지라도 교육적 결정에 도움이 되는 정보를 제공하지 못한다.

장애 학생들에게 제공되는 심리 검사 도구들은 대부분 표준화된 검사들이다. 표준화된 검사 도구들은 타당도, 신뢰도, 규준 집단의 적합성 측면에서 만족할 만한 측정학적 특성을 갖고 있다.

1) 신뢰도(reliability)

신뢰도란 측정하고자 하는 것을 그 검사가 얼마나 믿을 수 있는가 또는 정확하게 측정하느냐 하는 정도를 의미한다. 즉, 어떤 측정 도구로 여러 다른 시기에 반복 측정을 하였을 때 나오는 결과 간의 일치의 정도가 높을수록 믿을 수 있는 검사이다. 한 검사 점수가 어제 측정한 결과와 오늘 측정한 결과가 예측할 수 없을 정도로 변화하여 일관성 없이 나타난다면, 그 결과는 전혀 믿을 수 없고, 그 측정 결과는 아무런 쓸모없는 것이 된다. 따라서 사용하는 검사 도구가 어떠한 목적으로 쓰이기 위해서는 우선 최소한의 신뢰도가 있어야 한다. 특히 인간의 속성을 측정하는 심리 검사 도구는 물리적 속성을 측정하는 검사 도구에 비해 일반적으로 검사 결과의 신뢰도가 낮게 나타난다. 이는 검사를 실시할 때 아동의 심리적 상태, 검사 시기, 검사 환경이 서로 다른 것이 검사 결과의 일관성에 부정적인 영향을 미치게 되기 때문이다. 신뢰도에는 검사-재검사 신뢰도, 동형 검사 신뢰도, 내적 일관성 신뢰도 등이 있으며, 신뢰도는 최소한 .80은 넘어야 한다.(김은경, 1999; 성태제, 1998; 신종호, 2002; 이상훈, 1999).

(1) 검사-재검사 신뢰도

검사-재검사 신뢰도는 검사를 같은 대상자들에게 일정한 시간 간격을 두고 두 번 실시했을 때 검사 결과의 일관성이 얼마나 있는지를 보여주는 신뢰도 계수로서 장애 학생의 선별을 위해 검사 도구가 활용되는 경우 중요한 정보를 제공한다. 즉 검사-재검사 신뢰도는 한 검사도구가 두 번의 시행에서 얻은 안정성의 지표이다(성태제, 1998; 신종호, 2002). 일반적으로 장애학생의 선별을 위해 요구되는 검사 도구의 신뢰도는 .80, 판정을 위해 요구되는 신뢰도는 .90이상이 요구된다(김은경, 1999; 성태제, 1998; 신종호, 2002; 이상훈, 1999).

(2) 동형 검사 신뢰도

동형 검사 신뢰도는 똑같은 검사가 아닌 '같은 유형'의 서로 다른 검사를 동일 대상자에게 실시 했을 때 검사 결과간의 일관성이 얼마나 있는지를 보여주는 신뢰도 계수로서 두 검사의 유사성을 측정하며 평행 검사 신뢰도라고도 한다. 여러 유형의 검사를 이용해 장애 학생의 학업적, 심리적 성장(변화)을 측정하고자 할 때 반드시 검사 도구가 보고해야 하는 신뢰도 지표이며 장애 학생의 경우 남들과의 비교보다는 자기 자신과의 비교(과거 수준과 현재 수준의 비교)가 훨씬 의미 있는 평가 결과를 제공하는 경우가 많으므로 상대적 평가보다는 시간에 따른 변화에 평가의 초점을 주어지는 것이 바람직하다(신종호, 2002).

(3) 내적 일관성 신뢰도

내적 일관성 신뢰도란 검사를 구성하고 있는 부분 검사 또는 문항간의 일관성 정도를 말하며 검사를 구성하는 부분 검사나 문항들이 측정하고자 하는 내용을 얼마나 일관성 있게 측정하느냐 하는 문제이다.

내적 일관성 신뢰도는 검사를 구성하는 두 부분의 검사 간의 유사성으로 검사의 신뢰도를 추정하는 방법인 반분 검사 신뢰도와 문항 간의 측정의 일관성을 추정하기 위하여 관찰 점수 분산 중 진점수 분산이 차지하는 비율을 추정하는 방법인 문항 내적 일관성신뢰도가 있다. 여기서는 장애 학생의 진단 및 평가를 위해 사용되는 심리 검사 도구의 실시 및 해석 지침서에 보고되는 Cronbach의 α계수에 대해 살펴보고자 한다. 즉 Cronbach α계수란 문항간의 내적 일치성의 정도를 나타내주는 신뢰도 계수로서검사 결과 자체보다 검사를 구성하는 문항에 대한 반응의 일관성을 보여주는 신뢰도 계수이며 반복 측정의 어려움 때문에 검사의 실시 및 해석 지침서에 가장 많이 보고되고 있는 신뢰도 계수이다(성태제, 1998; 신종호, 2002).

2) 타당도

타당도는 측정하고자 하는 것을 얼마나 바르고 충실하게 측정하였느냐 즉 검사 점수가 검사 사용 목적에 얼마나 부합되느냐, 이 검사는 어떠한 인간 특성을 재고 있는가, 이 검사는 본래 재고자 하는 것을 잘 재어주고 있는가, 이 검사는 어떤 결정을 내리고자 하는 일에 필요한 정보를 제공하고 있는가, 검사 점수의 몇 퍼센트가 그 검사가 재고자 하는 변인을 설명해 주고 있는가를 묻는 것이다.

타당도는 어떤 목적 또는 기준에 의해서 결정될 뿐만 아니라 그 타당도를 평가하는 방법, 표집 또는 자료 수집의 조건 등에 따라서 타당도의 추정 결과가 달라지므로 타당도란 어떤 특정한 상황 속에서 그 의미가 규정된다. 타당도에는 예언 타당도, 공인 타당도와 같은 준거 타당도와 검사가 명확히 정의된 전집의 내용을 얼마나 잘 대표하고 있는지를 알아보는 내용 타당도, 검사가 우리가 재고자하는 심리적 구성요인을 얼마나 잘 측정해 주고 있는가를 알아보는 구인 타당도 등이 있다(성태제, 1998).

(1) 내용 타당도

내용 타당도는 검사 문항들이 검사에서 측정하고자 하는 속성과 얼마나 관련이 있는지를 전문가의 판단이나 이론적 근거를 통해 밝히는 것으로 논리적 사고에 입각한 논리적인 분석 과정으로 판단하는 주관적인 타당도로 객관적 자료에 근거하지 않으므로 내용타당도에 의한 검사 도구의 타당성 입증은 논란이 따르게 된다.

(2) 준거 타당도

준거 타당도는 검사 도구에 의한 점수와 어떤 준거간의 상관 계수에 의하여 검사도구의 타당도를 검증하는 방법이다. 즉 검사가 같은 속성을 측정하는 사회적으로 타당하다고 인정되는 기존의 다른 검사와 어떤 관련이 있는지를 보여주는 것이다.

(3) 구인 타당도

구인이란 심리적 특성이나 행동 양상을 설명하기 위해 존재를 가정하는 심리적 요인으로 구인 타당도란 조작적으로 정의되지 않은 인간의 심리적 특성이나 성질을 심리적 구인으로 분석하여 조작적 정의를 내린 후 검사 점수가 조작적 정의에서 규명한 심리적 구인들을 제대로 측정하였는가를 검사하는 방법이다. 따라서 구인 타당도는 측정하고자 하는 속성이 무엇으로 구성되어 있다고 설명하는 것이므로 구성타당도라고 한다.

3) 원점수와 종합 점수

원점수란 검사 수행으로부터 직접적으로 얻은 점수로서 가장 공통적으로 사용되는 원점수는 정답한 문항의 수이다. 그러나 오답의 수, 다양한 문항에 대한 점수의 합, 문항 수행 소요시간, 평정 등과 같은 다른 척도들도 사용될 수 있다. 대부분의 검사들은 많은 각각의 문항들로 구성되고 다양한 문항 점수들을 합하여 원점수를 구한다. 이와 같이 여러개의 개별 점수를 합하여 얻은 점수를 종합점수(composite score)라고 한다(이상훈, 1999; 김은경, 1999; 신종호, 2002).

4) 변환 점수

변환 점수란 원점수의 상대적 위치를 알려주는 점수로 원점수는 그자체로는 의미가 거의 없기 때문에 원점수를 비교 집단의 점수 혹은 어떤 산출이나 준거에 의해 제시된 표준과 비교해야 한다. 즉 원점수를 다른 척도로 변환시키는 과정이 요구된다. 새로운 점수 척도는 통계적 변환에 의해서 유도되는 것이기 때문에 변환 혹은 전환 점수(transformed score) 또는 유도 점수(derived score)라고 한다. 변환 점수로는 주로 백분위, 표준 점수, 발달 척도, 학년 척도 등이 가장 일반적으로 사용되고 있다(신종호, 2002).

(1) 백분위와 백분위 점수

백분위 점수란 한 주어진 집단의 점수 분포 상에서 한 개인의 상대적 위치를 나타내는 점수로서 모든 구성원의 점수를 낮은 점수부터 가장 높은 점수로 배열하여 100등분 할때 어디에 있는지를 알고자 하는 것이다. 즉 백분위는 한 규준 집단에서 한 주어진 점수의 밑에 놓여 있는 사람의 백분율을 말한다.

백분위 점수는 비교하고자 하는 집단에 대해서 한 개인의 상대적인 위치를 나타내줌으로 모든 사람에게 그 의미가 단순하고 직접적이며 이해하기 쉽다. 그러나 이 점수 척도는 서열을 나타내는 서열 척도로서 가감승제를 할 수 없다.

(2) 표준 점수

표준 점수는 각 단위가 모두 같은 크기를 나타내는 점수로 전환시킨 것으로 동간성을 가정하는 점수 척도이다. 모든 표준 점수 체제의 기본 단위는 표준 편차가 된다. 표준 점수는 원점수를 그 평균으로부터의 편차 점수로 전환시킨 다음 이것을 표준 편차의 단위로 나타낸 것이다. 표준 점수의 절대값은 분포의 평균으로부터 그 점수가 얼마나 떨어져 있느냐의 거리를 나타낸다. 그리고 평균보다 큰 점수는 +부호가 붙고, 평균보다 작을 때는 -부호가 붙는다.

Z점수는 편차를 표준 편차로 나눈 값으로 분포가 정규 분포라는 가정하에서 원점수의 평균을 0으로 하고 표준 편차를 1로 하는 변환 점수를 의미한다. 또한 T점수는 평균을 50점으로 하고 1표준편차를 10점으로 변환한 표준 점수이다.

3. 특수 교육 대상자 선정과 배치 절차

우리나라 장애인 등에 대한 특수교육법 제15조(특수교육대상자의 선정)와 동법 시행령 제10조에서는 시각장애, 청각장애, 정신지체, 지체장애, 정서·행동장애, 자폐성장애(이와 관련된 장애를 포함한다), 의사소통장애, 학습장애, 건강장애, 발달지체, 그 밖에 대통령령으로 정하는 장애가 있는 사람 중 특수교육을 필요로 하는 사람으로 진단·평가 된 사람을 특수 교육 대상자로 정하고 있으며, 특수교육 대상자가 취학(입학·재입학·전학 및 편입학을 포함한다)하고자 할 경우는 교육감(장)이 특수교육운영위원회의 심사를 거쳐 선정하도록 되어 있다. 또한 장애인 등에 대한 특수교육법 시행규칙 제2조(장애의 조기발견 등)에서는 특수교육 대상자의 선정을 위한 장애영역별 진단·평가의 도구는 표 7-3과 같이 실시하되 장애영역별 필요에 따라 다양한 진단·평가의 도구를 함께 활용할 수 있다고 명시되어있다.

또한 장애 학생 판별을 위한 행정적 절차와 지원 내용은 다음과 같다.

1) 특수교육대상자 선별 검사 및 진단·평가 영역

(장애인등에 대한 특수교육법시행규칙 제2조 제1항 관련)

<표 7-3> 특수교육대상자 장애영역별 진단·평가 도구

장애영역		진단·평가의 도구
장애 조기 발견을 위한 선별검사		1. 사회성숙도검사 2. 적응행동검사 3. 영유아발달검사
진단·평가 영역	시각장애·청각장애 및 지체장애	1. 기초학습기능검사 2. 시력검사 3. 시기능검사 및 촉기능검사(시각장애의 경우에 한함) 4. 청력검사(청각장애의 경우에 한함)
	정신지체	1. 지능검사 2. 사회성숙도검사 3. 적응행동검사 4. 기초학습검사 5. 운동능력검사
	정서·행동장애 자폐성장애	1. 적응행동검사 2. 성격진단검사 3. 행동발달평가 4. 학습준비도검사
	의사소통장애	1. 구문검사 2. 음운검사 3. 언어발달검사
	학습장애	1. 지능검사 2. 기초학습기능검사 3. 학습준비도검사 4. 시지각발달검사 5. 지각운동발달검사 6. 시각운동통합발달검사

비고: 특수교육대상자 선정을 위한 장애유형별 진단·평가 시 장애인증명서·장애인수첩 또는 진단서등을 참고자료로 활용할 수 있다.

2) 특수교육대상자 진단·평가 의뢰의 절차와 방법

선정과 취학학교 배치는 다음과 같은 과정으로 이루어진다.

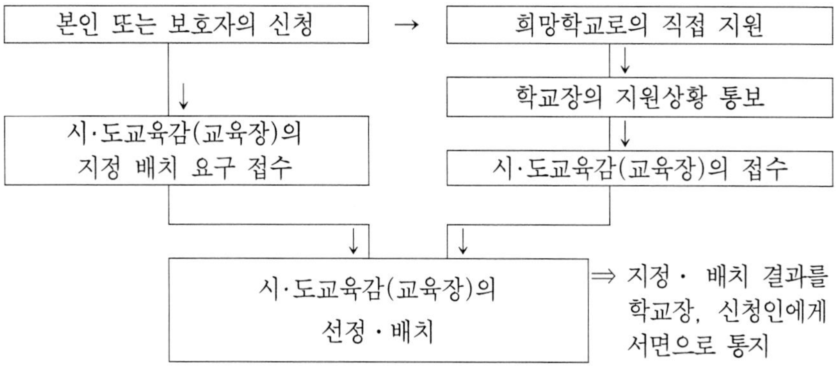

(1) 진단·평가 의뢰 신청

특수교육대상자로서 특수학급에 취학(입학, 재입학, 전입학, 편입학, 입급)하고자 하는 자나 그의 보호자는 진단·평가 의뢰 신청을 하여야 한다.

(2) 신청 서류

① 특수교육대상자 진단·평가 의뢰 신청서 : 1통

② 장애인 복지카드 사본, 장애인증명서, 진단서, 상이 등급이 기재된 국가 유공자 증명서 사본 또는 학교장의견서 중 1부

③ 중학교 졸업증서 사본 또는 중학교졸업증명서 1부(해당자에 한함)

④ 고등학교입학자격검정고시합격증사본 또는 증서 1부(해당자에 한함)

※ 진단서는 해당 장애 부분의 의사 진단 내용이 상세히 기재된 것에 한함

(3) 서류 접수처 및 기간

구 분	신청 서류 접수처	신 청 기 간
유 치 원	해당유치원, 학교, 지역교육청	수 시
초등학교		
중 학 교		
고등학교	졸업예정중학교→지역교육청→시·도 교육감	수 시

① 유・초등의 특수교육대상자 선정 신청과 학교 배치 신청을 동시에 한다. 따라서 입학(급)원서나 보호자 동의서는 특수교육대상자 선정·배치 신청서로 대한다.

② 학교에서 대상자 선정·배치 신청서를 접수할 경우 접수자 명단(선정·배치신청자)을 작성하여 교육청에 송부하고, 접수증은 시・군 교육장・도 교육감이 발급한다.

③ 초등학교 졸업예정자로서 중학교 특수학급(교)에 진학 입급하고자 하는 자는 중학교 배정원서와 특수교육대상자 선정·배치 신청 서류를 동시에 접수한다.

④ 고등학교 진학희망자 중 특수교육 대상자로 선정・배치 받기를 희망하는 자는 전기 실업계는 해당학교, 후기 인문계는 교육청에 원서를 접수한다.

(단, 광역시 교육청 특수교육 운영위원회에서 특수교육대상자로 선정・배치 통보된 학생에 한함)

3) 선정·배치의 심사 및 통보

(1) 특수교육운영위원회에서 특수교육대상자의 선정과 학교 배치에 대한 심사·결정은 다음 절차에 따른다.

① 특수교육운영위원회의 회의 소집

② 심사대상의 확인 및 심사방법의 결정(대상자 및 보호자 면담 여부 등)

③ 신청 서류 및 진단·평가 서류의 검토 심사

· 진단·평가의 타당성 검토

· 보호자 진술 의견 내용의 검토(구술 또는 서면 진술)

· 선정 기준에의 부합여부 검토

④ 재진단·평가 실시(진단·평가 서류심사로 선정이 불가능할 경우)

⑤ 학교 배치 요구 내용 검토(기준에의 부합 여부)

⑥ 선정 및 학교 배치의 결정(전체회의에서 의결)

(2) 심사위원회의 전체회의 및 서면심사를 통하여 선정배치 할 수 있다.

(3) 보호자의 의견은 필요시 진술하도록 하되 진단·평가 카드의 서면진술도 가능하다. 서면진술의 경우에는 진술한 보호자의 서명 또는 날인이 있어야 한다. 또한 대상자 선정 기준 부합 여부가 선정의 중요한 조건이므로 진단·평가의 기본 검사(조사) 및 2, 3차 검사(조사) 결과를 종합적으로 검토하여 선정기준에 부합되는가를 살펴야 한다. 선정기준이 분명하지 않을 경우에는 특수교육 관련 이론에 따라 결정한다.

(4) 진단·평가 결과 기록 내용이 모호하면 선정하기가 곤란하므로 대상자의 장애유형과 정도, 능력 수준이 구체적으로 표현되도록 한다.

예) WISC 지능검사 결과 지능지수가 60이며, 사회성숙도검사에서 SQ 72로서 적응행동에 결함이 있고 기초학력이 학급에서 극히 부진함.

(5) 학교의 배치요구를 심사할 때에는, 종전의 배치 학교(급)를 장애 정도와 능력에 따라 정하던 생각을 갖지 않도록 해야 하는데 학교 배치 기준은 다음과 같다.

① 보호자의 의견
② 취학 여건(대상자의 거주지, 학교의 취학 조건)
③ 특수교육기관의 수용능력, 운영 실태
④ 대상자의 장애유형, 장애정도
⑤ 대상자의 능력

(6) 각 특수교육운영위원회에서 대상자 선정과 학교배치가 결정되면 다음 서류를 작성·정리하여 교육감(장)에게 송부한다.

① 운영위원회 회의록
② 특수교육대상자 선정·배치 대장
③ 선정·배치 신청서 철 및 진단·평가서 철

(7) 선정·배치 결정 내용을 통보 받은 교육감(장)은 해당 학교장에게 통지한다. 통지 받은 학교장은 개별 선정·배치 통지서를 신청인에게 전달한다.

4) 특수학급 입급 방법

장애인 등에 대한 특수교육법 제 15조 제 2항에 의거 특수교육대상자가 취학하고자 하는 경우에는 고등학교 과정은 교육감이 시 특수교육 운영위원회의, 중학교 과정 이하의 각급 학교는 교육장이 시·군 구 특수교육 운영위원회의 심의를 거쳐 선정한다.

(1) 초·중·고등학교

보 호 자 신 청 인	경유기관 초·중·고등학교	처리기관 지역교육청
1. 신입생 ① 심사·선정 원서 작성	② 접수 및 진단·평가 실시 ③ 특수학급 교육대상자 선정 신청 ⑥ 선정 통지서 접수 전달 ⑦ 특수학급 입급 조치	④ 접수, 검토 심사 교육장 결재 ⑤ 선정통지서 작성 교부 송부
2. 재학생 ② 대상학생 학부모 상담 ③ 심사·선정 원서 작성	① 특수학급 교육대상자 선발 및 진단 평가 ④ 원서 접수, 선정 신청 ⑦ 선정통지서 접수 전달 ⑧ 특수학급 입급 조치	⑤ 접수, 검토 심사 교육장 결재 ⑥ 선정통지서 작성 교부 송부

5) 특수교육대상학생의 재배치 방법

(1) 특수교육 대상자 선정·배치 취소 신청서 제출 및 처리절차

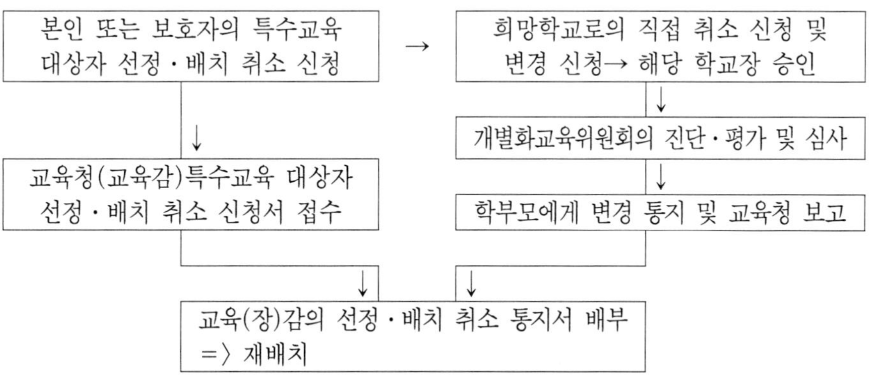

(2) 참고사항

① 장애종별 : 시각장애, 청각장애, 정신지체, 지체부자유 등 장애의 분야를 기재함

② 진단자료를 첨부하여 개별화교육위원회 또는 교육청 특수교육운영위원회의 심사 협의를 거쳐 결정하고 통지

③ 특수교육대상학생 선정·배치 취소 신청서, 기초학력진단검사, 표준화학력검사, 사회성숙도검사, 학부모동의서 등 환급 및 취소 사유를 증명할 수 있는 자료 첨부

6) 취학 및 전·입학 방법

(1) 취학의무 면제 및 유예자에 대한 학교 지정·배치

- 취학의무 대상 특수교육 요구아동 적령 취학 독려

- 만3~5세 기간에 무상교육 수혜실적이 없는 만 6세 초등학교 취학의무 유예자(무상교육 지원 실적이 있는 장애유아 포함)는 유아특수교육기관 및 일반유치원 취원 희망시 1년에 한해 취학 허용

- 만 6세 초등학교 취학의무 유예자중 만3~5세 기간에 무상교육 및 무상교육 지원을 받은 실적이 있을지라도 거주지 관내(학군)에 특수학교 초등부 과정이 없어 사립일반유치원에 취원하는 경우 1년간 학비지원 및 특수교육기관의 취원은 동기관의 정원에 10%내에 재취원 허용

※의무교육 대상중 취학의무 유예자에 대한 입학 또는 재입학·편입학은 초·중등교육법시행령 제29조제2항에 의거 학년 결정(초등학교에 한함)

※무상교육지원: 교육과학기술부, 무상교육 지원: 보건복지가족부

(2) 학령기가 지난 특수교육 대상학생에 대한 취학 조치

특수교육운영위원회에서 교육감이 대책을 수립하고 지정배치

※학령기가 지난 17세 이후의 특수교육 대상학생이 취학하고자할 경우, 초등학교 졸업자격이 없는 자의 중학교 입학은 불가

(3) 특수교육 대상학생의 전학

특수교육 대상학생의 전학(일반학교 · 일반학교, 일반학교 · 특수학교, 특수학교 · 일반학교)은 초 · 중등교육법시행령에 의거 해당학교에서 실시 후 특수교육 운영위원회 보고 종결 (공문으로 작성하여 해당 교육청에 보고, 전출 및 전입학교 모두 해당)

(4) 특수교육 대상학생 상급학교 진학시

특수교육 대상학생 상급학교 진학시 반드시 전학년까지의 특수교육 수행자료 사본을 첨부하여 이송

7) 특수교육대상학생의 재배치 방법

(1) 특수교육 대상자 선정·배치 취소 신청서 제출 및 처리절차

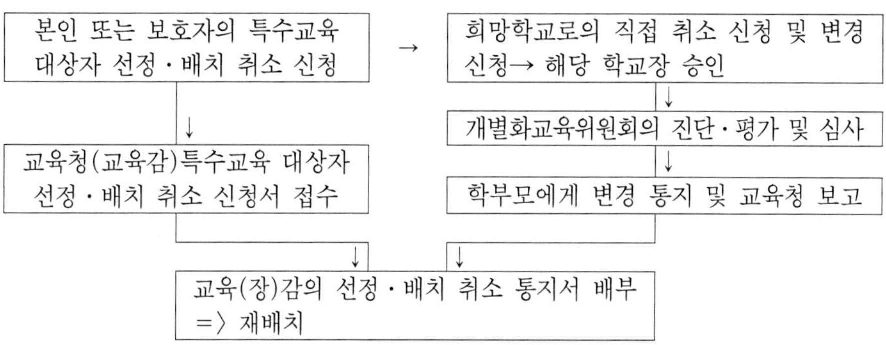

(2) 참고사항

① 장애종별 : 시각장애, 청각장애, 정신지체, 지체부자유 등 장애의 분야를 기재함

② 진단자료를 첨부하여 개별화교육위원회 또는 교육청 특수교육운영위원회의 심사 협의를 거쳐 결정하고 통지

③ 특수교육대상학생 선정 · 배치 취소 신청서, 기초학력진단검사, 표준화학력검사, 사회성숙도검사, 학부모동의서 등 환급 및 취소 사유를 증명할 수 있는 자료 첨부

8) 건강장애 학생 화상강의 신청

꿈사랑 사이버 학교

특수교육대상자 선정・배치 신청서 제출
(학부모 또는 학교)

↓

특수교육대상자로 선정・배치-건강장애

↓

특수교육대상자 선정・배치 결과 통보
(교육장→학교장)

↓

화상강의 수강 희망 요청
(학교→지역교육청→광역시 및 도 교육청)

↓

화상강의 수강원서 및 관련서류 제출
(학교 또는 학부모가 더불어 하나회로 직접 제출)

↓

화상강의 수강

↓

출석인정
(교육강의 공문에 의함)

(1) 건강장애: 만성질환으로 인하여 3개월 이상의 장기입원 또는 통원치료 등 계속적인 지원이 필요하여 학교생활, 학업수행 등에 있어서 교육적 지원을 지속적으로 받아야 하는 자

(2) 관련서류: 입학신청서 1부, 진단서 원부 1부, 주민등록등본 1부, 건강장애 학생 선정・배치 통지서 사본 1부

(3) 홈페이지: http://www.nanura.org/

4. 지체부자유아를 위한 진단 평가 도구

지체부자유아의 진단 평가를 위한 평가 영역은 인지 능력, 성격 및 적응 행동, 행동 지각 운동, 언어 능력, 직업 능력 평가 등을 중심으로 일반적으로 많이 활용되고 있는 검사 도구들의 특성을 제시하고자 한다.

1) 지체부자유아의 인지 능력 평가

(1) 지능 검사

지능 검사는 19세기 후반 프랑스에서 일반 학급에 있는 아동 중 특수교육을 필요로 하는 아동을 선별하여 필요한 교육 서비스를 제공하기 위해 개발된 검사이다. 당시 비네에 의해 개발된 최초의 지능 검사는 학교 학습을 수행하는데 필요한 기능에 관한 문항을 중심으로 구성되었다. 지금도 어휘력이나 산수와 관련된 검사 항목들이 지능 검사에 포함된 이유가 여기 있다고 볼 수 있다. 1, 2차 세계 대전을 겪으면서 지능검사는 특수 교육과 같은 교육 서비스를 필요로 하는 아동의 선별보다는 일반적인 능력을 측정하는 검사로 많이 활용되고 있다. 장애 학생의 진단과 평가에 사용되는 지능검사에는 고대-비네검사, K-ABC, K-WISC-IV와 K-WAIS 검사 등이 있다.

가. Kauffman Assessement Battery for Children(K-ABC)

Kauffman Assessement Battery for Children(K-ABC)는 웩슬러 지능 검사 만큼이나 미국에서 많이 사용되고 있는 지능 검사로서, 만 2년 6개월부터 12세 5개월까지의 장애 학생과 일반 아동을 대상으로 사용될 수 있다.

K-ABC는 기존의 지능 검사에 비해 더 정교화되고 세분화된 지능 검사로 근래에 아동용 검사로 타당성이 높고 문제 해결과 사실에 대한 지식을 명확하게 구별하여 측정하며 문제 해결과 관련된 일련의 기능을 지능으로 정의하며 사실에 관한 지식을 습득도로 정의하고 있다. K-ABC는 다음과 같이 인지 처리 과정 척도와 습득도로 구성되어 있다.

① 인지 처리 과정 척도 : 생소한 새로운 상황에서 문제 해결 능력을 측정하는 것으로 지능을 의미하며 순차처리 척도와 동시처리 척도로 구성된

다. 즉 순차처리 척도는 문제를 순차적으로 처리하는 능력을 측정하고 다양한 일상적인 기능이나 학교 학습과 관련된 기능과 밀접한 관련이 있다. 또한 동시 처리 척도는 문제를 적절히 풀기 위해 들어오는 정보를 동시적으로 통합하고 합성하는 능력을 측정하며 공간적, 유추적, 구성적 성질을 갖는 문제로 구성되어 있다.

② 습득도는 습득된 사실적 지식과 언어 능력, 교과 학습 능력을 측정한다.

다음 표 7-4는 세 척도별로 이에 속하는 하위 영역들을 보여준다.

<표 7-4> K-ABC 척도별 하위 영역

동시처리 척도	순차 처리 척도	습득도 척도
마법의 창	손동작	표현어휘
얼굴기억	수회생	인물과 장소
그림통합	단어배열	산수
삼각형		수수께끼
시각유추		문자해독
위치기억		문장이해
사진순서		

나. 한국 웩슬러 아동 지능 검사(K-WISC-IV)

K-WISC-IV는 신뢰도와 타당도가 가장 높은 검사 도구로써 세계적으로 가장 널리 쓰이는 WISC-IV의 한국판 지능 검사로서 아동이 지닌 강점과 약점의 잠재력을 파악하여 교육, 치료할 수 있는 검사 도구이다. K-WISC-IV는 기존의 한국판 웩슬러 아동용 지능검사(K-WISC-III)를 개정한 것으로 개별과정에서 인지발달, 지적평가, 인지과정에 대한 최근 연구들을 통합하여 전반적인 지적 능력을 나타내는 합성점수를 산출할 수 있다. K-WISC-IV는 만 6-16세 11개월까지의 정상 및 특수 아동들에게 적용할 수 있으며 일반적인 지적 능력 평가, 교육적인 계획과 배치를 위한 심리 교육 평가, 특수 아동 판별 및 진단, 영재 아동 판별 및 진단, 학령기 아동의 특수성 진단, 임상적, 신경 심리학적 평가 및 연구 등에 적용될 수 있다.

다. 한국 웩슬러 성인검사(K-WAIS)

중등학교 학생 성인용 지능 검사인 K-WAIS는 16세 이상부터 64세 이하의 성인에게 사용될 수 있다. K-WAIS는 언어성 척도 (기본지식, 숫자 외우기, 어휘, 산수, 이해, 공통성 문제들이 하위 영역으로 포함됨)와 비언어성 척도(빠진 곳 찾기, 차례 맞추기, 토막 짜기, 모양 맞추기, 바꿔 쓰기와 같은 하위 영역이 포함됨)로 구성되어 있다.

라. 기초 학습 기능 검사

기초 학습 기능 검사는 1987년 한국교육개발원에서 개발된 개인용 표준화 학력 검사로서 유치원부터 초등학교 6학년까지의 7개 학년 규준을 갖추고 있다. 이 검사로서 유치원부터 초등학교 6학년까지의 7개 학년 규준을 갖추고 있다. 이 검사는 일반 아동들이 가지고 있는 기초 학습 기능 또는 기초 능력을 평가하는데 사용될 뿐 아니라, 읽기 능력이 제대로 갖추어지지 않은 유치원 아동이나 장애 아동들의 능력을 평가할 수 있다. 이 검사는 아동의 학습 수준이 정상과 어느 정도 떨어지는가를 알아보거나 학습 집단 배치에서 어느 정도 수준의 아동 집단에 들어가야 하는가를 결정하기 위한 것이며 나아가 구체적인 개별화 교수안을 짜기 위한 목적으로 활용될 수 있다. 이 검사는 다음 표 7-5와 같이 구성되어 있다.

<표 7-5> 기초 학습기능 검사 구성

기 능	측 정 요 인	하위 검사 명	문항 수
정보처리	관찰 조직 관계짓기	정보처리	60
언 어	문자와 낱말의 재인	읽기 I	50
	철자의재인	쓰기	50
	독해력	읽기 II	50
수	기초개념의 이해 계산능력 문제해결력	셈하기	60

마. 특수아 지능검사(CCMS:Colmbia Maturity Scale)

특수아 지능 검사(CCMS)는, 3세 0개월로부터 9세 5개월까지의 아동이나, 특수아에 대하여 지적 능력의 성숙도를 평가하는 검사로서 그 실시 방법이 간편하다. 그림과 도형으로 분류된 92개 종류의 문제가 8단계의 검사 수준으로 구성되었다. 유아에게는 그의 생활 연령에 알맞은 수준에 따라 45-55개의 문제로 실시하게 된다.

이 문제들은 세로 15㎝, 가로 48㎝ 크기의 카드에 3개 내지 5개의구체물의 그림이나 기하학적 도형이 일조로 인쇄되어 있다. 그 중 몇 가지 문제에는 아동에게 주의와 흥미를 갖게 하기 위하여 각기 다른 색상을 사용하였다. 아동의 환경적 배경이나 이동에 따라 상이한 면이 있지만, 이 카드에는 가장 보편적인 아동이 경험하는 범위 내에서 문제의 그림, 도형이 다른 것과 틀린다든가, 관계가 없는 것을 골라 그 그림, 도형을 지적하도록 되어 있다. 아동은 한 가지 그림만을 제외하고, 그 외의 그림, 도형을 관련지어 판단하여야 한다. 검사 항목은 색상, 형태, 크기를 분별하게 하는 간단한 지각적 변별력을 묻는 가장 간단한 것으로부터, 그림, 도형간의 미묘한 관계를 알아내어 식별하는 어려운 문제까지 이르도록 구성되어 있다. 아주 쉬운 수준의 처음에 나오는 지각적 판별에 관한 것을 제외하고는, 같은 개념이나 완전하게 같은 규칙에 따라 구성된 문제가 계속되지 않게 하여 아동에게 각각의 문제가 새롭고, 퍼즐과 공간은 흥미를 돋구게 구성하였으며 검사 항목은 대체적으로 난이도의 순으로 배열되어 있다.

이 검사의 검사 시간은 3가지의 연습 문제를 사용하여, 아동에게 실시 방법을 설명하는 시간을 포함하여 대략 15분 내지 20분이 소요된다. 물론 이 시간에는 아동의 연령에 맞는 수준의 문제 제시와 개별 답안지에 문제의 답을 기입하는 시간도 포함된다. 원점수(정답수)을 연령 편차 득점으로 환산하는 표, 퍼센타일(percentile) 순위와 9단계 점수 및 발달 수준 단계 등으로 환산된다.

이 검사는 아동들에게 언어적 반응만을 요구하지 않고, 최소한의 동작 반응만을 요구하는 것으로, 특히 뇌성마비나 그 외의 뇌장애, 정신지체, 시각장애, 언어장애, 혹은 청각장애 등의 장애를 가지고 있는 아동들에게 사용함에 적절하게 되어 있는 것이다.

2) 장애 학생의 성격 및 적응 행동 검사

장애 학생들은 일반 아동에 비해 정서적, 행동적 문제를 더 많이 가지고 있는 것으로 보고되고 있다. 예를 들면, 장애 학생의 경우 사회적 차별로 인해 적대감, 공격성, 우울증, 소외와 같은 심리적 문제를 일반 아동보다 더 많이 가지고 있다. 여기서는 장애 학생의 성격적 특성을 이해하기 위해 활용될 수 있는 검사로서 투사법을 이용한 성격 검사에 대해 살펴보고자 한다.

(1) 성격 검사

투사법은 피검사자의 다양하면서 무제한의 반응을 허용하기 위해 상대적으로 비구조화된 과제를 이용한 성격 검사 방법이다. 이 검사는 개인이 비구조화된 검사 자료를 지각, 해석하는 방식에 내재해 있는 근본적인 심리 특성(특히, 무의식적인 성격 특성)을 밝히는데 그 목적이 있다. 투사법을 이용한 검사 방법으로는 로샤의 잉크 반점 검사, 주제통각검사, 좌절 상황 그림검사, 집-나무-인물화 검사 등을 들 수 있다.

투사법을 이용한 성격 검사 도구들은 장애 학생에 대한 심리검사를 실시하고자 할 때 검사자와 피검사자 간의 라포를 형성하는 하나의 수단으로서도 활용될 수 있다. 또한, 자기 보고법에 의한 성격 검사보다 자기방어적 행동의 영향을 덜 받는다는 장점이 있다. 하지만, 단점으로는 검사 결과의 해석이 전적으로 검자자의 임상적 경험에 의존 한다는 것과 타당도나 신뢰도 측면에서의 측정학적 적합성이 낮다는 것을 들 수 있다.

(2) 적응 행동 검사

정신지체 여부를 판별하기 위해서는 개개인의 인지기능과 적응 행동을 평가하여야 하며 적응행동을 평가하기 위해서는 임상적 평가법이나 표준화된 적응 행동 검사를 사용하여야 한다. 적응 행동을 평가하는데 사용할 수 있는 검사에는 여러 가지가 있다. 그 중에는 정상인을 대상으로 하여 표준화한 적응 행동 검사로 「바인랜드 사회성숙도검사」(Vineland Social Maturity Scale)의 개정판인 「바인랜드 적응행동검사」(Vineland Adaptive Behavior Scale), 「게젤 발달목록」(Gesell Developmental SchedulesSo940 Series), 「알베른-ü 알베

프로파일」(Alpern-boll developmental Profile), 「베일리 유아알베검사」(Bayley Scale Infant Developmental) 등이 있으며, 정신지체 용으로 표준화한 검사에는 「케빈-레빈 사회적응역검사」(Cane-Levine Social Competency Scales), 「미국 정신지체협회 적응행동검사」(AAMD Adaptive Behavior Scales)등이 있다. 그러나 이러한 검사 중에서 우리나라에 알맞게 번안된 것은 「바인랜드 사회성숙도검사」 제5판의 번안인 「사회성숙도검사」와 「적응 행동 검사」 등이 있다.

가. 사회 성숙도 검사

사회 성숙도 검사는 사회성이 적응 행동에 미치는 영향이 크다는 것을 인식하고 적응 행동을 측정하기 위해 개발된 것이다. 우리나라의 경우, Doll의 바일랜드 사회 성숙도 검사를 토대를 토대로 김승국 등(1985)에 의해 제작된 것을 사용하고 있다. 이 검사는 개인의 성장 또는 변화를 측정하고 혹은 치료나 교육을 위한 기초 자료나 교육 후 향상을 측정하는 것으로 정신지체 여부나 그 정도를 판별하는데 이용될 수 있다. 검사 대상의 연령 범위는 0세부터 만30세까지이며 이 검사는 자조(SH-self help), 이동(L-locomotion), 작업(O-occupation), 의사소통(C-Communication), 자기관리, 사회화의 6개 행동영역에 117개 문항이 난이도 순서로 배열되어 있다.

나. 적응 행동 검사

적응 행동 검사는 정신지체인 용으로 표준화한 적응 행동 검사 중에서 1981년에 Lamber Windmiller에 의해 개정, 표준화된 「미국정신지체협회 정응 행동 검사 : 학교용」을 번안 하였다.

이 검사는 Nihira 등(1975)에 의해서 처음으로 개발되었으며, Lambert Windmiller Cole(1975)에 의해 개정, 표준화된 「미국정신지체협회 적응행동검사:공립학교용」이 다시 개정, 표준화된 것이다.

이 검사는 아동의 적응 행동 수준을 평가하고, 그가 어떤 준거 집단의 아동(일반, 교육가능, 훈련가능)과 가장 비슷한지를 판별하는 데 사용할 수 있으며, 정신지체 아동의 교육적 조치와 그 조치의 적절성 여부를 평가하는 데 사용할 수 있다. 이 검사는 개별화 교육프로그램(IEP)를 개발하고, 그 프로그램의 장단기 목표 성취도를 평가하는 데도 사용할 수 있다.

ABS-SE는 21개 영역의 95개 문항으로 구성되어 있으며, 제1부와 제2부로 나누어져 있다. 즉 제1부 적응행동은 독립 기능, 신체발달, 경제활동, 언어발달, 수와 시간, 직업 전 활동, 자기 관리, 책임, 사회화 등 9개 하위 영역의 56개 문항으로 구성되어 있으며, 이들 행동 영역(관련 영역 포함)에 속하는 개인의 기능과 습관을 평가할 수 있도록 구성되어 있다. 이 9개 영역은 일상 생활에서 개인적 독립의 발달에 중요한 것이다. 제2부 부적응 행동은 공격, 반사회적 행동, 반항, 신뢰성, 위축, 버릇, 대인 관계 예법, 발성 습관, 활동 수준, 증후적 행동, 약물 복용 등 12개 영역의 39개 문항으로 구성되어 있으며, 성격 및 행동 장애와 관련 있는 적응 행동을 측정할 수 있게 되어 있다. 제2부에는 적응 행동의 한 영역으로 간주할 수 없는 약물 복용도 포함 되어 있다. 이 영역에 관한 지식은 피검 아동의 적응 행동 프로파일을 해석하는데 중요하므로 이를 여기에 포함시키고 있다.(김승국, 1990; 정진자, 1994)

3) 행동 검사

장애 학생에게 있어서 긍정적인 행동은 학생 개개인의 사회적, 교육적 장벽이 되는 문제 행동을 감소시키고 적응 기능 증가시키며 교육적, 사회적, 고용과 생활의 기초를 증대시켜 준다.

행동 평가의 목적은 한 개인에게 어떤 심리적, 정서ㆍ행동적 측면의 부적응 현상이 어떤 양상으로 발생되고 있는가에 대한 정확한 정보를 수집하고 수집된 각 자료를 바탕으로 각 개별 아동에게 적합한 개별화 교육 계획을 수립하는데 있다. 또한 행동 평가를 통해 행동 치료 교육 대상에게 적합한 최선의 치료 교육적 환경을 제공하는 궁극적 도달점과 연결되어야 한다.

(1) 아동ㆍ청소년 행동평가척도(K-CBCL; Korea-child Behavior Checklist)

K-CBCL은 Achenbach와 Edelbrock(1983)이 개발한 CBCL을 오경자 등(1997)이 표준화한 행동 평가 도구로서 CBCL은 아동, 청소년기의 사회적 적응 및 정서, 행동 문제를 부모가 평가하는 것으로 아동, 청소년의 심리장

애 진단에 유용한 임상적 도구이다. K-CBCL은 1991년의 CBCL을 기초로 하여 4세부터 17세까지의 아동을 대상으로 표준화하였으며 크게 사회능력 척도와 문제 행동 증후군 척도로 구성되어 있다. 사회 능력 척도는 친구나 또래와 어울리는 정도, 부모와의 관계 등의 사회성을 평가하는 사회성 척도, 교과목 수행 정도, 학업 수행상의 문제 여부 등을 평가하는 학업 수행 척도와 총 사회 능력 점수 등 모두 3개로 이루어져 있다.

문제 행동 증후군 척도는 위축, 신체증상, 불안/우울, 사회적 문제, 사고의 문제, 주의 집중 문제, 비행, 공격성, 내재화 문제, 외현화 문제 등 모두 10개의 하위 척도와 4~11세에만 적용되는 특수척도인 성문제 척도, 우리나라 특유의 정서 불안정, 그리고 총 문제 행동 척도 등 모두 13개 척도로 구성되어 있다. 하위 척도에 따른 항목은 총 119개이며, 각 항목은 3점 척도로 평가하도록 되어 있다.

(2) 벅스의 행동 평정 척도(Burks' Behavior Rating Scales)

벅스의 행동 평정 척도는 유아용과 초·중등 학생용으로 구분되어 있으며 이미 장애(결함)를 가진 것으로 생각되는 아동의 특정 진단에 도움을 주기 위해 고안되었다. 특별한 문제성을 지닌 아동이 어떤 부적응 행동을 가지고 있으며, 또 어떤 문제 행동을 일으킬 것인지 예견할 수 있는 역할을 할 수 있다. 이 검사는 105개 문항의 유아용은 18개 하위 영역으로 구분되었고, 초·중등용의 110개 문항은 3개의 집단별 주요 요인과 19개의 행동 관련 하위 영역으로 구분되며, 공통적으로 각각의 영역은 행동상 특별한 특성을 나타내는 아동을 측정하기 위하여 요약된 하위 척도이다. 응답 방법은 5단계법으로 응답하도록 되어 있다.(서경희 외, 2000).

<표 7-6> 벅스의 행동평정 척도 구성요소

신경증(Neurotic)	· 심한 자책 · 자아강도 부족	· 심한 불안 · 체력부족	· 심한 위축
미성숙(Immature)	· 심한 의존 · 학업성취 저조	· 협응력 부족 · 주의력 부족	· 지적능력 부족
반항, 공격성 (Hostile-Aggressive)	· 자제력 부족 · 심한 자학 · 심한 공격성	· 현실감 부족 · 울화억제력 부족 · 심한 저항감	· 정체감 부족 · 심한 피해의식 · 사회적응력 부족

4) 지각·운동 검사

지각, 운동 및 지각 · 운동 통합 능력은 문자의 읽기, 쓰기의 중요한 요인이 되며 장애가 있으면 당연히 그 학습에 곤란을 느끼기 때문에 그들은 지각, 운동 또는 지각 · 운동 통합 능력의 어느 하나 혹은 모두가 장애를 가지고 있을 가능성이 있다. 지각, 운동 및 지각 · 운동 통합 능력은 문자의 읽기, 쓰기 뿐만 아니라 다른 모든 활동의 요인으로도 작용하기 때문에 그 장애는 갖가지 학습 부적응이나 생활의 장애를 일으킬 수도 있다(박화문, 구본권, 1990).

지각 · 운동능력을 측정하는 검사들은 뇌 손상을 입은 성인을 연구하기 위해 개발되었으나, 차츰 학습 문제가 있는 아동을 평가하기 위해 사용되기 시작하였다. 지각 · 운동 검사는 구인타당도와 예언타당도에 있어 문제가 있다는 주장도 있지만, 아동의 기초 학습 기능을 평가하는 데 유용하다.

현대 우리나라에서 표준화된 검사는 아니지만, 편역 또는 표준화의 단계에 있는 지각 · 운동 검사에는 시지각 발달 검사, 시각 · 운동 통합 발달 검사, 지각 · 운동발달 진단 검사 등이 있다. 이런 검사들은 지능 검사나 언어 검사와 같이 문화적 요인의 영향을 크게 받지 않으므로 그대로 활용해도 크게 무리가 없다고 본다.

(1) 지각-운동 발달 진단 검사

지각-운동 발달 진단 검사는 입문기에 있어서 읽기, 쓰기 등의 지도와 관련이 있고 그 기초가 된다고 생각되는 시지각, 상지의 운동 및 시각-운동 통합에 관한 과제를 주는 것에 의해 지각-운동 통합 행동에 있어서 시지각, 운동 및 시각-운동 통합능력의 발달에 대해 종합적, 분석적으로 진단, 평가하는 것을 목적으로 한다.

이 검사의 대상은 3세에서 11세 정도의 아동(4세~8세 정도까지가 최적) 및 지각-운동 능력의 발달이 지체되어 있다고 추측되는 자이다.

또한 이 검사 내용은 지각 검사와 운동 검사 등 2개의 하위 검사로 구성되어있다.

지각 검사는 입문기의 문자 읽기, 쓰기 등에서 필요하다고 생각되는 간단한 도형이나 기호의 변별, 전경-배경의 지각 등 시지각의 발달을 평가하는 것을 목적으로 하는 하위 검사로서 3개의 영역으로 구성되어 있다.

Ⅰ. 도형·공간의 변별 : 항목 수 10개

Ⅱ. 도형의 분석 : 항목 수 10개

Ⅲ. 도형의 종합 : 항목 수 7개의 3영역으로 구성되어 있다.

영역Ⅰ은 변별에 관한 능력을, 영역Ⅱ는 분석에 관한 능력을, 영역Ⅲ은 종합에 관한 능력을 평가할 수 있게 되어 있다.

운동 검사는 연필을 사용하여 선을 긋거나 문자를 쓰기 위해 필요한 상지의 운동 능력 발달을 평가하는 것을 목적으로 하는 하위 검사로서 2개 영역으로 구성되어 있다.

Ⅰ. 선긋기 : 항목 수 28개

Ⅱ. 점찍기 : 항목 수 4개의 2영역으로 구성되어 있다.

영역Ⅰ은 주로 선을 긋는 상지 운동 능력을, 영역Ⅱ는 상지를 민첩하게 반복 운동 시키는 능력을 평가할 수 있게 되어 있다(박화문, 구본권, 1990).

(2) 시각-운동 통합 발달 검사

시각-운동통합 발달검사는 본래 장애를 초기에 발견하고 학습과 행동의 장애를 예방하기 위해 일반 학교에서 선별검사로서 활용하도록 고안된 것으로 기하학 도형 모사 능력과 학업 성적 사이에 유의한 상관이 있다는 연구 결과를 바탕으로 24개의 기하 도형을 모사하도록 되어 있다. 즉 신경과, 정신과, 심리학자들의 정서적, 신경학적 문제의 진단에서 아동들이 기하 도형을 어떻게 모사하는가에 상당한 수준의 영향이 있다는 결과가 나왔다(박화문, 구본권, 1990).

(3) 시지각 발달 검사

시지각 발달검사는 Marianne Frostig가 1961년 개발한 이래 여러 번의 개정을 거쳐 1966년에 완성된 Marianne Frostig Developmental Test of Visual Perceltion을 여광응(1993)이 편역한 것이다. 이 검사는 4-8세 아동을 대상으로 실시하며 학습 준비 기능과 관련성이 높은 5가지의 시지각기능 소검사로 구성되어 있다. 이 검사의 구성요소는 시각-운동-협응(하위검사Ⅰ:VM), 전경-배경 지각(하위검사Ⅱ:FG), 도형의 항상성 지각(하위검사Ⅲ:PC), 공간-위치 지각(하위검사Ⅳ:PS), 공간 관계 지각(하위검사Ⅴ:SR) 등이다(여광응, 1993).

(4) 한국판 오세레츠키 운동 능력 검사

한국판 오세레츠키 운동 능력 검사는 운동 능력의 발달 변화에 대한 정보 뿐 아니라 지능, 직업, 사회 일상 생활 분야의 아동의 능력을 평가하는 기초 자료로 쓸 수 있으며 개별 검사로 실시되며 검사 내용은 ① 일반적 정적 협응 검사, ② 손동작 협응 검사, ③ 일반 동작 협응 검사, ④ 운동 속도 검사, ⑤ 동시적 자발 동작 검사, ⑥ 단일 동작 수행 능력 검사 등으로 되어 있다(서경희, 2000).

5) 언어 검사

(1) ITPA(Illinois Test of Psycholinguistic Ability ; 언어 학습 능력 검사)

이 검사 도구는 Kirk가 제작한 도구로서 심리적, 언어학적 기능에 대한 개인 내 비교 진단 검사이다. 이것은 주로 아동의 치료 교육을 위한 심리 언어 능력의 진단에 사용된다. 즉 이 도구는 이 검사는 언어와 관련되는 기능을 지닌 도구로 아동의 언어 능력, 인지, 지각적 기억 기능들을 측정한다. 또한 이 검사는 아동 개인 내 능력들 간의 차이에 대한 정보를 제공해 준다. 이것은 아동의 치료 및 교육 계획 수립에 많은 도움을 주어 교육 심리학적, 치료적 진단 도구로서의 역할을 감당한다.

ITPA의 하위 검사는 다음과 같다.

① 청각적 수용 능력(언어적 대화와 같은 청각 기호를 이해하는 능력)은 수용 과정의 청각-음성 통로와 표상 수준의 교차점에서 나타난다.

② 시각적 수용 능력(시각 기호를 통하여 의미를 얻는 능력)은 수용 과정의 시각-운동통로 와 표상 수준의 교차점에서 나타난다.

③ 청각적 연합 능력(구두로 표현된 개념을 관련시키는 능력)은 조직화과정의 청각-음성통로와 표상 수준의 교차점에서 나타난다.

④ 시각적 연합 능력(시각적으로 제시된 개념을 관련시키는 능력)은 조직화 과정의 시각-운동 통로와 표상 수준의 교차점에서 나타난다.

⑤ 언어 표현 능력(개념을 언어적, 즉 음성적으로 표현하는 능력)은 표현과정의 청각-음성 통로와 표상 수준의 교차점에서 나타난다.

⑥ 수화 표현 능력(생각을 손으로 표현하는 능력)은 표현과정의 시각-운동 통로와 표상 수준에서 나타난다.

⑦ 문법 종결 능력(문장 규칙이나 문법적 굴절을 다루는 자동적인 습관을 획득함에 있어서 구두 언어의 반복적인 형태를 이용하는 능력)은 조직화 과정의 청각-음성 통로와 자동적 수준의 교차점에서 나타난다. 두 가지 보충검사 청각 종결, 음성 결합도 이 교차점에 해당 된다.

⑧ 시각 종결 능력(시각적으로 불완전하게 제시된 사물들을 한 가지의 동일한 물체로 인지하는 능력)은 조직화 과정의 시각-운동 통로와 자동 수준에서 나타난다.

⑨ 청각 계열 기억 능력(점진적으로 길어지는 숫자의 순서를 기억하였다가 재생하는 능력)은 조직화 과정의 청각-음성 통로와 자동 수준의 교차점에서 나타난다.

⑩ 시각 계열 기억 능력(무의미도형의 순서를 기억하였다가 재생하는 능력)은 조직화 과정의 시각-운동 통로와 자동 수준의 교차점에서 나타난다(여광응 · 윤점룡 · 김종현, 1993).

(2) 언어 이해· 인지력 검사

언어 이해 · 인지력 검사는 Bangs(1990)의 The Bangs Receptive Vocabulary Checklist와 서울 장애인종합복지관(1990, 1992)에서 출판한 장애 아동의 인

지 학습 지도, 장애 아동의 언어 지도 Ⅰ·Ⅱ를 근거로 서울 장애인종합보지관에서 개발한 도구이다.

이 검사는 3세부터 6세 미만의 학령전 아동들에 대한 언어 이해력 및 인지력을 측정하는 것으로 정상 아동은 물론 정신지체, 청각장애, 언어장애, 자폐아, 주의력 결핍 과잉 행동 장애 등의 문제를 가진 아동들에게 적용할 수 있다.

(3) 그림 어휘력 검사

이 검사는 그림을 통하여 2세부터 8세 11개월 아동들의 수용 어휘 능력을 측정하기 위하여 개발한 언어 검사 도구로서 정상 아동은 물론 정신지체, 청각장애, 뇌손상, 자폐장애, 뇌성마비 등으로 인해 언어문제가 있는 아동들의 수용 어휘 능력을 평가하는데 활용된다.

이 검사는 PPVT-R(Lloyd et. al., 1981)의 분류 체계와 같이 다음과 같이 품사별, 문장별로 구성되어 있다.

· 품사별: 명사(57%), 동사(20%), 형용사(12%), 부사(1%)

· 범주별: 동물, 건물, 음식, 가구, 가정용품, 신체 부위, 직업, 도형, 식물, 학교 및 사무실의 비품, 기구 및 장치, 악기, 교통 기관

(4) 문장 이해력 검사

이 검사는 4세부터 6세 11개월의 아동들에 대한 문장 이해 능력의 수준을 측정하기 위하여 개발한 검사도구로서 정상 아동은 물론 정신지체, 청각장애, 언어장애, 자폐장애, 주의력결핍 과잉행동장애, 뇌성마비 등으로 인해 언어 문제가 있는 아동들의 문장 이해력을 평가하는데 활용된다.

6) 직업 평가

직업 평가는 장애인의 적절한 직업 훈련 프로그램을 선정하여 적성과 흥미를 고려하고, 아울러 어떤 분야의 직종에 대해 직업적 능력 혹은 가능성이 어느 정도인가를 정확히 평가해야 한다. 직업 평가는 서류 심사 및 면접, 각종 심리 검사, 작업 표본, 상황 평가 등으로 나누어 볼 수 있다.

(1) 서류 심사 및 면접

서류 심사에는 이력서나 신상 명세서에 의한 심사가 대표적인 것이고, 직접 채취할 수 없는 자료들은 타 기관에서 입수하여 검토 자료로 하고 있다.

면접은 직업 평가상 필요한 정보를 얻기 위해서 실시하며, 면접의 방법과 내용은 직업 재활 이론과 지식으로 뒷받침된 것이어야 한다.

면접의 목적은 일반적으로 ① 평가 대상자와 평가원이 서로 아는 것 ② 획득한 정보의 확인(사무원 확인, 내용 불일치에 대해서 상담) ③ 직업적 발달 조사 ④ 평가 대상자의 직업적 희망의 확인 ⑤ 주관적인 면에서 직업적 자산과 부채의 확인 ⑥ 평가 요구의 파악 ⑦ 이후의 직업 평가 서비스의 설명 등이다.

(2) 심리 검사

심리검사는 특히 기능 학문, 직업 흥미 및 특수한 적성 영역에서 작업모의를 보충 보완하는데 효과적으로 사용할 수 있는 평가 절차이다(Botterbusch, 1978).

심리 검사는 대상자의 장애 정도가 심할수록 적용하기가 더욱 어렵다. 직업평가를 목적으로 사용하는 심리 측정 검사나 지필 검사에는 장・단점이 있다.

가. 직업 적성 및 흥미 검사

직업 평가를 위해 사용되는 대표적인 지필검사로는 직업 적성 검사와 직업 흥미 검사가 있다. 가장 많이 쓰이는 직업 적성 검사 도구인 일반 적성 검사(General Aptitude Test Battery: GATB)는 다양한 직업 분야에서 원만하게 일을 수행하는데 필요한 개인의 잠재 능력을 측정하기 위한 종합적인 직업 적성 검사이다. 이는 지필 검사 11종과 기구 검사 4종의 총 15종류의 하위 검사로 구성되어 있으며, 지능, 언어 능력, 수리 능력, 사무 지각, 공간 판단력, 형태 지각, 운동 조절, 손가락 기능, 손기능 등의 9개의 적성 능력을 측정할 수 있다(박석돈, 1999).

그 외에 GATB와 함께 널리 활용되고 있는 직업 평가 자료로서 1947년 미국심리연구소(U. S. Psychological Corporation)에서 개발된 DAT(differential

Aptitude Tests)가 있다.

직업 흥미 검사에는 다음과 같은 것들이 있다.(Bitter, 1979; 조인수, 2000 재인용). ① Minne- sota 중요도 설문지(MIQ) ② Kuder 직업흥미검사(Kuder Occupational Interest Survey) ③ Strong Cambell 흥미검사(Strong Cambell Interest Inventory) ④ 광역흥미의견검사(WRIOT; The Wide Range Interest Opinion) ⑤ 직업흥미 및 세련도 평가법(VISA; The Vocational Interest and Sophistication Assessment Survey) ⑥ Ohio 직업흥미검사(OVIS; The Ohio Vocational Interest Survey).

나. 신체 직업 능력 및 정신 기능 검사

일반적 신체 기능 검사로서 ① 체격 검사(키, 몸무게 등) ② 체력 검사(쥐는 힘, 드는 힘, 달리기 등) ③ 감각 기능 검사(시력, 시야, 청력, 촉각등) ④ 피로 검사가 있다. 정신 기능 검사로서는 ① 지능 검사 ② 성격 검사 ③ 학력 검사 ④ 사회 적응성 검사가 있다.

다. 표본 작업 평가(work sampling)

work sampling이란 실제 직무 전체 또는 일부분에 대해서 현실과는 다른 장면으로서의 모방(simulation)이다. 실제의 작업에 쓰이고 있는 재료, 도구, 기계, 공정을 사용하도록 한 작업 과제를 각종의 표본으로 하여 준비하고 그 과제 수행을 평가의 도구로 하여 작업 결과를 양적 및 질적에서 파악하고 관찰한다. 이 평가 방법은 보다 구체성이 있기 때문에 직접적인 평가 결과를 얻을 수 있다.

작업 표본 평가는 대상 직업이 포함하고 있는 운동, 정신 기능, 작업 수준, 사용되는 도구나 장비 등 모든 면에서 실제 작업 수행과 같은 내용을 포함하고 있어야 하며, 표본 작업을 평가에 활용하는 목적은 잠재된 작업 기술과 작업과 관련된 행동을 평가하기 위함이다.

작업 표본 평가법에는 다음과 같은 것들이 있다(Pruitt, 1997; 조인수, 2000 재인용).

① TOWER(Testing Orientation and Evaluation in Rehabilitation)

TOWER법은 1937년 이래 약 40년에 걸쳐 뉴욕의 장애인 재활훈련원(I.

&. D. Rehabilitation and Research Center)에서 개발되었다. TOWER 시스템은 사무, 설계, 제도, 전자 제품 조립, 보석 가공, 피혁 제품, 인쇄, 기계 조작, 우편 사무, 광학 기계, 축도기 조작(pantograph engraving), 재봉틀 조작, 용접, 작업장의 조립 등 14직종의 영역에서 선별된 93가지의 표본 작업으로 구성된 시스템에서 평균 3주간에 걸쳐 작업을 수행시켜 그 성적을 직무 분석(job analysis)하여 일반 · 산업계의 질적, 양적 기준에 비춰 평가하는 방법이다. TOWER 시스템에는 모두 110개 이상의 다양한 과제가 있고, 각 과제마다 산업 표준에 맞는 양적, 질적 기준이 있다. 과제의 순서는 단순한 것에서부터 복잡한 것으로 진행되며, 피평가자에게는 과제 평가에 앞서 특정 분야의 도구 사용을 연습할 수 있는 기회가 주어진다. 선정된 직업 분야의 과제는 평가 대상자의 흥미와 기능 수준, 자질, 한계성 등과 연관시켜야 한다.

② Valpar법: Valpar 시리즈는 종합적인 재활 서비스 전달법의 일환으로 개발되어 1973년 시판되었다.

Valpar 시리즈에는 여러 가지 표본이 있는데, 소형 공구, 크기 식별, 숫자 분류, 상체 동작 한계 측정, 이해 능력과 태도, 독립적 문제 해결 능력 측정, 다단계 분류, 모의 조립 장치, 전신 동작 영역 측정, 3단계 측정 장치, 눈-손-발의 협응 능력 측정, 납땜질과 검사, 협력 측정, 전자 회로 기판 읽기, 제도, 동적 근육 능력(용량) 측정기, 신체 능력 및 이동 측정, 기계 조립/배열과 망치질, 기계적 사고력과 기계 성향, 손가락 교치성, 독립적 인식 측정기 등이다(Botterbusch, 1982). 이 평가 체제는 인간 노동력의 보편적 특성을 평가하려는 시도이며, 평가사는 평가 대상자의 작업 행동을 관찰하게 된다.

③ 기타의 표본 작업 평가(Botterbsch, 1982)

a. Philadelphia JEVS 작업 표본 종합검사: 1950년대 말에 개발된 것으로서 10개의 근로자 특성군에 직접 연관된 28개의 작업 표본으로 구성되어 있다. 근로자 특성군은 i) 취급, 선별, 검품, 개량 및 관련 작업 ii) 관리 iii) 가공 iv) 발송, 점검 및 기록 v) 분류, 정리 및 관련 작업 vi) 검사 및 재고 점검 vii) 공예 및 관련 작업 viii) 의상, 양복, 양장 재단 ix) 설계 및 관련 작업 등이다.

b. 광역 고용 표본 검사: Jastak에 의해 개발된 이 검사는 교치성과 지각

능력 평가를 위한 것인데, i) 단식, 복식 접기 ii) 풀로 붙이기, 라벨 붙이기 및 담기 iii) 분류 iv) 병포장 v) 쌀 계량 vi) 나사 조립 vii) 꼬리표 달기 viii) 견본 붙이기 ix) 대조 x) 색채와 형태 정합 및 모형 만들기의 10개의 작업 표본 종합검사이다.

c. 재능 평가 프로그램: 공예, 기술 및 서비스 영역에서의 작업에 대한 기능 평가 목적으로 개발된 이 평가 프로그램은 i) 구조적 및 역학적 심상 ii) 치수와 형태 식별 iii) 색채 식별 iv) 촉각 식별 v) 교치성(소형 자재 취급) vi) 교치성(대형자재 취급) vii) 정밀 교치성(소형공구 취급) viii) 교치성(대형공구 취급) ix) 회로 심상 x) 구조적 및 역학적 형태 기억의 10가지 검사로 구성된 종합 검사이다.

그 외에 표본 작업 평가 프로그램으로는 진로 탐색과 직업 평가에 사용하기 위한 목적으로 개발된 Singer 직업평가시스템과 종합 직업 사정 및 훈련 시스템(COAST)이 있다. 그리고 1959년 미국 오하이오주 클리브랜드의 직업 재활 기관에서 직업 평가 프로그램으로 실제 수행되는 작업 샘플을 개발하였다.

작업 표본 평가는 많은 장점을 갖고 있는데, 특히 실제 작업과 유사하기 때문에 심리적 검사에서 부정적인 반응을 보였던 장애인이 흥미를 갖게 된다는 점이다.

(3) 현장 실습 평가(job tryout evaluation)

장애인을 직접 실제의 사업장에 투입시켜 실무를 수행시켜 봄으로써 직업인으로서의 여러 가지 자질을 평가하는 방법으로 가장 직접적인 방법이다. 즉 실제적인 작업 조건에서 직무에 종사하거나 보호 작업장의 직무를 수행하는 장애인을 평가하는 상황이 실제의 작업 현장 즉 임금을 받고 판매하는 제품을 만들며, 질과 양의 표준을 제시하고 규칙적인 작업시간이 주어지며, 인간관계가 실제적이며, 모든 상황이 표준 작업의 실습장보다도 실제의 산업 사회와 거의 유사하다. 즉, 이미 설정된 기존의 환경이나 창조된 환경 하에서 체계적인 관찰 기법을 사용하는 임상적 평가 방법으로서 여러 가지 장면에서 사용될 수 있는데, 주로 직업 훈련장면, 현장 평가 장면, 보호 작업장, work sample 평가 장면 등이다. 일반적인 평가 기간은 보통 1-2

주이나 평가 대상자의 특성과 작업의 특성에 따라 하루가 될 수도 있고 1개월 이상이 소요되는 경우도 있다. 이러한 특성으로 인해 현장 실습 평가는 작업 평가의 마지막 과정으로 실시되고 있다.

(4) 직무 분석(Job analysis)

장애인 개개인에게 직업에 적절한 계획을 갖게 하기 위하여 특정한 직무에 관한 작업 조건, 요구 조건, 신체적 기능 정도, 지적·기술적·환경적 조건 등의 요소를 분석함으로써, 장애인 개개인의 능력에 적합한 직종을 선택할 수 있도록 하는 방법이다. 직업 평가사는 직무 분석을 잘 알고 있어야만 장애인이 그 직종과 직무의 요소를 수행할 수 있는가를 명확하게 평가할 수 있고, 작업 표본을 개발할 수 있다.

직무 분석은 주로 작업 내용(작업의 개괄, 작업순서), 작업 수행에 필요한 사항(책임, 직무에 관한 지식, 정신적 동기, 손재주, 정확성 등), 작업자의 신체적 요건(신체 기능 동작, 물리적·화학적 작업 환경, 작업이 신체에 미치는 영향)을 토대로 하여 행하여진다.

제8장 지체부자유아의 교육과정

우리나라 초기의 지체부자유아의 교육과정은 장애로 인해 야기되는 운동적 요소만을 고려한 체육 교과 외에는 일반 학교 교육과정을 그대로 사용하는 경우가 많았다. 그러나 1980년대부터 지체부자유아의 대상이 운동 장애 외에 감각, 지각, 지능, 청각, 시각, 언어 등 다양한 수반 장애 언어, 지능 및 행동적 측면에 장애를 수반하는 뇌성마비아의 증가로 기존의 일반학교 교육과정에 재활 극복 의지가 첨가되고 각론에 일부 과목에 대해서 내용이 정선, 조정, 추가 또는 삭제한 지체부자유아 독립적인 교육과정인 문교부 고시 제83-13호(1983.12.31)을 제정하게 되었다. 이 후에 장애의 중도 중복화, 시대적 요철, 사회의 변천, 장애 학생의 교육권 보장 등의 필요에 따라 문교부 고시 제89-10호(1989.12.29)로 개정하기도 하였다.

제7차 특수학교 교육과정은 일반학교 6차 교육과정의 제7차 교육과정으로의 개정과 함께 이루어졌는데, 특수학교, 일반학교, 시설, 병원 및 재택 · 순회교육에 활용될 기반을 제공하며, 수요자 중심, 질적 교육, 과정중심의 교육, 통합주의 경향을 강조한 교육부 고시 제1998-11호(1998.6.30)로 개정 고시되었다. 그러나 제7차 교육과정 적용상의 문제로 대두된 특수교육 대상자의 장애의 중도 · 중복화 경향의 심화되고, 통합교육을 강조하는 이념적 정책적 방향에 적절한 교육과정의 대처 미흡의 이유로 새로이 개정된 특수학교 교육과정(교육인적자원부 고시 제2008-3호)은 특수교육에 통합교육 정책 방침을 반영한다는 취지를 살려 정신지체, 정서장애, 시각 및 청각장애,

지체부자유 등의 교육과정을 없애고, 기본 교육과정, 국민공통 교육과정, 선택중심 교육과정 등으로 운영되고 있다.

그리고 최근의 지체부자유아 교육의 연구 동향이 학생들에게 무엇을 가르치는 것이 가장 가치 있는가에 대한 논의와 더불어 반성이 제기되면서 생활을 하는 데 필요한 기능 즉, 실제로 특수교육을 최종적으로 마친 후, 일반인들과 함께 잘 어울리면서 살아가는 데 필요한 실용적 기능, 기능중심 교육과정 이야말로 가장 가치로운 내용이라 제시하고 있어 최근의 특수학교 교육과정은 실용적 기능을 가르치는 데 초점이 모아지고 있으며, 그와 같은 방향으로 교육과정이 개편, 운영되고 있는 추세이다(김삼섭, 2008).

본 장에서는 전반적인 특수학교 교육과정 속에서 지체부자유아에게 적용되고 있는 내용을 살펴보고 문제점과 개선방안을 알아보고자 한다.

1. 특수학교 교육과정 변천사

특수학교 교육과정의 변천사는 보는 사람의 관점에 따라, 또 그 기점을 언제로 잡느냐에 따라 달라진다고 본다. 특히, 특수학교의 경우 일반 학교와 달리 시각장애, 청각장애, 정신지체, 지체부자유, 정서장애 등 장애 유형이 다양하고, 또한 유・초・중등이 함께 병설되어 있어 교육과정의 제・개정 시기가 각각 다른 것이 특징이다.

<표 8-1> 특수학교 교육과정의 변천과정

구분	공포(고시)	근 거	시각장애	청각장애	정신지체	지체부자유
제1차 교육과정	1967. 4.15.	문교부령 제181호	·경험 중심 교육과정 ·기초 학력 강조 ·일반 학교 교육과정 정신 반영 ·교과 활동, 반공 -도덕 생활,특별 활동	·경험 중심 교육과정 ·기초 학력 강조 ·일반 학교 교육과정 정신 반영 ·교과 활동, 반공 -도덕 생활, 특별 활동		

제2차 교육 과정	1974. 1.31.	문교부령 제344호			·생활 경험 중심 교육과정 ·초등부(교육가능 정신지체) ·일반성과 특수성의 조화 ·생활, 교과, 특별 활동	
제3차 교육 과정	1977. 2.28.	문교부령 제404호	·학문 중심 교육 과정 ·국민 교육 헌장 이념 구현 강조 ·지식의 구조화, 탐구 학습 강조 ·일반 학교 교육과정 정신 반영 ·교과 활동, 생활 훈련, 특별 활동			
제4차 교육 과정	1979. 3.1.	문교부 고시 제424호	·문교부령 →문교부 고시 ·내용은 변화 없음	·문교부령 →문교부 고시 ·내용의 자구 통일, 문장 전개의 일관성 등 부분 개정 ·교과 활동, 특별 활동	·문교부령 →문교부 고시 ·내용은 변화 없음	
제5차 교육 과정	1983. 12.31.	문교부 고시 제83-13호	·일반 학교 교육과정 정신 반영 ·장애 특성에 따른 교육 내용 수준과 양 조정 ·직업·적성 교육 강화	·일반 학교 교육 과정 정신 반영 ·장애 특성에 따른 교육 내용 수준과 양 조정 ·직업·적성 교육 강화 ·장애 보상 교육 실시(요육 활동)	·장애 정도에 따른 교육과정 2원화(훈련 가능, 교육 가능) ·학년·학급편성 재량권 부여 ·직업 교육 강조 ·생활, 요육 활동, 특별 활동	·초·중·고등부별 교육과정 제정 ·교과 활동, 재활 훈련, 특별 활동 ·직업·적성 교육 강조
제6차 교육 과정	1989. 12.29.	교육부 고시 제89-10호	·국가 기준 성격 강화 ·기초·기본 교육 강화 ·생활 적응 활동 강화 ·유치부 교육 과정 기준 제정 ·직업 교육 강화 ·학교 재량 시간 신설 ·학교 교육과정 편성 의무화	·국가 기준 성격 강화 ·기초·기본 교육 강화 ·유치부 교육과정 기준 제정 ·직업 교육 강화 ·학교 재량 시간 신설 ·학교 교육과정 편성 의무화	·국가 기준 성격 강화 ·기초·기본 교육 강화 ·요육 활동 강화 ·유치부 교육 과정 기준 제정 ·직업 교육 강화 ·학교 재량 시간 신설 ·학교 교육과정 편성 의무화 ·무학년 체제 운영	·국가 기준 성격 강화 ·재활 훈련 활동 강화 ·유치부 교육과정 기준 제정 ·직업 교육 강화 ·학교 재량 시간 신설 ·학교 교육 과정 편성 의무화 ·3개 유형별 교육과정 제시
제7차 교육 과정	1998 6.30.	교육부고시 제1998-11호	·학생 중심 교육과정 ·국민 공통 기본 교육과정 구성 ·고등부 학생 선택 중심 교육과정 및 수준별 교육과정 체제 도입 ·재량 활동의 신설·확대 ·목표(능력) 중심 교육 내용 설정 ·지역 및 학교의 자율·재량 확대		·학생 중심 교육과정 ·기본 교육과정 구성 ·재량 활동의 신설·확대 ·목표(능력) 중심 교육 내용 설정 ·지역 및 학교의 자율·재량 확대 ·정서 장애 학교 교육과정 제정	

2008년 개정 교육과정	2008 2.26.	교육인적자원부 제2008-3호	·교육과정 선택권 개방 -기본교육과정 (국민공통 기본교육과정과 고등학교 선택 중심 교육과 정의 적용이 어려운 1-12학년 장애학생 대상) -국민공통 기본 교육과정(1학년 -10학년) -고등학교 선택중심 교육과정(11학년 - 12학년) ·치료교육활동 삭제 및 재량활동 시간에 치료지원 신설 ·기본교육과정의 7개 교과에서 8개 교과로 확대 ·순회교육, 통합교육, 영어교육, 전공과 교육과정에 대한 교육과정 편성 지침 제시

2. 2008년 개정 특수학교 교육과정의 특성

학습자 중심의 교육과정을 강조하고 열인 교육과정을 표방하는 제7차 특수학교 교육과정은 일반학교 국민 공통 기본 교육과정과 선택중심 교육과정을 도입하면서 종전의 장애 범주별 교육과정에서 장애 비 범주별 교육과정으로 구조를 변화시키고 기본 교육과정을 참가하는 방식으로 체제를 구성하였다. 그러나 제7차 특수학교 교육과정은 학교 현장에 적용되어 오는 과정에서 장애의 중도·중복화에 대한 교육적 요구, 통합교육을 강조하는 이념적 정책적 방향에 적절한 교육과정적 대처 등으로 인한 "적합성"의 문제가 지속적으로 제기되면서, 여러 가지 문제점 및 요구가 나타났다.

(1) 교육의 보편성과 특수성 연관 및 조정의 변화

2008년 개정 특수학교 교육과정은 특수교육 대상학생의 일반학교 교육과정에로의 접근·참여·진보를 보다 용이하게 하기 위하여 일반교육의 보편성을 보다 강조하고, 특수교육의 특수성을 확충하는 방향으로 연관·조정하는 방식이 변화되었다.

(2) 단위학교 교육과정 편성과 운영 재량권의 확대

학교 현장에 특수교육 대상학생의 중도 및 중복화 경향이 지속화됨에 따라 교육적 요구의 다양성에 보다 탄력적으로 대응하여 '교육과정 적합성'을 높이기 위해서 단위학교에 교육과정 편성 및 운영의 자율성을 보다 확대하였다.

(3) 교육과정별 편제(단위)와 시간 배당 기준의 합리적 보완

제7차 특수학교 교육과정이 단위 학교(급)에서 적용·시행되어 오는 과정에서 다소의 문제점으로 제기되었던 기본 교육과정 및 국민공통 기본 교육과정의 교과교육 질 개선 및 국가 교육과정 기준 내실화를 위하여 종전 교육과정 편성·운영 관련 사항들에 대한 합리적인 조적이 이루어졌다.

(4) 주5일 수업제 월 2회 시행에 따른 수업시수의 일부 조정

국가 정책추진 일환으로 제기된 주5일 수업제 월2회 시행에 따른 교육과정적 대처 방안으로 수업일수 및 수업시수에 대한 단위학교에서의 운영 방안에 대한 국가차원의 기준을 합리적인 수준에서 마련하되, 학교급별 특성에 따라 감축 방안을 차별적으로 제시하였다.

(5) 교과 교육과정의 구조 및 내용 개선

특수교육 대상학생 교육의 질은 교과교육의 질에 좌우되는 중요성에도 불구하고, 교과 교육이 보다 체계적으로 이루어지도록 하기 위하여 교육과정별로 교과 구조 개선, 교과 내용 조정을 통하여 교육의 질 개선을 도모하였다.

(6) 교육과정 편성·운영 지침의 합리적 보완

국가수준 특수학교 교육과정의 단위학교 편성 운영의 합리성을 확보하기 위하여 지침체제를 보다 합리적인 수준에서 보완하였다. 즉, 제7차 특수학교 교육과정의 지침 사항으로 명목상 규정만 가지고 있었던 장애영유아 교육, 통합교육, 개별화교육을 위한 교육과정 편성 운영의 가이드 라인(guideline) 체제를 도입하였다.

(7) 국가 및 사회적 요구 사항의 반영

교육과정 적합성은 학습자 측면 뿐만아니라 사회적 측면에서도 고려되어야 하기 때문에 국가 및 사회적인 요구와 필요를 반영하여 교육과정 개정이 이루어졌다. 구체적으로는 “특수교육 관련 법률 개정”에 의한 요구, 일반학교 교육과정에 반영된 국가 및 사회적 요구, 특수교육 효율화를 위한

요구 등의 사항을 반영하여 개정하였다.

(8) 교육과정 전달 체제의 실효성 확보

국가수준 교육과정이 학교수준 교육과정으로 전환되어 실제 수업이 이루어지는 학교(급) 상황에 적용되는 과정을 "교육과정 전달체제"라고 할 수 있으며, 이 과정의 효율화가 교육의 질을 제고하는데 기여하게 된다. 따라서 2008년 개정 특수학교 교육과정은 교육과정 전달체제의 실효성을 확보하기 위한 방편들을 지침 사항으로 신설 및 개정 하였다.

(9) 질 관리 중심의 교육과정 평가 체제 개선

교육의 질 관리는 교육 현상을 발현하는 핵심적 요인이 되는 학습자와 공급자의 양 측면에 대한 지속적인 평가 체제를 통해 이루어지기 때문에, 이들 양 측면에 대한 평가 관련 규정을 보완함으로서 교육의 책무성을 보다 강조하는 방향에서 질 관리 중심의 교육과정 평가 체제를 확립하였다.

3. 2008년 개정 특수학교 교육과정의 주요 내용

(1) 기본 교육과정

첫째, 기본 교육과정은 국민공통 기본 교육과정의 적용이 곤란하거나 불가능한 특수교육 대상 학생을 위한 "대체 적용" 교육과정이다(교육과정의 기능성 강화).

둘째, 일반 유치원 교육과정과 국민공통 기본 교육과정 간의 간극을 메워주는 "보충 보완" 교육과정이다(일반 교육과정과의 연계성 보강).

셋째, 기본 교육과정은 학교급별(초, 중, 고)과 학년별 기준에 의한 교육과정 개념을 탈피하여, 가정환경, 학교환경, 지역환경에서의 "생활"을 중심으로 한 12년간을 하나의 학교 교육체제로 보고 교육과정의 계속성과 계열성을 강조하고 있다.

넷째 기본 교육과정은 정신연령에 따른 "발달과업"과 생활연령에 따른 "생활경험"을 중심으로 3단계로 구성하여 교육과정을 수준별로 계열화하고 있다(단계별 학습내용 재조정).

<표 8-2> 기본 교육과정의 편제와 시간(단위) 배당 기준

<table>
<tr><td colspan="2" rowspan="2">학교
구분 학년</td><td colspan="6">초 등 학 교</td><td colspan="3">중 학 교</td><td colspan="3">고 등 학 교</td></tr>
<tr><td>1</td><td>2</td><td>3</td><td>4</td><td>5</td><td>6</td><td>7</td><td>8</td><td>9</td><td>10</td><td>11</td><td>12</td></tr>
<tr><td rowspan="8">교
과</td><td>국어</td><td>240~ (90)</td><td>(102)</td><td rowspan="2">340</td><td>(136)</td><td rowspan="2">340</td><td>(136)</td><td rowspan="2">306</td><td colspan="2">(136)</td><td rowspan="2">306</td><td colspan="2">(136)</td></tr>
<tr><td>사회</td><td>272 (90)</td><td>(102)</td><td>(136)</td><td>(136)</td><td colspan="2">(102)</td><td colspan="2">(102)</td></tr>
<tr><td>수학</td><td>210~ (90)</td><td>(136)</td><td rowspan="2">238</td><td>(136)</td><td rowspan="2">238</td><td>(136)</td><td rowspan="2">204</td><td colspan="2">(102)</td><td rowspan="2">204</td><td colspan="2">(102)</td></tr>
<tr><td>과학</td><td>238 (90)</td><td>(68)</td><td>(68)</td><td>(68)</td><td colspan="2">(68)</td><td colspan="2">(68)</td></tr>
<tr><td>체육</td><td>180~ (90)</td><td>(102)</td><td rowspan="3">238</td><td>(102)</td><td rowspan="3">238</td><td>(102)</td><td rowspan="3">238</td><td colspan="2">(68)</td><td rowspan="3">238</td><td colspan="2">(68)</td></tr>
<tr><td>음악</td><td>204 (90)</td><td>(68)</td><td>(34)</td><td>(34)</td><td colspan="2">(34)</td><td colspan="2">(34)</td></tr>
<tr><td>미술</td><td>(우리들은 1학년 80) (90)</td><td>(68)</td><td>(34)</td><td>(34)</td><td colspan="2">(34)</td><td colspan="2">(34)</td></tr>
<tr><td>실과·직업</td><td colspan="4"></td><td colspan="2">68</td><td colspan="3">204</td><td colspan="3">272</td></tr>
<tr><td colspan="2">재량 활동</td><td>90</td><td colspan="5">102</td><td colspan="3">102</td><td colspan="3">102</td></tr>
<tr><td colspan="2">특별 활동</td><td>30</td><td>34</td><td colspan="2">34</td><td colspan="2">68</td><td colspan="3">68</td><td colspan="3">68</td></tr>
<tr><td colspan="2">연간 수업 시간 수</td><td>830</td><td>850</td><td colspan="2">952</td><td colspan="2">1,054</td><td colspan="3">1,122</td><td colspan="3">1,190</td></tr>
</table>

① 이 표에 제시된 시간 수는 34주를 기준으로 한 교과군별, 영역별 연간 최소 수업 시간 수이며, ( )은 교과별 최소 수업 시간 수이다.

② 1학년의 교과, 재량 활동, 특별 활동에 배당된 시간 수는 30주를 기준으로 한 것이며, '우리들은 1학년'에 배당된 시간 수는 3월 한 달 동안의 수업 시간 수를 제시한 것이다.

③ 1시간의 수업은 초등학교 40분, 중학교 45분, 고등학교 50분을 기준으로 한다. 다만, 기후, 계절, 학생의 발달 정도, 학습 내용의 성격 등을 고려하여 실정에 알맞도록 조절할 수 있다.

④ 교과 중에서 주당 3시간 이상의 수업 시간 수가 배당된 교과는 주당 1시간 이내에서 감축하여 필요 교과 및 재량 활동 수업 시간으로 운영할 수 있다.

(2) 국민 공통 기본 교육과정

첫째, 초등학교 1학년부터 고등학교 1학년까지 10년간 "국민공통 기본교육 기간"에 적용 가능 특수교육 대상학생을 위한 일반교육의 보편성을 근간으로 편성 · 운영되는 교육과정이다.

둘째, 특수교육 대상학생의 일반학교 교육과정에로의 접근 · 참여 · 진보를 위하여 일반교육의 보편성과 특수교육의 특수성을 연관 · 조정한 교육과정이다(교과별 내용 선정, 학습활동 구성, 교육 활동의 난이도, 학습과제의 유형, 학습과제의 강조점 등에 장애영역별 특성 반영).

셋째, 특수교육 대상학생으로 통합교육을 받게 되는 특수학급에서 편성 · 운영하여야 할 기준 교육과정이며, 교육과정 편성 및 운영을 위한 가이드라인의 개발 기준이 되는 교육과정이다.

넷째, 단위 학교의 교과교육을 위한 적용 용이성을 제고하기 위하여 장애영역별로 특정 교과(국어, 영어, 체육)에 대해서 보완 조치를 강구한 교육과정이다(점자익히기, 언어, 특수체육).

<표 8-3> 국민 공통 기본 교육과정의 편제와 시간(단위) 배당 기준

<table>
<tr><th colspan="2" rowspan="2">구분 \ 학교 / 학년</th><th colspan="6">초 등 학 교</th><th colspan="3">중 학 교</th><th>고등학교</th></tr>
<tr><th>1</th><th>2</th><th>3</th><th>4</th><th>5</th><th>6</th><th>7</th><th>8</th><th>9</th><th>10</th></tr>
<tr><td rowspan="14">교과</td><td>국어</td><td colspan="2" rowspan="2">국 어
210 238</td><td>238</td><td>204</td><td>204</td><td>204</td><td>170</td><td>136</td><td>136</td><td>136(8)</td></tr>
<tr><td>도덕</td><td>34</td><td>34</td><td>34</td><td>34</td><td>68</td><td>68</td><td>34</td><td>34(2)</td></tr>
<tr><td rowspan="4">사회</td><td colspan="2" rowspan="4">수 학
120 136</td><td rowspan="4">102</td><td rowspan="4">102</td><td rowspan="4">102</td><td rowspan="4">102</td><td colspan="4">사 회</td></tr>
<tr><td>102</td><td>·</td><td>68</td><td>102(6)</td></tr>
<tr><td colspan="4">역 사</td></tr>
<tr><td>·</td><td>102</td><td>68</td><td>102(6)</td></tr>
<tr><td>수학</td><td colspan="2" rowspan="2">바른 생활
60 68</td><td>136</td><td>136</td><td>136</td><td>136</td><td>136</td><td>136</td><td>102</td><td>136(8)</td></tr>
<tr><td>과학</td><td>102</td><td>102</td><td>102</td><td>102</td><td>102</td><td>136</td><td>136</td><td>136(8)</td></tr>
<tr><td rowspan="2">실과</td><td colspan="2" rowspan="3">슬기로운 생활
90 102</td><td rowspan="2">·</td><td rowspan="2">·</td><td rowspan="2">68</td><td rowspan="2">68</td><td colspan="3">기술·가정</td><td></td></tr>
<tr><td>68</td><td>102</td><td>102</td><td>102(6)</td></tr>
<tr><td>체육</td><td>102</td><td>102</td><td>102</td><td>102</td><td>102</td><td>102</td><td>68</td><td>68(4)</td></tr>
<tr><td>음악</td><td colspan="2"></td><td>68</td><td>68</td><td>68</td><td>68</td><td>68</td><td>34</td><td>34</td><td>34(2)</td></tr>
<tr><td>미술</td><td colspan="2">즐거운 생활
180 204</td><td>68</td><td>68</td><td>68</td><td>68</td><td>34</td><td>34</td><td>68</td><td>34(2)</td></tr>
<tr><td>외국어
(영어)</td><td colspan="2">우리들은 1학년
80 ·</td><td>34</td><td>34</td><td>68</td><td>68</td><td>102</td><td>102</td><td>136</td><td>136(8)</td></tr>
<tr><td colspan="2">재량 활동</td><td>60</td><td>68</td><td>68</td><td>68</td><td>68</td><td>68</td><td>102</td><td>102</td><td>102</td><td>102(6)</td></tr>
<tr><td colspan="2">특별 활동</td><td>30</td><td>34</td><td>34</td><td>68</td><td>68</td><td>68</td><td>68</td><td>68</td><td>68</td><td>68(4)</td></tr>
<tr><td colspan="2">연간 총
수업 시간 수</td><td>830</td><td>850</td><td>952</td><td>952</td><td>1,054</td><td>1,054</td><td>1,122</td><td>1,122</td><td>1,122</td><td>1,190(70)</td></tr>
</table>

① 이 표의 국민 공통 기본 교육 기간에 제시된 시간 수는 34주를 기준으로 한 연간 최소 수업 시간 수이다. 단, 3~6학년의 연간 총 수업 시간 수는 주5일 수업에 따라 감축된 시간 수이므로 학교에서는 교과 수업 시간 수 중 연간 34시간의 범위 내에서 감축하여 운영한다.

② 1학년의 교과, 재량 활동, 특별 활동에 배당된 시간 수는 30주를 기준으로 한 것이며, '우리들은 1학년'에 배당된 시간 수는 3월 한 달 동안의 수업 시간 수를 제시한 것이다.

③ 1시간의 수업은 초등학교 40분, 중학교 45분, 고등학교 50분을 원칙으로 한다. 다만, 기후, 계절, 학생의 발달 정도, 학습 내용의 성격 등을 고려하여 실정에 알맞도록 조절할 수 있다.

④ 10학년의 ( ) 안에 제시된 숫자는 단위 수이다.

⑤ 교과 중에서 주당 3시간 이상의 수업 시간 수가 배당된 교과는 주당 1시간 이내에서 감축하여 필요 교과 및 재량 활동 수업 시간으로 운영할 수 있다.

(3) 고등학교 선택 중심 교육과정

첫째, 특수학교 고등학교 1학년 과정에서 특수교육 대상학생의 직업교육 내실화를 위하여 학교장의 재량에 의해 편성 · 운영 가능한 교육과정이다.

둘째, 고등학교 2학년-고등학교 3학년 동안 2년간 적용 가능 특수교육 대상학생을 위해서 일반교육의 보편성을 근간으로 편성 · 운영되는 교육과정으로 학생의 교과목 선택 이수를 자율권을 보장한 교육과정이다.

셋째 '보통교과를 중심으로 하는 과정'과 '전문 · 직업 교과를 중심으로 하는 과정'으로 이원화하고, 개별 특수학교와 지역의 특성에 따라 장애 영역에 관계없이 선택적 교과 이수가 가능한 교육과정이다.

넷째, 선택 과목은 학생들의 균형적인 이수를 위하여 인문사회 과목군(국어, 도덕, 사회), 과학 기술 과목군(수학, 과학, 기술 · 가정), 체육과목군(체육), 예술 과목군(음악, 미술), 외국어 과목군(외국어), 교양 과목군(한문, 교양)의 6개 과목군으로 형성된 교육과정이다.

다섯째, 9개의 전문직업 교과(공예, 포장 · 조립 · 운반, 농업, 전자 조립, 제과 · 제빵, 정보 처리, 시각 디자인, 이료, 직업과 생활)로 구성되어 있다.

<표 8-4> 고등학교 선택중심 교육과정의 편제와 시간(단위) 배당 기준

구 분		선 택 과 목
보통 교과	국 어 도 덕 사 회	화법(6), 독서(6), 작문(6), 문법(6), 문학(6), 매체 언어(6) 현대 생활과 윤리(6), 윤리와 사상(6), 전통 윤리(6) 한국 지리(6), 세계 지리(6), 경제 지리(6), 한국 문화사(6), 세계 역사의 이해(6), 동아시아사(6), 법과 사회(6), 정치(6), 경제(6), 사회·문화(6)
	수 학 과 학 기술·가정	수학의 활용(6), 수학 I (6), 미적분과 통계 기본(6), 수학 II(6), 적분과 통계(6), 기하와 벡터(6) 물리 I (6), 화학 I (6), 생명 과학 I (6), 지구 과학 I (6), 물리 II (6), 화학 II(6), 생명 과학 II(6),지구 과학II(6) 농업 생명 과학(6), 공학 기술(6), 가정 과학(6), 창업과 경영(6), 해양 과학(6), 정보(6)
	체 육	운동과 건강 생활(4), 스포츠 문화(4), 스포츠 과학(6)
	음 악 미 술	음악 실기(4), 음악과 사회(4), 음악의 이해(6) 미술과 삶(4), 미술 감상(4), 미술의 창작(6)
	외국어	영어 I (6), 영어II(6), 실용 영어 회화(6), 심화 영어 회화(6), 영어 독해와 작문(6), 심화 영어 독해와 작문(6)
		독일어 I (6), 독일어II(6), 프랑스어 I (6), 프랑스어II(6), 스페인어 I (6), 스페인어II(6), 중국어 I (6), 중국어II(6), 일본어 I (6), 일본어II(6), 러시아어 I (6), 러시아어II(6), 아랍어 I (6), 아랍어II(6)
	한 문 교 양	한문 I (6), 한문 II(6) 생활과 철학(4), 생활과 논리(4), 생활과 심리(4), 생활과 교육(4), 생활과 종교(4), 생활 경제(4), 안전과 건강(4), 환경(4), 진로와 직업(4), 재활과 복지(4), 기타(4)
전문·직업 교과		1) 직업 교과 공예, 포장·조립·운반, 농업, 전자 조립, 제과·제빵, 정보 처리, 시각 디자인, 이료, 직업과 생활 2) 일반 고등학교 선택 중심 교육과정의 전문 교과 3) 학교에서 설정한 그 밖의 교과
이수 단위		132
특별 활동		8
총 이수 단위		140

① ( ) 안의 숫자는 단위 수이며, 1단위는 매주 50분 수업을 기준으로 하여 1학기(17주) 동안 이수하는 수업량이다.
② 학교는 필요한 경우 시·도 교육감의 승인 하에 일반 고등학교 선택 중심 교육과정의 전문 선택 과목을 개설하거나 새로운 과목을 신설할 수 있다.
③ 전문·직업 교육을 주로 하는 고등학교에서는 전문·직업 과목을 80단위 이상 이수한다.
④ 전문·직업 교과의 각 과목에 대한 이수 단위는 시·도 교육감의 승인 하에 학교의 실정과 학생의 적성 및 요구를 고려하여 학교가 정한다.
⑤ 전문·직업 교과의 「이료」 과목은 시각장애 학교에 한한다.

4. 지체부자유아를 위한 교육과정

지체부자유아를 위한 적절한 교육과정의 기준이 없거나 현실에 맞지 않은 교육과정이 없는 경우 그들을 위한 교육은 단편적이고 비효과적으로 남게 된다. 또한 교육과정이 없이는 교육내용을 주간별로 연간별로 기록하고 다른 교사와 나누는 것이 쉽지 않으며, 교사가 지체부자유아에게 어떠한 내용을 가르쳐야 하는지를 독단적으로 정하게 된다. 교육과정 수정은 장애학생의 통합학급에서의 참여를 촉진하기 위하여 교실에서 진행되고 있는 제반 교육과정의 내용을 개별학생의 특성에 맞도록 변화시켜주는 것을 의미한다.

일반적으로 사용되고 있는 교육과정 수정 방법은 내용 단순화 접근, 기능적 기술 추출 접근, 근본 기술 접근의 3가지 방법이 있다.

첫째, 내용 단순화 접근은 일반교육과정의 내용을 장애학생이 참여할 수 있는 수준까지 단순화시키는 것을 의미한다. 학생의 수행 수준에 접근할 때까지 일반교육과정의 목표를 단순화한다.

둘째, 기능적 기술 추출 접근은 일반교육과정의 내용에서 기능적 기술들을 추출하는 것을 의미한다. 일반교육과정의 목표나 기준들을 재 정의하여 그것이 기능적 기술들을 나타내게 하는 것이다.

<표 8-5> 내용 단순화 접근과 기능적 기술 추출 접근의 예

사회과 목표의 예	내용 단순화 접근	기능적 기술 추출 접근
지리 영역: 고장, 지방 및 국토 전체와 세계 여러 지역의 지리적 특성을 체계적으로 이해한다.	· 다른 문화와 다른 나라 사람과 관련된 그림을 오려서 세계 지도 위의 적절한 곳에 붙인다. · 지하철노선표를 보고 자신이 사는 고장의 역에 표시한다. · 입체모형 지도를 보고 산맥을 지적하거나 이름을 말한다.	· 자기의 집 주소를 말한다. · 대중교통수단을 이용하여 목적한 곳으로 이동한다. · 도서관에 가서 지역사회에 관한 화보집을 본다. · 황사 경보에 따라서 외출을 줄인다.
사회생활 영역: 현대 사회의 성격 및 민주적 사회생활을 위하여 시민의 역할, 권리 및 책임을 이해한다.	· 교통법규를 알고 지킨다. · 학급회의시 반 전체의견을 결정하기 위해 사용하는 다수결의 원칙을 안다.	· 쓰레기 분리수거를 한다. · 급식시간과 조회시간에 줄을 선다. · 화재 경보 시 안전 규칙에 따른다.

출처 : 박승희(2003). 한국장애학생의 통합교육. 서울: 학지사.

셋째는 근본기술 접근으로 교수할 여러 기술 중에서 가장 근본이 되는 기술들을 의미하면서 사람들에게 가능성과 기회를 부여하는 기술이다. 근본기술의 발달은 교과 활동뿐만 아니라 다양한 범주의 활동을 통해서 이루어질 수 있다. 그러나 중도장애학생에게는 이러한 근본기술들에서 개인적으로 의미 있는 수행성과를 성취하기 위해서는 그 근본기술들에 특별한 관심과 직접적인 교수가 명시적으로 계획되어 있어야한다.

<표 8-6> 근본기술 접근의 예

우선 목표 영역들	*근본기술	**개별화된 수행 성과
[언어와문학] 의사소통	· 타인과 효과적으로 상호작용하기 위해 듣기와 의사소통 전략을 사용한다.	· 말과 보완대체 의사소통판을 이용하여 보다 명확한 자기표현을 한다. 주어진 정보를 듣고 타인과 정확하게 의사소통을 한다.
읽기	· 문학을 즐긴다. 다양한 목적으로 책/자료를 읽는다.	· 선호하는 책을 소유한다. · 그림으로 된 책과 이야기로 구성된 책을 읽는다.

쓰기	· 정보와 아이디어를 의사소통하기 위해 쓰기를 한다.	· 아이디어를 기술하여 저널을 쓰고 중심단어를 보고 적는다.
〔수학〕 수학 이해와 문제해결	· 수를 이해하고 매일의 문제를 해결하기 위해 기초수학 개념과 연산을 사용한다.	· 일상적으로 일어나는 상황에서 기초적인 숫자를 사용한다(수세기 과제, 수세기 게임, 점수 계산 등), 문제해결을 위해 1-20까지의 수를 어림잡거나 셀 수 있다.
돈/시간관리	· 거래를 하기 위해 효과적으로 돈을 사용한다. 적절하게 일정을 관리하고 시간을 사용한다.	· 기본적인 거래를 위해 동전과 지폐의 가장 익숙한 조합을 셈할 수 있다.

* 모든 학생을 위한 기준들에서 추출된 근본기술들

** 모든 학생들을 위한 근본기술과 관련된 일반학급에 통합된 장애학생의 개별화된 수행성과

출처: 박승희(2003). 한국장애학생의 통합교육. 서울: 학지사.

여기에서는 특수학교 교육과정의 종류와 변형된 교육과정의 종류를 살펴보고 지체부자유아에게 적절한 교육과정이 어떠한 것인지를 이해할 필요가 있다.

1) 특수학교 교육과정의 종류

특수학교 교육과정은 일반적으로 교사의 결정에 의한 것이며, 교과 내용이 개별화 교육계획에 따라 정해진다. 교육과정의 종류는 일반 교육과정과 특수 교육과정으로 나눌 수 있다. 특수교육 과정에 속하는 교육과정으로 개별화 교육과정, 수정된 교육과정 그리고 생활 중심 교육과정 등을 들 수 있다.

(1) 개별화 교육과정

지체부자유아를 위한 기존의 교육과정이나 수정된 일반 교육과정보다는 장애 개개인의 능력을 최대로 고려한 개별화 교육 계획에 의한 개별화 교육과정이 더 적절할 수 도 있다. 이러한 개별화 교육과정 속에는 장애아 자신은 물론 부모, 형제, 특수교육 관련 종사자 그리고 지역사회인 등이 요구되는 다양한 요인 들이 교육과정 내용에 포함될 수 있기 때문이다. 그러나

지체부자유아를 위한 개별화 교육과정은 일반 교육과정의 전반적인 내용을 다루기보다는 장애 학생이 취약하다고 진단 평가된 내용만을 다룬다는 약점을 지니고 있다.

(2) 관련된 교육과정

장애가 경도인 지체부자유아의 교육과정은 일반 교육과정에 따라야 하지만 장애에 맞도록 일반 교육과정을 수정하거나 보완하고 통합학급에서 교육을 받을 경우 특수교사는 두 교육과정 사이의 관련된 교육과정을 정하여 일반 교사에게 조언과 협력을 해야 한다(Lovin, 1993). 학습능력이 있는 지체부자유아의 경우는 특수학교에 재학 중이라도 인근 일반학교에 가서 수업 받도록 방문하여 일반교사와 아동의 교육을 의논하는 것이 가장 바람직하다. 일반 교육과정과 특수 교육과정의 내용이 최대한 같아야 하지만, 비 장애아와 마찬가지로 지체부자유아들은 교육적 필요가 다르다(Reynolds, 1990). 이러한 교육과정은 지체부자유아와 같은 나이와 다른 비장애아와 함께 적용할 수 있도록 하는데 목표를 두고 있다.

지체부자유학생의 교육평가와 교육과정상의 발달에 있어서는 어느 정도 생태학적 중재 전략의 사용이 불가피하다. 생태학적 중재는 지역사회에 적응하기 위해 필요한 실제적인 행동을 반영하고 있기 때문이다. Falvey(1989)는 생태학적 중재를 이끌어내는 단계들의 목록을 다음과 같이 제시하고 있다.

① 생활 관리 교육 과정을 가사, 직업, 오락, 사회참여의 항목으로 나누는 것
② 각각의 항목에 대해 동연령의 비장애 아동이 할 수 있는 능력을 묘사하는 것
③ 각 환경 속에 포함된 소 환경 체제를 구분하는 것
④ 각 소 환경 속의 활동들을 분류하기
⑤ 각 활동에 참여하기 위해 필요하거나 갖추어야 할 특수한 기술들을 구분하기

2) 변형 수준에 따른 선택형 교육과정

Bigge(1988)은 지체부자유아의 장애에 적절한 교육과정을 개발하기 위해

일반 교육과정을 기초로 변형하되, 교육과정과 교수-학습 방법의 변형 수준은 아동의 능력 수준에 따라 적절해야 한다. 일반 교육과정의 기본 학습능력은 읽기, 쓰기, 말하기, 수학능력을 의미하며, 듣기능력, 이해력 ,학습 계획능력, 외국어 구사 능력 등을 포함하기도 한다. 일반 교육과정을 중심으로 하여 변형한 교육과정은 일반을 따라 갈 수 있을 정도의 인지능력을 가지고 있는 지체부자유아에게 적절하며, 변형 정도는 지체부자유아의 인지능력의 정도에 따라 개별화하여야 한다. 장애가 심한 지체부자유아의 경우에는 일반 교육과정에서 많이 이탈하여 그 중 가장 중요하고 기능적인 교육목표를 최대한 많이 성취하도록 하는 교육에 초점을 맞추기도 한다. 이러한 여러 형태의 교육과정은 아동의 개별적인 장애 정도에 따라 유동성 있게 사용한다.

(1) 일반교육과정과 동일한 교육과정

지체부자유 아동 중에는 비록 신체적 장애는 있더라도 일반 교육과정의 교과내용을 변형하거나 특수교사의 도움없이 스스로 수행할 수 있는 아동들이 있다. 그러나 신체적 장애를 고려하여 교과자료나 학습방법의 변형이 필요한 경우가 있다. 예를 들면, 언어장애가 있는 경우 수업 시 반응하는 방법은 말 대신 다른 방법을 사용 할 수 있다.

<표 8-7> 국민공통기본교육과정 적용 - 일반교육과정과 동일한 교과과정

월	주	기간	교육목표	교육내용	학습자료	평가
9	1		100까지의 수를 세고 두 수의 크기를 비교할 수 있다.	·몇십 알아보기 ·몇십 몇 알아보기 ·100까지 수의 순서 알아보기 ·두수의 크기 비교하기	국공수학 1나-1	
	2					
	3					
	4		여러 가지 모양을 알고 대고 그릴 수 있다.	·여러 가지 모양 알아보기	국공수학 1나-2	
10	5		여러 가지 모양을 알고 대고 그릴 수 있다.	·여러 가지 모양 찾기	국공수학 1나-2	
	6			·여러 가지 모양 그리기	국공수학 1나-2	
	7			·규칙 찾기	국공수학 1나-2	
	8		10을 두 수로 가르고 모을 수 있다.	·구체물로 10을 가르기 ·10을 두 수로 가르기 ·10이 되게 두 수 모으기	국공수학 1나-3	
	9		10이 되는 더하기와 빼기를 할 수 있다.	·10이 되는 더하기 ·10에서 빼기	국공수학 1나-4	

(2) 평행적 교육과정

지체부자유아를 위한 평행 교육과정은 각 교과목의 교육목표로 일반 교육과정과 동일하거나 유사한 학습목표를 추구하는 것이다. 지체부자유 학생이 교과영역에서 교수를 받는 동안에 필요한 보조공학기기의 사용에 대한 훈련을 하고 교수 학습활동을 할 때 사용하게 되는 교육과정이다. 신체장애로 인해 교육내용이나 교과 자료나 교육방법, 평가방법을 수정할 필요가 있다. 언어장애가 있는 경우에는 의사소통판이나 보완대체 의사소통기기를 활용하여 답을 지적하거나 소리를 들을 수 있으며, 손을 전혀 사용할 수 없는 경우에는 마우스나 헤드 스틱이나 대체 키보드, 터치스크린 등을 사용할 수 있다.

<표 8-8> 국민공통기본교육과정 수정 적용 - 평행적 교육과정 적용 예

월	주	기간	단원	교육목표	교육내용	평가
4	6		1.이야기 샘	그림에 어울리는 문장을 만들 수 있다.	· 그림을 보고 이야기 완성하기	
	7		2. 나라면 이렇게	꾸미는 말을 넣어 문장을 만들 수 있다.	· 꾸미는 말 익히기 · 꾸미는 말을 넣어 문장 바꾸기	
	8		한 걸음 더	경험한 일을 조리있게 말할 수 있다.	· 언제, 누구와, 무엇을 했다의 문장으로 쓰기	
	9		1. 두 눈을 반짝이며	낱말을 보고 떠오르는 낱말을 말할 수 있다.	· 떠오르는 낱말쓰기 · 떠오르는 낱말을 사용하여 문장 만들기	

(3) 저학년 교육과정

장애아동에게 교육과제의 복잡성을 단순화한 쉬운 과제를 선택하는 방법 중의 하나가 그 아동의 생활 연령보다 낮은 학년의 교육과정을 도입하는 것이다. 저학년 교육과정은 일반교육과정과 같거나 비슷한 교육 목표를 정하는 방법과 아동이 수행하기 어려운 교육목표를 쉽거나 다른 학습 목표로 대치하는 방법을 결합하는 방법이다. 이 교육과정은 반드시 아동의 생활연령에 적당한 교육 과제를 선정해야 하는 것을 유념해야 한다. 예를 들면, 가장 높은 단계부터 점차 한 학년씩 뒤로 가면 평가하여 아동에게 맞는 수준의 저학년 교육과정을 선택해야 한다.

<표 8-9> 국민공통기본교육과정 수정 적용 - 저학년 교육과정 작용예

월	주	기간	단원	교육목표	교육내용	학습자료	평가
3	1		1. 분수와 소수	자연수의 분수만큼을 나타내며 분수의 크기를 비교할 수 있다.	·자연수의 분수만큼 색칠하기	국공수학 3나-6	
	2		1. 분수와 소수		·분수를 그림으로 나타내어 크기 비교하기	국공수학 3나-6	
	3		1. 분수와 소수	소수를 읽고 크기를 비교할 수 있다.	·분모가 10인 분수를 소수로 나타내기	국공수학 3나-6	
	4		1. 분수와 소수		·소수점 이하 한자리수의 소수 읽기 ·소수를 그림으로 나타내어 크기 비교하기	국공수학 3나-6	

(4) 기능중심 교육과정

지체부자유아동은 일반적으로 장애가 심해 교과과정의 기초 기술이나 기본 학습내용을 학습하기 어려운 경우가 많다. 기능 중심 교육과정에서는 읽기, 쓰기, 셈하기 등이 실질적으로 필요한 것만을 선택하여 가르친다. 실질적으로 사용 가능한 기능중심 교육과정의 교육목표와 내용도 역시 일반 교유과정이나 저학년 교육과정에서 추출해 내지만, 아동에게 실질적인 상황에서 적용되고 즉시 사용 가능한 교육내용을 학습할 기회를 마련하는 것이 가장 중요하다. 예를 들면, 간판이나 제품 설명서 등과 같은 생활과 관련된 낱말을 읽을 수 있도록 가르치는 것이다.

<표 8-10> 기능적 학업기술 중심 교육과정 적용예

월	주	기간	단원	교육목표	교육내용	평가
9	1		1. 탐구하는 자세	제품의 사용설명서의 그림을 보고 용도에 맞게 사용할 수 있다.	·사용설명서의 그림대로 따라하기 ·모르는 단어의 뜻 알기 ·새로 안 글자 써보기	
	2					
	3		2. 알고 싶어요	새로 안 내용과 관련이 있는 정보를 찾는다.	·신문에서 날씨 찾기 ·오늘의 날씨 말하기	
	4				·신문에서 TV시청 프로그램 찾기 ·좋아하는 프로그램 찾아 시간과 채널 말하기	

(5) 생활중심 교육과정

생활중심 교육과정은 중도(severe)의 지체부자유아나 중복장애 아동을 교육하는데 효과적이다. 이 교육과정은 각 아동의 능력에 맞게 교육과정을 개별화하는데 가장 적절한 방법이다. 생활중심 교육과정은 일반교육의 내용을 반영할 수도 있으며, 아동들에게 독립적으로 일상생활을 하는데 필요한 기초능력을 교육하는데 효과적이다. 아동에게 그가 현재 생활하고 있는 환경이나 앞으로 생활을 할 환경에서 살아가는 효과적인 기능을 교육하기 위하여 생활 중심의 기초능력과 적응행동을 주로 다룬다. 지체부자유아가 만족하고 행복한 생활을 영위하도록 하기 위해서는 인간관계의 유지와 효율성, 개인생활에 필요한 기능, 최소의 기능적 지식, 올바른 작업 태도, 이동능력과 교통수단의 이용능력, 자원 봉사 활동이나 직업, 작업환경에의 적응 등을 학습해야 한다. 이러한 기초능력은 많은 다른 활동의 기초가 되며, 보조나 환경의 변형을 많이 필요로 하는 중도 지체부자유아 일수록 여러 가지 활동에 사용할 수 있는 기초능력을 선택해 교육하는 것이 효과적이다.

특수교사는 아동에게 의미 있는 중요한 교육목표와 학습내용을 선택하기 위해서는 아동의 현재 생활하고 있는 환경이 어디이고 그 환경과 그 안에서 필요한 기술과 1년 후나 3년 후에 아동이 생활환경과 그에 필요한 기술이 무엇인지를 알아내야 한다. 예를 들면 아동에게 필요한 교육과정을 가정과 학교와 지역사회의 세 가지 환경과 개인생활과 위생영역(화장실 사용하기와 화장실 사용하겠다는 의사표시, 식사하기, 건강관리, 요리하기, 시장가기, 교통수단의 이용 등), 작업영역(좋아하는 일, 학교에서 심부름하기, 가정에서 일손 돕기, 자기방 치우기 등), 사회성 영역(취미생활, 전화하기, 쇼핑하기, 학교행사 참여하기등) 그리고 기능적 교과영역(자기가 원하는 장소 찾기에 필요한 안내 표지판 내용, 물건 구입하기에 필요한 문장이나 셈하기 등) 네 가지 활동영역으로 구분할 수 있다.

<표 8-11> 생활중심 교육과정 적용 예

월	일	활 동	교 육 목 표
6		감골뒷산 등반하기	· 호흡을 조절하며 정상에 오를 수 있다.
		우체국 이용하기	· 차례를 기다려 도움받아 통장에 예금할 수 있다.
		인형극 관람	· 질서있게 앉아 연극을 관람할 수 있다
		미트소스 스파게티 만들기	· 스파게티를 포크로 돌려 흘리지 않고 먹을 수 있다.
		여러가지 체육활동	· 여러 친구들과 체육활동을 질서있게 할 수 있다.

(6) 특정 교육과정

지체부자유아를 위한 직업 교육과정은 하나의 분리된 학과목으로 가르치는 것보다는 여러 교육과정에 나누어 포함되어있다. 특수교사는 지체부자유아가 선호하는 활동이 무엇인 가를 관찰하고 그 활동에 필요한 기술이 무엇인가를 고려하여 그 기술을 계발하여 직업으로 연계시켜주어야 한다. 또 다른 예는 지체부자유아의 가장 부족한 대인관계 개선을 위한 특별 교육과정 등도 포함된다.

이상과 같이 지체부자유아의 능력에 맞게 개별화하여 사용하는 여러 가지 교육과정을 살펴보았다. 지체부자유아의 교육과정은 여러 수준에서 아동에게 맞추어 결정하고 반드시 교육내용, 교육자료, 교수-학습방법 등이 반드시 아동의 능력에 맞게 변형되어야 한다.

(7) 지체부자유아의 전환교육과정

전환교육은 미국에서 80년대부터 대두되던 개념으로 1991년 장애인 교육법(PL 101-476: The Individuals with Disabilities Education Act, IEDA)이 특수교육을 받는 모든 아동 중 16세 이상이 되는 아동의 개별화 교육과정에는 반드시 전환 교육계획을 첨부해야 하는 것을 의무화하면서 더욱 특수교육의 관심이 되었다. 전환교육 계획이란 아동이 큰 변화를 앞두고 있는 중요한 길목에서 변화를 쉽게 적용할 수 있도록 아동을 준비하는 것에 중점을 두는 교육과정을 말한다. 예를 들면, 고등학교를 졸업하고 다시 일반사회로 전환하는 것과 같은 큰 변화에 대비해 다가오는 변화 속에 필요로 하는 기능과 지식을 주요 내용으로 구성한 교육을 전환교육 계획이라고 할 수 있다.

전환교육의 내용에는 개인생활 관리, 작업기술, 지역사회 참여, 취미와 여가생활 등의 4개 분야에 걸친 기능을 포함하여 아동이 학교를 졸업하고 일반사회에 참여하여 최대한의 독립적인 생활을 영위하도록 돕는다.

김효선(2002)은 전환교육은 이러한 기초학문, 개인생활, 가정생활, 직업생활, 여가생활 등 모든 분야를 다 고려해 계획을 세우는 영역으로 재활교육이나 진로교육이 직업생활에 중점을 두는 것과는 달리 전환교육은 전인적인 재활에 이르는 넓은 영역을 포함하는 것으로 보고 있다. 물론 직업생활이 전환교육의 중요한 자리를 차지한다. 하지만 직업기술교육은 고등학교와 전공과에서 실시하게 되지만 직업생활을 위한 직업 인식부터 탐구, 실습, 훈련, 취업에 이르는 과정을 포함하여 필요한 것을 조기교육에서부터 특수교육의 학과목에 반영시켜 가르쳐야 한다.

또한 읽기, 쓰기, 셈하기, 말하기뿐만 아니라 학습계획 세우기, 학습습관, 시간표 짜기, 수업듣기, 대학입학정보, 대학진학 및 졸업에 이르기까지 필요한 기초교과내용과 올바른 학습습관을 조기부터 가르쳐야 한다. 대학교육의 경우 아무 도움 없이 특례입학만으로 졸업할 수 있는 지체부자유, 시각장애, 청각장애뿐만 아니라 도움을 주면 대학교육을 마칠 수 있는 장애가 심한 학생과 경도(mild)의 지체부자유 학생들도 고등교육의 기회를 가질 수 있도록 돕는 것으로 전환교육의 범위이다.

① 장애인 중심의 장기목표: 적성, 선호도, 취미

반드시 장애인의 적성과 선호도 흥미를 바탕으로 계획이 세워져야 한다. 학교에서 설정하고 있는 교육과정이나 발달단계에 따른 교육목표를 세우는 기본교육이념과는 차이가 있다.

② 포괄적인 교육과정: 기초학문, 개인생활, 가정생활, 직업생활, 여가생활의 모든 영역

직업재활과 진로상담등의 학문이 장애인의 대학진로나 직업에 중점을 두고 있다. 또한 생활중심 기능교육과 지역사회중심 교육은 중중장애학생의 자립생활에 중점을 두고 있다. 전환교육이 90년대 들어 법제도화 되고 활성화된 이유중의 하나가 바로 이렇게 교육의 실시가 분리되어 시행되었을때 장애학생들의 재활과 질적인 삶의 성취가 어렵기 때문이다. 전환교육은 학생중심으로 재활을 위한 전인적인 교육을 포괄적으로 계획하는 것이다.

③ 통합교과: 특수교육에서 실시하고 있는 교과에 반영되어야 하고 통합교과로 수업을 계획

이 분야는 아직 연구가 활발하지는 못한 분야이다. 전환교육은 고등학교나 전공과가 되어 그때부터 재활을 위한 생활교육과 직업훈련을 하는 특별한 기간의 교육을 의미하는 것이 아니다. 전환교육은 기초학문과 생활에 필요한 기능과 취업을 위한 기술외에 학습준비도, 학습습관, 취업준비, 자기주

장능력 등과 같이 살아가는 필요한 정신적 심리적인 요소를 포함한다. 이러한 심리적인 요소들은 조기교육에서부터 실시해야 한다. 예를들어 시간에 맞추어 출근하는 것은 어려서부터 시간 지키기, 질서 지키기, 책임 수행하기 등 다양하게 교육되어야 자연스럽게 습득하게 된다. 또한 독립적인 생활을 하는데 기본이 되는 선택하는 능력은 어려서 가정생활에서부터 스스로 자신의 옷이나 활동, 먹을 것 등을 선택하는 기회에서부터 시작하여 조기교육과 초등학교에서 자신이 원하는 것을 선택하고 발표하는 것에서 시작된다. 그러므로 많은 전환교육 관련 교과들은 기존 특수학교의 교과과정에 접목되어 통합교과의 형태로 이루어 질 때 가장 큰 효과를 낼 수 있다.

④ 기관간의 협력체계 구축

이것은 전환교육이 담당하는 가장 중요한 요소 중의 하나이다. 즉 학교를 졸업한 후 장애인이 어떻게 사회에서 살아갈 것인가를 미리 생각해야 하는 것으로 졸업 후 성인서비스를 담당할 부서나 기관과 졸업하기 전에 미리부터 알아두고 연결하여 서비스의 공백이 생기지 않고 연계성 있는 서비스가 마련되도록 하는 것이다. 우리나라의 경우, 장애인 복지관의 서비스나 성인 관련 서비스기관, 그룹 홈, 대학이나 직업기술학교 등과 연계하여 서비스 계획을 미리 세움으로써 장애학생이 졸업을 한 다음날부터 지속적으로 다른 기관의 서비스를 받을 수 있도록 하는 것이다. 그러기 위해 기관간의 협력체계가 반드시 이루어져야 한다.

(8) 지체부자유아의 감각 및 운동교육과정

지체부자유아를 위한 교육은 교과교육과 더불어 주요한 영역을 차지하는 것이 감각 및 운동 영역이라고 할 수 있다. 아직까지 체계적인 교육과정이 수립되지는 않았지만, 중도 및 중복화 되어가는 지체부자유아 교육의 현실에서 읽기, 쓰기, 셈하기와 같은 교과교육에 못지않게 주요한 교육과정의 영역으로 강조되고 있다.

감각 및 운동교육은 인체의 각종 감각기능의 촉진과 상호 보완기능의 조화적인 증진을 통하여 인간 생활에 중요한 자조, 자립 기능인 신체운동 능력의 신장과 기초학습 기능을 기르는 데 필요한 지적능력을 개발하는 데 필요한 훈련으로, 여러 가지 감각적 정보에 적절히 대처하고, 감각적 선행

경험을 바탕으로 사물을 변별하는 능력을 기르는 데 중점을 두고 있다.

따라서, 지체부자유학생들이 감각과 운동 학습을 통해 지각 기능을 기르고, 큰 운동 및 작은 운동의 발달을 촉진시켜 일상생활과 학습기초활동에 필요한 기능을 기르는 데 중점을 두고 있는 하나의 영역이라고 볼 수 있다(강수균 등, 1998; 전헌선 등, 2002).

Fisher와 Murray(1991)은 감각·운동통합 이론과 실제의 영역을 중추신경계의 관련이 없는 경도나 중도 학습 및 행동문제을 설명하기 위한 수단으로 제의하였다. 감각·운동통합 결함을 진단하기 위해서 전정감각, 고유수용각 또는 촉각 입력을 포함하는 중추신경 결함이 입증되어야 한다고 했다. Murray와 Anzalone(2007)는 감각·운동통합은 감각운동과 지각운동 접근, 신경발달적 치료, 감각자극 그리고 행동학습의 원리와 같은 다른 이론의 중재전략들과의 통합적인 접근으로 보았다. 감각운동통합의 장애는 동료간의 문제, 공격성 조정, 운동계획 및 주의력 유지의 문제를 야기한다고 했다. 학급구성방법, 수업시간 관리, 교수형태의 융통성에 관한 제의를 하였다. 그리고 동료, 행정가, 부모 그리고 서비스 제공자들의 협력을 제의하였다. 특히 Tulloch(1984)는 장애유아의 기능적 운동과 감각운동통합 기능의 문제의 두 영역에 관해서 정상과 비정상적인 발달 계열을 조사하여 교육과정을 제의하였다.

Frostig의 연구는 1960년대를 통하여 학습장애 분야의 지각-운동발달과 훈련에 역점을 두고 전념하던 중 1970년대에 이르러 운동교육의 이론과 실제를 체계화하였다.

① 감각 및 운동교육의 목표

감각 및 운동교육은 자기의 몸을 움직이는 것이며 여러 활동을 적절히 행하기 위해 필요한 요소로서 감각 및 운동기능의 습득과 신체의식 특히 공간과 시간의 인식, 사물에 대한 기본적 인식 또는 자기의식을 포함하여 여러 능력의 형성을 도모해 나가면서 심리적 제반기능을 높여 궁극적으로는 학습자가 '건강과 행복감'을 느끼도록 하는 데에 있다. 즉, 장애아는 감각 및 운동교육을 통하여 몸을 알고 적절하게 사용하는 것을 학습하며, 또한 의지 전달 기능 및 인지기능을 발달시켜 창조적으로 자신를 표현하고 정서적 성숙과 사회성의 발달을 촉진시키는 데 있다. 즉, 중심적 목표는 건강과 행복감을 높여 감각운동의 여러 가지 기능과 신체의식을 발달시키는 데 있다.

감각 및 운동교육에 의한 학습은 장애아의 발달과정을 배려하며 생존의 기쁨, 또는 행복감의 정통적 요구를 중시하고 행동의 요소로서 운동의 속성이 다양하게 갖추어진 여러 기능과 의식을 향상시키는 것에 의한 결과로서 의지 전달 기능 또는 인지기능을 발달시켜 창조적으로 자신을 표현하는 '모든 능력의 적절한 발달'을 목표로 하고 있다.

② 감각 및 운동교육의 기본적 내용

감각 및 운동교육의 기본적 내용은 Frostig에 의한 아동의 발달 순서에 따라 감각 및 운동기(0~2세), 언어기(2~3세), 지각기(3세~6세), 고차 인지기(6세 이상)로 나누어 아동의 발달단계에 맞추어 지도과제를 설정해 지도하도록 한다. 특히 지도의 기본적 과제로서 감각-운동 기능의 향상, 신체의식의 향상, 시간·공간·인과관계 인식의 향상, 심리적 제반 기능의 향상에 초점을 맞추고 있다.

지도 과제의 구체적 내용을 살펴보면 다음과 같다.

(a) 감각 및 운동기능의 향상

감각 및 운동기능의 정도를 알기 위해서는 여러 가지 방법이 있다. 예를 들면 운동기능 검사기구를 들 수 있는데, 이 검사는 여러 가지 운동 속성의 인지에 의해 작성되어 있다. 위 검사의 하위 검사로서는 몸의 중심선을 가로질러 물건을 이동하는 것을 요구하는 과제를 비롯해 민첩성, 균형, 근력, 지구력 등의 측면으로 이루어져 있다.

이와 같은 운동의 속성을 살펴보면 다음과 같다.

· 협응과 리듬 - 전신에 어느 정도의 근력 또는 근육을 동시에 협응시켜 작용하며, 리듬은 근육의 흐름, 균형을 표시하고 있다.

· 민첩성 - 운동을 시작하는 일 또는 방향을 변화시키는 일 및 민첩하게 위치를 조정하는 능력의 기민성을 말한다.

· 유연성 - 관절을 최대한으로 굽히고 펼치기를 하여 몸의 어느 부분도 용이하게 움직일 수 있는 능력을 말한다.

· 근력 - 전신 혹은 몸의 부분을 사용하여 내는 힘을 말한다.

· 균형 - 마루와 겨우 접촉하고 있는 상태에 그 위치를 지속시키는 능력

으로 그 중에는 정적 균형과 동적 균형이 있으며 또한 물적 균형이 있다.

· 지구형 - 신체활동을 지속시켜 근육의 피로에 감당할 수 있는 능력을 말한다.

이와 같은 운동의 각 속성을 기본으로 해 운동교육 프로그램을 세우며 각각 어린이의 운동과 성과를 주의 깊게 분석하여 어느 운동의 속성에 집중을 가하는 것이 효과적인가를 프로그램화한다. 일반적으로 알려진 것은 아동기에 주로 협응성, 민첩성, 균형 등의 조정력의 숙련을 위한 프로그램을 작성해야 하며, 중요한 일은 프로그램 실천 중에 운동교육 전개의 원칙 및 언어 또는 지각, 인지기 또는 정서발달, 사회적 발달에서 아동의 다른 면의 발달도 고려하면서 감각·운동기능을 향상시키도록 하는 데 있다. 이와 같은 기능 향상을 위한 운동으로 운동교육 프로그램 패턴 카드를 작성하고 있다.

(b) 신체의식의 향상

신체의식은 심리적 및 신체적으로 정상 발달을 위한 기본이 되는 능력이다. 신체의식은 환경으로부터 떨어져 있지만 환경과는 상호작용을 갖고 환경을 지배하는 인간의 자기 자신을 파악하는 데 있다. 이러한 신체의식이 없으면 자신의 존재를 깨닫지 못하며, 자기의식도 자아의 형성 및 타인에 대한 의식 정립도 어렵다.

Frostig는 신체의식의 정의를 운동교육의 입장에서 신체상(body image)과 신체도식(body schema) 그리고 신체개념을 포함한 신체에 관련되는 의식이라고 하였다.

이 신체도식은 아동의 여러 가지 경험과 또는 학습에 의해 발달된다. 일반적으로 2세 또는 3세 전후의 어느 정도의 단계에 도달하며 이로 인해 운동의 확대 또는 타인의 인지 등이 가능하게 된다. 이렇게 함으로써 여러 가지 운동을 자율적으로 통제하며 또한 여러 가지 행동을 자기 자신의 것으로 하여 의식체험 가운데 받아들여서 그것을 정리 또는 통제하며 그 위에 환경의 여러 가지 사항에 대해 자발적이며 적극적인 관계를 갖게 된다. 이와 같은 신체의식의 기능은 아동의 발달에 있어 중요한 요소가 된다.

제9장 순회교육

특수교육은 우리나라에서 급속히 발전되었으나, 장애가 중도이거나 중복되었기 때문에 취학할 수 없어 장기간 교육의 울타리 밖에 놓여 있는, 소위 미취학한 장애아동이 여전히 존재하고 있다. 특히 지체부자유아들 중에 발달이 늦어지거나 심신의 장애 때문에 취학이 곤란하다는 이유로 보호자가 취학유예 혹은 취학면제를 취하고 미취학의 조치가 취해진 아동들이가정이나 병원에 있는 이러한 장애아의 교육행정의 측면에서 제시된 대응책이 순회교육이라 할 수 있다.

우리나라도 2007년 장애인 등에 대한 특수교육법이 전면 개정되고 그에 따른 법적 · 행정적 후속 조치를 지속적으로 강구하는 등 그 동안 교육권에서 배제되어 왔던 장애를 가진 아동들에 대한 교육 조건을 개선시켜 왔다. 중도 · 중복 장애 아동들에게 실질적으로 교육의 기회를 제공하고자 한 '순회교육'에 대한 법적 규정은 무엇보다도 주목되는 최근 변화 중의 하나라 할 수 있다. 순회교육이 대두하게 된 배경을 살펴보면 다음과 같다.

첫째, 교육은 아동의 능력과 특성에 따라 내용이 고려되고 방법이 연구되어야 비로소 헌법에 명문화 되어 있는 '능력에 따라 균등하게 교육을 받을 권리를 갖는다.'는 취지가 실현되는 셈이다. 그러나 현실은 강건한 자나 지능이 높은 자에 대한 교육이 충분히 연구되고 실시되고 있지 않으며 병약자나 지능 발달이 늦어진 자에 대한 교육적 배려도 충분하지 못하다. 즉, 능력에 따른 교육은 공문화하고 있다. 그 가장 단적인 현상이 취학의 유예・면제이다. '취학'과 '교육'은 중복될 수도 있어도 동일한 것은 아니다. 교육은 학교라는 건물 안에서만 하는 것이 아니기 때문이다. 순회교육은 지금까지 교육의 본연의 자세에 대한 근원적인 문제의 제기라고 하겠다. 즉, 중도 장애가 있기 때문에 취학할 수 없다는 의미를 '혼자서 통학할 수 없다.', '학교생활에 견디기 힘들다.'라고 받아들인다 하더라도 '교육할 수 없다.'는 것은 학교에서 평균적으로 주어지는 학습을 여러 사람과 같이 할 수 없다는 것에 불과하다. 그러한 의미에서 오늘날까지 사용되어 온 '교육할 수 없다.'는 말의 내용은 처음부터 평균수준의 성과가 오르지 않는다고 하여 예단하여 교육하기를 단념한 것이며 교육의 포기인 것이다.

둘째, 지체부자유아에게 학교교육은 무리라는 견해 가운데는 학교 또는 학교교육이란 것에 대한 고정관념이 있었다고 할 수 있다. 그것은 학교라는 건물・시설・설비, 교육의 내용・방법, 교사상, 교사의 전문성, 혹은 교육의 장에 관한 이미지의 경직성 등이다. 아직도 '모든 어린이에게 교육을' 실현하는 데는 경직성이 있고 두터운 벽이 있으므로 이것을 해결하지 않으면 안 된다. 그것은 학교라는 건물 밖에서의 교육, 학교 밖에서 활동하는 교직을 제도화하는 것이다. 순회교육은 그 방향에의 노력의 과정이라고 할 수 있으며, 그런 의미에서 순회교육은 새로운 발전을 시도하는 매우 의미 있는 중요한 분야를 개척하고 있는 것이다. 순회교육에서 아동들의 장애는 여러 가지이며 더구나 중도・중복이므로 의료와의 밀접한 관계를 가지면서 지도해 나가지 않으면 안된다. 오히려 교육지도를 위한 팀은 교사만으로서는 불충분하며 의사・의료지원 인력, 보육사 등의 전문 직원과의 팀을 짜는 것이 중요하다. 또 교육을 하는 장도 가정만으로 좁게 한정되어 버린다. 아동들은 이들 집단 가운데서 교육하지 않으면 발달되지 못하는 면이 있다. 그것을 보완하기 위하여서는 집단교육의 장을 고려하고 그 방법을 기획하고 실천할 필요가 있다. 이것을 어떻게 실현하느냐에 대하여도 지금까지의 학교교육의 틀에 얽매이지 않는 새로운 방향이 욕되고 있는 것이다.

셋째, 순회교육은 '교육이란 무엇인가'하는 문제의 근본적인 물음이 되고 있다. 비록 교과학습이 뒤떨어져도 아이들이 배워야 할 것은 참으로 많다. 중도・중복의 심신장애 때문에 교과학습에 큰 기대를 걸 수는 없어도 발달, 자립이나 사회적응교육은 가능한 것이며 불가결의 것이다. 그래서 치료교육

활동은 이들 교육에서 필수적인 것이다.

순회교육 만큼 교육하는 측의 인간에 대한 사랑과 봉사의 중요성을 알려주는 교육은 다른 곳에서는 그 예를 찾아볼 수 없을 것이다. 그것은 순회교육의 장이 그 아동에게는 오직 한 사람의 스승만이 있을 뿐이며 교사에게도 오직 한 사람의 학생만의 있을 뿐이라는 두 사람만의 긴밀한 인간관계 때문일 것이다.

학교라는 교육의 장에서는 아동들은 또래, 교사들과 접촉함으로써 풍부한 인간관계를 경험하게 된다. 그러나 순회교육에서는 교사 한 사람이 전부인 것이다. 이렇게 영향이 큰 교육의 장이 다른 곳에서는 없기 때문에 순회교육에서 교사의 능력과 인격이 문제가 되는 것은 극히 당연한 일이다. 그러므로 아동들의 가족으로부터 나오는 평가도 깊고 날카롭고 엄격한 것이다. 그래서 순회교육의 일차적 목표는 학교 복귀에 두고 있는 것이다.

본 장에서는 순회교육의 개념 및 법적 근거, 국내외의 현상 및 실천 상황, 교사가 갖추어야 할 준비 등에 대해서 지체부자유아를 위한 교육적 입장에서 살펴봄으로써 순회교육의 보다 효율적인 실천 및 전망 등을 검토하기로 한다.

1. 순회교육의 개념 및 법적 근거

1) 순회교육의 개념

순회교육이라는 말은 비교적 오래전부터 사용되어 왔으나 그 개념은 나라에 따라 다소 다른 듯하다. 우리나라에서는 '재택 교육', '방문 교육', '순회교육', '순회 방문 교육', '지원 · 순회교육' 등 다양한 용어들이 혼잡하게 사용되어져 왔다. 이들 용어들은 교육의 장 또는 교육 대상자의 범위와 관련하여 그 의미하는 바가 다소 다를 수 있지만 명확한 개념을 가진 용어로서 서로 구분될 수 있는 것은 아니었다. 따라서 이들 용어 대부분이 좁게는 가정에서 넓게는 특수 교육이 이루는 지는 모든 장면에 까지, 그리고 그 대상자를 좁게는 중도 · 중복 장애 아동에서 넓게는 특수 교육의 요구를 가지는 모든 아동에게 까지 적용될 수 있는 애매하면서도 폭 넓은 개념으로 사용되어져 왔다.

우리나라에서 통용되는 순회교육과 유사한 개념을 가지는 영어말을 보면, ‘itinerant education(or instruction)’, ’peripatetic education(or instruction)’, ’home schooling’, ’homebound education(or instruction)’, ’visiting education(or instruction)’, ’hospital education(or instruction)’ ’residential and itinerant education(or instruction)’, ’homebound and itinerant education(or instruction)’ 등이 있다. 이중 미국의 ’home schooling’제도는 공립 학교 시설에 대한 불만족(25.6%)이나 공립 학교보다 질 높은 교육을 요구하는 고학력을 가진 백인 가정에서 이루어지는 교육(48.9%), 또는 종교상의 이유로 인한 공교육 거부 가정(38.4%)의 부모가 선택하는 것(National Center for Education Statistics, 2001)으로, 이 장에서 다루는 장애 아동을 위한 순회교육과는 다소 차이가 있는 개념이다. 그러나 이 제도는 질병이나 장애로 인하여 통학이 불가능한 아동을 위한 교육(9.0%) 조치 방법이기도 하므로 완전히 다른 개념이라 볼 수 없다. 따라서 우리나라에서 말하는 순회교육이란 ‘itinerant education(or instruction)’과 ‘peripatetic education’이란 말을 번역하여 사용하고 것이라 볼 수 있다. 이 순회교육(peripatetic education)은 유네스코 ‘장애아 교육사전’(中野 외 역, 1990; 원전은 1983년)에 따르면 ‘교사가 아동이 소속하고 있는 각 학교를 방문하여 개인별 혹은 소집단으로 아동들에게 특수한 교육적 원조를 하는 것’으로 정의되지만, 여기에 부연하여 협의의 가정 방문 교육(homebound education)을 포함한다고 되어 있다. 따라서 구미에서 사용되는 순회교육이란 우리나라 장애인 등에 대한 특수교육법(2007)에 규정되는 순회교육과 유사한 개념이라 할 수 있으며, 가정 방문 교육 등 제한적인 의미를 갖는 이러한 유형의 모든 용어가 가지는 의미를 포괄할 수 있는 광의의 개념이라 할 수 있다.

한편 우리나라와 가장 유사한 특수 교육 운영 체제를 가지는 일본에서는 순회교육이라는 용어를 사용하지 않고 訪問 教育(visiting education)이라는 용어를 사용하고 있다. 일본은 1979년 이 방문 교육을 제도화하면서 ‘심신의 장애 상태가 중도 또는 중복되어 있어서, 양호 학교(지체부자유, 정신지체, 병허약아를 교육 대상자로 하는 특수학교를 말함) 등에 통학하여 교육

받기 곤란한 학생에 대하여 양호 학교 등의 교원이 가정, 아동 복지 시설·의료 기관 등을 방문하여 행하는 교육(문부성, 1978)'으로 정의하여 지금까지 사용하고 있다. 따라서 일본에서 통용되는 방문 교육이란 위에서 언급한 특수 교육을 담당하는 교원이 학교를 순회하면서 행하는 순회교육을 제외한 협의의 개념이다.

우리나라는 이상과 같은 구미와 일본에서 규정하는 순회교육에 영향을 받으면서 1994년 처음으로 순회교육에 대한 법적 근거를 갖추게 되었다. 장애인 등에 대한 특수교육법(2007)에 의하면 순회교육이란 '특수교육 교원 및 특수교육 관련 서비스 담당 인력이 각급학교나 의료기관, 가정 또는 복지시설(장애인 복지시설, 아동복시지설) 등에 있는 특수교육대상자를 직접 방문하여 실시하는 교육'으로 정의된다. 따라서 이 용어는 위에서 말하는 영어말 모두를 포함할 수 있는 광의의 개념이며, 일본에서 말하는 방문 교육과 구분된다.

이규식 등(2001)은 이러한 개념의 혼용을 고려하고, 현재 우리나라에서 실질적으로 행해지고 있는 순회교육, 즉 중도·중복 장애 아동을 위한 교육방법으로서 이 개념을 명확히 하고자 하여 순회교육이란 용어를 사용하고 있다. 이들에 따르면 이 용어는 '중도·중복 장애 때문에 공교육의 혜택을 받지 못하고 가정이나 시설 혹은 병원 등에 수용되어 있는 특수 교육 대상자들을 특수 교육을 담당하고 있는 교원이 방문하여 지도하는 특수 교육'으로 정의된다.

이상에 살펴 본 순회교육과 관련한 용어들이 가지는 개념적 범위를 도식화해 보면 그림 9-1과 같다. 여기서 보면 순회교육은 통합 교육형(일반 학교 내 및 일반 학교 간)과 분리 교육형(가정, 시설, 병원)의 순회교육으로 구분될 수 있으며(정대영, 1997), 본고에서 말하는 순회교육은 분리형 순회교육을 의미하는 일본의 방문 교육과 가장 유사한 개념이라 할 수 있다.

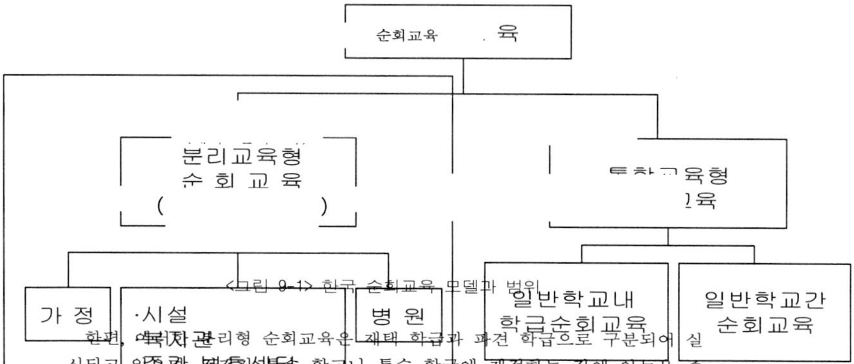

<그림 9-1> 한국 순회교육 모델과 범위

한편, [illegible]리형 순회교육은 재택 학급과 파견 학급으로 구분되어 실시되고 [illegible] 학교나 특수 학급에 재적하는 장애 아동을 주 대상으로 하고 있는 반면, 후자는 주로 복지 시설에 배치되어 있는 장애 아동들에게 특수 학교나 특수 학급에서 파견된 교사들이 지도하는 순회교육 학급 형태이다. 이 재택 학급과 파견 학급은 특수 학교나 특수 학급의 정규 학급으로 편성된다는 점에서 서로 유사하나, 전자가 교사의 방문에 의한 일대일 개별 지도에 의한 것인데 비하여, 후자는 시설에 설치된 학급에 교사가 방문하여 주로 집단 지도를 행한다는 점에서 다소 다르다.

현재 우리나라에서 실시하고 있는 대표적인 순회교육의 모형을 제시하면 다음과 같다.

첫째, 가정 순회모형으로 통학이 어렵고, 학교에서는 의료적 시설이나 건강상의 조치가 곤란한 중도 장애학생을 위하여 순회교사가 가정을 방문하여 학생들에게 교육적 조치와 서비스를 제공하는 모형으로 재택 장애아 순회교육의 주 모형이라 할 수 있다.

둘째, 시설 및 병원순회모형은 장애인 복지시설이나 장기간 병원에 입원중인 중도 장애학생을 위해 순회교사가 방문하여 교육적 조치와 서비스를 제공하는 모형이다. 최근에 건강장애가 특수교육 대상자에 포함됨으로써 장애학생이 아닌 소아암이나 장기입원중인 일반학생들을 위해서는 병원학교 형태의 순회 지도가 이에 속한다.

셋째, 일반 학급 간 순회모형은 특수학급이 설치되어 있는 학교의 특수학급 담당 교사가(특수교육지원센터 특수교사 포함) 특수학급이 설치되어 있지 않는 인근 여러 학교를 묶어 주2회 이상 특수교육서비스를 제공하는 형태의 모형이다. 최근의 순회교육 대상자의 60% 이상에 이 모형을 선택하고 있다.

넷째, 지역사회 전문가 순회모형은 지역사회에 전문가로 인증된 자가 (국가공인 자격증취득) 학교장의 승인을 받아 자신의 전공 영역에 한해서 아동을 지도할 수 있다.

2) 순회교육의 법적 근거

1970년대 이후 '인간의 존엄성과 평등' 또는 '정상화'라는 철학적 이념 또는 운동이 세계적으로 확산되기 시작했다. 이러한 장애인에 대한 인권 획득이라는 국제적인 인식과 함께 어떠한 장애 아동일지라도 '교육받을 권리'를 보장해야 한다는 국제적인 협약이 이루어지게 되었다. 1975년 유엔 총회는 '장애인 권리 선언'에 관한 조항을 만장 일치로 통과시켰으며, 특히 제 6항을 통하여 모든 장애 아동은 권리로서 교육 및 관련 서비스 등을 제공받아야 한다고 하였다(玉村, 박재국, 2001).

이에 따라 미국은 장애아교육법(P.L. 94-142)을 제정하고 통합 교육과 개별 지도 계획에 관한 조항 등을 통하여 장애 아동에게 실질적인 교육 받을 권리를 보장하였다. 영국과 호주는 중도·중복 장애 아동의 교육의 필요성을 인정하여 보건성에서 교육과학성으로 그 관할을 이행시켰으며(玉村, 박재국, 2001), 일본 또한 1979년 양호학교 교육의 의무화를 규정하는 등으로 교육권에서 멀어져 있었던 중도·중복 장애아동에게 실질적인 교육을 제공하고 있다.

우리나라도 이러한 세계적인 움직임에 발맞춰 1977년에 특수교육진흥법을 제정하여 장애 아동에 대한 공교육을 제도화하였으며, 1994년에는 동법을 전면 개정하는 등으로 어떠한 장애를 가졌을지라도 장애가 아무리 무거운 아동일지라도 교육받을 권리를 가진다는 점을 명확히 했다. 이 개정법은 통합 교육(제 2조 6항, 제 15조 관련) 및 개별화 교육(제 16조 관련)에 대한 새로운 규정과 더불어 순회교육(제 2조 5항, 제 14조 관련)에 관한 법적 근거를 제시하고 있으며, 현 교육 체제에서 가장 배제되기 쉬웠던 지체부자유 아동들에게 실질적으로 교육을 제공할 수 있는 제도적 기반을 가지게 했다는 점에서 매우 고무적이라 할 수 있다.

한편, 순회교육의 이념 및 법적 근거는 헌법(제 31조 6항 관련), 초·중등교육법(제 23조 관련), 평생교육법(법률 제 6003호), 장애인 등에 대한 특수교육법(2007) 및 그 후속 조치를 중심으로 그 운영에 관한 법적 근거에 대하여 알아본다.

특수교육법의 제 2조 8항(정의)에 따라 동법 제 25조(순회교육 등) ① 교육장 또는 교육감은 일반학교에서 통합교육을 받고 있는 특수교육대상자를 지원하기 위하여 일반학교 및 특수교육지원센터에 특수교육교원 및 특수교육 관련서비스 담당 인력을 배치하여 순회교육을 실시하여야 한다. ② 교육감은 장애정도가 심하여 장·단기의 결석이 불가피한 특수교육대상자의 교육을 위하여 필요한 경우 순회교육을 실시하여야 한다. ③ 교육감은 이동이나 운동기능의 심한 장애로 인하여 각급학교에서 교육을 받기 곤란하거나 불가능하여 복지시설·의료기관 또는 가정 등에 거주하는 특수교육대상자의 교육을 위하여 필요한 경우 순회교육을 실시하여야 한다. ④ 제1항부터 제3항까지의 규정에 따른 순회교육의 수업일수 등 순회교육의 운영에 필요한 사항은 대통령령으로 정한다.

그리고 장애인 등에 대한 특수교육법 시행령[제정 2008.5.26 대통령령 제 20790호]의 제20조(순회교육의 운영 등) ① 교육장이나 교육감은 법 제25조 제1항에 따른 순회교육을 하기 위하여 순회교육을 받는 특수교육대상자의 능력, 장애 정도 등을 고려하여 순회교육계획을 작성·운영하여야 한다. ② 순회교육의 수업일수는 매 학년도 150일을 기준으로 하여 각급학교의 장이 정하되, 순회교육을 받는 특수교육대상자의 상태와 교육과정의 운영상 필요한 경우에는 지도·감독기관의 승인을 받아 30일의 범위에서 줄일 수 있다. ③ 교육장이나 교육감은 순회교육대상자를 위하여 의료기관 및 복지시설 등에 학급을 설치·운영할 수 있다.

이와 같이 지체부자유 아동에 대한 순회교육은 법적으로 그 당위성을 보장받고 있을 뿐만 아니라 특수 교육의 한 형태로서 인정되고 있다. 즉, 공교육의 기회에 접근하지 못하고 있는 어떠한 장애 아동일지라도 연령의 초과나 능력에 관계없이 그들의 요구에 따라 순회교육을 받을 수 있다는 권리를 보장하고 있다.

그러나 이러한 배경에도 불구하고 그 실천 상황은 아직도 미흡한 수준에 있으며, 여기에는 순회교육의 주 대상인 중도·중복 장애 학생들에 대한 교육의 무용론이나 단지 보호 대상으로만 생각하는 사회의 부정적 인식이 적지 않게 작용하는 것으로 생각된다. 이러한 부정적인 사회적 인식은 순회교육의 발전의 저해 요인이 될 수 있으므로 이상에서 언급한 법적 규정에 대한 확고한 신념과 인식을 근거로 사회적 이해를 촉구하는 것이 무엇보다도 우선되어져야 할 과제로 생각된다.

2. 순회교육의 발전

최근 다시 순회 교사를 의미하는 영어말로 구미 등에서 폭 넓게 사용되고 있는 'peripatetic teacher'라는 말은 B.C. 342년 아리스토텔레스(B.C. 384-322)가 류케이온(Lyceon)이라는 소요학파의 학교를 설립하여 이들 학교를 순회하면서 제자들을 지도했다는 것에서 그 기원을 찾을 수 있다.

이러한 의미를 가진 순회교육이 우리나라에 도입되어 교육 방법으로서 적용된 것은 1963년 부산광역시에서 가정 방문제 특수 학급을 설치 운영하면서 부터이다. 그러나 그 후 지속적인 발전은 보여지지 않았으며, 전헌선(2002)에 의하면 그 본격적인 실천과 연구는 1990년 이후 부터라고 할 수 있다. 그후 1994년 특수교육진흥법의 전면 개정을 계기로 순회교육 담당 교사의 배치 및 그에 따른 대상 학생 수의 증가와 함께 관련 도서, 학위 논문 및 현장 장학 자료 등의 개발과 보급이 급격히 증가하면서 최근 우리나라 특수 교육의 중요 현안으로 자리잡게 되었다(전헌선, 2002).

여기서는 순회교육의 발전 경위와 관련한 주요 사항, 즉 순회교육의 시작, 경기도의 계통적인 발전 과정, 그리고 어려운 조건에도 불구하고 지체부자유 아동을 대상으로 순회교육을 꾸준히 실천해 온 삼육재활학교의 발전 과정에 대하여 알아본다.

1) 순회교육의 시작

교육부(1993)가 우리나라 특수 교육 100년을 기념하여 국가 정책 수립 및 올바른 목표 설정을 위하여 발행한 '특수교육백서'를 중심으로 순회교육의 시작을 정리하면 다음과 같다.

순회교육의 시작은 1963년 3월 부산광역시 김현옥 시장과 오복근 교육감의 협의에 따라 그 당시 취학이 곤란했던 지체부자유 아동 128명을 대상으로 가정 방문제 특수 학급을 개설하면서 부터이다. 동년 7월에는 국가재건최고회의 박정희 의장으로부터 특별 보조금을 받아 1964년 3월에 입학식을 가질 수 있었다. 1965년에는 대상 학생을 236명으로 확대하여 35학급을 편성 운영하기도 하였으나, 1973년에는 182명 28학급으로 축소되었으며 그 후 해가 지날수록 감소하였다. 특히, 1977년 특수교육진흥법 제정에 따른 공립 특수 학교의 설립과 특수 학급의 증설에 따라 순회교육 대상자가 특수 학교나 특수 학급으로 그 학적을 바꾸면서 1992년에는 18명으로 감소하기도 하였으나, 1994년에 이르러 특수교육진흥법이 전면 개정됨에 따라 순회교육이 제도화되면서 다시 증가하는 추세이다. 2001년 3월 현재 부산광역시에서는 312명의 대상자가 34학급으로 편성되어 51명의 교사로부터 순회교육을 받고 있다(정동일, 2002a). 지금의 부산광역시 순회교육의 실천 상황 및 전망에 대해서는 다음 장에서 좀 더 자세히 언급하기로 한다.

2) 경기도 순회교육의 발전

김경남(2002)에 의하면 경기도가 가장 계통적으로 순회교육을 발전시켜 왔으며, 현재의 실천 상황 또한 우리나라 순회교육의 발전에 많은 시사점을 제공하고 있다. 경기도의 순회교육의 발전 과정에 대하여 '특수교육백서'(1993)의 내용을 중심으로 알아보면 다음과 같다.

1979년 3월부터 인천시 1지구에는 교사 1명이 대상자 11명, 2지구에는 교사 1명이 대상자 12명, 그리고 수원시의 매산 초등학교에서 교사 1명이 대상자 9명에 대하여 순회교육을 실시했다. 다음 해인 1980년에는, 성남시 수진초등학교와 부천시의 부천초등학교에 순회 학급이 각각 1학급씩 신설되었고, 교사 2명이 아동 16명을 대상으로 순회교육을 실시해 왔다. 1982년에는 안양시의 만인초등학교에서도 학급을 신설하여 담당 교사 1명이 8명의 학생을 대상으로 순회교육을 실시했다. 그후 계속하여 성남시 산원초등학교에 2학급이 신설되어 교사 2명이 학생 20명을 대상으로 순회교육을 실시하였으며, 이 학교에서는 1988년에서 1990년까지 매년 1학급을 증설하여 순회교육을 실시하고 있다. 그후 계속하여 구리시 토령초등학교에 1학급을 증설하여 아동 8명이, 안양시 반인초등학교에 1학급을 신설하여 8명의 아동이 교육을 받고 있다.

이와 같이 경기도는 지속적인 발전을 거듭하여 1992년 7월에는 수원시 1학급에 아동 6명, 성남시 2학교 6학급에 56명, 의정부시 1학급에 9명, 안양시 1학급에 10명, 부천시 1학급에 8명, 구리시 1학급에 16명, 계 7개교 12학급으로 편성되어 총 101명(남59, 여42)을 대상에게 순회교육을 확대 실시하게 되었다. 그후 10여년이 지난 2001년 6월 현재, 15개 교육청의 31학교에서 47학급을 설치하여 운영하고 있으며, 가정 순회 19학급에 116명, 시설 파견 및 순회가 26학급에 193명, 학교 순회 2학급에 13명 등 총 242명에게 순회교육을 확대 실시하고 있는(이동원, 2001) 등 선구적인 발전 상황을 보여주고 있다.

이동원(2001)에 의하면 최근 들어 시설 파견 형태의 순회교육보다 조기 특수 교육 기관이나 주간 보호 센터와 같은 장애인 이용 시설에 순회 학급이 설치되어 운영되고 있다는 점에서 주목된다. 또한 그는 이러한 형태로의 변화에 대하여 대상 장애아동 부모의 인식 변화, 양질의 시설과 지원 서비스가 가능한 점, 풍부한 인적 자원의 확보와 활용으로 인한 팀어프로치의 실천 등을 예로 들면서 앞으로 이러한 형태의 순회교육이 더욱 증가할 것으로 예상하고 있다.

이상과 같이 경기도는 1979년 순회교육을 실시한 이래 지속적으로 그 대상과 범위를 확대해 왔으며, 체계적으로 순회교육을 발전시키고 있다(전헌선, 2000). 이동원(2000)은 경기도교육청(1998)에서 발간된 순회교육에 관련된 세부 지침서를 토대로 교사 1인당 학생수를 5인으로 규정한 점, 1일 순회 지도 학생 수를 2~3명으로 규정한 점, 그리고 학생 1인당 지도 시간을 1.5시간(90분)으로 규정한 점 등은 타 시·도 교육청과 구분되는 발전적인 특징이다.

3. 순회교육 운영 실태

1990년 이후 중도·중복 장애아들의 교육권의 보장과 특수 교육 대상자의 교육 기회를 보장하려는 국가 정책에 힘입어 순회교육과 특수 교육 지원 교사 운영에 관련된 연구들(정동영 외, 1996; 정동일, 2002; 정재권 외, 1995; 전헌선, 1998)이 이루어지게 되었다. 이에 따라 각 시·도교육청은 순회교육에 대한 제도을 정비하기 시작했고, 경상남도교육청에서는 1997년 3월부터 공립 특수 학교에 5명의 치료특수교육 교사를 배치하여 순회교육을 강화하고 있다. 이와 함께 일부 교육청(대구시교육청, 1997; 제주도교육청, 1997; 충청북도교육청, 1998)에서도 중도·중복장애아에 대한 순회교육을 확대 실시한다고 밝히고 있으며(이규식 외, 1999), 부산광역시교육청(2000)에서는 '재택·순회교육 실시 계획(공문번호 초등81414-353)'을 통하여 실천 의지를 명백히 하고 있다.

여기서는 가장 최근에 전국적 규모로 이루어진 교육과학기술부(2010)의 특수교육 연차 보고서와 2010년 특수교육 통계 결과를 토대로 우리나라의 순회교육 현황에 대하여 알아보며, 최근 부산광역시 교육청(2010)에서 제시하고 있는 '중도 재가 장애아 순회 방문 교육 실시 계획'을 순회교육의 효율적 운영을 위한 도움 자료로서 소개한다. 우리나라 순회교육 현황에 대해서는 淸水(2002)에 의해 보고된 미국의 현황과 일본 전국방문교육연구회에서 조사 보고한 자료(西村, 2002)와 비교한다.

1) 운영 형태별 순회교육 현황

한국의 방문 교육 운영 형태별 설치 학교, 담당 학교, 방문 학교(시설), 편성 학급, 학생, 담당 교사의 수는 다음의 표 9-1과 같다.

<표 9-1> 순회교육 형태별 학교·학급·학생수·교사수

· 특수학교

학급수			학생수															
소계	순회학급	파견학급	전체								순회학급							
			소계		가정		시설		병원		소계		가정		시설		병원	
			전체	여	전체	여	전체	여	전체	여	전체	여	전체	여	전체	여	전체	여
198	131	67	847	359	403	175	434	180	10	4	560	241	377	164	178	76	5	1

학생수								교사수					
파견학급								소계		순회학급		파견학급	
소계		가정		시설		병원							
전체	여	전체	여	전체	여	전체	여	전체	여	전체	여	전체	여
287	118	26	11	256	104	5	3	203	168	132	114	71	54

· 특수학급

학급수			학생수																			
소계	순회학급	파견학급	총계										순회학급									
			소계		가정		시설		병원		일반학교		소계		가정		시설		병원		일반학교	
			전체	여	전체	여	전체	여	전체	여	전체	여	전체	여	전체	여	전체	여	전체	여	전체	여
479	329	150	2,346	909	534	217	1,137	443	50	22	625	227	888	345	452	177	339	136	5	2	92	30

학생수																				교사수							
파견학급										겸임 순회교육										소계		순회학급		파견학급		겸임순회교육	
소계		가정		시설		병원		일반학교		소계		가정		시설		병원		일반학교									
전체	여	전체	여	전체	여	전체	여	전체	여	전체	여	전체	여	전체	여	전체	여	전체	여	전체	여	전체	여	전체	여	전체	여
894	351	52	27	779	297	45	20	18	7	564	213	30	13	19	10	-	-	515	190	546	414	218	166	157	118	171	130

· 특수교육지원센터

학생									
계		가정		시설		병원		일반학교	
전체	여	전체	여	전체	여	전체	여	전체	여
4,890	1,752	295	113	157	65	4	1	4,434	1,573

교사															
계				특수교사				재활복지교사				치료교육교사			
정규교사		강사		정규교사		강사		정규교사		강사		정규교사		강사	
전체	여	전체	여	전체	여	전체	여	전체	여	전체	여	전체	여	전체	여
205	165	453	353	111	80	350	266	88	79	14	12	6	6	89	75

출처 : 교육과학기술부(2010), 특수교육 연차 보고서 및 2010년 특수교육통계

여기서 보면 2010년 9월 현재 우리나라 순회교육 대상 학생 수는 8,083명으로 매년 학생 수가 증가하고 있음을 알 수 있다. 우리나라는 일반학교 방문(5,050명, 62.6%), 시설 파견 학급(1,728명, 21.4%), 가정 방문(1,232명, 15.2%), 및 병원 방문(64명, 0.8%)로 전체 순회교육 대상 학생 수의 약 62.4%가 일반학급 대상의 학생수가 점유하고 있다는 점에서 특징적이다.

2010년 4월 현재 특수학교 198개 순회·파견학급에서 203명의 교사들이 순회교육을 실시하고 있다.

특수학교 순회교육 대상학생수는 총 847명으로, 기관별로 가정 403명, 시설 434명, 병원 10명이며, 학교과정별로 장애영아 12명, 유치원 58명, 초등학교 333명, 중학교 230명, 고등학교 214명이다. 그리고 특수학급 479개의 순회·파견학급에서 546명의 교사들이 순회교육을 실시하고 있다.

특수학급 순회교육 대상자의 수는 총 2,346명으로, 기관별로 가정 534명, 시설 1,137명, 병원 50명, 일반학교 625명이며, 학교과정별로 유치원 44명, 초등학교 1,320명, 중학교 599명, 고등학교 383명으로 나타나고 있다.

특수교육지원센터에 658명의 교사들이 순회교육을 실시하고 있으며, 순회교육 대상자는 총 4,890명으로, 기관별로 가정 295명, 시설 157명, 병원 4명, 일반학교 4,434명이며, 학교과정별로 유치원 537명, 초등학교 2,398명, 중학교 985명, 고등학교 970명으로 나타나고 있다.

이러한 현상은 우리나라 순회교육의 대상자가 시설이나 가정에서 통합교육의 환경에 집중적으로 분포한다는 점에서 통합 교육의 방향에서 순회교육이 이루어지고 있음을 알 수 있다.

그리고 일본(2002)의 경우는 방문 교육 전체 대상 아동 중 가정 방문(1,731명, 59%)과 병원 방문(734명, 25%)에서 전체의 84%를 나타내고 시설 방문은 16%에 지나지 않는 것과 비교하면 다소 차이가 있음을 알 수 있다.

학령기를 지난 장애인이 순회교육 대상자로서 적지 않게 포함되고 있다는 점에서 앞으로 요구되어질 장애인의 생애 교육을 생각할 때 바람직한 현상일 수도 있다. 또한 미국의 경우, 1997~1998학년도 순회교육(가정 및 병원 순회교육; 이 경우는 16~60일을 초과하지 않는 A형과 60일 이상의 조치를 요하며 IEP작성이 요구되는 B형으로 구분되므로 우리나라의 순회교육의 개념과 다소 다름)을 받은 아동(6~21세) 수는 29,283명이며, 이 중 건강

장애 아동은 8,540명으로(미국연방교육국, 2000) 전체 순회교육 대상 아동 수의 약 30%를 점유하고 있다. 이러한 현상은 위의 일본의 현상과 더불어 우리나라 순회교육에 있어서의 병원 순회교육 및 중도 장애 아동에 대한 의료적 케어에 대한 조치가 시급히 이루어져야 함을 시사한다고 볼 수 있다.

한편, 정상조(1998)에 의하면, 가정 순회교육 대상자들은 다음의 4가지 상황으로 그 이유가 구분되며, 시설 순회교육 대상자의 경우는 중도·중복 장애로 인하여 통학이 불가능한 경우가 대부분이다.

① 장애를 경감하고 개선하려는 가족의 의지가 결여된 상태로 기본적인 생리 문제만 해결한 채 방치된 경우

② 장애에 대한 이해 및 정보 부족으로 적절히 대처하고 있지 못한 경우

③ 장애에 대한 이해는 있으나 가정 형편상 치료 및 기타 처치를 포기한 경우

④ 다른 가족의 행복 유지를 위하여 시설 등 기타 장소에 위탁하기를 원하는 경우

2) 학교 과정별 방문 교육 현황

표 9-2는 순회교육 대상자 현황을 연령별로 제시한 것이다. 여기서 보면 6-14세에 걸친 초등학교 재적 학생이 순회교육의 주된 대상자이다.

표 9-2에 의하면 전체 순회교육 대상자 중 취학 전(유아, 유치) 651명(16.7%), 초등학교 4,051명(19.7%), 중학부 1,814명(25.1%), 고등부 1,567명(32.2%)으로 중고등부 학생이 50%이상을 차지하고 있는 것으로 나타났다.

교육형태별로 살펴보면, 특수학교의 경우 취학 전(유아, 유치) 70명(8.3%), 초등학교 333명(39.3%), 중학부 230명(27.2%), 고등부 214명(25.3%)으로 중고등부 학생이 50%이상을 차지하고 있는 것으로 나타났다. 즉 특수학교의 순회교육은 초, 중, 고등부 비슷한 비율로 교육을 받는 것으로 나타났다. 특수학급의 경우는 취학 전(유아, 유치) 44명(1.9%), 초등학교 1,327명(56.3%), 중학부 599명(25.5%), 고등부 383명(16.3%)으로 중고등부 학생이 50%이상을 차지하고 있는 것으로 나타났다. 특수학급의 순회교육은 초등부 학생이 56.3%로 가장 높은 것으로 나타났다. 그리고 특수교육지원센터는 취학 전

(유아, 유치) 537명(11.0%), 초등학교 2,398명(49.0%), 중학부 985명(20.1%), 고등부 970명(19.8%)으로 초등부 학생이 약 50%를 차지하고 있어 특수교육지원센터의 순회교육은 초등부 학생에 중점을 두고 있다.

<표 9-2> 순회교육 과정별 학급수

· 특수학교

총계												가정											
계		장애영아		유치원		초등학교		중학교		고등학교		계		장애영아		유치원		초등학교		중학교		고등학교	
전체	여	전체	여	전체	여	전체	여	전체	여	전체	여	전체	여	전체	여	전체	여	전체	여	전체	여	전체	여
847	359	12	4	58	25	333	143	230	85	214	102	403	175	4	1	29	12	164	76	104	43	102	43

시설												병원											
계		장애영아		유치원		초등학교		중학교		고등학교		계		장애영아		유치원		초등학교		중학교		고등학교	
전체	여	전체	여	전체	여	전체	여	전체	여	전체	여	전체	여	전체	여	전체	여	전체	여	전체	여	전체	여
434	180	8	3	29	13	160	63	125	42	112	59	10	4	-	-	-	-	9	4	1	-	-	-

· 특수학급

학급수			학생수																			
소계	순회학급	파견학급	총계										순회학급									
			소계		가정		시설		병원		일반학교		소계		가정		시설		병원		일반학교	
			전체	여	전체	여	전체	여	전체	여	전체	여	전체	여	전체	여	전체	여	전체	여	전체	여
479	329	150	2,346	909	534	217	1,137	443	50	22	625	227	888	345	452	177	339	136	5	2	92	30

학생수																				교사수							
파견학급										겸임 순회교육																	
소계		가정		시설		병원		일반학교		소계		가정		시설		병원		일반학교		소계		순회학급		파견학급		겸임순회교육	
전체	여	전체	여	전체	여	전체	여	전체	여	전체	여	전체	여	전체	여	전체	여	전체	여	전체	여	전체	여	전체	여	전체	여
894	351	52	27	779	297	45	20	18	7	564	213	30	13	19	10	-	-	515	190	546	414	218	166	157	118	171	130

· 특수교육지원센터

총계										가정									
계		유치원		초등학교		중학교		고등학교		소계		유치원		초등학교		중학교		고등학교	
전체	여	전체	여	전체	여	전체	여	전체	여	전체	여	전체	여	전체	여	전체	여	전체	여
4890	1752	537	187	2398	858	985	353	970	354	295	113	81	32	99	42	67	25	48	14

시설										병원									
소계		유치원		초등학교		중학교		고등학교		소계		유치원		초등학교		중학교		고등학교	
전체	여	전체	여	전체	여	전체	여	전체	여	전체	여	전체	여	전체	여	전체	여	전체	여
157	65	8	1	84	39	46	17	19	8	4	1	-	-	1	-	-	-	3	1

일반학교									
소계		유치원		초등 학교		중학교		고등 학교	
전체	여	전체	여	전체	여	전체	여	전체	여
4434	1573	448	154	2214	777	872	311	900	331

· 일반학교

총계		유치원		초등학교		중학교		고등학교	
전체	여	전체	여	전체	여	전체	여	전체	여
2742	1030	458	149	1157	467	628	242	499	172

총계		특수학교 교사		특수학급 교사		특수교육지원센터 교사(강사 포함)	
전체	여	전체	여	전체	여	전체	여
1091	901	6	2	104	87	981	812

자료: 교육과학기술부(2010), 특수교육 연차 보고서 및 2010년 특수교육통계

이러한 현상은 일본의 양호학교에 있어서의 초등부와 중등부 간에 격차 없이 같은 수준으로 방문 교육이 이루어지고 있다는 점에 비추어, 초등부 중심으로 이루어지고 있는 우리나라 순회교육이 중·고등부를 포함한 것으로 더욱 확대되어져야 함을 시사하고 있다.

한편, 미국의 경우(Massachusetts 주의 경우) 취학전 교육에서 순회교육이 중심적으로 이루어지고 있는 현상(清水, 2002), 즉 가정 중심 교육(hame-based program), 센터 중심 교육(center-based program), 그리고 양자를 혼합한 교육(combined progeam) 등에 의한 순회교육이 이루어지고 있다는 점은 3.2%에 지나지 않는 우리나라 조기 순회교육의 재고에 여지를 지적할 수 있게 하는 현상이다. 이러한 점에서 보면, 경기도에서 실시되고 있는 조기 특수 교육 기관이나 주간 보호 센터와 같은 장애인 이용 시설에서의 순회교육은 전국적으로 더욱 확대 장려되어질 필요가 있다.

3) 장애 연령별 순회교육 현황

지체부자유아 중 발달이 늦어지거나 심신의 장애 때문에 취학이 곤란하다는 이유로 보호자가 취학유예 혹은 취학면제를 취하고 미취학의 조치가 취해진 아동들을 위한 순회교육은 연령별에 따라 차이를 나타내고 있다. 표

9-3은 장애 연령별 순회교육 대상자 수를 나타내고 있다. 표 9-3에 의하면 전체 순회교육 대상자 중 18세 이상 1,349명(16.7%), 15-17세, 1,589명 (19.7%), 12-14세, 2,032명(25.1%), 6세-11세 2,603명(32.2%) 5세 미만 482명 (0.5%)으로 학령기에 해당하는 장애학생이 70%이상을 차지하고 있으며, 18세 이상도 16.7%로 많은 장애학생이 순회교육을 혜택을 받고 있음을 알 수 있다. 그러나 취학 전 장애 아동은 0.5%에 그쳐 아직까지 조기교육을 위한 순회교육에 관한 대책이 부족함을 확인할 수 있다.

교육형태별로 살펴보면, 특수학교의 경우는 18세 이상 308명(36.4%), 15-17세, 168명(19.8%), 12-14세, 114명(13.5%), 6세-11세, 162명(19.1%), 5세 미만 55명(6.5%)으로 18세 이상의 장애학생이 순회교육을 가장 많이 받고 있다. 특수학급의 경우는 18세 이상 660명(28.1%), 15-17세, 436명(18.6%), 12-14세, 526명(22.4%), 6세-11세, 698명(29.8%), 5세 미만 26명(1.1%)으로 초등부 장애학생이 순회교육을 많이 받는 것으로 나타났다. 또한 특수교육지원센터의 경우는 18세 이상 377명(7.7%), 15-17세, 985명(20.1%), 12-14세, 1,362명(27.9%), 6세-11세 1,743명(35.6%), 5세 미만 401명(8.2%)으로 특수학급과 마찬가지로 초등부의 학생이 순회교육을 가장 많이 받고 있다고 할 수 있다.

<표 9-3> 순회교육 연령별 현황

· 특수학교

총계														가정													
계		0~2		3~5		6~11		12~14		15~17		18~		계		0~2		3~5		6~11		12~14		15~17		18~	
전체	여	전체	여	전체	여	전체	여	전체	여	전체	여	전체	여	전체	여	전체	여	전체	여	전체	여	전체	여	전체	여	전체	여
847	359	11	4	54	22	162	75	144	46	168	71	308	141	403	175	3	1	25	9	92	51	92	31	92	42	99	41

시설														병원													
계		0~2		3~5		6~11		12~14		15~17		18~		계		0~2		3~5		6~11		12~14		15~17		18~	
전체	여	전체	여	전체	여	전체	여	전체	여	전체	여	전체	여	전체	여	전체	여	전체	여	전체	여	전체	여	전체	여	전체	여
434	180	8	3	29	13	66	22	48	13	76	29	207	100	10	4	-	-	-	-	4	2	4	2	-	-	2	-

· 특수학급

총계														가정									
계		~5		6~11		12~14		15~17		18~		계		~5		6~11		12~14		15~17		18~	
전체	여	전체	여	전체	여	전체	여	전체	여	전체	여	전체	여	전체	여	전체	여	전체	여	전체	여	전체	여
2346	909	26	4	698	272	526	218	436	161	660	254	534	217	6	1	142	58	135	55	135	51	115	52

시설												병원											
계		~5		6~11		12~14		15~17		18~		계		~5		6~11		12~14		15~17		18~	
전체	여	전체	여	전체	여	전체	여	전체	여	전체	여	전체	여	전체	여	전체	여	전체	여	전체	여	전체	여
1137	443	3	-	210	85	158	74	226	83	540	220	50	22	3	1	25	12	15	6	7	3	-	-

일반학교											
계		~5		6~11		12~14		15~17		18~	
전체	여	전체	여	전체	여	전체	여	전체	여	전체	여
625	227	14	2	321	116	218	83	68	24	4	2

· 특수교육지원센터

총계												가정											
계		~5		6~11		12~14		15~17		18~		계		~5		6~11		12~14		15~17		18~	
전체	여	전체	여	전체	여	전체	여	전체	여	전체	여	전체	여	전체	여	전체	여	전체	여	전체	여	전체	여
4890	1752	401	143	1743	626	1352	482	985	349	377	147	295	113	73	27	69	35	50	17	55	18	47	14

시설												병원											
계		~5		6~11		12~14		15~17		18~		계		~5		6~11		12~14		15~17		18~	
전체	여	전체	여	전체	여	전체	여	전체	여	전체	여	전체	여	전체	여	전체	여	전체	여	전체	여	전체	여
157	55	7	1	28	11	42	21	45	19	35	13	4	1	-	-	1	-	-	-	1	1	2	-

일반학교											
계		~5		6~11		12~14		15~17		18~	
전체	여	전체	여	전체	여	전체	여	전체	여	전체	여
4434	1573	321	115	1645	579	1270	444	884	311	293	120

자료: 교육과학기술부(2010), 특수교육 연차 보고서 및 2010년 특수교육통계

4) 순회교육과정 운영 현황

대부분의 시·도 교육청에서 순회교육 과정 지침을 수립하고 있는 것으로 나타난다. 그러나 각 시·도별 특수 교육 운영 계획 속의 교육 과정 편성·운영 지침에 있어서는 담당 교사들에게 명확한 기준을 제시하지 않다고 지적하면서, 국가 수준 또는 지역 수준의 순회교육의 교육과정 운영 지원 대책의 강구를 촉구하고 있다.

일반적으로 순회학급, 파견학급, 병원학교 등 학생의 학적은 재적교(반)에 두고, 교육과정 편제와 시간배당은 재적교의 교육과정 편제와 시간배당에 따르되, 학생의 장애정도에 따라 교육과정을 수정하여 운영할 수 있다. 수업일수는 매 학년도 150일을 기준으로 하여 각급학교의 장이 정하되, 특수교육 대상자의 상태와 교육과정의 운영상 필요한 경우에는 관리자의 승인을 얻어 30일의 범위에서 줄일 수 있다. 학생 1인당 주 2회 이상 방문교육

을 원칙으로 하며, 1일 학생 1인당 수업시간은 40분 3시간으로 운영하되, 학생의 장애유형 · 정도 · 능력 및 기후 · 계절 · 학습 내용에 따라 조정 운영할 수 있다. 그리고 교육과정 운영은 개인차와 장애특성을 고려하여 기본교육과정 및 국민 공통 기본 교육과정을 개별화하여 적용하고, 직접 지도시간이 부족할 시 과제를 통한 자율학습, 통신교육 및 컴퓨터 보조 학습으로 보충한다. 그리고 방문교육(교사의 방문을 통해 일대일로 이루어지는 교육) 이외 다음과 같은 통신교육(이메일, 인터넷 및 전화 등을 통해 과제를 부여하고 확인하는 교육), 가정교육(사전계획에 의해 가정에서 학생 혼자 혹은 가족들과 함께 하는 학습과제를 부여하는 교육), 출석교육(재적 학교의 수업과 행사활동 등에 참여하는 교육) 및 체험교육(사전계획에 의해 부모 또는 교사와 함께 하는 체험교육) 등을 통해 수업일수 확보해야 한다.

그리고 구체적으로 지체부자유아의 순회방문 교육을 위한 지도프로그램의 내용 선정 체계를 소개하면 다음과 같다. 생활적응 영역으로 ① 용변 훈련, ② 식생활 훈련, ③ 옷 입고 벗기 훈련, ④ 주의집중 훈련, ⑤ 몸단 장훈련, ⑥ 공동생활 훈련, 교과지도 영역으로 ① 언어학습, ② 인지학습, ③ 표현활동, 치료 지원 서비스로는 ① 언어학습, ② 인지학습, ③ 표현활동, ④ 작업훈련 등을 지도할 수 있다.

지체부자유아의 순회교육이 성공을 거두기 위해서는 관계 전문가들과 부모의 협력을 얻어 그 실태를 정확히 파악하는 것이 중요하다. 그 밖에 주위환경, 가족관계, 생육력, 아동 주위의 인간관계 등도 알아두어야 한다. 특히 순회교육은 교사가 가정을 방문하여 교육하기 때문에 가정이 학교가 되고 교실이 되는 것이므로 가족과 교사와의 인간관계가 중요한 과제가 된다. 교육방법의 효율성을 위한 몇 가지 사항을 정리하면 다음과 같다.

① 전문가나 가족의 대화를 겸허하고 진지하게 경청한다.

② 순회교육의 성공의 열쇠는 부모나 가족이 쥐고 있다고 볼 수 있기 때문에 가정환경조사와 부모교육의 사명도 감당해야 한다.

③ 대상자의 생육력, 병력 등을 자세히 알아보아야 한다.

④ 아동의 교육력과 현재의 수행능력을 알아보고, 병원에서 치료받은 사실이나 입원 등의 내용을 상세히 알아야 한다.

⑤ 교육력, 병력 이외에 학습상황과 발달상황을 종합적으로 정확히 진

단 · 평가하여야 한다.

한편 미국과 일본은 시설 순회교육에 있어서 거의 매일 교육이 실시되고 있는 현상과, 일본의 가정 방문 교육에 있어서 주당 3회, 1회 2~3시간에 비추어 더욱 확대 실시될 필요가 있으며, 이를 위하여 교원 정수 배치 기준도 개선되어질 필요가 있을 것이다. 참고로 일본의 경우 방문 교육에 대한 교원 정수 규정이 따로 정해져 있는 것은 아니지만 중복 학급에 대한 특례 규정(맹 · 농 · 양호학교 학습지도요령, 1989)에 따라 다른 특수 교육 대상자의 2분의 1에 해당하는 3명을 넘지 않도록 하고 있다.

5) 순회교육 대상자의 선정

순회교육 대상자의 선정 방법을 살펴보면 다음과 같다.

첫째 선정기준을 보는 것이다. 참고로 특수교육운영위원회에서 특수교육 대상자로 선정된 학생 중 일반학교 일반학급에서 통합교육을 받고 있거나 중도 · 중복장애로 인해 등교가 어려운 학생 등 보다 특별한 교육적 조치가 요구되는 학생으로 한다.

둘째 선정절차는 다음에 제시되는 그림 9-2와 같다.

학교	순회교육 및 특수학급 대상학생 중 추가 지원신청서 배부
⇩	
부모 및 담임교사	부모의 동의에 따라 담임교사가 추가 지원신청서 작성하여 학교에 제출
⇩	
학교	순회교육 추가 지원 요구학생의 지원요구서를 학교장 명의로 작성하여 특수교육지원센터 담당자에게 의뢰
⇩	
특수교육지원센터	특수교육지원센터 관리자(장학사)와 전담교사는 순회교육 추가지원 신청자 중 중도 · 중복장애 학생 우선 지원대상으로 선정하고 특수교육운영위원회에 대상자 보고

<그림 9-2> 순회교육대상자의 선정 절차

4. 순회교육을 위한 교사의 준비

'교육의 질은 교사의 자질을 넘지 못한다'라는 말이 있다. 순회교육을 생각할 때 이 말은 더욱 큰 의미를 가진다. 왜냐 하면, 순회교육은 중도·중복 장애 아동을 주 대상으로 하므로 대상자가 가지는 장애 상태, 능력, 요구, 발달 수준, 환경 조건 등을 충분히 고려한 다양한 교육적 접근을 요구하기 때문이다. 따라서 이를 수행하는 교사는 폭 넓고 다양한 역할을 수행할 수 있어야 한다. 또한 순회교육이 교사 1~2명에 의하여 이루어지고 있는 점이나 교육 과정 운영이 교사에게 대부분 위임되어 있는 점, 수업 시수가 제한되어 있는 점, 가족 또는 부모와의 대화 능력을 요구하고 있는 점, 그리고 다른 교사·전문가 등과의 연계나 협력을 중요시 하고 있는 점 등을 고려하면 이를 수행하는 교사의 능력과 자질은 아무리 강조되어도 지나치지 않다.

정동영 등(1996)에 의하면 순회교육 담당 교사에게는 다음과 같은 5가지 대응 자세가 요구된다. 또한 그들에 의하면 이들 5가지 유형의 자세를 모두 겸비한 교사야 말로 가장 유능한 교사이며, 이 중 신뢰형 자세가 무엇보다도 중요하다.

① 애정형 : 아동에 대하여 부모도 못 따를 정도로 애정을 표현한다.

② 보호형 : 아동의 움직임에 맞추어서 행동한다.

③ 과학형 : 아동의 발달을 행동 과학적으로 파악하여 면밀한 계획에 따라 지도하고 기록하고 평가한다.

④ 의학형 : 유약한 아동의 심신 건강을 교육 지도의 출발점으로 하여 의학적인 지식이나 방법을 강구한다.

⑤ 신뢰형 : 교사와 아동과의 관계를 신뢰감에 의하여 그 과정으로 해석하면서 접근한다.

한편, 이규식 등(2001)은, 초기의 순회교육 담당 교사의 적응을 돕기 위하여 교사들의 경험에 의한 이야기를 토대한 다음과 같은 10가지 유의 사항을 정리하여 제시하고 있는데, 이들 내용을 요약하고 몇 가지 의견을 더하면 다음과 같다.

① 상호 신뢰와 협력 : 가정의 비밀과 부모와의 약속은 반드시 지키며, 지도에 필요한 환경 만들기는 부모와 함께 생각하고 실행한다.

② 교육애로 밝은 생활 : 아동의 성장은 작은 노력의 축적으로 이루어지므로 아동의 작은 변화에서도 교육의 즐거움을 찾는다.

③ 보호자 입장 이해하기 : 아동의 작은 진보에도 부모와 함께 기뻐하며, 부모의 입장에서 생각하고 순수하게 받아 들여 적절한 지도가 되도록 한다.

④ 가능성을 믿고 서두르지 말 것 : 어떠한 중도 장애 아동일지라도 가능성은 있다는 신념을 가지고 아동의 반응에서 가능성을 찾으며 끈기 있게 반복 지도한다.

⑤ 장애와 능력의 판정을 명확히 하기 : 생육력이나 전문의의 진단 결과, 아동의 대화, 그림책, 장난감 등에 대한 반응 등을 지도의 단서로 활용하며, 불가능한 것보다 가능한 것에 초점을 맞춘 지도가 되도록 한다.

⑥ 좋은 친구가 되어주기 : 가능한 한 즐겁고 밝은 화제를 제공하며, 가족을 포함시킨 놀이 등으로 좋은 친구로서의 인간관계를 가진다.

⑦ 개인의 특성에 따른 지도 : 장애나 능력 등을 고려하여 지도 계획을 수립 하고 지도 효과를 위해 아동의 특성을 고려한 교재 교구의 이용 및 개발에 노력한다.

⑧ 치료지원 서비스 활동 중시하기 : 치료지원 서비스 활동 교육과정 내용에 대하여 충분히 이해하고 전문의나 보호자의 협력 등을 구하면서 적용한다.

⑨ 학교 복귀에 노력하기 : 순회교육에 대한 이해 및 협력을 도모하고 사회성 등에 대한 지도 효과를 높이기 위하여 집단 지도의 기회를 확보하도록 노력한다.

⑩ 관계 기관과 협력 체제 구축하기 : 병원, 교육청, 연구 기관, 복지관 등의 관계 기관에 종사하는 관계자와 긴밀한 유대 관계를 맺고 협력적 지도가 가능하도록 한다.

⑪ 주위의 사람들도 교육 활동으로 생각할 수 있도록 복장이나 태도 등에 주의한다.

⑫ 교내 연수 등을 통하여 교육 활동에 대한 다른 교사들의 이해와 협력

을 도모할 수 있도록 한다.

⑬ 기능이나 일상생활 동작의 개선에 주력한 나머지 아동에게 지나친 훈련이나 과제를 강요함으로써 아동의 심리나 '삶의 질'이 무시되지 않도록 한다.

이상에서 제시하는 모든 능력이나 자질을 갖춘 교사라 할지라도 자신의 능력을 최대한 발휘할 수 있는 조건이나 상황이 주어지지 않는다면 순회교육에 있어서의 교육적 효과는 그다지 기대할 수 없다.

조순화(2002)에 의하면, 다음과 같은 문제점들이 순회교육의 효율적 수행을 저해하는 요인이다. 또한 그에 의하면 이들 문제점들은 서로 영향을 주고 받으면서 악순환 되고 있다.

① 교육 과정 수립시 관련 프로그램의 부족

② 적합한 프로그램 구성에 시간 소모가 많음

③ 대상 아동의 능력과 장애 영역이 달라 어려움

④ 다양한 학습 자료 제작에 어려움

⑤ 수업 자료를 운반하는 데 어려움

⑥ 부모의 부정적인 사고와 태도를 바꾸는 데 어려움

⑦ 부모와의 교육에 관한 협조를 구하는 데 어려움

⑧ 전문적인 치료지원 서비스를 하는 데 어려움

순회교육을 담당하는 교사는 특수학교(급)를 담당하는 교사의 자질과 더불어 요구되는 지식이 많다고 할 수 있다. 순회교육 대상자는 지체부자유아이며 또한 다양한 장애 병력을 갖고 있어서 대처하기 위해서 단순히 장애의 증상이나 병리를 강의로서 듣는 것만으로는 충분하지 않고 임상강의나 임상지도와 같은 실습의 경험이 필요하다. 우선 연수내용에 중도 장애 중심으로 편성하여야 하며, '재활의학' 문제나 발달심리학, '사례지도' 등을 편성한 것이 중요하다. '사례지도'와 '사례연구법'을 특별히 다루는 것은 순회교육이 가족과 한 덩어리의 교육이기 때문이다. 예를 들면, 발달학, 사례지도의 이론과 실제, 사례연구법, 재활의학, 운동 기능 장애와 훈련, 아동복지학, 관계기관 견학 및 학습이 필요하다고 본다.

이와 같은 현실적 문제점은 순회교육을 담당하는 교사의 요구이자 다음의 이야기(정동일b, 2002)와 더불어 순회교육에 대한 실질적 대변으로서 시급히 해결되어야 할 과제일 것이다.

- 장시간 버스나 전철을 타고 갔으나 아동의 집에 문이 잠겨서 문 앞에서 돌아왔다.
- 전혀 반응조차 없는 아동에게 무엇을 가르쳐야 할지 고민스럽다.
- 주차 공간이 없어서 집 주변을 방황하다 겨우 주차를 하고 아동의 수업을 마친 후 돌아와 보면 빨간 주차 위반 스티커에 속이 상한다.
- 가정의 어느 공간에서 아이를 가르쳐야 할지 수업 때마다 당황한다.
- 가정 및 시설에서 교사로서의 기본적인 예우를 받지 못하고 있다.
- 학습 자료가 없어서 집에 있는 아이의 장난감 중 골라서 학생 학습 자료로 준비했다.
- 바람직한 장애 보상 치료 지원 서비스를 하고 싶어도 어떻게 하는지 몰라 부담스럽다.
- 주어진 임기 이후에는 다시는 하지 않겠다.
- 나는 일일 학습지를 지도하는 사람 보다 못하다고 생각한다.

한편, 순회교육에 있어서 부모는 제2의 교사이며 그 역할은 교사 이상일 것이다. 대부분의 시간을 가정에서 보내는 순회교육 대상자나 학령전 순회교육 대상자에 있어서는 더욱 그러할 것이다. 그러나 일부 부모들은 교육에 대하여 관심이 없거나 심지어 거부 반응까지 보이기도 한다. 이러한 부모들에게 교육에 대한 관심을 촉구하고 동기를 유발하여 적극적인 협력자로 유도하는 것은 순회교육 담당 교사에게 주어지는 또 하나의 중요한 역할일 것이다. 따라서 교사는 부모들에게 아동이 가지는 생명의 존엄성을 수용하고 과보호 않으며 또래와 어울릴 수 있는 기회를 가능한 많이 제공할 수 있도록 격려하여야 할 것이다.

김하경(2002)은, 이러한 부모의 문제에 대한 방안으로써 정보 제공의 중요성을 주장하면서, 그 수단으로서 멀티미디어를 이용하는 것이 가장 효과적일 것이라고 주장하고 있다. 또한 이와 관련하여 다음에 제시되는 순회교육 대상자 부모들의 고충과 정보 부족의 문제점에 대한 소리(정동일, 2002)와 어느 어머니의 깨달음은 순회교육 담당 교사의 부모 이해와 교육을 위한 유익한 참고 자료가 될 것이다.

· 순회교육 대상 아동 부모들의 소리

장애 정도가 심하기 때문에 학교에서 교육하기 곤란하다, 통학하기가 불가능하여 집에 둘 수밖에 없다, 치료를 계속 받아야하기 때문에 학교에 보낼 수 없다, 가정 형편이 어려워 아이를 돌볼 사람이 없기 때문에 집에 둘 수밖에 없다. 이 아이를 보낼 수 있는 시설을 찾고 있다, 교육을 받을 수 있는 방법과 절차를 몰라서 학교에 보내지 않았다, 특별한 의료적인 치료를 하면 단번에 정상으로 돌아 올 것 같아서 치료해 줄 만한 곳을 찾아다닌다, 아이 때문에 가족들은 항상 우울하다, 어느 곳에서도 속 시원하게 상담을 받을 수가 없다, 복지관 등을 이용하고 싶어도 아이가 중도이고 대부분 도시 외곽에 위치하여 찾아가기가 곤란하다, 특수학교는 모두 변두리에 있어서 아이를 업고도 다닐 수가 없다, 점차 나이가 들어가는 자녀를 어떻게 해야 하는지 전혀 대책을 강구할 수 없다.

· 어느 엄마의 깨달음(김하경, 2002)

그동안 "내가 아프지 말고 오래 살아야 한다. 그래서 돌보아야 한다. 나를 희생해서라도 힘자라는 데까지 아이를 보살피리라" 그런 갸륵한 생각을 가지고 살았는데 ..... 이제 그런 생각이 잘못되었다는 것을 깨달았습니다. 어차피 나는 아이보다 먼저 죽을 텐데... 내가 없을 때 아이는 어떻게 살까를 생각해 보니까 정신이 번쩍 들었습니다. 애가 혼자서 할 수 있는 일이 별로 없으니까요. 안되니까 대신해 주고, 바쁜데 아이가 빨리 못하니까 대신해 주고, 사랑스러우니까 대신해 주고 그러다보니 애는 마냥 어린아이고 의지만 하려고 하고 .. 큰일이더라고요. 이제 냉정하게 다시 생각하기로 했습니다. 내가 없을 때 아이가 할 수 있는 일을 하나라도 더 가르쳐야 하겠다고요. 이것이 진정한 아이의 교육인 것을 ... 이제야 깨닫게 되었습니다.

5. 순회교육의 전망 및 과제

여기서는 지금까지 언급한 순회교육의 당위성 및 법적 근거, 발전 경위, 미국과 일본에 비교한 우리나라의 운영 실태, 그리고 교사의 준비 등에 대한 본고의 내용과, 비교적 최근에 이루어진 선행 연구(김경남, 2002; 김하경, 2002; 박재국, 2002; 전헌선, 2001; 정동일, 2002b; 玉村 · 박재국, 2001)에서 지적되는 순회교육의 현상적 문제점에 대하여, 미국과 일본의 현상에 배울 점과, 정책적이며 장기적인 전망 및 비교적 단기적인 실시상의 개선점으로 구분하여 검토한다.

1) 미국과 일본에서 배울 점

김효선(1997)에 의하면 미국에서는 장애가 심하여 학교를 다니지 못하는 아동은 극소수이고, 특수교사보다는 간호사나 치료사에 의한 조기 중재가 행해지고 있으며 통학 거리의 문제로 인한 순회교육이 주로 이루어지고 있다. 이러한 미국의 상황을 통해서, 교육권 보장을 위한 순회교육의 활성화, 치료 지원 서비스 및 관련 서비스의 제공, 병허약 아동에 대한 순회교육의 충실 등에 대한 시사점을 얻을 수 있다. 또한 구본권(1999)에 의하면 미국의 순회교육 대상자는 전자 통신, 전화, 원격 교육에 필요한 장비 등을 제공받아 교육에 활용하고 있으며, 이러한 미국의 상황이 우리나라의 재택 장애 아동에 있어서 가정 학습으로 대체되는 기본 수업 시수 확보 개선 방안에 반영되었으면 한다.

일본의 경우는 미국과 같은 학교 중심의 통합형 순회교육은 거의 존재하지 않으며 1979년에 제도화된 '방문 교육'이란 용어를 사용하여 특수교사가 가정, 병원, 시설 등을 직접 방문하여 지도하는 운영 형태를 지난 20여 년간 지속적으로 실천해 왔다. 전국적으로 일관된 실시 상황은 보이지 않고 있으나 1996년 이후 방문 교육 전담 특수교사(약 75%)가 방문 학급당 평균 2.1명의 중도 장애 아동을 대상으로 주 3회(6~8시간)교육에 임하고 있다. 이에 비하여 우리나라의 순회 학급 편성은 급당 12명의 특수 학급 편성 기준에 따르고 있는 상황이어서 개선이 요구된다. 일본의 이러한 상황은 '중복 장애아 특례 기준(교사당 아동 수를 타 장애 영역에 비해 2분의 1로 규정하고 있음)'에 따른 것이므로 우리나라의 순회교육 구축을 위한 교사 정수 배치 개선 방안에 참고 되었으면 한다. 그리고 매년 전국 규모로 이루어지는 연구회를 통한 방문 교육 실태 및 실천 사례 보고에 관한 자료는 순회교육 지원 체제 구축 방안 및 중도 장애 아동을 위한 국가 수준 교육 과정 구안에 중요한 시사점을 제공할 수 있을 것이다.

2) 국가적 차원의 중 · 장기적인 해결 과제

(1) 학교 교육에 있어서 '중도 장애', '중도 · 중복 장애'의 개념에 대한 보다 과학적인 탐구가 필요하다. 이를 위하여 교육 실천의 지침이 되는 실태 파악을 추진할 수 있는 개념이 확립되어야 할 것이며, 그 결과에 따라 중도 · 중복 장애 아동에 대한 선별 기준이 확립된다면 이들 대상 아동을 담당할 전문성을 가진 교사의 양성 및 배치에 관한 제도가 구축될 수 있을 것이다.

(2) 중도 · 중복 장애 아동에 대한 교육적 실천과 경험의 축적은 어느 정도 인정되고 있다. 그러나 시설 · 설비 등의 교육 환경을 포함한 교육 내용 · 방법상의 정비는 앞으로 더욱 보완되어질 필요가 있다. 특히, 순회교육 대상자의 이동권 등과 같은 기본권에 해당하는 시설 · 설비에 대한 국가적 차원의 정비 · 확충이나, 이들을 위한 국가 수준 교육과정의 편성과 효율적 실천을 도울 수 있는 연구는 시급히 요구되는 과제라 할 수 있다.

(3) 교육 실천의 진전과 더불어 요구되는 과제는 교육 조건의 정비이다. 이것은 중도 · 중복 장애 아동에 대한 질적인 교육 보장을 위해서 만이 아니라, 교사나 부모 등 관계자들의 복지를 위해서도 중요한 과제이다. 장애 아동에 대한 교육 연한의 연장과 제도적 개선 등에 대한 국제적 동향을 배경으로 순회교육 대상자의 발달 보장 및 삶의 질 향상을 위한 생애 교육 제도를 구축해 나갈 필요가 있다.

(4) 순회교육에 대한 연수 및 중도 · 중복 장애 아동 교육에 대한 전문적 교육을 받은 교사의 투입이 필요하다. 모든 학생들은 그들의 교육적 요구에 부합되는 적절한 교육을 받아야 한다는 교육받을 권리라는 입장에서, 순회교육 담당 교사는 중도 · 중복 장애 아동 교육에 대한 보다 많은 이해와 경험을 가지고 있어야 하며 실제적인 지도 방법 등에 있어서도 전문적 능력을 갖추어야만 한다. 이를 위하여 교육인적자원부는 순회교육의 특수성을 감안한 담당 교사의 자격 기준과 배치 기준을 마련하여 시행하여야 할 것

이다.

(5) 다양한 순회교육 대상자를 위한 교육과정 혹은 지도 프로그램의 마련이 시급하다. 중도·중복 장애 아동은 그 장애의 종류와 정도 및 특성이 매우 다양하기 때문에 하나의 교육과정을 적용하여 각 아동에게 맞는 개별화 교육 계획을 수립한다는 것은 사실상 어렵다. 따라서 각 중도·중복 장애 유형별 기본 교육과정이나 지도 프로그램은 물론, 순회교육의 효율적 실천을 위한 실제적인 지침이 마련되어야 할 것이다.

(6) 순회교육에 대한 체계적인 발전 계획이 필요하다. 국립특수교육원(2001)에 실시한 '특수 교육 요구 아동 출현율 조사'에 따르면, 장애 아동 모두(2.71%)를 수용하고 교육할 수 있는 시설과 학교는 부족한 실정이다. 따라서 비교적 쉽게 모든 장애 아동에게 교육의 기회를 제공할 수 있는 순회교육을 현상적 요구에 따라 활성화시킬 필요가 있다. 그러나 순회교육을 위한 재정적 지원은 학급 운영비와 출장비를 지급하는 수준에 머물고 있을 뿐만 아니라 담당 교사 1인에게 모든 교육과정 운영을 위임하고 있는 상황이므로 이에 대한 질적인 제고가 요구된다.

(7) 순회교육 대상자를 위한 교육 역시 다른 장애 아동과 다를 바 없이 정상화와 삶의 질을 고려한 것이어야 한다. 그러나 현실적으로 순회교육 대상자를 포함한 모든 장애인의 정상화나 삶의 질을 위한 사회 및 교육적 조건은 매우 열악하며, 이를 위하여 제거되어야 할 장벽들도 많다. 일본의 경우(총리부, 2000), 이들 장벽을 물리적 장벽, 법·제도적 장벽, 정보·문화의 장벽, 그리고 인식(심리)상의 장벽의 4영역으로 구분하여 정부 각 부처간의 협력 체제를 통한 개선 운동을 실천하고 있다. 특히 이들 장벽 중 인식상의 장벽은 다른 3가지 장벽을 제거할 수 있는 전제 조건이자 원동력이라는 점을 감안할 때 이 문제에 대한 개선 방안은 시급히 이루어질 필요가 있다.

3) 실시상의 개선점 및 단기적 해결 과제

(1) 특수 학급 담당 교사가 주당 20시간의 수업을 하고 오후에 순회교육을 담당하거나 교무 업무를 담당하는 경우가 있다. 이러한 특수 학급 담당 교사의 부담을 해소시킴과 동시에 2~3인으로 편성된 순회교육 팀에 의한

지도 체제를 확립할 수 있도록 각 시·도교육청 소속의 순회교육 전담 교사의 배치가 시급히 요구된다.

(2) 순회교육 대상자는 수업 일수의 부족과 긴 방학 기간 동안의 방치로 인하여 학습의 연계 및 그 효과의 유지가 곤란하다. 이 문제를 보완하는 방안으로써 방학 동안에도 지속적으로 실시될 수 있는 순회교육 구축 방안이 요구된다. 이를 위해서는 부족한 수업 시수에 대한 보충 지도와 방학 동안의 교육을 수행할 수 있는 유급의 보조 교사 또는 유급의 가족 보조원제의 도입 등이 모색되어질 필요가 있다. 이와 더불어 인터넷을 이용한 원격 교육, 컴퓨터 보조 학습 등을 통한 가정 학습, 그리고 가족이나 자원 봉사자에 의한 지도 등에 대한 현실적 실천 방안이 요구된다.

(3) 순회교육 대상자는 가정이나 시설이라는 제한된 환경과 소수로 제한된 교사에 의한 교육을 받고 있기 때문에 대인 관계 및 사회생활 능력이 매우 뒤떨어진다. 이것은 이들 대상자의 장래 사회 재활을 위한 가장 큰 방해 요인이므로, 순회교육 담당 교사, 학부모, 학교 관리자, 그리고 자원 봉사자 등의 협조 하에, 소속된 학교의 교과 활동, 특별 활동, 학교 행사(체육대회, 소풍, 수학여행, 예술제 등) 에 더욱 많이 참여시킬 수 있는 방안이 모색되어질 필요가 있다. 또한 일본과 같은 학교 복귀 활동(Schooling : 학교의 행사 참가 이외의 교육 활동 참여를 의미함)이 이들을 위한 교육 과정의 일부로서 확대 실시되어질 필요가 있다.

(4) 순회교육 담당 교사의 고충으로서 치료지원 서비스 실시상의 문제와 이에 대한 연수의 필요성이 여러 연구를 통하여 지적되고 있다. 이 결과는 미국과 일본의 상황과 유사하며 현실적 문제이기도 하므로 시급히 개선되어질 필요가 있다. 이 문제와 관련하여 정동일(2002b)은 각종 치료사 및 치료지원 서비스 교사의 증원 배치와 순회교육 담당 교사를 위한 치료지원 서비스 활동 지도에 관한 연수 기회의 확대를 요구하고 있다.

(5) 순회교육 담당 교사의 지원 요구와 관련하여 학습 자료 제공의 요구가 66.4%로 가장 높고, 교재 교구 구입비와 관련하여서는 89.1%가 부족하거나 부정적이다는 조사 결과(정동일, 2002b)가 보고되고 있다. 이는 장애아동의 학습권의 보장이라는 입장에서 국가 및 지방 자치제의 특별 지원금 등으로 해결되어야 할 시급한 사항일 것이다. 구체적으로 중도 장애 아동

교육에 기본적으로 요구되는 최적의 학습 자세 유지를 위한 책상 및 의자, 보완・대체 의사소통 기구, 그리고 가정 학습을 위한 각종 멀티미디어 장비 및 자료 등에 대한 실태 조사의 조속한 수행과 그에 따른 특별 조치가 시급히 요구된다.

(6) 의료적 지원 체제의 구축 및 지역 사회 보건소 기능을 확대하여 순회교육 대상자의 건강 지원을 강화할 필요가 있다(정동일, 2002b). 이 문제는 미국과 일본의 현상을 토대로 강조되기도 했지만, 순회교육 대상자들은 대부분 생명 유지 및 건강관리가 필수적으로 요구되므로 이에 대한 지원 방안의 구축은 시급히 요구된다.

(7) 순회교육은 '가정에서 학교로'에서 '학교에서 가정으로'라는 교육적 이념에 입각하여 가족지원 서비스에 중심을 두는 것이어야 한다. 이에 따라 미국과 일본에서 폭 넓게 실시되고 있는 긴급 일시 보호 서비스(respite service) 기능의 구축 및 유급의 순회교육 보조원제 도입에 의한 순회교육 운영 방안이 모색되어질 필요가 있다.

(8) 중도・중복장애로 이동이 곤란한 가정・병원・시설 내 특수교육대상학생의 학교교육 제공을 위한 지원 확대가 요구된다.

(9) 순회교육의 내실화를 위한 순회교육 전담 특수교육교사의 배치 확대 및 연수 강화가 필요하다.

제10장 지체부자유아의 교수 학습 방법

지체부자유아의 교육은 학생간의 개인차가 심하고 장애의 정도가 점차 중도 및 중복화 됨에 따라 장애 개개인에 맞는 적절한 교육을 수립하고 지도하는 방법을 수립하는 데 많은 어려움이 있다. 특히 지체부자유아 간의 개인차는 운동적 장애뿐만 아니라 인지적 장애의 차이가 심하여 기존의 획일적인 교육과정이나 교수-학습 방법을 적용하기에는 많은 어려움을 포함하고 있다. 그러므로 지체부자유아를 위한 바람직한 교육의 방향은 개별화된 교육계획을 중심으로 특수학교(급), 일반학교의 상호협력 가운데 이루어져 나아가야 할 것이다.

학생의 장애에 맞추어 교수-학습 방법을 적절히 변형하는 것은 지체부자유아 교육의 승패를 좌우하는 중요한 요인이다. 그러므로 지체부자유아를 교육하기 위해 교사는 교수-학습 방법과 그를 변형하는 방법을 알아야 한다. 지체부자유아의 교수-학습에 기초가 되는 중요한 방법은 과제분석 과정이다. 과제분석으로 세분화한 부분과제로 학생의 능력을 평가하고, 그 결과를 바탕으로 학생에게 가장 적절한 개별화된 교육목표를 정할 수 있다. 그리고 지체부자유아를 지도하기 위해서는 일반적으로 체계적인 교수방법을 적용해야 하며, 개별지도보다는 학생 상호간의 상호작용에 기반을 둔 소집단 협력학습의 형식이 바람직하다고 주장되고 있다.

특수교육 요구아동들에게 효과적인 특별한 교수방법이 있는 것은 아니며, 더욱이 지체부자유아에게만 적용되는 특정 교수방법이 있는 것도 아니라는 주장에 귀를 기울일 필요가 있다.

미래의 특수교육은 윤리적, 도덕적, 법적 문제로 말미암아 수업방법이 크게 바뀌어 질 것이다. 최근 여러 전문가들은 행동을 제거·형성·수정하기 위한 행동통제 방법, 감정과 행동을 변화시키기 위해 향정신제 약물을 광범위하게 사용하는 것, 특정 목표의 부적절성, 중재방법의 적절성, 물이나 음식물의 박탈, 고통스러운 치료법 등에 대해 심각한 우려를 나타내고 있다. 이 문제들은 지체부자유아와 같은 특수교육 요구아동의 장기적인 이익의 측면에서 볼 때 받아들이기 어렵다고 주장한다. 결국 미래의 중재방법은 인도적이고, 감정이입적이고, 신중하며, 인자한 방법을 이용할 것이라고 결론 짓는 것이 타당한 듯하다.

본 장에서는 지체부자유아의 인지적 및 정의적 특성을 개선시킬 수 있는 적절한 교수-학습 방법을 살펴보고자 한다.

1. 지체부자유아의 교수-학습의 원리

(1) 일반적 원리

학생의 장애를 고려한 교수-학습 방법의 선정 및 적용은 지체부자유아 교육의 승패를 좌우하는 중요한 요인인 될 수 있다. 지체부자유아의 교수-학습에 기초가 되는 방법 중의 하나가 복잡하고 어려운 학습과제를 학생이 학습하기에 가능한 작은 단위로 나누는 일이나 복잡한 과제를 여러 단계로 나누는 작업 과정 자체를 나타내는 과제분석(task analysis)과정이다. 이러한 과제분석으로 세분화된 부분 과제로 학생 능력을 평가하고 그 결과를 바탕으로 학생에게 적절한 개별화 목표를 정할 수 있다. 그리고 학생이 수행할 수 없었던 부분 과제부터 학습을 계획하고 학생의 교육을 시작하면 학생에게 최대한 독립성을 키워 줄 수 있도록 적절한 보조의 정도와 방법을 결정할 수 있다.

지체부자유아 교수-학습에 적용할 수 있는 기본적 원리를 제시하면 다음과 같다. 먼저 김효선(1995)은 지체부자유아를 위한 교수-학습방법을 다음과 같이 제시하였다.

- 아동이 할 수 있는 일은 스스로 하게 한다.
- 아동에게 정답을 암시해 주거나 알려주는 것을 삼간다.
- 최대한 많은 것을 직접 경험하도록 기회를 마련한다.
- 아동의 현재 환경과 미래의 환경을 고려하여 아동교육을 전망한다.
- 아동 교육의 방향을 결정하기 전에 가능한 방향을 다 제시한다.
- 아동의 생활연령에 맞는 교재와 지도방법을 사용한다.
- 교육에 사용하는 교재와 교구를 변형하여 아동의 장애를 극복한다.
- 아동을 담당하는 다른 전문인들의 조언을 참고한다.
- 아동에게 가장 중요한 교육목표를 향해 전문인들 간의 협조체계를 이룬다.
- 부모의 교육 참여를 격려한다.
- 아동의 잠재능력을 과소평가하지 않는다.
- 아동의 동기유발에 힘쓴다.
- 아동의 새로운 담임이 될 교사에게 최대한의 정보와 자료를 제공한다.
- 아동이 긍정적인 자아개념을 갖도록 지도한다.
- 교육을 최대한 일반 환경에서 실시하도록 한다.
- 아동에게 가장 필요한 기능적인 능력과 기초적인 지식을 가르친다.
- 아동을 맡았던 1년 동안 효과적으로 지도했다는 긍지를 가질 수 있도록 최선을 다한다.

그리고 박화문(1990)은 지체부자유아의 장애 특성을 고려한 교수-학습지도 원칙을 다음과 같이 제시하고 있다.

- 아동의 교육의 장에서 즐겁게 참여하도록 한다.
- 아동의 실태를 정확하게 파악한다.
- 아동과 교사간의 신뢰 관계를 확립한다.
- 실현 가능한 학습계획을 세운다.
- 교육 지도는 가능한 조기에 실시한다.
- 전체적인 발달 촉진을 고려하여 지도한다.
- 개별 지도와 집단 활동을 조화롭게 한다.

- 발달의 순서를 존중한다.
- 전문가 상호간의 팀웍을 존중한다.
- 과제 해결에 스스로 임하도록 동기를 부여한다.

2. 지체부자유아의 교수-학습에 관한 연구

지체부자유아의 교수-학습에 기초가 되는 중요한 방법은 과제분석 과정이다. 과제분석으로 세분화한 부분과제로 학생의 능력을 평가하고, 그 결과를 바탕으로 학생에게 가장 적절한 개별화된 교육목표를 정할 수 있다. 그리고 학생이 수행할 수 없었던 부분과제부터 학습을 계획하고 학생의 교육을 시작한다. 과제분석으로 학생이 어려워하는 부분과제를 더 작게 나누어 목표과제를 습득하는 단계별 과정을 준비할 수 있다. 부분과제를 수행하는 과정에서 교사는 학생에게 최대한 독립성을 키워줄 수 있도록 적절한 보조의 정도와 방법을 결정한다. 부분과제를 기록한 것은 학생에게 필요한 기술과 활동을 제시하는 교육과정으로 쓰이고 각 단계의 수행정도를 기록함으로써 교수-학습 과정의 효율성을 평가하는 데도 쓰인다(정해동, 1998).

그리고, 지체부자유아를 지도하기 위해서는 일반적으로 체계적인 교수방법(systemic teaching)을 적용해야 하며, 개별지도보다는 학생 상호간의 상호작용에 기반을 둔 소집단 협력학습의 형식이 바람직하다고 주장되어 지고 있다. 일반적으로 지체부자유아의 조직적인 교수방법을 소개하면, 다음과 같다.

<표 10-1> 지체부자유아를 위한 교수방법

단 계	설 명
수업 안내	주의집중, 전시학습 상기, 학습목표 제시, 생활과의 관련성에 대한 토의
기술/전략의 설명과 시연	· 교사의 질문/응답을 통해 상위인지 전략의 활성화 · 교사가 질문하고 학생이 응답하여, 공통된 전략을 도출하거나 교사의 시연을 통해 전략을 훈련

비계(scaffolding) 활용과 상호작용	· 문제해결 전략을 스스로 적용할 수 있도록 질문한다. · 과정과 결과를 연계시키도록 지속적으로 요구하면서, 차츰 단서나 지원을 줄여나간다.
완전학습을 위한 독립적인 활동	교사의 도움없이, 다양한 방법으로 문제를 해결하는 시도를 충분히 할 수 있도록 한다.
피드백의 제공	성공에 초점을 맞추어 피드백하고 오류분석 실시
일반화와 전이	새로운 상황에 적용해보거나 알게 된 지식을 설명한다.

Mank 및 Horner(1988)은 지체부자유아의 학습지원의 주요 4가지 방법을 제시하였다. 그들은 개개 학생들의 능력과 과제들의 요구에 상응하는 특별한 수업장면에서 이 방법들이 사용되어야 한다고 하였다. 그리고 오류가 발생할 때는 학생들이 다시 시도할 수 있도록 수업자는 충분한 학습지원을 제공하는 것으로써 정확한 성취를 보일 수 있다고 하였다.

<표 10-2> 지체부자유아를 위한 학습지원

구 분	설 명	적용 영역
언어적 단서	교사가 언어적 정보를 제공한다.	선호하거나 완전참여 활동
모델링	교사의 행동을 학생들이 관찰한다.	새로운 과제, 절차, 부분참여
신체적 촉진	강화를 통해 신체 활동 유도	도전적 과제, 부분참여
신체적 지원	직접적인 신체 활동을 지원	어려운 과제

그리고, 지체부자유아에게 국민 공통 기본 교육과정이나 기본 교육과정을 그대로 적용할 경우 의미있는 수업참여를 기대하기는 어렵다 할 수 있다. 따라서 지체부자유아의 수업참여를 돕기 위하여 교사들은 적절한 교수적 수정을 하는 것이 필요하다(Hallahan, 등, 2005). 또한 지체부자유아의 경우, 비장애 학생과 동일한 방법으로 학업성취를 평가하는데 무리가 따른다.

교사들은 지체부자유아의 특성을 고려하여 교수방법을 수정해야 할 것이다.

1) 교수적 수정

교수적 수정은 지체부자유아에게 교육과정을 효과적으로 교수할 뿐만 아니라 의미있고 적극적인 수업참여를 도와주는데 목족을 두고 있다. 특히 교수적 수정은 장애학생의 교육적 요구에 따라 수업시간에 주어진 학습목표를 달성할 수 있도록 도와주기 위하여 반드시 필요하다. 이러한 교수적 수정은 교수내용의 수정, 교수전달 방법의 수정, 교수자료의 수정, 교수활동의 수정으로 구분된다(Vaughn Gross Center for Reading and Language Arts, 2003).

(1) 교수내용의 수정

교수내용의 수정이란 교수학습의 중심이 되는 기술과 개념을 장애학생의 요구에 적합하도록 수정하는 것을 말한다. 그 예로는 장애학생들이 배워야 할 학습의 양 줄이기, 과제분석 등을 예를 들 수 있다.

(2) 교수전달 방법의 수정

교수전달 방법의 수정은 교수활동에 일반적으로 사용되어지는 절차와 과정을 장애학생에 요구에 적합하게 수정하는 것을 말한다. 그 예로는 장애학생들에게 새로운 기술이나 개념을 교수할 때 한 번 더 과제를 풀어 주거나, 연습의 기회를 추가적으로 부여하는 것, 수업속도 조정 등을 들 수 있다. 또한 교수활동 시 학습목표에 따라 전체 학급 교수를 대신하는 소그룹활동(교사주도 소집단 교수, 협동학습)이나 또래 교수, 교사와 학생이 1:1로 학습하는 등 교수집단을 융통성 있게 운영하는 것을 예로 들 수 있다.

(3) 교수자료의 수정

교수자료의 수정은 장애학생에게 새로운 기술과 개념을 교수하거나 이전에 가르친 기술과 개념을 강화할 때, 사용하는 교수자료를 장애학생의 요구에 적합하게 수정하는 것을 말한다. 그 예로는 교과서 수정(교과서의 읽기 수준이 학생의 읽기 수준에 비해 현저하게 낮을 때), 교과서 내용과 관련된 여러 가지 책 활용, 새로운 개념에 대한 이해가 부족한 장애학생에게 그림자료나 구체물 활용 등 보충자료를 활용하는 것, 읽기·쓰기 능력의 부족으로 인하여 읽기 이해나 쓰기에 어려움을 보이는 장애학생에게 녹음된 도서나 컴퓨터 사용을 허락하는 등의 보조기기를 사용하는 것을 들 수 있다.

(4) 교수활동의 수정

교수활동의 수정이란 교사가 학생들의 수업참여를 높이고 기술과 개념을 가르치고 강화하기 위하여 한 교수활동이 장애학생에게 적합하지 않은 경우 교수활동을 수정하는 것을 말한다. 교수활동 시 장애학생의 요구를 반영하여 다양한 교수학습 전략을 사용할 수 있으며, 이러한 교수-학습 전략은 교과에 따라 다를 수 있다. 여러 교과에 걸쳐 사용될 수 있는 교수-전략으로는 사고한 것을 말하기, 학습 주제에 대한 사전지식의 활성화, 글의 구조 활용하기, 도식조직자 활용하기 등의 예로 들 수 있다.

3. 지체부자유아의 교수-학습 지도의 실제

지체부자유아에게 있어 교육 내용을 크게 일상생활지도, 교과지도, 사회적응 및 전환교육으로 나누어 볼 수 있다. 각 영역별로 대표적인 지도방법과 적용방법을 제시하면 다음과 같다.

1) 일상생활 지도

지체부자유아에게 있어 교육의 핵심은 바로 다른 사람이 무엇을 해주는 것을 바라기 보다는 스스로 자립하는 것을 가르치는 것이다. 자립능력이 안되면 좌절하여 작은 장애도 큰 장애가 되고 자신의 자유와 타인의 자유를 뺏게 되기 때문이다.

다른 교수법도 모두 중요하지만 무엇보다도 일상생활 지도가 가장 중요하다고 여겨지는 이유는 교육의 목적이 바로 신변자립, 즉 일상생활에서의 자립이 가능하도록 하는 것에 있기 때문이다. 가장 밑바탕인 일상생활이 제대로 이루어지지 않으면 다른 어떤 것도 무용지물이 된다. 일상생활은 식사, 몸단장, 대소변가리기, 옷입고 벗기, 착탈의, 이동 등의 일상생활에서 다른 사람의 도움없이 스스로 해결할 수 있는 능력을 기르도록 해줌으로써 자립이 가능하도록 해준다.

일상생활지도에서 각 영역의 중요성과 지도방법에 대해 간단히 살펴보도록 한다.

식사 지도는 중도, 중복 장애아동의 생명, 건강, 두뇌 활동 그리고 삶의 질과 직결되므로 매우 중요하며 자세 교정, 음식물 수정, 식사 시간의 조정, 식사 도구 수정, 음식물 제시 방법 수정 등을 지도 하여야 한다.

몸단장 지도에서 스스로가 깨끗하다고 느끼는 것은 자신의 기분을 좋게 하고 다른 사람의 접근을 쉽게 하며 질병과 감염을 예방한다는 의미에서 중요성을 가진다. 교사는 감각 운동 체계와 자세 잡기에 연관된 원리를 고려하는 것이 필요하며 보조적인 기구를 사용하는 것이 효과적이다.

용변 지도는 화장실에 가고 싶다는 표시도 못하는 아동에게 있어 대소변은 매일 반복되는 일로 일상생활에서 중요한 부분이므로 구체적으로 가르쳐야 한다. 용변 의사 표시하기, 규칙적인 용변 보기, 대변 보기, 소변 보기, 화장실 이용방법, 욕창 예방법, 용변 보조기 활용법을 지도하여야 한다.

옷입기에서 적절한 옷의 선택은 지체부자유아의 편의에 도움이 되며 옷을 입고 벗는 때 쉬운 방법으로 지도하여야 한다.

자세 조정에서 비정상적인 자세는 신경근 발달을 방해하고 신경근 장애가 있는 아동을 더욱 악화시키므로 일상생활 동작의 기본이 되는 동작을 지도하여야 한다.

이동에서 지체부자유아가 일상 생활에서 효과적인 이동 방법을 학습 하는 것은 독립적인 이동 능력과 다양한 환경을 경험 할 수 있어 사회 통합의 효과를 높이므로 매우 중요하다. 여기서는 다양한 이동 수단의 보장구, 휠체어, 승강기 등을 잘 활용할 수 있도록 이동 방법을 숙지하고 안전하고 효과적으로 움직일 수 있도록 하여야 한다.

교사나 부모들은 이러한 일상생활 지도를 통하여 아동들이 가진 능력을 알아내고 과제 수행에 참여하는 아동의 수준을 향상시키는데 집중해야 할 것이다.

2) 지체부자유아의 교과 지도

지체부자유아는 신체적 인지적, 언어적 제약으로 인하여 적절한 교육을 계획하고 수립하는데 많은 어려움이 있다. 따라서 종래의 획일적인 교육과정과 교수-학습 방법이 아무리 세심하게 계획했더라도, 실질적으로 교육을 수립하는데 적절하지 못하다. 그러므로 지체부자유아를 위한 바람직한 교육의 방향은 개별화된 교육 계획을 중심으로 보조방법과 정도에 따라 과제수행에 참여할 수 있도록 해야 한다.

지체부자유아들은 이동의 어려움과 신체적 및 언어적 제약으로 다양한 활동에 재한을 받게 된다. 그러므로 비언어적 방법, 보완·대체 의사소통, 부분 참여의 방법 등을 사용하여 다양한 활동에 참여한다. 지체부자유아를 위한 교과 지도의 방법을 제시하면 다음과 같다.

(1) 중도의 지체부자유 및 의사소통장애를 가진 아동을 위한 읽기와 쓰기 지도

(가) 읽기 지도

① 낱말공부를 위해서 이중자극을 마련한다.

아동에게 새로운 낱말을 가르치고자 할 때, 낱말이 적힌 카드 외에 그림이나 사진, 다른 상징적인 표시를 같이 제시함으로써 글씨로만 자극을 주는 것보다 많은 교육적 자극을 마련해 준다.

② 의사소통을 원할 때와 이해도를 알리는 방법을 마련한다.

읽기 학습 중에는 반드시 아동이 말하고자 하는 내용을 남이 알아 들을 수 있는 언어로 표현하는 방법을 포함하고 아동 자신들이 경험한 내용을 표현해 낼 수 있는 언어를 구사할 수 있는 능력을 지도한다.

③ 낱말을 해독하고 이해하는 방법을 가르친다.

Creech(1988)은 뇌성마비아에게 읽기를 지도할 때, 책을 읽겠다는 동기유발의 정도, 읽기를 가르치는 특별한 여분의 시간마련, 머리 속에서 학습하고 있는 낱말의 소리를 연습하도록 하는 것을 중요하다고 했으며, 소리나게 읽거나 손으로 쓰는 방법을 사용하지 않고도 낱말을 해독하고 이해할 수 있도록 지도해야 한다고 했다.

④ 이해력을 키운다.

지체부자유아는 문장 중에 자신이 아는 단어를 무작위로 지적해 내고 모르는 단어를 무시하거나 문장의 의미를 정확히 알 수 있도록 단어들을 정상적인 순서로 나열하지 못한다. 따라서 아동은 직접 질문을 하거나 여러 가지 문장을 읽게 하고 그 문장이 설명하고 있는 그림이 어떤 것이지 선택함으로서 문장이해력을 개선시킬 수 있다.

⑤ 읽기 그룹에 포함시킨다.

의사소통장애가 있거나 손으로 글을 쓸 수 없는 아동을 읽기 그룹에 포함시켜서 컴퓨터나 보완 대체 의사소통 기기를 사용하여 읽을 수 있도록 한다.

⑥ 충분한 연습 기회를 마련해 준다.

읽기 지도에 가장 중요한 면은 읽기를 연습할 수 있는 기회를 충분히 주는 것이다. 에를 들면 녹음된 책 반복해서 읽기, 아동이 좋아하는 책 스스로 구입하기 등의 다양한 방법을 활용한다.

⑦ 읽기 능력을 촉진시킨다.

교과서 외에 아동의 읽기 능력에 맞는 동화책이나 그림책, 아동용 잡지, 신문, 위인전 등 스스로 선택하고 구입할 수 있는 기회를 마련해야 한다. 특히 지체부자유아에게는 생활연령에 따라 생활환경에서 가장 중요한 의미를 가지고 있는 낱말과 같이 실질적이고 기능적인 읽기능력을 지도해야 한다.

(나) 쓰기 지도

① 올바른 철자법을 가르친다.

지체부자유아에게 맞도록 교사가 대신 읽어 주기, 의사 소통판, 컴퓨터의 활용, 철자법 지도 방법을 변형하여 쓰기 표현 능력을 개선시켜야 한다. 언어장애가 있는 지체부자유아의 쓰기를 지도할 때에는 철자법 보다는 전체적인 이야기 구성을 강조하고 의사소통의 방법으로 자신의 의사 전달을 더 강조해야 한다.

② 기능적 쓰기 능력을 촉진시킨다.

지체부자유아의 쓰기 능력을 좀더 기계적이고 쉽게 사용할 수 있는 컴퓨터로 활용할 수 있도록 저학년부터 지도해야 한다.

(2) 학습방법을 가르치는 교수-학습계획

(가) 일상생활 방법의 학습과 실천

지체부자유아에게 필요한 지식과 기술을 구체적으로 각 상황에서 가르치는 것이 가장 중요하다. 즉 아동 스스로 자신의 일상생활에 필요한 활동을 할 수 있는 문제해결능력을 키워주어야 한다.

(나) 학습내용의 분석

지체부자유아에게 익숙치 않은 과제를 충분히 학습하기 위해서 새로운 과제의 특징을 찾아내 학습해야 하는 방법을 아는 것이 필요하다. 지체부자유아의 장애 상태를 고려하여 간단하게 노트정리 방법, 중요한 단어만을 기록하는 방법, 새로운 개념도 작성 등의 다양한 방법을 선택해야 한다.

(다) 개인적 문제의 해결능력

지체부자유아는 자신의 개인적 문제를 스스로 해결 할 수 있도록 가르치는 것이 중요하다. 예를 들면 작업과제 분석을 세분화한 부분 과제로 아동의 능력을 평가하여 그 결과를 토대로 개별화된 교육목표를 설정한다.

3) 감각·운동 교육

지체부자유아는 조금이라도 표현하고 느낄 수 있는 감각 및 운동 부분을 찾아내어 학습과 연결시키는 것이 필요하다. 직접적인 감각과 운동을 통해서 많은 학습이 이루어지기 때문에 주변 상황들이 자연스럽게 감각을 자극시키고 탐색하게 하여 감각을 활용할 기회를 가능한 많이 제공해야 한다.

(1) 감각 및 운동 지도의 중요성

맛을 보고, 냄새를 맡고, 빛을 보며, 소리를 듣고, 피부로 접촉하여 느끼는 것을 옛날부터 5감각 이라 했다. 우리들이 주위의 여러 가지 사물을 알 수 있는 것은 이 감각계의 덕택이지만 우리들은 보거나 듣고, 느끼는 것을 그다지 자각하지 않기 때문에 보통은 감각이 작용하고 있는 것을 깨닫지 못한다. 게다가 이들 감각계는 흔히 단독으로 작용하지 않기 때문에 받아들이는 방법도 가지각색이다.

눈이나 귀로 자극을 받으면 그 정보를 뇌로 보낸다. 모든 감각계는 정보를 주워 올리는 수용기, 즉 안테나 같은 것을 가지고 있다. 피부도 접촉·

통증·따스함·압력 등을 느끼면 그것을 뇌로 보낸다. 내이의 기관에서는 운동과 머리의 위치변호를 알고, 근육·관절 중에는 신체의 위치를 알게 하는 감각이 갖춰져 있다. 이렇게 촉·운동·신체 위치의 감각은 시각이나 청각에는 친숙하지 않지만 사실은 우리들의 일상생활 가운데서는 서로 상호 협력하는 것이 대단히 중요한 것이다. 촉감각의 덕택으로 어두운 데에서 주위의 목표물을 잡는다거나 장소를 확인시키거나 위험한 것을 피하기도 한다. 우리들은 아동의 손가락이 닿는 것과 벌레가 몸에 기어가는 것과의 차이를 민감하게 알 수 있다.

신체의 이동과 머리 위치의 변화를 알게 해주는 감각을 전정감각이라 한다. 전정감각은 눈·머리·몸의 기능을 자동적으로 잘 협응시키는 작용을 한다. 이 감각이 잘 작용하지 않으면, 예를 들어 선생님이 칠판에 필기한 문자를 아동이 베끼려 해도 몸이 따라주지 않게 된다. 평균대를 잘 건너지 못하는 아동을 보면 균형이 바르지 못하다고 생각하지만 전정감각과 다른 감각의 통합이 되어 있지 않는 경우가 많다. 공을 차기 위해 한쪽 발사용도 불가능하다.

전정감각은 또 근육의 긴장을 유지하고, 신체 양쪽의 힘의 균형을 잡고, 머리를 중력에 대해서 똑바로 유지하기 위한 기초 감각도 있다. 우리들은 전정감각 때문에 주위 공간에 대해서 자신의 신체를 적절한 위치에 유지할 수 있는 것이다. 전정감각과 깊은 관련이 있고 우리들에게 신체 위치를 알게 해주는 또 하나의 감각으로 고유감각이 있다. 자신의 손이나 발을 일일이 보지 않아도 부드럽게 움직이게 하는 것은 고유감각 때문이다. 고유감각이 잘 작용하고 있을 때는 몸의 균형도 잘 조정된다. 고유감각이 적절하게 성숙하는 것이야말로 연필로 쓰고, 단추를 끼우고, 젓가락으로 먹고, 빗으로 머리를 빗는 것과 같은 행위를 잘 할 수 있고, 걸을 때는 발이 서로 엇갈리게 앞으로 나가게 한다.

(2) 감각통합

촉각·전정감각·고유감각은 아동이 모친의 태내에 있을 때부터 작용하고 있으며 또 서로 영향을 준다. 게다가 이들 감각은 그물과 같이 대단히 복잡하게 얽혀 있지만, 사람이 그 때의 상황을 바르게 판단하여 거기에 적합한 반응을 하기 때문에 흐트러지지 않는다.

이렇게 사람의 발달 가운데 뇌가 안팎에서 많은 자극을 유효하게 이용할 수 있듯이 효율적으로 편성하는 것을 감각통합이라 한다. 뇌로 보내져 오는 모든 정보를 통합하는 힘이 있기 때문에 우리들은 외계의 상황에 대해서 적절하게 반응을 할 수 있는 것이다. Ayres박사는 그것을 교통정리 하는 순경아저씨에게 비유해서, 만약 뇌가 감각통합되지 않는다면 신경교통의 지체로 몸이 움직이지 않게 된다고 말하고 있다.

감각통합은 우리들이 뭔가 새로운 것을 학습하려 할 때, 그 방법을 연구하는데도 도움을 주고 있다. 목적적인 행위수행은 좋은 감각통합 위에서 이루어지는 중요한 능력이다. 행위수행을 위해 무엇을 이룰 것인가를 생각하고, 그것을 위해 계획을 세우고 실행하는 일련의 행위의 근원을 운동기획이라 한다. 과거의 경험과 그 경험에 따라 작용하는 감각에 대해 기억하는 것을 이용하여 우리들은 다음의 새로운 계획을 세울 수 있다. 자신의 몸이 어떻게 작용하는지, 새로운 행위를 위해서 그 기능이 어떻게 이용될지를 우리들은 몸에 익혀야 한다. 거기에 시청각에는 원래 촉각 · 고유감각 · 전정감각이 특히 중요하다. 운동기획이 적절하게 준비되는 것이야 말로 행동을 잘 편성시켜서 전혀 새로운 행동을 처리할 수 있게 되는 것이다.

보통 감각통합은 아동기의 일상생활 놀이나 생활 가운데서 완성되어 가지만, 감각에 적합한 방법에서 반응하는 능력도 운동기획 능력도 아동의 발달결과로 자연히 이루어진다. 아동에 있어서 때때로 감각통합이 잘 되지 않을 수가 있다. 그때 아동에게는 학습 · 발달 · 행동 등에 좋지 못한 문제가 발생하는 것이다.

마찬가지로 지체부자유아를 지도하는 교사나 부모들 중에 이들의 이러한 운동기능의 열약과 사회적 부적응행동의 원인을 단순히 지능발달상의 문제라고 단정해버리고, 새로운 접근을 포기하는 경우를 종종 발견하게 된다. 물론 지적 능력의 부족으로 인해 학습능력이나 언어발달이 다른 아동에 비해 늦으며, 특히 작은 근육 운동의 발달면에 있어서 지체를 보이기도 한다. 그러나 지체부자유아의 행동을 유심히 관찰해보면 신변생활기능이나 학습활동의 미숙함은 지적인 면보다 오히려 그 이전의 감각-운동발달면, 즉 감각통합 기능상의 미학습과 오학습 문제라고 생각할 수 있다.

Ayres(1989)가 제시한 감각통합이란 자신의 신체와 환경으로부터 주어지는 감각들을 조직화하고 그 환경 속에서 신체를 효과적으로 사용할 수 있도록 하는 신경학적 과정으로 보고 있다. 정상적인 감각통합 기능은 개개인의 능력에 의존한다. 개개인의 능력이라고 하는 것은 중추신경계(Central Nervous System)에서 행동을 조직화하고 계획하기 위하여 감각정보를 사용하여 정보처리를 진행시키고 통합시키는 것이다. 감각자극들을 처리하고 통합하는 과정에서의 손상으로 개념을 이해하고 운동을 학습하는 것과 행동을 계획하고 표현하는 것에 문제를 가진다고 할 수 있다.

(3) 감각 및 운동교육 지도상의 일반적 배려사항

① 아동이 자기 힘을 힘껏 사용할 수 있는 놀이나 활동을 찾아낸다.

장면설정이 촉각놀이 중심인지, 전정놀이 중심인지에 의해서 감각자극에 아동이 잘 반응하는지를 관찰한다. 다시 말하면, 그 장면에 어울리는 적절한 반응이 유발되는 효과를 가져 온다.

검사나 관찰로 명확하게 된 아동의 발달상 부족하다고 생각되어지는 기초감각의 통합에 눈을 돌려, 그 아동이 힘껏 활동하도록 방향을 정하는 것이다. 그때 하는 방식을 가르치는 것보다도 활동 중에서 목표로 하는 감각운동반응이 통합되어 움직이도록 하는 것에 중점을 두어야 한다.

따라서 지도의 중점은 특정기능을 향상시키는 것은 아니다. 평균대를 걷거나 공을 주고 받기놀이를 하거나, 연필로 쓰거나, 한발로 서기를 하는 것 같은 기술을 향상시키는 것이 아니다. 그런 것보다는 그러한 기술을 잘 학습할 수 있도록 기초가 되는 능력을 여러 가지 활동을 통해 기르게 하는 것이며 감각통합적인 방법에 의한 지도에서의 기능향상은 결과적인 측면에 있어서 목표가 될 수 없다.

② 끈기있게 보다 적절한 준비를 한다.

감각 및 운동 지도에서는 아동의 흥미나 하고 싶은 기분을 찾아내지 않으면 안 되지만, 아동이 스스로 적당한 것을 선택하지 않는 경우 교사의 방법대로 계획한다.

물론 교사의 면밀한 계획도 아동의 기분을 높이는 것이어야 한다. 주어진 물건을 타동적으로 받는 태도가 언제까지나 계속되어서는 안 되고, 감각을 통해서 효과적으로 짜여진 놀이가 이용되기 때문에 아동 스스로 몰두하는 기분이 되고, 그래서 아동이 적극적으로 움직이게 한다.

③ 감각 및 운동 놀이는 아동에게 즐거운 것이어야 한다.

감각 및 운동 놀이는 대단히 즐거운 것이다. 그러나 감각 및 운동통합이 잘 되어 있지 않은 아동은 특별히 도와주지 않는 한 보통의 아동처럼 잘 놀 수 없다. 즐거운 분위기를 만드는 것은, 단지 즐거움만 위한 것이 아니라 아동이 치료활동에 본격적으로 몰두할 수 있게 하기 위한 것이다.

④ 감각 및 운동 지도가 효과를 얻으면 아동은 감각에서의 정보를 전보다 망설이지 않고 잘 처리하게 된다.

눈, 손, 발, 머리가 잘 협응하여 움직이게 되면 몸의 큰 움직임도, 새끼손가락의 작은 움직임도 전보다 훨씬 원활하게 되고, 정교하게 된다. 감각에 대한 반응이 너무 강하거나 너무 약하거나 한 아동이라도 조금 좋은 반응이 됨과 동시에 마음이 침착해 지고, 친구관계도 좋게 되고, 자신감도 생기게 된다.

(4) 감각 및 운동교육과 교과교육의 연계방안

첫째, 감각 및 운동교육이 실시되는 학교의 담임교사와 부모, 가족들 간의 상호 유기적인 협조체제를 이루어야 한다. 이것은 감각 및 운동교육은 학교 내의 다른 교직원들과의 협력적인 관계 속에서 교육활동이 이루어지도록 하여야 한다. 즉, 감각 및 운동교육 활동의 지도는 전문적인 지식이나 기능을 가지고 있는 교사를 중심으로 하여 담임 및 교과담당 교사, 보건교사를 포함한 전 교직원의 협력 하에 개개 학생에 대한 개별화 지도계획을 작성하고, 실제의 지도에 임하는 것이 필요하다.

둘째, 학생의 장애 상태에 따라 필요한 경우, 전문 의사 및 기타 다른 전문가와의 연계 협력을 도모할 필요가 있다. 즉, 작업치료사, 언어치료사, 심리학의 전문가 등 각 분야의 전문가와의 연계 협력이 필요하고, 필요에 따라서는 지도 및 조언을 구할 필요가 있다. 이러한 전문가로부터의 지도 및 조언의 필요성에 대한 판단은 교사가 하여야 한다. 따라서 교사는 다양한 현직연수나 자가연수 등을 통하여 감각 및 운동교육과 관련된 전문지식이나 기능들을 쌓을 필요가 있고, 관련된 전문가와의 원활한 상호협력 체제와 의사소통 채널을 갖출 필요가 있다.

셋째, 감각 및 운동교육의 지도방법은 철저한 개별화가 이루어지도록 해야 한다. 감각 및 운동교육은 개인의 장애 경감 혹은 보상에 주안점을 두게 됨으로 학과목 지도방법과 같은 일괄적이고 집단적인 지도보다는 아동 개개인에게 필요한 교육적 욕구에 맞는 교육을 개별적으로 제공해야 한다는 것이다.

넷째, 일반아동 발달의 견지에서 관찰되고 평가되는 정상발달이라는 기준으로 제시되어져야 한다. 이는 장애가 아무리 심한 아동이라 할지라도 일반적인 아동들이 나타내는 정상발달의 단계를 늦지만 경험하게 되기 때문이다.

다섯째, 아동의 장애 상태에 적합한 일상생활 기능과 학습기초기능의 확립에 초점을 두어야 한다.

인간은 독립적인 생활을 영위할 수 있는 객체이기 때문에 아동이 성장함에 따라 스스로 영위할 수 있는 일상생활 기능과 학습의 기초기능에 우선하여 교육을 하여야 한다.

따라서, 감각 및 운동교육은 교과활동과 특별활동과의 유기적인 관계 속에서 상호보완적인 지도가 이루어지도록 배려하여야 한다. 감각 및 운동교육의 지도내용은 교과활동, 특별활동 및 재량활동의 기초가 되는 내용들이어야 한다.

여섯째, 장애아동이 지닌 1차적인 장애를 예방함으로써 2차 혹은 3차 장애로 심화되지 않도록 장애 발전 가능성을 예방하는 것은 결국 정상발달에 도달할 수 있는 가능성과 관련되어 있다고 본다.

이상과 같이 지체부자유아의 주요한 교수 영역의 하나인 감각 및 운동교육은 장애 학생의 특성, 장애의 정도 등을 진단 및 평가한 후 개인별 개별화교육계획(IEP)을 수립하고 지도해야 한다. 특정 장애 영역별의 획일적인 감각 및 운동교육에서 벗어나 지체부자유아의 교육에 초점을 맞추면서 개별학생의 특성에 부합되는 선택적인 교육활동이 가능한 운영체제가 갖추어져야 한다.

4) 지체부자유아의 의사소통의 문제와 지도

지체부자유아 중 80%이상이 뇌성마비아로 의사소통장애를 수반하고 있기 때문에 지체부자유아의 지도 영역 중에 언어지도가 주요한 것으로 다루어져야 한다.

지체부자유아의 의사소통장애는 발음곤란 및 조음장애 등 뇌성마비 특유의 이상긴장에 의한 것과, 언어의 발달지체에 의한 것으로 나누어 생각해 볼 수 있다. 지체부자유아 중 뇌성마비아는 호흡근의 적절한 조절이 되지 않기 때문에 얕고 빠른 호흡이나 힘이 들어 폭발시키듯 하는 호흡 등 불규칙한 호흡리듬이 되어 발성에 필요한 일정한 호기를 지속시킬 수 없기 때문에 발성곤란을 일으키게 된다. 또, 후두근의 긴장도 발성을 곤란하게 한다. 그 결과 쥐어 짜내는 듯한 음성이 됐다가 뛰엄 뛰엄 중단되어 좀처럼 소리가 나오지 않고, 폭발적인 짧은 발성 속에 많은 말을 채워 넣어 말을 빨리 하고 또 막혀 버리고 마는 말투가 된다.

조음은 혀, 입술, 아래턱, 인두 등의 조음기관이 상호 관련된 복잡한 운동이다. 각각의 근조절의 곤란함과 동시에 이들을 협응 시키기가 어려운 뇌성마비아의 발음은 불명료해지거나 알아들을 수 없는 상태가 된다. 이러한 발성이나 조음의 장애는 근의 긴장과 이완의 균형이 적절하게 취해지지 않는 이상 긴장에 기인하고 있다.

뇌성마비아는 심리적으로도 긴장하기 쉽다. 심리적 긴장은 또 근의 긴장까지도 야기시킴으로 장면에 따라 장애의 상태가 변해버리는 것 같아 보일 수도 있다. 발음이 중요한 의미를 갖는 장면일수록 발음이 곤란해져 버린다. 또한 발어에 시간이 걸리고 삼키기를 잘 못하고 침이 흘러넘치기 때문에, 여러 가지 수반운동을 필요로 하는 의사소통 장면에서 불리한 조건을 만들게 된다. 이러한 것들이 이들의 발음의욕을 감퇴시키고 소극적으로 만들어버리는 원인이 되고 있다.

언어는 의사소통의 도구인 동시에 추상적인 개념조작, 즉 사고의 도구이기도 한다. 지능이나 인지기능과 언어와의 관련이 명확하지 않지만, 일정수준 이상의 언어발달은 이들과의 깊은 관계 위에 성립되는 것으로 알려져 있다. 결국, 뇌성마비아 언어장애의 또 하나의 측면은 언어습득의 지체이다.

심한 지적장애를 함께 갖는 뇌성마비아의 경우, 그 결과의 일부로서 언어의 발달이 늦어진다. 특히 구문이나 표현법의 습득에 문제가 나타난다.

또, 언어발달은 환경요인에 크게 좌우되는 것으로 잘 알려져 있다. 운동장애가 일차적 또는 이차적 원인이 되어 발달초기에 경험해야 할 기본적인 활동이나 놀이를 경험하지 못하기 때문에 생활공간도 한정되는 일이 많다. 언어습득의 임계기가 2~4세라는 것을 생각하면 언어발달에 주는 영향을 결코 작지 않다.

대부분의 뇌성마비아는 의사소통장애를 수반하고 있는데 학교와 가정은 언어발달을 형성하는데 중요한 역할을 하고 있다. 특히 담임교사 급우들 그리고 가족과의 의사소통을 통해서 많은 언어발달이 나타나므로 학교와 가정에서 용기와 자신감을 심어 주는 담임교사, 급우들, 그리고 가족들 태도가 매우 중요하다. 언어 치료는 전문가에 의한 치료와 지도를 받아야 하지만 교사, 급우들, 부모와 가족들의 협력으로 학교 및 가정에서의 보충 지도가 수반되어야 한다.

교실, 책상, 걸상, 교구들 그리고 가정에서의 방, 가구, 음식, 가정용품, 가족, 장난감들의 명칭이 지체부자유아가 습득하는 어휘들이다. 그러므로 학교와 가정은 언어치료실이 되고 담임교사, 급우들, 가족은 언어치료사로서 자연스럽게 일상생활에서 언어자극을 줄 수 있다. 언어치료는 하루 중에 규칙적인 시간을 정해놓고 매일 언어지도를 해야 한다. 학교나 집에서 가장 조용한 장소를 선택하여 지도에 필요한 자료들을 상자나 서랍에 미리 준비해 둔다. 처음에는 지도시간을 5-10분 정도로 하고 차츰 20-30분까지 늘려나간다.

학생으로 하여금 매번 성공감을 느낄 수 있게 해주어야 하며 과제가 어려울 경우에 쉬운 과제로 되돌아가야 한다. 학생이 성공하면 즉시 칭찬해주거나 장난감이나 좋아하는 과자나 칭찬 등의 강화제를 사용하여 보상을 준다. 지도시간은 되도록 아동이 즐겁게 따라 할 수 있게 하며 끝나기 전에, 간단하고 재미있는 놀이로 마치는 것이 좋다. 학생의 진전사항을 매번 기록해 놓고, 다음 훈련계획을 세울 때 항상 참고로 해야 한다.

5) 지체부자유아를 위한 전환교육의 지도

(1) 개인 생활의 관리

지체부자유아나 중도 뇌성마비아에게 독립적 생활을 하는데 필요한 기능적 활동을 능동적으로 수행할 수 있게 하는 것은 매우 중요한 과제라 할 수 있다. 개인생활의 관리 능력에는 화장실 사용, 식사, 세면, 옷입기, 건강관리 등의 생활 중에 독립적으로 수행해야 하는 필요한 행동뿐만 아니라 자신의 개인생활에 책임지고 관리하는 데 필요한 문제 해결 능력과 작업분석 기술 및 생활관리 능력, 남의 도움이 필요한 때가 언제인가를 결정하는 능력을 포함한다. 이러한 개인 생활 관리 능력은 직업교육과 비슷하게 고등학교를 졸업하고 나서 일반사회로 진출하는 것과 같은 큰 변화의 중요한 길목에서 변화에 쉽게 적응하도록 아동을 준비시키는데 반드시 필요한 것이다. 이러한 개인생활 관리 능력에 속하는 학습내용은 아동의 장애 정도와 생활연령과 학교 환경에 따라 특수교육과정에 포함하도록 한다.

(2) 직업 기술영역

특수교사와 관련 전문가들이 맡고 있는 지체부자유아의 교육적 책임 중에 가장 중요한 것은 직업기술 교육이다. 여기서 직업이란 보수를 받는 노동뿐만 아니라 개인적 발전을 위한 노력, 가정에서의 작업, 지역사회에서의 자원봉사, 휴식과 여가생활 등도 포함한다. 이러한 개념의 활동들은 모두 지체부자유아를 위한 전환 교육과정에 포함된다고 할 수 있다.

비장애아와 달리 지체부자유아는 장애로 인해 직장을 구하는 것과 직업을 유지하는데 많은 어려움이 있으며, 특히 독립적 활동에 제한이 있는 아동은 지속적인 보조가 필요하므로, 직업을 갖는데 어려움을 겪게 된다. 특수교사는 장애로 인해 부수적인 어려움을 가진 지체부자유아들에 대해 좀 더 사회적 능력을 갖추고 최대한 신체적, 경제적으로 자립할 수 있도록 직업교육을 마련해야 한다, 이러한 직업 기술교육은 어려서부터 시작하지 않으면 성장 후 직업을 가졌을 때, 필요한 결정능력, 자기 신뢰감, 올바른 태도를 습득할 수 없다.

(3) 지역사회 참여

지체부자유아가 지역사회 환경에서 필요한 기본 기술과 태도와 행동 방법을 기능 위주로 개발한 Howard와 Straithaim(1976)의 교육과정은 ① 교통수단 이용 ② 공중전화 사용 ③ 식당에서 음식주문 ④ 시장 보기 ⑤ 의복구입 ⑥ 공공기관의 이용 ⑦ 행인에게 길 묻기 등과 같은 기능적이고 독립적인 생활을 하는데 필요한 생활중심의 기술과 경험을 포함하고 있다.

(4) 취미와 여가 생활

지체부자유아에게 있어서 취미와 여가생활은 생활을 풍요롭고 가치있게 해 주는 중요한 역할을 한다. 많은 시간을 혼자 지내야 하고 제한 기능으로 스스로 취미생활을 개발할 기회가 적은 지체부자유아의 경우에는 장기적인 목표를 가지고 전환교육에 포함되어야 할 주요 내용이다. 여가(Leisure)는 자유로운 시간, 내가 좋아하는 것을 하는 시간, 휴양, 학업에서 벗어난 시간, 내 자신의 시간 등의 의미로 학생들의 학습능력을 향상시키고 학교생활을 풍요롭게 하고 가치 있게 해주는 등 중요한 역할을 한다. 학교를 졸업하고 사회에 나가서도 계속적으로 활용할 수 있는 내용으로 하여 여가활동을 재충전과 직업 탐색의 기회로 활용할 수 있도록 지도한다.

지체부자유아는 친구와 교재, 가족과의 대화, 집단 활동 보다 개인적으로 혼자 활동하는 시간이 많고, 동적인 활동인 운동보다는 정적인 활동인 비디오, 전자오락, TV시청으로 불균형적인 시간을 보내는 경향이 있다. 애완동물 기르기, 음악 감상, 사진 찍기, 카드 등의 게임, 자연관찰, 인터넷 정보 찾기, 연극 영화 감상, 수집 등 취미와 같은 여가활동은 자아개념을 높여주고, 긍정적인 태도를 키워 주며, 스스로 선택하는 자세를 가르치고, 지역사회의 생활과 학교에서 배운 기술을 적용해 보는 좋은 기회를 만들어 주게 된다. 또한 연령 수준에 따라 적절한 취미와 여가 활동이 제공되어져야 한다.

제11장 지체부자유아를 위한 교육공학

1. 지체부자유아를 위한 공학과 접근성

1) 지체부자유아와 공학

갈브레이스(Galraith, 1967)는 공학을 과학적이고 조직화된 지식을 체계적으로 적용하여 실제적 문제를 해결하는 것이라고 했다. 문제해결이라는 측면에서 하인니히(Heinich, 1973)도 공학을 기계류와 관련된 하드웨어나 소프트웨어를 포함할 수도 있고 안 할 수도 있는 것으로서, 어떤 특정한 과제를 수행하는데 있어서 요구되는 실천적 문제해결 기법을 의미한다고 하였다. 즉, 공학을 단순히 기술, 기계, 산출물로 보는 것이 아니라 실제적인 사고나 과정이 포함되는 광범위한 개념이며 문제를 해결하는 모든 것이라고 할 수 있다.

이런 실제적인 문제를 해결하는 측면으로 볼 때 다른 어떤 장애아보다 지체부자유아의 문제를 도와줄 수 있는 것이 공학이라고 할 수 있다. 지체부자유아는 원인과 관계없이 운동기능장애를 가진 아동을 말한다. 지체부자유아의 운동기능은 선천적 혹은 후천적인 손상의 정도에 따라 다양한 양상으로 나타나며 인지적, 정의적, 의사소통적인 문제를 수반하는 경우도 있다. 그러므로 지체부자유아가 원활한 학교생활과 일상생활을 독립적으로 수행할 수 있기 위해서는 공학의 도움이 필요하다.

지체부자유아와 관련된 공학적 접근은 교수공학, 수업공학, 재활공학, 의료공학, 보조공학, 정보공학 등 다양한 측면에서 다뤄질 수 있으나 지체부자유아의 독특한 장애특성을 고려할 때에는 이들의 능력을 신장하고 다양한 매체로 대체하여 제공하며 보상 혹은 지원하기 위해서 특수교육공학이라는 영역 아래에 이들을 놓고 접근할 수 있다(김용욱, 2005 재인용).

지체부자유아에게 특수교육공학을 적절히 잘 활용하면 다양한 장점을 얻을 수 있다. 김용욱(2005)이 제시한 특수교육공학의 장점을 지체부자유아의 입장에서 예상해 보면 다음과 같다.

첫째, 특수교육공학은 지체부자유아에게 개별적인 교수를 가능하게 하여 학습 관련 수행능력을 향상시킬 수 있다. 각각에게 부여된 컴퓨터를 이용하여 학습을 할 수 있으며, 또래와 공동으로 할 수도 있다. 이 때 제공되는 프로그램은 교수자가 지체부자유아의 수준에 맞게 학습내용, 난이도 등을 조절할 수 있으며 간단한 조작으로 지체부자유아에게 적합한 새로운 학습 프로그램을 설계 · 제작할 수 있다.

둘째, 특수교육공학은 지체부자유아의 동기부여와 학습태도를 향상시킬 수 있다. 컴퓨터와 관련된 공학 관련 기기는 지체부자유아에게 새로운 교수-학습도구로서 흥미를 유발시킬 수 있으며 학습 동기로 연결된다.

셋째, 특수교육공학은 지체부자유아의 장애를 보완하거나 이전에 하지 못했던 것을 할 수 있도록 하는 새로운 능력을 부여할 수 있다. 지체부자유아는 신체적 장애로 인하여 학습이나 생활에서 기능적으로 상당한 제한을 받는다. 그러나 기능적 장애를 보완 · 보상할 수 있는 보조공학 서비스를 제공하면 비장애아와 같은 학습경험을 할 수 있다.

넷째, 특수교육공학은 지체부자유아가 장애로 인해 낮게 생각했던 자아상과 자신의 가치를 향상시킬 수 있다. 지체부자유아는 자신의 외형과 능력 때문에 비장애아가 할 수 있는 것을 잘하지 못하거나 뒤떨어져 부정적인 자아상을 갖고 자신감이 낮다. 부정적인 자아상과 자신감은 학습능력에 영향을 미쳐 자신이 가진 능력이나 소질을 적절히 개발하지 못하는 경우가 많다. 그러나 적절히 공학 서비스를 제공하면 이전에 하지 못했던 것들을 할 수 있거나 비장애아와 같이 학습이나 생활의 많은 면을 공유할 수 있다.

이상과 같이 특수교육공학은 지체부자유아의 능력을 신장시키고 긍정적 자아관과 자신감을 회복시켜 주며 학습기회를 더 많이 얻게 되는 기회를 제공할 수 있다. 그러나 특수교육공학이 모든 것을 해결해 주는 것은 아니다. 지체부자유아는 장애의 정도와 유형이 다양하기 때문에 특수교육공학이 접근하지 못하는 부분도 있으며 관련 기기 및 도구들이 상당한 고가인 경우에는 접근이 용이하지 않다. 경우에 따라서는 공학 기기의 적용이 오히려 장애를 악화 시킬수도 있다. 그러므로 공학의 활용은 다양한 관점에서 검토하여 지체부자유아가 가장 성공적인 경험을 할 수 있도록 해야 한다.

2) 지체부자유아의 접근권의 보장

장애인에 대한 접근권은 시설과 설비에 대한 접근성을 비장애인과 똑같이 접근할 수 있도록 보장하는 것을 말한다. 1997년 제정된 "장애인, 노인, 임산부 등의 편의증진 보장에 관한 법률"에서 "장애인 등은 인간으로서의 존엄과 가치 및 행복을 추구할 권리를 보장받기 위하여 장애인 등이 아닌 사람들이 이용하는 시설과 설비를 다른 사람의 도움 없이 동등하게 사용하고 장애인 등이 아닌 사람이 접근할 수 있는 정보에 다른 사람의 도움 없이 자유롭게 접근할 수 있는 권리를 가진다(제4조)"라고 천명하였다. 특히 운동기능장애를 가진 지체부자유인은 다른 장애에 비하여 정보접근이나 시설과 설비에 독립적으로 접근하는데 많은 어려움이 있다. 여기에서는 지체부자유인을 위한 정보접근권과 시설 및 설비에 대한 접근권에 대해 알아보고 이를 가능하기 위한 방안인 보편적 설계에 대해서 살펴보겠다.

첫째, 정보접근권은 지체부자유아의 정보격차를 줄이고 최소화하는 권리이다. 정보격차 해소에 관란 법률에는 정보격차를 경제적·지역적·신체적 또는 사회적 여건으로 인하여 정보통신망을 통한 정보통신 서비스에 접근하거나 이용할 수 있는 기회에 있어서 차이라고 하고 있다. 이에 따르면 지체부자유아는 대표적인 정보소외계층으로서 정보격차의 과정에서 개인적인 삶의 여건을 악화시키고 사회적으로도 유용한 자원을 낭비하는 결과를 가져온다. 이를 방지하기 위해서는 지체부자유아에 대한 정보화 교육과 컴퓨터 및 인터넷 보급을 늘이며 정부기관 및 공공기관의 웹사이트의 웹접근성을 보장하여 최대한 정보화 흐름에 참여시켜야 하겠다.

둘째, 시설 및 설비에 대한 접근권은 지체부자유아가 학교 통학, 학교 건물 등의 접근, 교재 및 교수의 접근 가능한 지원을 받을 권리이다. 장애인 등에 대한 특수교육법은 특수교육 기관의 설치·운영 및 시설·설비의 확충·정비 그리고 특수교육에 필요한 교재·교구의 연구·개발 및 보급을 국가 및 지방자치단체의 의무(제2장 제5조)로 규정하고 있다. 특수교육대상자를 배치 받은 기관장은 대통령령으로 정하는 시설·설비 및 교재·교구를 갖추도록 명시하고 있다(제21호 제3항). '장애인 차별 및 권리구제 등에 관한 법률'에서는 교육분야의 차별금지 내용과 교육기관의 편의제공 내용을 보다 구체적으로 제시하고 있다. 즉, 편의제공 요청에 대해 정당한 사유 없이 거절하지 못하며 보조학습기기, 보조인력 배치, 접근성 및 이동성 보장, 수화통역 등 의사소통 수단 등의 편의를 제공해야 함은 물론 원활한 교수 또는 학습 수행을 위한 지도 자료를 제공하도록 규정하였다(김남진, 2010 재인용). 신체기능에 어려움이 있는 지체부자유아에게는 꼭 필요한 조치라고 할 수 있겠다.

셋째, 보편적 설계는 건축에서 나온 개념으로 모든 사람들이 직접 사용가능 가능한 제품 및 서비스와 보조공학과 함께 사용할 수 있는 제품과 서비스를 포함한다(Assistive Technology Act of 1998, 재인용). 1998년 미국 노스캐롤라이나주립대학교의 보편적 설계센터가 제시한 보편적 설계의 원리는 공평한 사용, 사용상의 융통성, 단순하고 직관적인 사용, 지각할 수 있는 정보, 오류에 대한 관용, 낮은 신체적 수고, 접근과 사용에 적절한 크기와 공간의 원리에 의해 설계된다.

<그림 11-1> 보편적 설계에 의한 계단

2. 지체부자유아를 위한 컴퓨터의 활용

1) 컴퓨터 보조수업

컴퓨터 보조수업(Computer-Assisted Instruction: CAI)은 컴퓨터가 직접 교사의 수업 기능을 대신하여 교과내용의 지식이나 기능, 태도 등을 학생들에게 가르치는 것(김용욱 외, 2008)이므로 동기가 부족하고 주의집중 수준이 낮은 지체부자유아에게 적용하기에 유용한 점이 많다.

컴퓨터 보조수업은 반복연습형, 개인교수형, 시뮬레이션형, 게임형, 발견학습형, 문제해결형의 여섯 가지 유형으로 나눌 수 있다. 지체부자유아에게 반복연습형이나 개인교수형을 적용할 경우에는 개개인에 맞는 수준과 속도로 학습을 할 수 있게 해주며 학습내용을 흥미 있는 방식으로 제시함으로써 동기유발이 쉽고 학습에 대한 주의집중 수준을 높일 수 있다. 시뮬레이션형은 조작이 서툴러 위험한 과제를 수행하기 힘든 지체부자유아에게 안전한 학습 환경에서 과제를 제시하고 다감각적인 교수자료들이 제공가능하다. 그러나 기계적인 정답만을 찾는 학습이 될 경우에는 정의적 영역의 학습효과가 크지 않을 수 있다.

2) 멀티미디어 활용

멀티미디어는 두 가지 이상의 매체가 조합되어 구성된 매체로 주로 컴퓨터에서 활용되는 것이다. 문자 정보(text), 정지 화상 혹은 그래픽(graphic), 애니메이션(animation), 동영상, 소리 및 음악 등을 포함하는 다양한 형태의 정보 제시와 활용을 의미하며, 학습자는 제공되는 정보와 기기의 통제권을 가지고, 상호작용할 수 있어야 한다(윤광보 외, 2008). 그러므로 주의집중력이 부족하고 흥미와 동기가 부족한 지체부자유아의 학습효과를 위해서는 시각적 정보와 언어적 정보를 동시에 제시하는 멀티미디어 자료가 많은 이점을 줄 수 있다.

멀티미디어를 이용한 학습과 수업은 이동의 제한성으로 낮은 수준의 직·간접 경험을 가지고 있어서 개념 형성에 어려움이 있는 지체부자유아에게 실제와 유사한 간접 경험의 기회를 제공할 수 있다. 풍부한 자료를 제공하고 학습의 개별화를 촉진하여 지체부자유아의 동기유발과 자신감을 갖게 한다. 더불어서 안정성을 높이고 훈련시간을 단축하고 비용을 절감할 수 있다. 그러나 멀티미디어 시스템을 구축하기 위해서 많은 비용이 들며 구입하였다 해도 장비의 사용 연한이 짧아 지속적인 교체가 필요하므로 새로운 하드웨어와 소프트웨어를 다루는 기술 습득이 쉽지 않다는 단점이 있다.

3) ICT 활용교육

ICT(Information & Communication Technology)는 정보 기술과 통신 기술의 합성어로 정보의 고유 및 의사소통과정이 포함된 의미를 가진다. 하드웨어 운영과 정보 관리에 필요한 소프트웨어 기술과 이들 기술을 이용하여 정보를 수집, 생산, 가공, 보존, 전달, 활용하는 모든 방법을 의미한다(한국교육학술정보원, 2001).

지체부자유아를 위한 교수-학습 과정에서 ICT 활용의 가장 큰 목적은 학습자의 창의적 사고와 다양한 학습활동을 촉진시켜 학습목표를 효과적으로 달성할 수 있도록 지원하는 데 있다. ICT 활용교육이 지체부자유아 교육에 가지는 장점들을 김용욱(2002)의 주장에 근거해 살펴보면 다음과 같다.

첫째, 지체부자유아에게 다양한 교수-학습 방법을 적용할 수 있다. 지체부자유아에게는 일정한 시간과 공간에서 교육하는 것이 불리할 수 있다. 웹(web)의 장점을 활용하면 정보를 수집하거나 제공하고 다른 학습자 및 전문가와의 교류와 같은 활동 유형을 선정하여 학습을 전개할 수 있다.

둘째, 지체부자유아가 필요한 정보에 접근하거나 활용할 수 있다. 활동이 원활하지 못한 지체부자유아도 인터넷을 통해 공공기관을 이용하거나 필요한 물건을 구입하는 방법을 학습할 수 있다. 정보에 대하여 다양한 형태로 접근하는 것은 지체부자유아에게 구체적 경험을 통한 학습 정보의 인지 기회 제공을 가능케 할 수 있으며 자신감을 높이는 계기가 될 수 있다.

셋째, 정보화 매체 활용으로 지체부자유아에게 학습동기를 부여하고 주의집중력을 높일 수 있다. 지체부자유아의 학습 활동에서 가장 어려운 부분은 학습 동기 부족과 이에 따른 주의집중력 저하이다. 따라서 수업에서 멀티미디어나 인터넷 등 다양한 테크놀로지를 이용한 수업은 지체부자유아의 수업 태도와 흥미를 높여줄 수 있다.

넷째, ICT 활용교육을 통해 정보를 탐색하고 찾은 정보를 정리하여 필요에 따라 활용할 수 있는 방법을 익히는 학습은 지체부자유아가 정보 활용 경험의 부족으로 겪는 이중적 불이익을 방지할 수 있다. 교사는 지체부자유아와 ICT를 활용한 정보검색 및 의견교환을 통해 학습목표와 방법 수립, 평가 등 일련의 학습과정을 같이 설계할 수 있으며, 특정 부분에 있어서는 학습자에게 정보검색의 주도적인 역할을 부여함으로서, 지체부자유아에게 정보 활용 능력을 신장시켜 줄 수 있다.

물론 ICT 활용교육을 한다고 무조건적으로 좋은 결과를 산출하는 것은 아니다. 김용욱 등(2001)은 교육정보화 관련 인프라의 부적절성, ICT 활용교육 프로그램의 양적・질적 부족, 교육과정과 ICT 활용교육 프로그램과의 연결성 희박, 교사연수의 제한성 등의 이유로 특수교육 현장에서 ICT 지원이 효율적으로 활용되지 못하고 있음을 지적하였다.

지체부자유아의 경우는 ICT를 활용하기 위한 기자재 접근성에서 많은 어려움이 있다. ICT 관련 인프라가 잘 구축되어 있다고 해도 지체부자유아의 운동기능적인 특성을 보완해줄 보조공학 기기의 보급이 원활하지 않으며 실제 사용이 효율적으로 이뤄지지 않을 가능성이 높다. 지체부자유아에게 컴퓨터를 활용한 교수 학습이 잘 이루어지게 하기 위해서는 운동기능을 보조할 수 있는 하드웨어적 환경과 소프트웨어가 구축되어 있어야 할 것이다.

3. 지체부자유아를 위한 보조공학

1) 보조공학의 정의

보조공학(assistive technology)은 장애인의 기능 향상을 위해 부가적으로 제공되는 장치 및 서비스로 장애인의 기능적 능력을 향상시키고 유지시키는데 사용될 수 있는 모든 물건, 장비 또는 생산체제(IDEA 2004)라고 정의할 수 있다. 이 정의에 따르면 보조공학은 매우 광범위한 적용이 시도되어야 하고 물리적이고 장치적인 도구뿐 아니라 적절히 제공하기 위한 서비스까지도 포함된다(Cathy, 2003).

이러한 보조공학은 물리적 환경에 대한 접근은 물론 생활과 학습에 대한 지원을 가능하게 하므로 개인의 경쟁력과 독립성을 증진시킬 수 있어 전반적인 삶의 질을 향상시킬 수 있다. 그러나 보조공학 장치의 무조건적인 사용이 이점을 산출해 내는 것은 아님을 명심할 필요가 있다(김남진, 2010). 특히 지체부자유아동은 생활의 많은 부분에서 보조공학에 의존하는 경우가 많은데 자신의 잠재력이 있음에도 지나치게 보조공학에 의존하는 경우에는 오히려 기능개선을 방해하는 결과를 초래할 수도 있다.

보조공학 장치는 기술력의 정도에 따라 고급(high-technology), 중급(medium-technology), 저급(low-technology), 무급(no-tech solutions)으로 연속적으로 구성되어 있다. 고급 테크놀로지는 컴퓨터, 상호작용 멀티미디어 시스템 등의 정교한 장치이다. 중급 테크놀로지는 비디오 장치, 휠체어 등의 덜 복잡한 전기장치 혹은 기계장치이다. 저급 테크놀로지는 덜 정교화된 기기 혹은 장치이다. 마지막으로 무급 테크놀로지는 장치나 기기를 포함하지 않고 체계적인 교수절차의 사용 혹은 물리치료나 작업치료와 같은 관련서비스를 말한다.

보조공학 장치의 연속적인 접근은 비용, 융통성, 내구성, 훈련의 요구 정도, 세밀성, 이동 가능성, 유지 요구 등과 같은 보조공학 장치의 특징을 고려하여 무급에서 고급으로 증가된다. 보조공학은 보편적 설계와는 달리 개별학생을 위하여 특별히 고안된 경우가 많다. 따라서 다양한 신체능력을 가지고 있는 지체부자유아에게는 많은 보조공학 장치가 활용되고 있다. 지체부자유아가 활용하고 있는 보조공학 분야는 자세지지, 이동, 일상생활, 여가생활, 컴퓨터 접근성 등 일상생활 전반에 걸쳐 있다.

2) 자세지지를 위한 보조공학

지체부자유아는 근 긴장도 이상, 신체정렬 이상, 비정상적인 자세반사 등으로 안정적인 자세를 유지하기 어렵다. 교육 및 생활 장면에서 아동들의 자세를 지지할 수 있는 보조도구를 사용함으로써 올바른 자세를 유지하게 하고 2차 장애를 예방할 수 있고 일상생활 활동에 참여도를 높일 수 있다.

(1) 앉기 자세 보조기

지체부자유아는 생활의 대부분을 앉은 자세에서 보낸다. 바른 앉기 자세를 유지하게 함으로써 독립성과 사물 및 사람과의 상호작용을 증가시킨다. 바른 앉기 자세를 위한 보조기기는 많은 종류가 있다. 신체의 크기에 따라 선택하여 각도를 조절할 수 있는 피더 시트, 의자 또는 휠체어에 개인의 특성에 맞게 적용하여 올바른 착석 자세를 유지할 수 있도록 지지하는 맞춤형 자세유지기구, 다기능 조절 의자 등이 있다.

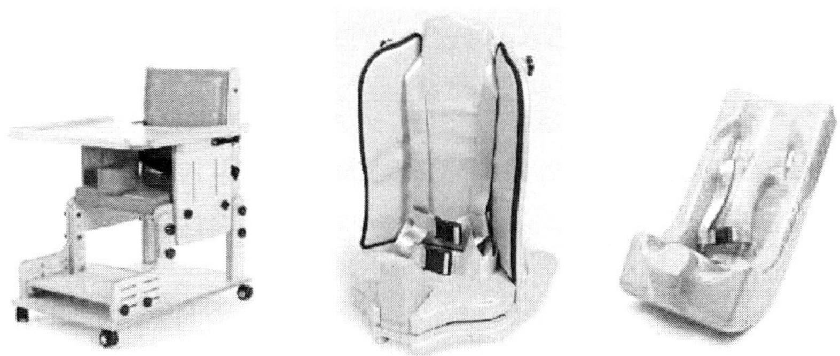

다기능 조절 의자 코너체어 피더 시트

<그림 11-2> 앉기 자세 보조기

출처: www.easymove.co.kr; www.ablemall.com

(2) 누운 자세 보조기

누운 자세 보조기는 중도장애아에게 주로 적용되는 기기다. 중도의 지체부자유아 앉기, 서기 등의 수행이 어려울 정도의 근 긴장이나 균형 유지 능력이 없기 때문에 누운 자세를 보조하는 기기를 사용한다. 누운 자세 보조기는 자세교정용 쿠션을 이용하여 눕기, 목 가누기, 균형유지, 엎드리기 등 다양한 자세를 편안하게 취할 수 있도록 도와준다.

<그림 11-3> 누운 자세 보조기기

출처: www.ablemall.com

(3) 서기 자세 보조기

서기 자세는 신체의 기립을 유지할 수 있도록 하는 장비로서 최근에는 전동식으로 사용자가 편리하게 작동할 수 있다. 서기 자세 보조기를 통해 지체부자유아는 직립에 대한 체감각 경험을 하게 되고 몸통, 팔, 손의 사용이 원활하게 된다. 아동은 서기를 통해 항중력의 경험을 하게 되고 신체정렬을 유지할 수 있게 됨으로 건강을 증진시킬 수 있다.

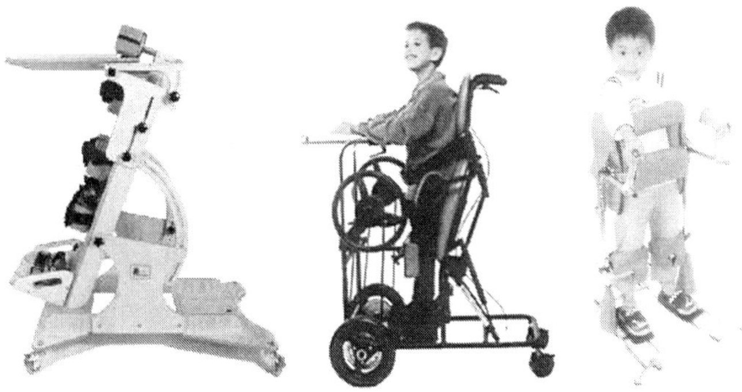

<그림 11-4> 서기 자세 보조기기

출처: www.ablemall.com

3) 이동을 위한 보조공학

이동 능력은 독립적인 사회생활을 하기 위한 중요한 부분이다. 지체부자유아는 이동을 통해 물리적 세계를 탐색하고 사회적인 공간으로 다가 설 수 있다. 독립적인 이동을 하게 됨으로써 사회적 상호작용을 촉진하고 환경에서의 경험을 확대함으로 지역사회의 일원으로 살아가게 되는 중요한 계기가 될 있다. 이동 능력을 도와주는 기기로는 목발이라고 불리는 클러치에서부터 전동휠체어, 스쿠터까지 다양한 기기가 지체부자유아의 이동을 도와주고 있다.

(1) 걷기 보조 기기

걷기는 사지 결손의 경우에는 의수나 의족을 이용하기도 하지만 대표적인 걷기 보조기기는 크러치(crutch, 목발)이다. 최근에는 크러치의 재질로 나무 소재 보다는 가볍고 견고한 알루미늄을 많이 사용한다. 크러치 이외의 걷기 보조기로는 밑받침에 균형을 잡기가 용이하게 4개의 발이 달려있는 지팡이, 안정적인 보행을 도와주는 워커, 바퀴가 달려있는 보행차가 있다. 보행차의 일종인 롤레이터는 좌식 다용도 보행기로 앉은 판과 U자형 등받이, 장바구니가 있어 산책 및 쇼핑 등 다양한 용도로 사용할 수 있다.

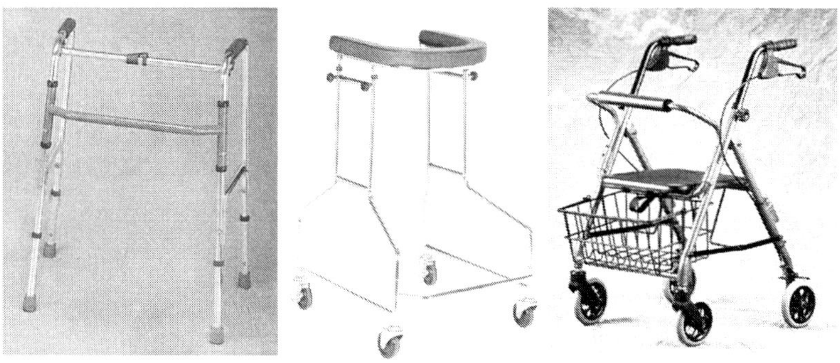

워커　　　　보행차　　　　롤레이터

<그림 11-5> 걷기 보조기

출처: www.daese.com

(2) 휠체어

지체부자유아를 상징하는 대표적인 이동 보조공학장치가 휠체어이다. 휠체어의 종류는 사용 장소, 용도, 재질 및 무게에 따라 다양하다. 구동 방식에 따라서도 전동과 수동 휠체어로 나눌 수 있다.

① 수동 휠체어

일반적인 수동 휠체어는 이용자가 앉을 수 있는 의자에 타이어로 된 바퀴를 달아 손으로 돌려 이동이 가능하도록 되어있다. 수동 휠체어의 재질은 알루미늄 프레임으로 되어 있으며 등받이를 접을 수 있고 팔걸이 높낮이를 조절할 수 있어서 장애유형에 따라 편리하게 사용할 수 있다. 여기에 다양한 등받이와 쿠션 등을 의자에 장착해서 편의성을 높일 수 있다. 차량을 이용하거나 보관을 용이하게 하기 위해서 바퀴, 발걸이 등도 분리되게 되어 있는 경우가 많다. 휠체어에 특수 장치를 덧 붙여 장애의 정도와 유형에 따른 편의성을 높인 기립형, 침대형, 승강형 등의 다양한 형태가 있다. 사용 장소에 따라서도 스포츠용, 산악용, 마라톤용 등이 있으며 이들의 재질은 항공기에 사용되는 최첨단 소재를 사용하는 경우도 있다.

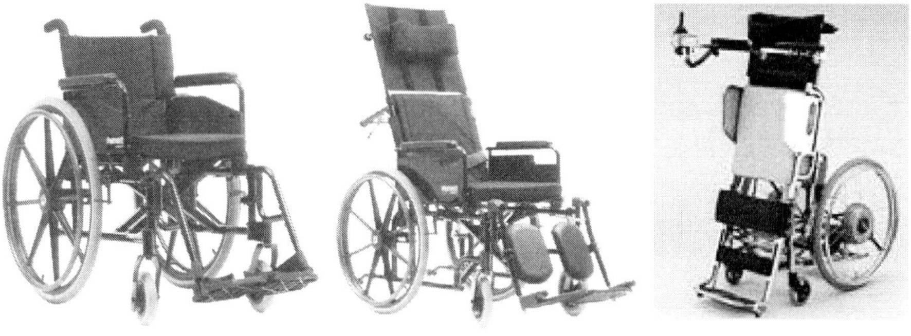

<그림 11-6> 수동 휠체어

② 전동 휠체어

전동 휠체어는 수동 휠체어 사용이 용이하지 못한 경우에 동력으로 전기를 이용하는 것이다. 동력을 전기로 이용하기 때문에 근력이나 지구력에 문제가 있는 지체부자유아에게 유용한 장비로 가치가 있다. 전동 휠체어의 조종은 주로 팔걸이에 부착된 조이스틱을 이용하기 때문에 조작에 힘이 많이 들지 않고 간편하다. 손의 사용이 어려운 경우는 조이스틱의 위치를 바꾸거나 편의장치를 덧붙여서 입 또는 발을 이용하여 사용할 수도 있다.

전기의 힘을 이용하기 때문에 앉은 자세에서 서거나 수직이동 등의 기능을 간편한 조작으로 가능하게 하기 때문에 지체부자유아의 독립적인 생활과 이동에 유용한 장비이다. 프레임도 항공 알루미늄 재질을 사용하여 가볍고 견고하며 수동 휠체어에 사용되는 자세유지 기기를 부착하여 탑승의 편이성을 높일 수도 있다. 휠체어와는 모양이 다르지만 이동 기능 우선의 스쿠터 형의 사용도 가능하다.

<그림 11-7> 전동 휠체어와 스쿠더

4) 일상생활 보조기를 위한 보조공학

지체부자유아는 신체 기능이 원활하지 못하기 때문에 독립적인 일상생활에 어려움이 있다. 기본적인 욕구인 식사, 용변처리, 몸단장 등을 도와주기 위해서 일생생활 보조기를 이용하여 자립생활에 도움을 줄 수 있다.

(1) 식사 보조기

식사 보조기는 손의 기능이 원활하지 못한 지체부자유아의 식사를 돕기 위한 것이다. 먹는 것과 관련된 장비이기 때문에 장애정도에 따라 다양하게 변형 가능하고 편리한 사용과 안전성이 있어야 한다. 특히, 인체에 유해하지 않은 재질을 이용하여 제작된 것을 사용해야 한다.

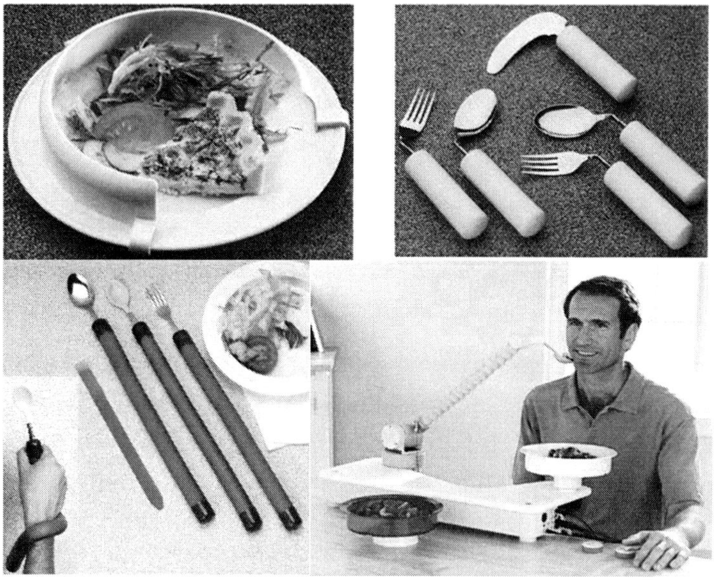

<그림 11-8> 식사 보조기

(2) 착탈의 보조기

착탈의 몸단장 보조기는 지체부자유아가 혼자서 옷, 신발 등을 입고 벗을 수 있도록 도와줄 수 있는 기기이다.

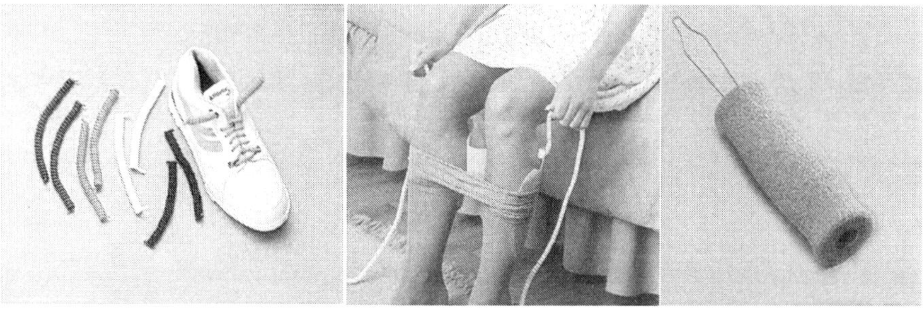

<그림 11-9> 착탈의 보조기

(3) 욕실 및 화장실 사용 보조기

지체부자유아가 독립적인 신변처리에 어려움을 호소하는 부분이 용변처리다. 타인에게 도움을 요청하기 민감한 부분이 있기 때문에 신변처리를 스스로 할 수 있는 보조기기를 마련해 두는 것이 필요하다. 세면대, 욕실 등에 손잡이를 설치하거나 수도꼭지를 바 형태로 바꿔주는 노력이 필요하다.

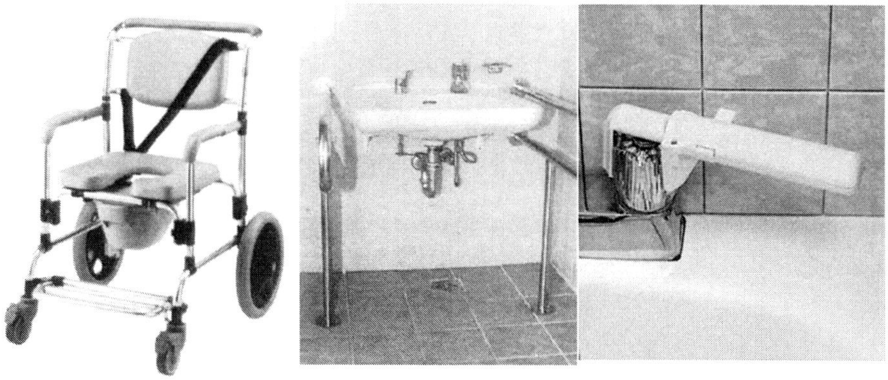

<그림 11-10> 욕실 및 화장실 보조기

(4) 기타

일상생활 전반에 다양한 보조기기가 사용될 수 있다. 독립생활을 가능하게 할 수 있는 많은 아이디어 용품들이 개발되고 상품화 되고 있다.

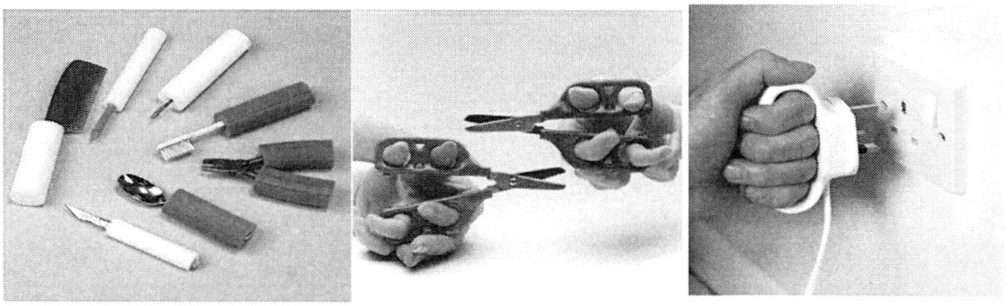

<그림 11-11> 다양한 일상 보조기기

4. 여가생활를 위한 보조공학

보조공학 기기는 지체부자유아가 여가활동에 직접 참여 또는 관람하는 활동을 원활하게 할 수 있도록 도와준다. 견고하고 회전력과 주행성이 뛰어난 농구 전용 휠체어, 가볍고 견고한 공간 튜브 프레임이 장착된 테니스용 휠체어, 고도의 완충 장치와 폭넓은 셋팅으로 회전 활강에서 다운힐, 모글에 이르기까지 고속 안정성과 정확한 반응을 고려한 스키 전용 휠체어, 직진시 안정적으로 높은 속도를 유지시켜주는 마라톤용 휠체어, 산악용 타이어를 장착한 산악용 휠체어 등으로 여가문화생활의 편의를 제공할 수 있다.

<그림 11-12> 여가생활 보조기기

5. 컴퓨터 접근성

지체부자유아는 컴퓨터와 인터넷을 사용해서 정보를 입력하고 출력하는데 어려움을 많이 겪는다. 소근육의 미세한 조정을 도와줄 수 있는 입력, 조정 장치를 사용하거나 실수를 보완할 수 있는 프로그램을 적용해서 정보를 입력하거나 출력하게 할 수 있다.

1) 눈 응시 또는 헤드마우스

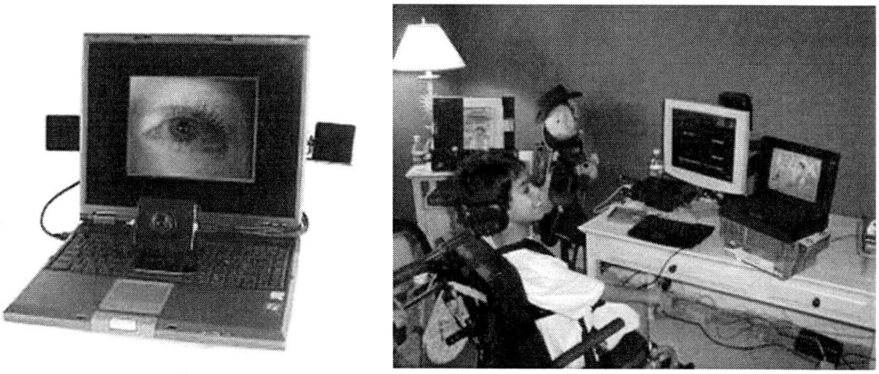

<그림 11-13> 눈 응시 또는 헤드마우스

일반마우스 사용에 어려움이 있는 경우에 손을 사용하지 않고 머리나 눈의 움직임만으로 편리하게 컴퓨터 작업을 할 수 있도록 지원하는 특수마우스이다. 헤드마우스는 헤드 트래킹(Head Tracking)시스템을 이용한다. 이마에 스티커를 붙여서 모니터 위의 센서가 이를 감지하게 함으로 마우스 커서를 작동하는 것이다. 눈 응시 시스템(Eyegaze System)은 모니터에 연결된 카메라가 사용자의 눈동자의 움직임을 감지하여 마우스 커서를 작동하는 것이다.

2) 조이스틱과 발 마우스

조이스틱은 손을 대신해서 입이나 턱, 볼 등 움직일 수 있는 부위를 이용하여 조절할 수 있는 마우스이다. 튜브를 간단하게 불고 빨아서 마우스 버튼을 작동하게 할 수도 있다. 화상키보드를 통해 문자 입력을 지원 할 수도 있다. 발 마우스는 휠체어 발판 또는 발을 원활하게 사용할 수 있는 곳에 장치하여 마우스 커서를 움직이게 하는 장치이다.

<그림 11-14> 조이스틱과 발 마우스

3) 키보드

컴퓨터 입력기에 대표적인 것이 키보드이다. 키보드도 지체부자유아의 상지기능에 맞게 수정되어서 제공될 수 있다. 근긴장 조절이 안 되는 아동을 위해서는 키가드를 사용할 수 있으며, 한 손만 사용할 수 있는 아동은 한 손 키보드를 이용하여 원활한 정보 입력을 도와줄 수 있다. 키보드를 물리적으로 키를 더 만든 확장키보드나 손의 위치를 수정할 수 있는 분리형 키보드를 이용할 수도 있다. 인텔리 키는 키보드의 키를 사용자가 편리한 데로 바꾸어서 사용할 수 있도록 고안된 장치이다. 이외에도 스크린 키보드를 이용할 수도 있다.

키가드

인텔리 키

한 손 키보드

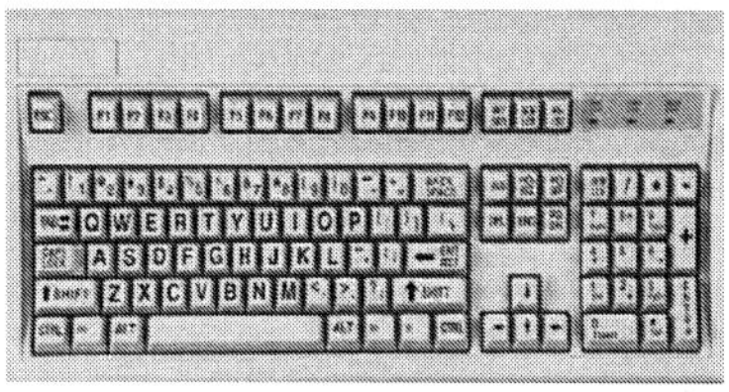

확장키보드

분리형 키보드

<그림 11-15> 키보드

4) 트랙볼과 스위치

트랙볼(trackball)은 쉽게 볼을 굴려 작동할 수 있는 견고한 장치이다. 볼 마우스를 뒤집은 형태로서 볼의 크기에 따라 사용하는 손의 근력이 다르므로 장애 상태에 맞게 선택해서 사용할 수 있다. 대체로 볼의 크기가 크면 정교한 손놀림이 필요 없다. 스위치는 표면 어디를 눌러도 작동될 수 있는 장치이다. 손목에 끈을 묶어 사용하는 풀 스위치도 유용한 장치이다.

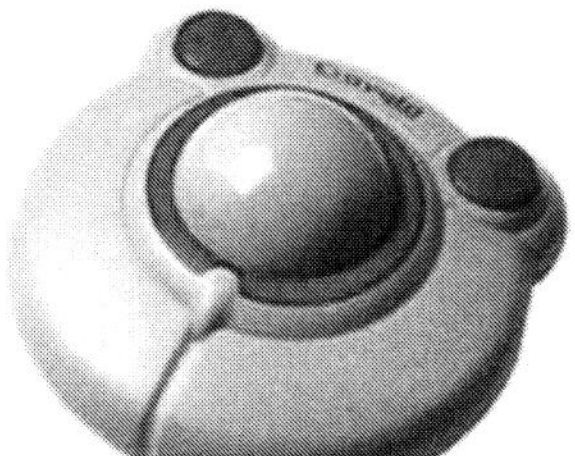

트랙볼

버디버튼 스위치

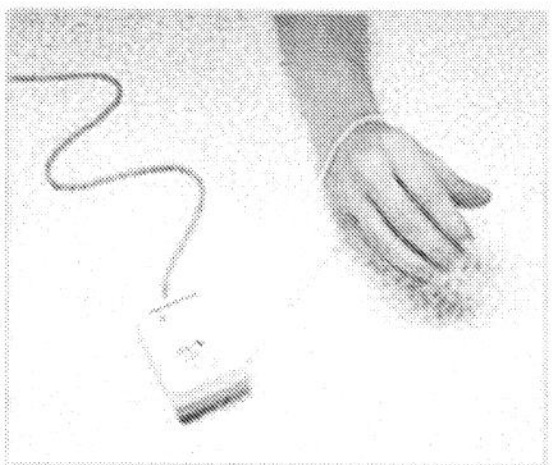

풀 스위치

<그림 11-16> 트랙볼과 스위치

5) 보완대체의사소통장치

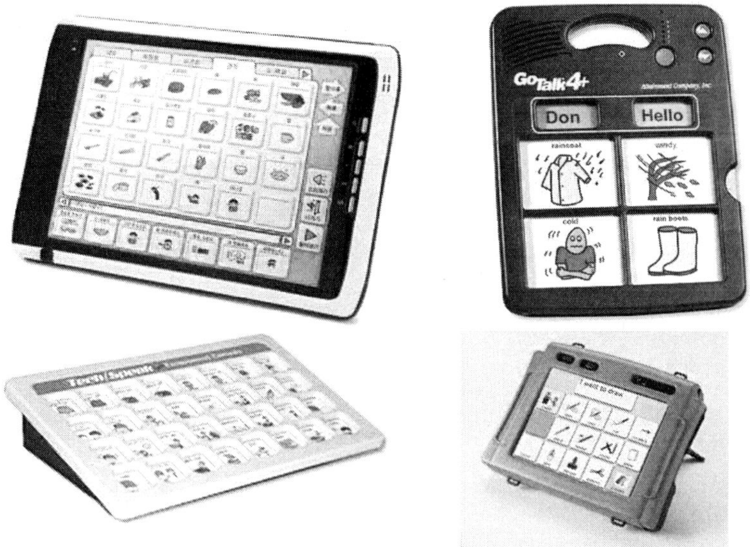

<그림 11-17> 보완대체의사소통기기

지체부자유아 중에서는 음성언어 산출에 어려움을 가지고 있는 경우가 많다. 특히, 뇌성마비아는 특유의 불수의적인 운동으로 구어를 산출하고 문어를 표현하는데 어려움을 가지고 있다. 이들을 위해 보완대체의사소통(AAC: Augmentative and Alternative Communication) 체계를 사용할 수 있다. 이 체계는 독립적인 의사표현에 어려움이 있는 혹은 수월하지 못한 이들에 대한 지원 방법이다.

AAC는 실제 사진이나 그림, 그림상징, 문자 등을 화면에 표시하여 사용자가 터치하면 녹음된 소리가 나도록 하여 의사소통을 대체할 수 있다. 컴퓨터공학기술의 발달로 자신이 자주 사용하는 내역을 녹음하여 사용할 수 있으며 다양한 그림상징을 사용자 편의에 맞게 추가 삭제 편집하여 재배열할 수도 있다. 터치스크린 지원을 통해 사용이 편리하고 컴퓨터와 연결하여 대체입력 및 출력 장치로 사용될 수도 있다.

제12장 지체부자유아의 전환교육

1. 전환교육의 의의

전환교육은 장애학생이 학교교육을 마치고 가능한 한 생산적이고 자립적인 성인생활을 할 수 있도록 학령기 동안 필요한 교육 프로그램과 지원서비스를 제공하는 것을 의미한다. 어떤 정형화된 교육과정이라기 보다는 성인생활 적응이라는 특수교육의 궁극적인 목표를 이루어 가는 교육의 과정으로 이해할 수 있다.

역사적으로 볼 때 특수교육과 직업재활의 두 개의 다른 서비스 체계를 통해 전환교육의 개념이 전개되고 있다. 하지만, 전환교육은 기존의 직업교육이나 진로교육이 직업생활에 중점을 두는 것과는 달리 기초학문, 개인생활, 가정생활, 직업생활, 여가생활 등 모든 분야를 다 고려해 계획을 세우는 것으로 전인적인 재활에 이르는 넓은 영역을 포함한다. 구체적인 직업교육은 고등학교와 전공과에서 실시하지만 직업생활을 위한 직업인식부터 탐구, 실습, 훈련에 이르는 과정을 포함하여 필요한 내용을 조기교육에서부터 학과목에 반영시켜 가르쳐야 한다.

미국장애인교육법에 따르면 유아기에서 공립 초등학교로의 시기와 중·고등학교에서 성인사회로 나아가는 시기에는 반드시 전환교육을 실시해야 한다고 명시되어 있다(1990, IDEA, P.L. 101-476; 1997, IDEA, P.L. 105-17, 2004, IDEA).

우리나라에서도 지난 교육인적자원부 "특수교육 대상학생 직업교육 및 전환 지원방안"이라는 특수교육 발전종합계획안(2003~2007)을 통하여 전환교육에 관심을 나타내면서 특수교육과 재활영역에서 어떻게 접목시켜 장애학생의 자연스러운 학교에서 성인사회로의 전환을 이룰 것인가에 관심을 나타내었다. 자세한 지원방안은 표 12-1과 같다.

<표 12-1> 특수교육 대상학생 직업교육 및 전환 지원방안

단계	지원시기	지원내용	담당기관
진로상담	중학교 2학년	- 학교생활 및 일상생활 관련자료 제공	교육인적자원부(특수학교 및 학급) 보건복지부(장애인복지관) 노 동 부(장애인고용촉진공단)
직업평가	중학교 2학년	- 직업적성 평가 - 직업능력 평가 - 직업태도 평가	교육인적자원부(특수학교 및 학급) 보건복지부(장애인복지관) 노 동 부(장애인고용촉진공단)
직업교육	중학교 2학년 ~ 고등학교 졸업학년	- 개별화전환계획 수립·적용	교육인적자원부(특수학교·학급)
		- 특수교육 대상학생 적성직종 개발	노 동 부(장애인고용촉진공단)
		- 직업교육 프로그램 개발	교육인적자원부(국립특수교육원)
		- 특수교육 대상학생 현장실습지원	보건복지부(장애인복지관) 노 동 부(장애인고용촉진공단)
전환능력 평 가	고등학교 졸업학년	- 특수교육 대상학생 사회진출 여부 및 지원 정도 결정	교육인적자원부(특수학교 및 학급) 보건복지부(장애인복지관) 노 동 부(장애인고용촉진공단)
취업알선	고등학교 졸업학년	- 취업 알선·배치	교육인적자원부(특수학교 및 학급) 보건복지부(장애인복지관) 노 동 부(장애인고용촉진공단)
추수지도	고등학교 졸업이후	- 직장적응지원	교육인적자원부(특수학교 및 학급) 보건복지부(장애인복지관) 노 동 부(장애인고용촉진공단)

우리나라의 장애학생을 위한 직업교육은 1977년 특수교육진흥법 제정이후 직업교육이 실시되어 1994년 특수교육진흥법 전면 개정 당시 직업교육

과 진로교육, 전공과의 설치가 규정되었고, 1997년 초중등교육법에서도 전공과 설치가 규정되었다. 「초·중등교육법」 제 56조에 따라 고등학교과정을 설치한 특수학교에 전문기술교육을 하기 위해 수업연한 1년 이상인 전공과를 둘 수 있도록 하였으나 이제는 특수교육대상 학생의 특성, 능력, 장애유형 또는 요구 등에 맞춰 직업재활훈련 뿐 아니라 자립생활훈련을 실시하기 위해 전공과를 운영할 수 있고, 특수학급에도 전공과를 설치할 수 있게 되어 전공과 운영이 다양화 될 전망이다. 지역에 특수학교나 취업준비 기관이 없을 경우 전문계 고등학교 등 학교별 특성을 고려하여 일반학교에도 전공과를 설치할 수 있게 됨에 따라 특수교육대상자의 진로 문제가 해소되고 취업률도 향상될 것으로 기대된다(2009년 특수교육연차보고서). 이후 2007년 장애인 등에 대한 특수교육법에서는 진로 및 직업교육이 한 층 더 강화된 내용으로 규정되었다. 즉, 진로 및 직업교육을 직접적으로 실시하는데 필요한 별도의 교실 외 취업과 연계될 수 있도록 임상실습을 위한 직업훈련실을 설치하고 인력과 경비도 지원할 수 있게 되어 2009년 5개 교육청 산하에 학교 기업형 직업훈련실 설치사업이 시작되었다. 진로 및 전환교육의 성공적인 조건과 내용의 검토를 통해 구체적인 실행 방안을 모색해 중증·중복장애학생을 포함한 장애학생의 진로 및 전환교육의 방안이 마련되어야 할 것이다.

2. 전환교육의 개념

1) 전환교육의 의미

전환(transition)이란 한 가지 조건이나 장소로부터 다른 조건이나 장소로 변화해 가는 과정이며, 개인은 생애를 통해 전환의 다양한 형태를 경험하게 되고 이러한 과정을 통해 발전해 간다. 전환은 나이에 따라 성숙해 가며 겪는 변화에 대처하기 위한 수직적 전환(예를 들면, 유아기에서 초등학교로의 전환, 중·고등학교에서 성인사회로의 전환 등)과 상황과 환경의 변화에 따라 대처하기 위한 전환교육인 수평적 전환(예를 들면, 분리교육에서 통합교육 병원이나 교도소에서 가정, 전학, 이사, 이직, 결혼, 정년퇴임)으로 나눌 수 있다. 자세한 예는 그림 12-1과 같다.

출생

↓

· 병원------〉 가정

· 공학지원------〉공학지원 없음

학령전기

↓

· 가정------〉학령전기

· 공적환경------〉개별적 환경

학령기 - 초등학교

↓

· 분리학교------〉이웃학교

· 특수교육------〉일반교육

학령기 - 중등학교

↓

· 특수교육------〉일반교육

· 특수/일반------〉대안학교

성인초기

↓

· 미혼------〉결혼/파트너(자녀)

· 가족과 생활------〉단독/다른 사람과 생활

성인중기

↓

· 가족보호------〉대안적 보호

· 거주지 배치------〉지역사회 생활

성인말기

· 가족 관계성------〉단독

〈그림 12-1〉 수직적·수평적 전환

전환이라는 용어가 교육적 환경 내에서의 각기 다른 과정을 지칭할 때도 사용되어지지만, 또한 전환은 학생의 졸업 후 적응을 용이하게 하는 과정의 의미로도 사용된다. 전환을 어떻게 개념 규정하느냐에 따라 전환에 대한 다양한 정의가 내려지기도 하며, 이에 따른 전환프로그램이나 지원전략이 달라질 수 있다.

(1) 우리나라 전환교육의 의미

우리나라에서 사용하고 있는 전환용어는 'transition, transitional services, transition from school to society, transition for life'와 같은 용어로 사용되며 이는 1980년대 중반에 미국에서 사용된 용어(Clark & Kolstoe, 1995; 1985; Wehman, Kregel & Barcus, 1985)를 1990년대 중반부 '전환교육'이라는 용어와 더불어, '전환과정, 직업전환, 전환서비스, 전이, 전이서비스' 등의 다양한 용어로 사용된다.

'전환과정'은 학교체제에서 사회체제로의 전환이 이루어지는 과정이 강조된 것으로 보이며, '직업전환'은 학교체제에서 사회로의 전환 시 작업을 강조하여 사용한 용어이며, 또한 '전환서비스'는 학교체제에서 사회체제로의 전환을 위하여 학교에서 어떤 서비스가 주어져야 하는가에 초점을 맞춘 용어이다. 또한 '전이, 전이서비스'는 transition을 '전환'이라는 용어 대신에 '전이'로 번역한다. 이렇게 본다면 전환교육이라는 개념을 어떻게 정의하느냐에 따라 전환이라는 용어가 전혀 새로운 개념일 수도 있다.

(2) 미국장애아교육법의 전환교육 정의

1990년 장애아교육법(IDEA; P.L. 101-476)과 1997년 개정 장애아교육법(IDEA; P.L. 105-17)은 전환교육 정의를 다음과 같이 규정하고 있다.

IDEA 전환의 정의(section 2000.29) : (a)전환서비스는 장애학생을 위한 일련의 통합된 활동으로 (1)전환은 중등학교 이후 교육, 직업훈련, 통합고용(지원고용 포함), 계속적인 성인교육, 성인서비스, 독립생활이나 지역사회 참여를 포함하는 학교에서 학교 이후의 활동으로 이동을 촉진하는 결과중심 과정으로 설계된 장애학생을 위한 통합적 활동이다. (2)이것은 학생의 기호나 관심을 고려한 학생의 요구를 기초로 하며, (3)다음 사항을 포함한다. ①교수, ②관련된 서비스 ③지역사회 경험 ④고용과 다른 학교 이후의 성인생활 목표 개발 그리고 ⑤일상생활 기술과 기능적 직업평가의 습득을 포함한다.

위 전환교육의 규정은 1990년에 개정된 미국장애아교육법(Individuals with

Disabilities Education Act; IDEA)에 전환계획 및 서비스 조항을 처음 두었다. 법률에 따르면 학교는 개별화교육계획에 만 16세 또는 적절하다면 그 이하의 장애학생을 위해 '필요한 전환 서비스 문서'를 만들게 되었다. 즉, 법적으로 개별화교육계획서에 학생이 졸업 후 활동 및 목표를 도울 수 있는 전환계획을 세우도록 한 것이다. 보다 최근 2004년에 개정된 미국장애아교육법에서는 전환서비스의 정의를 "결과중심의 교육과정으로(results-based curriculum) 규정하면서, 학교에서 성인 후의 활동으로 장애학생의 이동을 촉진시키기 위해 학업적 및 기능적 성취에 초점을 둔 일련의 종합적 활동(coordinated activities)"으로 정의 내리고 있다(Johnson, 2005). 최근 미국장애아교육법의 이러한 정의는 전환교육과 일반교육과정을 연결시키고자 하는 노력으로 학업적 및 기능적 성취를 확대하고자 하였으며, 과정이 아닌 결과 및 성과 중심의 전환이 될 수 있도록 노력한 것으로 보인다.

(3) 용어의 개념

제시된 전환교육 관련 용어의 개념은 다음과 같다.

· **학교이후 활동이란** - 개인이 다양한 성인 역할들 즉 중등이후 교육, 직업적 훈련, 고용통합(지원고용 포함), 계속적인 성인교육, 성인서비스, 독립적 생활, 그리고 지역사회 참여 등의 활동이다. 이러한 활동들은 단지 고용에 초점을 둔 관점에서 뿐만 아니라 지역사회 내에서 확장된 삶의 영역으로 옮기는 욕구를 포함하고 있음을 의미한다.

· **결과중심 과정** - 결과중심 과정에서 결과란 전환과정에서의 주요한 일반적, 구체적 목표를 나타내고 있다. 이것들은 고용, 중등이후 교육, 직업훈련, 평생교육, 성인 서비스, 독립생활, 그리고 지역사회 참여 등이다.

· **서비스 제공 시기** - 적어도 14세 이전에 학생에게 제공되어야 한다.

· **일련의 종합적 활동** - 전환서비스를 구성하는 활동과 학생에게 전환서비스를 제공하는 각 기관간의 연계를 의미한다. 전환과정은 불가피하게 지역사회에서 각 기관의 다양한 인사들이 참여하게 되고 활동과 서비스가 중첩되지 않고 각 기관과 인사가 각자의 책임한계를 인식하여야 한다.

· **전환과정의 요소** - 학생의 기호나 관심을 고려한 학생의 요구를 기초로 하여, ①교수 ②관련된 서비스 ③지역사회 경험 ④고용과 다른 학교 이

후의 성인생활 목표 개발 그리고 ⑤적절하다면, 일상생활 기술과 기능적 직업평가의 습득을 포함한다.

· **서비스 결정자** - 학생, 담임교사, 학교의 책임자, 부모, 그리고 개별학생에게 필요한 서비스를 제공하거나 계획에 참여하는 외부기관의 대표자이다.

· **전환서비스가 제공되는 장소** - 전환 서비스가 제공되어지는 장소는 특별한 곳을 정해두지 않고 다만 학교, 지역사회, 일터, 그리고 거주지역 등 다양한 장소에서 전환 서비스가 제공되도록 한다는 것을 추측할 수 있다.

· **필요로 하는 서비스의 종류에 대한 팀의 결정** - 개별적으로 포괄적인 사정을 기초로 다른 교육 및 관련 서비스를 확인하여 응용하는 과정을 따른다.

2) 전환교육과 개별화교육프로그램

개별화교육프로그램 작성 시 전환계획에 포함되어야할 구성요소와 전환실천의 원리들은 다음과 같다. 먼저, 개별화교육프로그램 작성 시 전환계획에 포함되어야할 네 가지 중요한 구성요소로는

첫째, 학생의 필요, 흥미, 선호도 및 장점에 기초 할 것

둘째, 성과 및 결과 중심의 과정일 것

셋째, 학생의 환경 전반에 걸친 종합적 활동일 것

넷째, 학생의 졸업 후 활동을 촉진시킬 것

위 네 가지 전환 구성요소들은 전환 서비스를 제공하는데 다음과 같은 중요한 전환교육을 위한 최상의 실제 원리를 다음과 같은 범주로 정할 수 있다.

첫째, 학생의 자기결정(학생의 요구, 흥미, 선호도)

둘째, 개인중심계획(결과중심 과정)

셋째, 기관 간의 협력(종합적 활동)

넷째, 추후 지도 및 지속적인 서비스(학교에서 졸업 후 활동으로 적응)

전환체제는 장애인의 삶의 질 향상을 위한 교육적 노력이다. 이러한 전환

서비스 체제는 학교와 일터 그리고 성인서비스 제공자들의 책임을 나누는 종합적인 지원 체제 안에서 가능하다. 즉 전환계획은 교육 이외의 영역에서 학교 외부 기관 전문가의 공동 참여가 있어야 한다(Levinson, 1993)는 것을 의미한다.

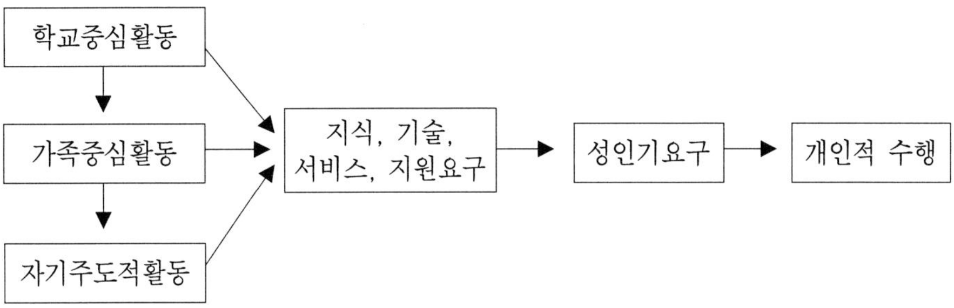

<그림 12-2> 전환과정의 함의

이러한 종합적인 지원체제로의 개념적 구조가 적합하게 수행되어진다면, 이 절차는 개인으로 하여금 중요한 지식과 기술을 습득하도록 이끌고, 지역사회에서 서비스와 필수적인 지원이 함께 연계 지을 수 있게 된다. 궁극적으로 이 결과들이 성취된다면 그림 12-2와 같이 장애학생은 지역사회적응 및 직업적 수행이 가능하게 된다.

3) 전환과정과 구성요소

전환과정과 구성요소적인 측면은 아래 표 12-2에 제시한 바와 같이 학교뿐만 아라 지역사회 각 기관의 다양한 서비스를 포함하게 된다.

전환전계의 과정은 사정-> 계획-> 훈련-> 배치->추수지도 순으로 연이은 단계별로 구성 된다. 이들 단계가 오직 하나의 독특한 시점에서만 일어나는 분리된 교육과정으로 구성되지 않고 각 단계들은 서로 영향을 미치는 상호작용적 연속적 과정이며 각 단계는 일정한 시점을 중심으로 반복적으로 일어나는 과정이다.

<표 12-2> 전환계획의 과정과 구성요소

사정			계획		훈련			배치			추수지도
영역	방법	담당자	내용(목표)	담당자	기능	장면	담당자	직업	주거	담당자	
지적/인지적 영역	검사 면접	학교심리학자			지적/인지적 영역	학교 사태	교사	경쟁 고용	독립 생활	학교직원	
교육적/학문적 영역	관찰 검사 점수	교사	고용 영역	학교 직원	교육적/학문적 영역	주거 사태	학교 심리학자	지원 고용	· 단일 가족 가정 · 그룹 홈	직업 재활 직원	필요한 지원 서비스의 제공 제공 서비스 습득 평가
사회적/대인관계적 영역	사례 연구	상담가	주거생활영역	직업재활 직원	사회적/대인관계적 영역	지역 사회 사태	직업재활 상담자	보호 작업장 고용	지원 생활	정신 건강/정신 지체 직원	
직업기능/직업적성 영역	상황적(실제적) 사정	직업평가사	지역사회기능화 영역	정신건강/정신지체 직원	직업기능/직업 적성 영역		사회 사업가		· 가정 · 그룹홈	사회 서비스 기관 직원	
신체적/감각적 영역		사회사업가		사회서비스 기관직원	독립생활 영역		노동 감독자		시설 생활	부모	
		언어치료사		고용주	신체적/감각적 영역		고용주		· 간호 가정 · 병원		
		학교 간호사		부모			부모				
		작업/물리치료사		학생			언어 치료사				

(1) 사정

전환계획에서 첫 단계는 학생의 기능과 개별적 요구에 대한 사정이다. 표 12-1에 제시하고 있는 것처럼 사정되어져야 할 다양한 능력은 지적/인지적,

교육적/학문적, 사회적/대인관계적, 직업적 기능/직업적 적성, 독립생활 그리고 신체적/감각적 영역들이다. 사정은 한사람의 전문가의 책임만이 아니고 학생에 대한 특별한 정보수집에 책임이 있는 각 전문가들의 팀에 의해 실행된다.

(2) 계획

학생 개별적인 요구와 기능에 대한 사정 후 수집된 정보는 학생의 IEP에 포함될 전환계획 수립에 사용된다. 이 계획은 고용, 주거생활, 그리고 지역사회 기능화와 관련된 목적과 목표가 명시되고, 필요한 서비스를 제공하게 될 책임을 맡은 전문가와 기관을 확정하게 된다. 또한 서비스 준비에 따른 시간계획도 포함되게 된다.

(3) 훈련

학생들은 IEP의 한 부분으로써 전환 계획이 개발됨에 따라 교수와 훈련이 시작된다. 학교 인사 뿐만 아니라 다양한 기관의 전문가들은 학생의 훈련에 참가하게 된다. 이 훈련은 학교, 일터, 지역사회, 그리고 주거지역 등 다양한 사회에서 일어난다.

(4) 배치

교수와 훈련이 완결되면 학생은 부수적 훈련을 위해 일터, 주거 및 또는 중등학교 이후 교육 사태에 배치될 준비가 된 것이다. 고용, 주거생활 그리고 중등이후 배치 선택권의 다양성은 학생을 위해 존재하고 학생의 선택의 적절성은 기능 수준에 달려 있다.

· 고용선택은 경쟁고용, 지원고용, 그리고 보호작업장 고용으로 나뉘어 진다.

· 주거생활 선택은 독립생활, 지원생활, 그리고 시설생활로 구별된다.

· 중등이후 교육 선택은 지역대학, 4년제 대학, 그리고 대학교, 사설 기술·무역 학교 등을 포함하고 있다.

(5) 추수지도

학생의 기능에 대한 평가. 다소의 지원서비스의 중단, 또 다른 서비스의 시작 및 또한 추수지도 등 평가결과로부터 배치의 변화가 이루어진다.

3. 지체부자유아의 진로발달과 전환계획

1) 지체부자유아의 생애관점적인 진로발달

(1) 생애관점적인 진로발달의 중요성

개인의 진로발달은 아동기의 성장과 변화 과정, 학교의 형식적인 진로교육, 개인이 일하는 성인기 전반에 걸쳐 은퇴에 이르기 까지 지속되는 성숙과정을 포함하는 생애과정으로 정의한다. 학교중심 진로와 전환계획은 진로발달의 광범위한 측면에서 학교중심 학습에서 넘어서야 한다는 점에 있어 개별화교육프로그램(IEP)과 개별화전환교육(ITP)의 팀에 중요한 함의를 가진다.

전환계획에서 초기 성인기 동안 발생하는 단일한 진로 선택에 편협하게 초점을 맞추고, 개인이 직업 생활 전체에 걸쳐 그런 진로 분야에 머물러 있을 것이라고 가정하는 이론들에 주의를 기울여야 한다. 생애진로관점은 장애학생의 진로와 생활의 흥미를 완전히 개발하고, 표현하고, 추가적인 시간 혹은 계획된 기회와 경험을 필요로 할 것이기 때문에 중요하다. 또한 진로발달이론은 팀의 종합적인 전환계획수립에 중요한 요인이다.

(2) 지체부자유아 진로경험

직업은 경제적 지원 뿐만 아니라 사회적 지위와 자아상에 중요한 영향을 미친다. 직업을 갖는데 있어 장애는 개인의 지각과 경험에 영향을 미친다. 지체부자유아가 장애로 인해 노동에 참여할 때 많은 장애물에 직면하게 되고, 이로 인해 낮은 취업률로 이어진다.

(가) 지체부자유아의 높은 실업률에 기여하는 다양한 요인은 다음과 같다.

첫째, 고용 또는 삶의 다른 측면의 차별

둘째, 고용탐색을 어렵게 하는 실제적인 곤란(예를 들면, 수송, 의사소통 수단)

셋째, '잠재 직무 시장'과 공식적 수단에 의해 알려지지 않은 직무에 대한 제한된 접근

넷째, 자격을 구비한 취업 지원자의 특성과 능력에 관한 고용주의 고정관념

위와 같은 이유로 실업률은 낮지만, 위 장애물들은 직무 기술과 능력과는 아무 관련이 없다. 또한 작업장 내의 물리적 장애물과 태도적 장애물, 건강보험 문제, 사회 안전 체제에 내재된 작업에 대하여 의욕을 꺾는 것 등 다른 요인들도 직업을 지속하는데 방해 요인을 작용한다.

지체부자유아의 직업준비는 직무기술을 획득하는 것에서 끝나는 것이 아니라, 진로 쟁점을 판별하고 언급하도록 돕는 진로발달이론을 활용하여 고용성과를 개선해야 한다.

(나) 지체부자유아가 많이 겪는 어려움들은 다음과 같다.

첫째, 비장애 또래에 비해 학교를 중도탈락하기 쉽다.

둘째, 독립생활 및 관계 형성과 같은 삶의 다른 영역에서 어려움을 겪는다.

셋째, 비장애 또래에 비하여 중등이후 교육 프로그램에 참여하지 않는 경향이 있다.

넷째, 고용될 때 낮은 임금을 받는다.

다섯째, 학교 졸업 여부와 관계없이 높은 실업률을 나타낸다.

학생의 장애본질은 자기지각, 진로와 관련된 발달경험에 영향을 주고, 초기에 발병한 장애는 잠재적으로 제한된 진로 경험을 초래하는 발달적 장애물을 경험하게 된다.

진로발달의 잠재적인 요인들은 각각의 개인이 만족한 최적의 진로경로를 선택하고 유지하기 위하여 필요로 하는 경험, 태도, 가치 및 유능성에 대한 독특한 기술을 제공하는 복합 이론을 낳기 때문에 진로교육의 이론과 단계를 이해하는 것이 중요하다.

(3) 진로이론 유형

진로발달이론은 "선택을 준비하고, 선택하고, 사회에서 전형적으로 이용할 수 있는 직업으로부터 선택을 지속적으로 이용할 수 있는 직업으로부터 선택을 지속하는 것", 광범위하게는 "일생에 주어진 개인의 진로를 형성하기 위하여 조합되는 심리적, 사회적, 교육적, 신체적, 경제적 및 기회 용인의 총합"으로 설명되어 왔다.

(가) 진로이론의 보편성

첫째, 직업선택- 만족한 직무 선택을 유도하는 개인적 요인과 상황적 요인에 대한 조사를 통하여 적시에 하나의 지점에서 특정 직무를 선택하는 과정

둘째, 직업적응- 작업과정 그 자체에 대한 적응, 즉 그것이 수행되는 데서 업무의 독립을 포함하는 노동자와 작업 환경 내의조건에 대한 조사

셋째, 진로발달- 복합적인 삶의 역할의 영향과 상호관계 및 직업적으로 관련된 선택과 행동에 대한 사림의 생애 계열의 발달적 과정을 조사하는 평생 작업 양식과 변화에 대한 조사.

진로발달의 세 가지 보편적 개념은 '올바른' 진로를 선택하는 것, 특정 직무를 조정하는 것, 복잡한 직업과 삶의 역할을 개발하는 것이다.

(나) 진로발달이론의 관점

개인중심 이론: 개인을 어떻게 보는가를 조사하는 즉, 개인이 연구에서 주요한 행위자와 의사결정자로 봄

상호작용 중심 이론: 개인, 다른 사람, 사상, 환경 사이의 상호작용이 연구의 주요한 동인으로 봄.

각각의 진로발달 이론은 개인, 환경 및 중요한 요인들을 다르게 간주하며, 성공적인 진로발달은 독특하게 정의내리고 있다.

2) 진로발달과 전환계획의 통합

진로교육은 진로를 가지는데 필요한 지식과 기술을 개인에게 가르치기 위해 설계된 교육과정이다(Smith & Luckasson 1995). 진로교육 프로그램은

학생들의 진로개발을 용이하도록 고안되었다. 실제적인 직업선택을 위해 학생들은 적절한 자각(즉 그들 자신의 흥미, 능력, 가치, 제한 등에 관해 지식이 있고), 직업적 자각(즉 직업선택, 활용할만한 일 이러한 직업의 보상 요구, 필요에 관해), 의사결정 기술 등을 가질 필요가 있다.

진로교과과정은 인식, 적응, 탐색, 준비인 4단계로 나눌 수 있다. 학년과 나이는 각 단계에 따라 포함된다. 장애학생들은 진로개발이론과 직업평가 결과에 기초한다. 또한 진로개발은 생애과정이며 진로교육은 유치원에서 시작되고 학생들의 교육적 진로를 통해 계속해야 한다.

(1) 진로 발달의 4단계

① 인식- 인식 단계는 유치원에서 6학년까지를 포함하고 그들 자신에 관해 지역사회 일에 대해 다른 사람들과 어떻게 지내는지에 대해 아동들에게 가르치기 위해 설계된 활동들은 종종 이 단계의 진로교육의 한 부분이다.

② 적응- 지향단계는 4-6학년까지를 포함하고 성공적인 직업적응에 필요한 기술과 태도와 관계가 있다. 건강과 긍정적 자아개념, 일에 대한 긍정적 태도에 관한 개발을 고무하기 위해 고안된 활동들은 종종 이 단계 동안에 수행되었다. 긍정적 대인관계와 자신과 직업 자각의 개발을 고무하기 위한 지속성은 또한 오리엔테이션 단계 동안에 초점을 가진다.

③ 탐색- 탐색 단계는 6-11학년까지를 포함하고 실제 직업선택을 찾기 시작하는데 필요한 정보와 기술을 학생들에게 제공하는데 관계가 있다. 이 기간 동안 학생들로 하여금 의사결정 기술을 향상하고 진로계획에 대한 책임을 알게 하고 교육적, 직업적 선택에 관한 정보를 얻고 초기 시험적 진로계획들을 설정하도록 설계된 활동들이 수행된다.

④ 준비- 준비단계는 10-12학년을 포함하고 직업준비에 초점이 맞추어져 있다. 시험적 진로 목표를 설정하고 이러한 목표에 도달하는데 필요한 교육과 훈련을 추구하도록 설계된 활동들이 이기간 동안에 수행된다.

다음 그림 12-3은 진로발달의 4단계에 대한 간략한 기술이다.

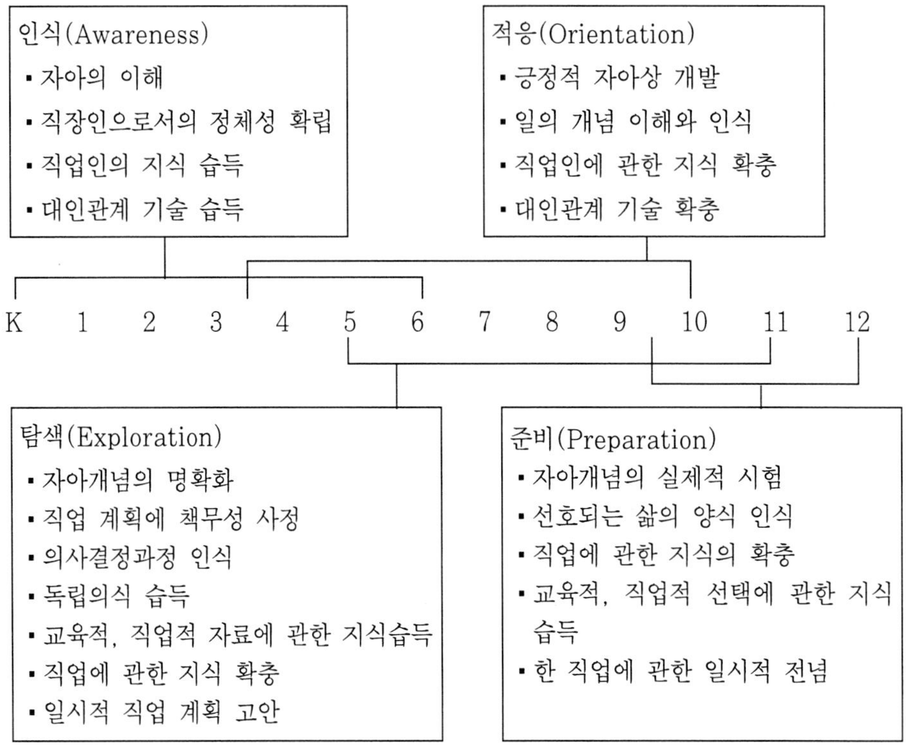

<그림 12-3> 진로발달의 단계

(2) Lynch, Kiernan, Stark(1982)의 진로와 직업교육 접근

다음은 Lynch 등(1982)은 7학년에서 시작되는 진로와 직업교육에 접근하는 세 가지 단계를 정의했다.

첫째, 단계 1(7-8학년)의 기간 동안 수행되는 활동들은 직업전이고 자신과 직업인식을 용이하게 하기 위해 설계된다. 다음의 활동들은 이 단계에서 추천되는 것이다.

① 구조화된 현장방문- 학생들은 작업환경과 방문기간 동안에 일에 대한 정보를 수집하고 견학 후 토의를 통해 다른 사람들과 정보를 나누며 분야 여행에 참여한다.

② 따르기(shadowing)- 학생들은 그 시간동안 개개 작업자 주위를 따르고 관찰과 제한적 부분 경험을 통해 직업에 관한 정보를 얻는다.

③ 모의 현장방문- 학생들은 실제 작업 상황을 가상하는 슬라이드와 테

입 프리젠테이션에 노출된다.

④ 모의 작업사례- 학생들은 직업훈련으로 이어지는 지역직업과 활용할 만한 대표적인 직업선택인 작업과업에 노출된다.

⑤ 학급직업경험- 학생들은 산업예술, 가정경제, 다른 직업분류에 관련된다.

⑥ 학문적 교실경험- 손님으로 말하는 사람(guest speaker), 미디어 자원, 역할놀이는 직업선택에 학생들을 노출시키는 정규학문교수에 함께 한다.

둘째, 단계 2(9-10학년)는 단계 1 기간 동안에 수행된 많은 활동들은 단계 2기간 동안에 반복된다.

그러나 이러한 관점에서, 단계 1에서 직업선택의 노출을 통해 학생들은 소수 직업에 대한 그들의 관심이 좁아졌다. 그러므로 단계 2는 단계 1보다 초점이 더 좁아지고 학생들로 하여금 보다 깊이 있게 높은 관심으로 직업 영역을 탐색하도록 한다.

① 작업현장 방문- 학생들은 그들의 관심이 연관되게 수행하는 작업현장을 방문한다.

② 직업과정에서의 기술탐색- 학생들은 관심을 가지고 일관되게 회사분류를 통해 순환하고 선택된 직업영역에서 일관된 등록-수준(entry-level) 직업들의 기본교수를 제공한다.

③ 교실활동들- 학생들은 높은 관심의 직업영역에 대한 진로 정보에 노출되고 구직, 이력서 작성, 신청서 기재, 인터뷰와 같은 구직 기술에 대해 안내 받는다.

셋째, 단계 3(11-12학년)은 단계 3동안 하나 혹은 둘 이상의 선택된 영역의 직업수업을 받는다. 특정 직업기능습득과 특정 작업행동개발에 대한 강조가 있고, 다음으로 이러한 단계에 포함될 수 있는 활동들이 포함된다.

① 구직기능훈련- 학생들은 실제적으로 구직, 신청서 작성, 인터뷰 등에 관여한다.

② 교실활동들- 학생들은 고등학교에서부터 직업 혹은 더 나아가 교육 혹은 훈련에 이르는 전환에까지 특정 수업을 받는다.

③ 작업경험- 학생들은 자원봉사와 유급을 포함한 지역사회에서 실제 작

업을 통해 작업 경험이 제공된다.

④ 작업훈련- 특정 작업에 있어 고용에 필요한 기능을 학생들에게 제공하는 프로그램은 단계 2에서 보다 훨씬 더 강하게 수행된다.

위와 같은 네 단계는 고용을 위하여 세분화된 것이나 진로발달의 광범위한 정의는 모든 삶의 영역을 통합한다. 이러한 인식, 적응, 탐색, 준비는 다른 환경인 교육과 중등이후 훈련, 독립생활 및 지역사회 참여와 같은 다른 환경에도 적용될 수 있다. 학생은 각 내포된 과제, 기대 및 역할에 대한 인식부터, 적응, 탐색, 준비되어져야 한다. 네 단계는 완전하게 진로발달과 전환계획수립에 대한 종합적인 관점을 지원한다.

4. 지체부자유아의 전환교육 모형

1980년-90년대 동안 나타난 대표적인 진로교육과 전환모형은 Brolin과 Kokaska(1979)의 생활중심진로교육모형(LCCE), Schumaker, Hazel과 Deshler(1988)의 생활계획프로그램모형, Brown(1984)의 4단계 전환과정, Will's(1983) 3단계 전환모형, Wehman, Kregel, Barcus's(1985)의 중등학교 직업프로그램, Halpern(1985)의 독립생활과 지역사회적응 모형, Clark와 Kolstoe(1995)의 장애청소년을 위한 학교중심 진로발달과 전환교육모형, Kohler의 전환프로그램 분류 모형 등을 꼽을 수 있다. 몇 가지 직업전환모형을 살펴보겠다.

1) Brolin의 모형

생활중심진로교육(Lief-Centered Career Education; LCCE)은 초등학교에서 고등학교까지 초점을 맞춰 광범위한 영역의 기술과 경험을 제공한다. 직업교육 모형으로서 LCCE는 직업교육에서 서로 관련되어 있는 네 가지 범주가 조직화되어 있는 생활 기술 수행능력으로 구분되어 있다. 즉, 일상생활 기술, 개인사회적 기술, 작업지도와 준비 기술인데 그림12-4와 같이 나타낼 수 있다. 이러한 세 영역의 하위 요소로 22가지의 수행능력과 97가지의 하위 수행능력으로 분류되어 있다. 이 모델은 수행능력을 일반교육과정에 고취시키기 위해 광범위한 접근방법을 다루고 있고, 다양한 일상생활기술과 실제 생활장면에서 성공하기 위해 필수적인 작업 기술을 고려했다.

(가) 생활중심 진로교육 영역

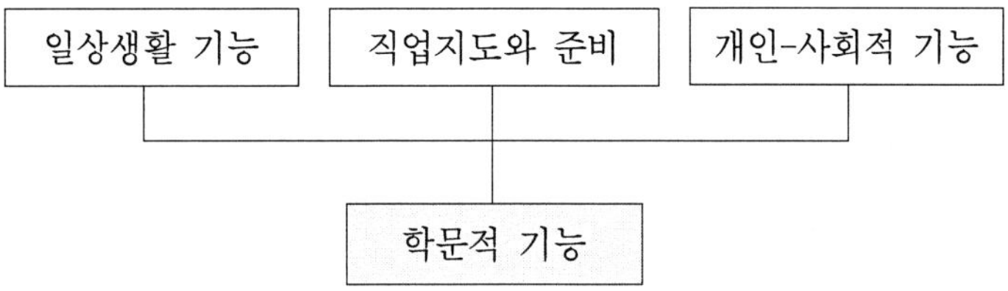

<그림 12-4> 생활중심 진로교육 영역

(나) 생활중심 진로교육 수행능력

· 일상생활기능:

이 기능은 장애학생이 어떻게 가능한 한 효율적으로 가정을 꾸려 나가고 가족을 보양하며 돈 문제를 해결해야 하는지 알 수 있도록 짜여진 내용이다.

① 자기 금전 관리
② 가사도구의 선택과 관리, 유지
③ 자기 욕구의 충족과 관리
④ 자녀 양육(결혼 책임 인식하기)
⑤ 식료품의 구입, 요리
⑥ 의복의 구입, 관리
⑦ 책임 있는 시민적 활동 이행
⑧ 오락과 여가 활용
⑨ 지역에서의 이동과 주변 익히기

· 개인-사회적 기능:

독립심, 자존심, 사회성, 사귐성들은 사람이 공동체 안에서 살아가는데 있어서 중요한 기능이다.

① 자아 인식하기
② 자신감 획득하기
③ 사회적 책임행동 수행 기능
④ 좋은 인간관계 기능 유지하기
⑤ 독립심 배양하기
⑥ 문제해결 기능 배양
⑦ 타인과의 의사소통하기

· 작업지도와 준비:

많은 사람들이 직장에서 자신의 능력을 제대로 발휘하지 못하는 경우가 있다. 장애인들도 마찬가지인데 이를 개선하기 위해서는 교육 시스템을 통해 다양한 직무를 인식하고 필요한 기능을 익히고 여러 작업을 경험하여 논리적이고 자신에 맞는 직업을 선택하여야 한다. 그러므로 초기의 노력은 직업인식과 작업 평가, 작업적응, 직업교육과 훈련, 직업적성검사, 작업 배치와 같은 영역에서 출발해야 한다.

① 직업 적성 인식과 탐색하기
② 직업선택과 직업계획 세우기
③ 적절한 작업습관과 행동 표현하기
④ 직장을 갖고 유지하기(고용 탐색, 확보, 유지)
⑤ 적절한 신체적 및 조작 기능하기
⑥ 특정 직업기능 습득

<표 12-3> 생활중심 직업교육, 교육과정 영역, 주요 수행기능 및 하위기능

커리큘럼 영역	주요수행기능	하위기능						
1) 일상 생활 기능	(1)자기금전관리	1. 금전계산과 정확한 거스름돈 주고받기	2. 현명한 소비생활 이행	3. 기본적 금전 기록의 보존	4. 세금을 계산하고 지불한다.	5. 은행이나 신용금고 시설의 이용	6. 은행의 서비스의 활용	
	(2)가사도구의 선택과 관리, 유지	7. 가정(옥내 및 옥외)관리	8. 기본적인 설비 및 도구 이용	9. 적절한 주거환경의 선택	10. 집안의 시설설비	11. 가정관리		
	(3)자기 욕구의 충족과 관리	12. 신체적 적응, 영향 및 체중조절의 지식이해	13. 적절한 몸단장 및 위생상태 유지	14. 적절한 옷입기	15. 질병, 예방, 치료 의 지식	16. 자기안전의 실천		
	(4)자녀 양육(결혼책임 인식하기)	17. 어린이 양육 준비(신체적 보호)	18. 어린이 양육의 심리적 측면 이해	19. 결혼 적응의 준비				
	(5)식료품의 구입, 요리	20. 식료품 구매	21. 부엌 청소	22. 음식 저장	23. 음식 요리	24. 적절한 식사습관	25. 균형있는 식사 계획	
	(6)의복의 구입, 관리	26. 의복 세탁	27. 의복의 구입	28. 의복의 다림질, 수선 및 보관				
	(7)책임있는 시민적 활동 이행	29. 시민적 권리와 책임 이해	30. 중앙, 지방정부의 역할 이해	31. 법 지식 및 법 준수 능력	32. 시민으로서의 권리와 책무이행			
	(8)오락과 여가 활용	33. 유용한 지역사회 자원의 이해	34. 활동을 현명하게 계획하고 선택함	35. 오락의 가치 이해	36. 집단 및 개인 행동에 적극 참여	37. 휴가 계획 세우기		
	(9)지역에서의 이동과 주변 익히기	38. 교통법규와 안전수칙의 이해	39. 여러 가지 교통수단에 대한 지식 및 활용	40. 지역사회의 구역 알기	41. 운선			
2) 개인 · 사회적 기능	(10)자아 인식하기	42. 신체적·정신적 욕구와 확인	43. 흥미 및 능력의 파악	44. 정서의 파악	45. 신체 이해			
	(11)자신감 획득하기	46. 자기존중감 표현	47. 자기의 생각을 타인에게 표현	48. 칭찬하기 및 수용	49. 비판하기 및 수용	50. 자신감 증진		
	(12)사회적 책임 행동 수행 기능	51. 타인의 권리와 존중에 대한 존중	52. 권위의 인정 및 지시 이행	53. 공공장소에서의 적절한 행동하기	54. 환영받는 성격특성의 이해	55. 개인적 역할의 이해		
	(13)좋은 인간관계 기능 유지하기	56. 듣고 반응하기	57. 친밀한 대인관계 형성 방법의 이해	58. 우정의 형성 및 유지 방법 이해				
	(14)독립심 배양하기	59. 자아실현을 위한 노력	60. 자아조직의 이해	61. 다른 사람에 미치는 행동의 영향 인식				
	(15)문제해결 기능 배양	62. 조력자원의 활용	63. 결과에 대한 예	64. 대안의 개발 및 평가	65. 문제의 본질 인식	66. 목적 지향적 행동의 개발		
	(16)타인과의 의사소통하기	67. 위급상황의 인지 및 대응	68. 알기 쉽게 말하기	69. 의사소통의 대처 방법의 이해				
3) 직업 지도와 준비	(17)직업적성 인식과 탐색하기	70. 작업의 수지 측면 확인	71. 직업 및 훈련정보의 원칙 확인	72. 작업을 통해 충족되는 개인적 가치의 확인	73. 작업을 통해 얻어진 사회적 가치의 확인	74. 직무의 서로 다른 작업 체제의 분류 이해	75. 지역에서 얻을 수 있는 직업 기회의 발전	
	(18)직업선택과 직업계획 세우기	76. 실제적인 직업 선택	77. 적절하고 유용한 직무 요구 조건 확인	78. 직업 적성 확인	79. 주요한 직업적 흥미 확인	80. 주요 직업적 요구의 확인		
	(19)적절한 작업습관과 행동 표현하기	81. 지시 따르기 및 규칙 준수	82. 출근 및 시간엄수의 중요성 이해	83. 감독의 중요성 인식	84. 직업적 안전에 대한 이해	85. 타인과 함께 작업하기	86. 질적 작업의 요구의 충실함	87. 만족스런 속도로 일하기
	(20)직장을 찾고 유지하기	88. 직업 탐색	89. 취업 지원(신청)	90. 취업을 위한 면접	91. 졸업후의 직업 적응 유지방법 알기	92. 경쟁적 작업기준의 이해	93. 고용변화에 적응하는 방법 알기	
	(21)적절한 신체적 및 조작 기능하기	94. 끈기와 인내심의 표현	95. 만족스런 균형과 조정의 표현	96. 정교한 수지기능 표현	97. 감각적 변별능력			
	(22)특정 직업기능 습득	그들이 배우고 있는 기능을 좌우하는 특수한 하위 기능은 없다.						

2) Will의 교량모형

가장 광범위하게 알려져 있는 전환모델로 전 미 교육부의 특수교육재활국 서기관이었던 Madelin Will(1984)에 의해 개발된 것이다. Will(1984)은 그림 12-5와 같이 지역사회 기회제공, 협력, 지속적인 지원 등 이 세 가지 가정을 토대로 전환프로그램을 일반적인 서비스(No special service), 시간 제한적인 서비스(Time-limited service), 계속적인 서비스(Ongoing service)로 나누어 제시했고, 전환교육을 과정적, 결과적 측면에서 고용(취업), 주거, 여가, 이동(사회생활)의 네 가지 관점에서 전환모형을 제안했다. 이 모형은 고용중심 모형으로 지역사회 내에서 일반인과 같은 생활방식을 추구하며, 그 대상도 지원의 수준에 따라 다르다.

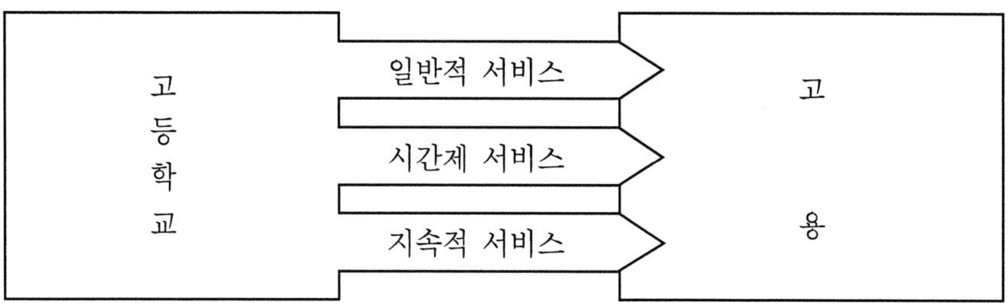

<그림 12-5> Will의 전환교육과정의 구성요소

Will의 모형은 학생의 특성, 흥미, 선호를 고려한 전환계획의 결과가 취업이라는 단 한 영역으로 국한되었다는 것이 제한점이 된다(Baer, Flexer, & McMahan, 2005).

3) Wehman, Kregel과 Barcus 모형

Wehman, Kregel과 Barcus(1985)는 특수교육 프로그램을 기능적 교육과정, 통합적 학교환경, 지역사회중심 서비스, 부모, 학생의 의견 및 기관 간 협력이 포함된 개별화 프로그램 계획수립, 경쟁고용, 작업동료, 전문화된 작업준비와 같은 직업결과를 산출하는 중등학교 직업프로그램 모형을 그림 12-6과 같이 제안했다.

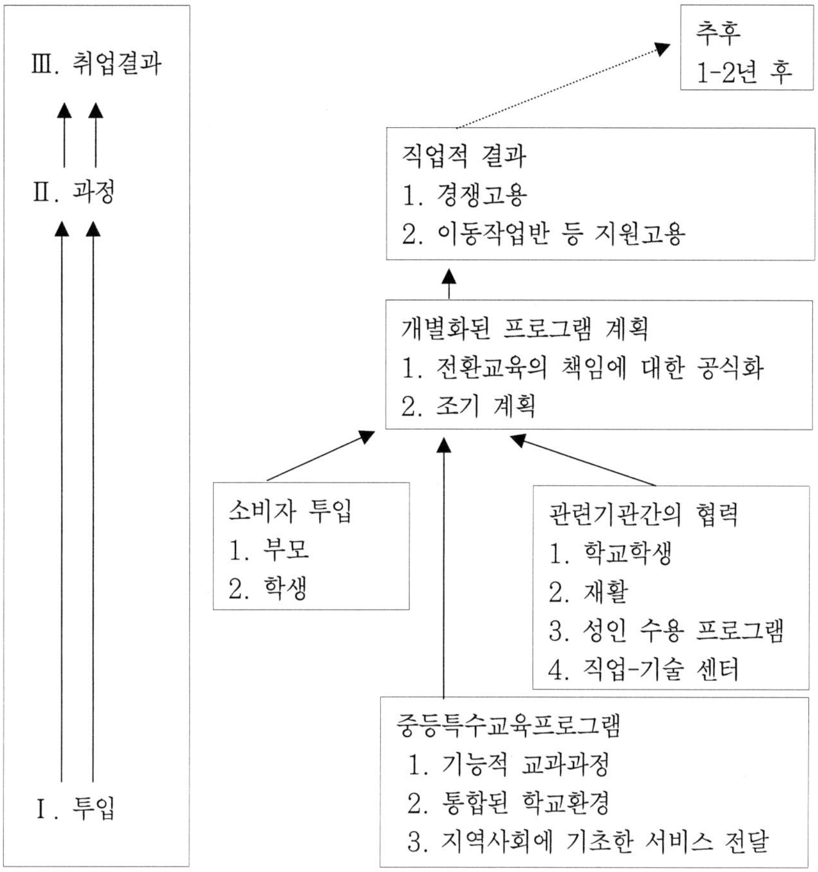

<그림 12-6> 중등학교 직업프로그램 모형

Wehman은 중도 장애 학생들을 위한 전환지원과 관련된 특수교육, 직업교육, 재활에 관한 직업 준비의 모델을 제시했다. Wehman 모델이 원리는 다음과 같다.

① 훈련과 서비스 전달 체제 내에 있는 구성원들은 반드시 참여해야 한다.

② 부모는 필수적으로 포함되어야 한다.

③ 직업 전환계획은 반드시 21세 이전에 수립되어야 한다.

④ 과정은 반드시 계획적이고 체계적이어야 한다.

⑤ 양질의 직업교육 서비스가 제공되어야 한다.

Wehman의 모델의 세 가지 단계는 (1)학교 교육, (2)전환과정을 위한 계획, (3)의미 있는 고용 배치에 따라 진행할 것을 요구하고 있다.

◇ Wehman 3단계 직업 전환 모델의 의미

첫 번째 단계에서, 학교의 교수과정이 장애 학생들의 기능적 교육과정, 통합적 학교 환경, 지역사회 중심의 훈련을 포함하는 학교 이후 과정의 목표들을 지원해 준다.

두 번째 단계, 전환과정 계획에서 학생과 학생의 가족은 졸업 후 전환 조정자의 역할을 이어받기 때문에 핵심 구성원임을 주장한다. 또한 성인 서비스 제공자들이 전환교육 계획과정에 포함되어야 한다는 것은 인식하고 있다.

세 번째 단계는 경쟁고용, 지원고용, 분리된 보호 작업과 같은 직업교육의 결과를 보여주는 것이다.

4) Halpern 지역사회 적응 모형

Halpern(1985)의 지역사회 적응 모형(Independent Living and Community Adaptation Model)은 성과중심의 교육효과를 극대화하기 위해 지역사회의 적응을 통한 성인생활 자립을 강조하였으며, 성인사회에 적응하기 위한 영역으로 취업(직업훈련 프로그램, 직업조사기술, 최저임금수준 등), 주거환경(레크레이션, 이웃관계와 안전 등), 사회 · 대인관계기술(의사소통 기술, 자아존중, 가족지원, 정서적 성숙, 우정, 친밀감, 인간관계기술 등)을 들고 있다. 따라서 취업의 성공은 질적인 주거환경과 원만한 사회 · 대인관계 기술과 함께 수반될 때 이루어지며, 전환교육의 영역을 취업영역에서 주거환경 및 사회 · 대인기술영역까지 확대 발전시킨 모형인데 그림 12-7과 같다.

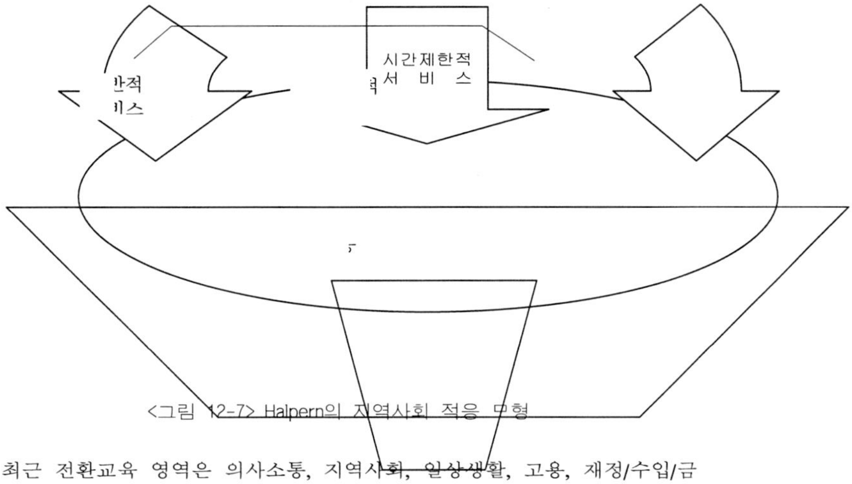

<그림 12-7> Halpern의 지역사회 적응 모형

최근 전환교육 영역은 의사소통, 지역사회, 일상생활, 고용, 재정/수입/금전 관리, 건강, 자기결정/자기 주장, 수송/이동, 독립생활, 여가/레크리에이션, 평생교육, 자기관리, 중등학교이후 교육, 관계성/사회적 기술, 직업평가, 직업훈련 등 더욱 포괄적인 내용을 강조하고 있다(Patton & Blalock, 1996). 표 12-4는 IEP에 포함되는 전환교육 활동 영역들이다.

<표 12-4> IEP에 포함되는 전환교육 활동 영역

중학교	빨래하기 간단한 식사준비하기 침실 청소하기 스낵 요리하기 잔디 깎기 나뭇잎 쓸기 식료품 리스트 작성하기 리스트보고 물건 구입 청소하고 먼지 털기 알람시계 맞추고 일어나 끄기	안전하게 길 건너기 백화점에서 물건 구입하기 식당에서 식사 주문하기 교통수단 이용 여가시설 찾아가기 지역 보이스카웃 참가하기 토요일에 이웃집 가서 식사하기	배구하기 에어로빅 배우기 친구와 장기 두기 골프 연습하기 자전거 타기 고교나 대학 농구 관람하기 산책하기 수영하기 지역문화센터 수공예 교실 참가	바닥 닦기 창문 닦기 옷 걸기, 가방에 넣기 테이블 나르기 1~2시간 일하기 기계 작동하기 싱크대, 욕조, 작업대 청소하기 학교 관리자 및 회사 직원과 인턴 작업순서 따르기
고등학교	집안 모든 방 청소하기 주간 예산 짜기 요리하기 자동온도조절장치 작동해서 온도나 공기 조정하기 정원 유지하기 개인적 욕구 유지하기 의복관리 및 유지하기	대중교통 이용해 지역사회 돌아다니기 은행에 예금하기 지역 백화점 이용하기 지역 식료품점 이용하기 지역 건강관련 시설 이용하기	조깅 보트 젓기 대학농구 관람하기 비디오게임 하기 카드게임 하기 YMCA수영교실 참가하기 정원손질하기 휴가 가기 테잎이나 CD모으기 잡지나 만화 읽기 친구와 같이 있기 또는 잠자기	경비업무하기 집안일 돌보기 지역대학 캠퍼스에서 구장 관리하기 식당에서 음식 서빙하기 세탁소에서 세탁일 하기 회사 수준에서 작업 수행하기

5) Kohler의 전환 프로그램 분류 모형

Kohler의 전환 프로그램 분류 모형은 첫째, 학생 중심의 계획, 둘째, 학생 개발, 셋째, 가족 포함, 넷째, 협력, 다섯째, 프로그램의 구조와 특성 개발로 이루어져 있다.

Kohler의 학생중심계획하기와 가족 포함에 대한 범주는 가족의 환경에서 학생의 요구사항, 관심, 장점, 선호하는 것에 대한 결정과 관련된 활동을 말해준다. 프로그램의 구조와 특성 개발과 협력에 대한 범주는 일련의 통합된 활동을 개발하는 것과 관련되나 시스템 중개 협력을 포한하는 것까지 확장된다. 학생개발의 범주는 학교교육 이후 활동으로의 이동을 촉진하는 것과 밀접하게 관련된다. 이것은 학교 이후 결과들뿐만 아니라 학교 재학 중의 결과를 촉진하는 활동의 범주도 포함된다. 이러한 전반적인 구조 안에서 전환 조정자들은 많은 서비스 조정업무를 수행해야 한다.

Kohler(1998)는 전환교육 모형에서 다음과 같은 세 가지 점을 강조했다.

첫째, 졸업 후 목표는 학생의 특성, 능력, 흥미 그리고 선호도에 근거해서 설정되어야 한다. 둘째, 학생의 졸업 후 목표에 준비가 되는 학습 활동 및 교육적 경험이 이루어져야 한다. 셋째, 학생을 포함해서 여러 사람들이 학생의 목표 및 활동을 알아내고 개발하는 데 함께 일하도록 한다. 이러한 Kohler의 모형은 장애학생의 직업전환교육에 많은 시사점을 주고 있다.

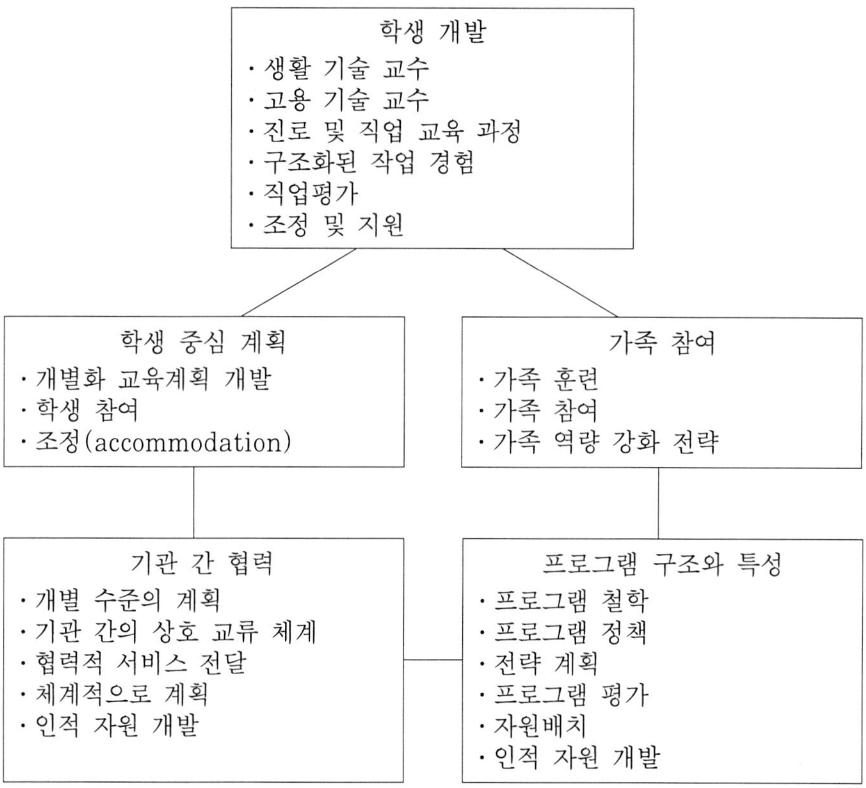

<그림 12-8> 전환 프로그램 분류 모형

5. 지체부자유아의 성인의 삶을 위한 준비: 중등학교의 역할

구체적이고 공식적인 직업 전환과정에 대한 계획 없이는 지체부자유아에게 질 좋은 프로그램을 제공할 수 없다. 공식적인 직업 전환교육을 위한 방안마련을 하고, 이 계획을 누가 어떻게 수행할 것인가를 구체화하여야 한다. 다음은 학교중심의 직업 전환교육을 실시할 때 중요한 요소들이다.

1) 최상의 실제

지체부자유아와 지역사회가 지닌 다양성과 교육목적과 직업 전환교육 서비스에 대한 정의의 불일치 등으로 인해 직업 전환교육의 실천을 위한 최상의 실제(best practice)를 정의하기는 쉽지 않다. 최상의 실천사항은 장애학생의 전환 실행과정을 통해서 전환 결과에 긍정적인 영향을 미치는 요인을 말한다. 최상의 실제를 정의내리는 세 가지 범주는 첫째, 기관 간에 통용되는 최상의 실제, 둘째, 교육과정에서 통용되는 최상의 실제, 셋째 전환계획에 필요한 전환 실제이다. 표 12-5는 지체부자유아를 위한 전환교육의 최상의 실제에 대한 내용이다.

<표 12-5> 지체부자유아를 위한 전환교육의 최상의 실제

Wehman 2006	Kohler 1993	Rusch와 Miller 1998	Greene 2003	Johnson과 Rusch 1993
자기결정	직업훈련	지역사회중심 훈련	기관 간 협력	기관 간 협력
지원중심	부모참여	대학교육	학문 간 협력	직업배치
가족과 학생이 태도	기관 간 협력	진로배치	통합 학교, 통합학급, 통합고용	학생의 요구 평가
인간중심 계획	서비스 전달	직업훈련	기능적, 생활기술 훈련 교육과정 및 지역사회 중심 교육	시스템 변화

중등교육과정 개혁	사회적 기술 전달	작업배치	진로 및 직업평가와 교육	구제활동
통합	사회적 기술 훈련	협력적 계획	사회성 기술과 인간관계 기술 개발과 훈련	장벽제거
진로개별	개별화교육계획에 전환과 진로계획 수립	자기결정	학교와 사업체 및 산업체 연결과 협약	
종단적 교육과정	전환과 IEP 안에서의 진로계획	졸업 후 추후관리	효과적인 개별화 교육계획의 개발	
산업체 연결 및 동맹	통합고용중심	공식적·비공식적 자원 이용	전환계획에 학생의 자기결정, 자기옹호 투입	
	기능적 지역사회 관련 교육과정	학생 참여	전환계획에 가족 및 부모 참여	
		보조공학		

(1) 자기결정

각 개인이 지닌 타고난 능력, 자기 자신에 대한 끊임없는 가치와 믿음을 바탕으로 각자의 삶을 선택하는 데 직접적으로 동의하는 것을 의미한다. 이 자기결정 훈련은 지체부자유아가 성인기로 전환하는데 근본이 된다 (Turnbull, 1988). 자기결정을 가진 학생은 자신이 지닌 장점과 단점을 이해하고, 자기 삶을 스스로 통제할 수 있는 사람으로 자신을 바라보며, 성인의 역할을 수행할 수 있다. 1972년 Nirje가 정상화 차원에서 자기결정에 대해 언급한 이래로, 사람 먼저(people first)와 같은 자기옹호 운동, 1970년대와 1980년대 일어났던 독립생활 운동 그리고 1990년대 장애인의 질적 삶에 대한 연구들에 영향을 받아 나타나게 되었다.

즉, 정상화-> 자기옹호 운동-> 독립생활 운동-> 역량강화 및 자기옹호 훈련으로 발전되어 왔다. 자기결정과 관련된 네 가지 중등교육과정 영역 (Wehmeyer, Agran and Hughes, 1998)은 첫째, 자기인식, 둘째, 결정하기, 셋째, 자기옹호, 넷째, 자기목표 표현하고 탐구하기가 있다. 직업 전환교육 계획 수립 시 학생의 목표와 욕구를 표현하게 함으로써 학생들이 능동적으로 성과중심 과정 안에 포함되어야 한다.

(2) 생태학적 접근

생태학적 접근은 지체부자유아에게 다양한 환경에서 배우고 경험하도록 기회를 제공하는 것을 말한다.

다음과 같은 전환교육 활동을 할 때 중요하다(Szymanski, 1994).

첫째, 학생에게 중요한 욕구에 중점을 둔 전환 교육과정

둘째, 다양한 공식적·비공식적 지원 개발

셋째, 다양한 실제 환경에서 학습 기회 제공

넷째, 학습한 기술을 다양한 실제 환경에 일반화 시킬 필요가 있을 때.

지체부자유아를 위한 네 가지 중요한 생태학적 접근 모형(Brown, 1979)은 다음과 같다. 첫째, 가정(domestic), 둘째, 여가·놀이(leisure-recreation), 셋째, 지역사회(community), 넷째, 직업(vocation)이다. 이 네 가지 영역은 지체부자유아의 실제 환경, 학생들이 장차 경험하게 될 미래 환경과 관련하여 평가되어야 한다. 학생들이 매일 다니는 곳, 혹은 미래 가고자 하는 곳을 평가하여 얻어진 생태학적 목차에 따라 더 세분화된 상황으로 분류할 수 있다. 지역사회 영역을 예를 들면, 식품점, 음식점, 은행, 약국, 백화점으로 분류할 수 있고, 더 하위환경으로 세분화될 수 있다. 식품점을 예를 들면, 입구, 상품 진열대, 계산대로 상황을 세분화할 수 있다.

생태학적 접근은 지체부자유아에게 매우 성공적 접근방법이며, 모든 학생들에게 적용될 수 있는 전환 프로그램과 정책을 개발하는 중요한 수단이 된다. 미국장애아교육법에 의하면 완전통합 및 통합고용은 학생의 생태학적 환경에서 이루어지도록 명시하고 있다(IDEA, 2004). 생태학적 접근을 위해 교사들은 가족, 고용주, 지역사회 자원들과 밀접한 협력적 관계를 형성할 필요가 있다.

(3) 사람중심계획 및 역행 계획하기

사람중심계획(person-centered planning)은 학생과 부모가 성인의 삶의 목표

를 직접 세울 수 있도록 지원하는 것이다. 학생의 꿈, 이상, 두려움, 능력, 활동계획 등을 발견하기 위한 것이다. 역행계획(backward planning)는 이러한 목표를 달성하기 위한 수단으로 이용된다. 역행 계획하기는 미래의 목표에서 현재의 목표까지 역행적으로 체제적 준비를 하는 것을 말한다. 개별화교육계획이 과거에 만들어진 발달단계에 따라 목표를 세우는 경향이 있다면 역행계획은 개별 장애학생의 졸업 후 교육, 독립생활, 그리고 지역사회 참여를 포함한 졸업 후 목표를 위해 사용되며 이러한 성과를 달성하기 위한 계획을 말한다. 전환 책임자는 전환서비스와 IEP를 개발하는데 역행계획 기법을 사용할 수 있다.

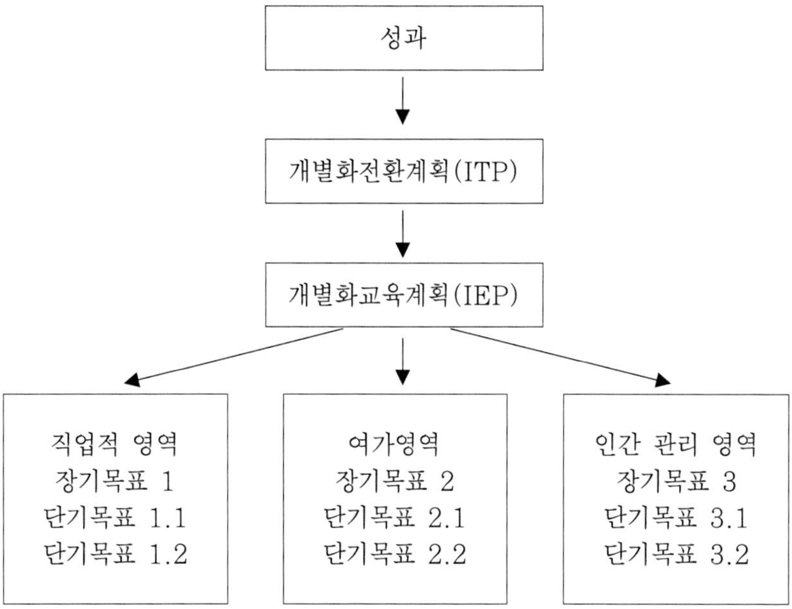

<그림 12-9> 개별화 전환계획과 개별화 교육계획 성과에 대한 관계

그림 12-10과 같이 역행계획 접근법은 개별 학생의 졸업 후 교육, 독립생활, 그리고 지역사회 참여를 포함한 졸업 후 목표를 위해 사용된다.

졸업 후 목표: 사무직 환경에서 지원고용 현재 연령:18세 졸업 연령:22세				
필요한 전환 서비스	19세	20세	21세	22세
1.사무직 환경에서 지원고용			X	X
2.졸업 후 계속되는 지원			X	X
3.직장배치 서비스와 직장 동우회		X	X	
4.이동 훈련	X	X		
5.사회보장 직장장려계획 개발		X		
6.사무직 기술 직업교육	X	X		
7.학령기 동안에 지역사회 직장 경험		X		
8.여름방학 직장	X	X		
9.인턴제	X	X		
10.진로상담	X			
11.고용 기술 훈련	X	X		
12.사회안전보장혜택 지원 -18세에 해야 됨				
13.직업재활에 의뢰-16세에 해야 됨				
14.정신지체/발달장애 서비스에 의뢰 -16세에 해야 됨				

<그림 12-10> 역행 계획 작업 표

(4) 기관 간의 협력

기관 간의 협력은 특수교육과 직업재활 서비스 기관 간의 긴밀한 협력의 필요성을 강조한다. 학교와 기관 간 전환 팀을 구성하여 이들이 서비스 간의 의사소통 역할과 서로 다른 정책들을 통합 할 수 있는 역할을 담당해야 한다(Everson, 1990). 또한 고용주와 다른 지역사회 구성원들을 학교 전환 팀에 참여시켜야 한다. 고용주를 전환 팀에 참가시킴으로서 미래 장애 학생의 산업체 실습을 제공할 수 있는 가장 귀중한 자원을 얻을 수 있다(Albin, 1991).

학교와 산업체 간의 연결이 성공적인 전환 프로그램의 중요한 기초가 된다(Wehman, 1990). 장애 성인을 위한 서비스 기관들은 각기 다른 철학적 배경과 서비스 모형과 각기 다른 대상자 선정 기준에 따라 운영되기 때문에 기관 간의협력은 장애학생을 위해 이러한 프로그램들이 함께 움직이도록 하는데 중요한 역할을 담당할 수 있다.

(5) 지역사회 중심 학습경험

지역사회중심학습경험(community-based learning: 진로 탐색, 직업관찰, 지역사회 취업경험 등)은 지체부자유아가 졸업 후 활동을 촉진시키는데 중요한 역할을 담당한다. 지역사회 취업경험을 통해 지체부자유아는 사회 환경에 노출되고, 학교 현장에서 배울 수 없는 우발적 경험을 갖게 된다. 또한 지역사회 경험은 기능적 직업평가를 실시하는 데 중요한 요소가 된다. 인위적인 환경에서 평가하는 표준화된 평가도구로는 지체부자유아의 직업능력을 타당하게 평가 할 수 없다. 이는 표준화된 평가도구들이 지체부자유아가 일을 수행 할 때 받게 되는 지원과 기술, 훈련에 대해서 간과해 버리기 때문이다(Menchetti & Piland, 1998). 나아가 지역사회 경험을 통해 학생들은 학습의 일반화에 도움이 되고, 직업적 경험뿐만 아니라 중등 이후 교육, 주거, 여가 및 오락 부분에서도 확대되어져야 한다.

(6) 중등 이후 교육에 대한 지원

우리나라의 경우 1995년 이후 장애학생특례입학제도로 인해 많은 장애학생이 대학교육을 받고 있다. 미국의 경우 고등학교 졸업 후 2년 내에 장애학생이 중등 이후 교육에 진학한 비율이 1987년에 15%에서 2001년 37%로 두 배 이상 증가했다. 통합교육을 받은 중도 정신지체, 자폐 등 발달장애를 가진 중도 장애학생들이 다양한 중등 이후 교육에 참여하는 경우가 늘어나고 있다. 그림 12-11은 장애학생의 진로 및 직업교육의 결과이다(2009 국회 연차보고서). 그림 12-11에서 보는 바와 같이 많은 장애학생들이 특수학교와 특수학급을 졸업하고 대학에 진학하는 현상이 높아지고 있다는 것을 알 수 있다.

진로 및 직업교육의 결과

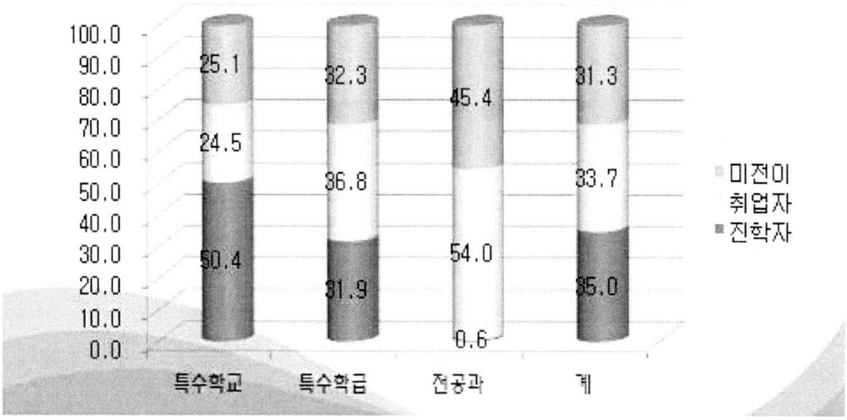

<그림 12-11> 장애학생 진로 및 직업교육의 결과

출처: 2009 국회연차보고서

지체부자유아에게 제공할 수 있는 전환 프로그램의 원리는 다음과 같다.

첫째, 중등 이후 교육에서 받게 될 유사한 교육경험을 제공한다.

둘째, 중등 이후 교육과 관련된 장점과 필요를 명시한다.

셋째, 지체부자유아에게 가족, 친구, 교사와 같은 익숙한 도움이 없는 곳을 경험하도록 한다.

넷째, 자기옹호를 할 기회를 갖게 한다.

다섯째, 중등 이후 교육의 물리적 환경에 익숙하게 한다.

여섯째, 학교와 지역사회에서 학생들에게 제공하는 지원에 대해 인지하게 한다.

일곱째, 학습기술, 기간 관리법, 시험 치르는 법, 도서관 사용법에 대해 인지하게 하게 한다.

여덟째, 읽기, 쓰기, 수학과 같은 학업 영역에 직접 교수를 제공한다.

아홉째, 중등 이후 교육에 종사하는 직원들에게 형식적 및 비형식적 자료를 제공한다.

(7) 가족참여

부모는 지체부자유아의 진로목표와 성과를 결정하는 중요한 역할에도 불구하고 전환계획을 수립할 때 간과되는 대상이 된다. 가족 참여는 지체부자유아의 요구와 흥미, 선호도를 결정할 수 있으며, 학생의 졸업 후 활동을 지원할 수 있는 여러 가지 협력적 활동의 중요한 부분으로서 역할을 담당할 수 있도록 해야 한다.

2) 개별화전환교육계획(ITP)

개별화전환교육계획(ITP)은 학생의 교육 프로그램과 학교 경험을 학생의 학교이후 목표와 일치되도록 만드는 하나의 도구이다(Thomson, Latter, & Ward, 1995). 지체부자유아의 전환과정에서 가장 중요한 것은 모든 지체부자유아를 대상으로 만 14세 전·후에 공식적이고 개별화된 전환교육에 대한 계획서를 개발하는 일이다. 필요한 직업 전환교육 서비스에 대한 계획서는 ①수업, ②관련서비스, ③지역사회 경험, ④고용 및 다른 중등학교 이후 목표의 개발, 그리고 필요하다면, ⑤일상생활 기술, ⑥기능적 직업평가에 맞추어 작성되어야 한다.

개별화 직업 전환교육 계획 시 학생은 최소로 제한된 학습 환경에 배치해야 하고 이 과정은 학생의 장래 목표, 바램, 그리고 요구에 맞추어져야 하며, 장애학생의 능력 및 수행능력에 기초해야 한다. 또한 전환과정에서 활용되는 서비스가 분명하게 확인되어져야 하고, 관여하는 모든 사람들에 대한 책무성 기록, 학생의 목표 수료날짜가 기록되어야 한다. 또한 서비스, 지원 그리고 추수지도는 학교를 떠난 이후에도 계속되어져야 한다. 그림 12-12는 개별화전환교육의 양식 샘플이다.

수 업	활 동	기관/인사 책무성	계 획
· 현재 수행 수준 · 장기목표			
지역사회 경험			
· 현재수행 수준 · 장기목표			
고 용			
· 현재수행 수준 · 장기목표			

<그림 12-12> 개별화 직업전환교육 샘플

3) 교육과정

(1) 기능적 교육과정

학생이 중등학교를 졸업하고 직장, 대학, 지역사회 생활에 성공적으로 전환하기 위해 학생은 읽기, 쓰기, 계산과 같은 기본학업기술을 습득해야 한다. 이러한 학업기술은 또한 기능적 교육과정으로 운영되어야 한다(Wolery & Haring, 1994). 기능적 교육과정은 개인적·사회적 기술, 일상생활 및 직업적응 분야에서 장애를 갖고 있는 모든 학생에게 필요로 하는 기능과 개념에 초점을 두고 교수요목을 배분하는 방법으로(Clark, 1994), 유의미한 환경에서 어떤 행동을 성취하는데 유용하며(Wolery & Haring, 1994), 실제생활 안에서 가르치고 일상생활에서 의미 있고 유용한 기본적인 학업기능이다(Hunt & Marshall, 1994). 새로운 기능습득에 어려운 졸업을 앞둔 학생들에게 기능적 교육과정은 반드시 제공되어야 하는 훈련 요소이다(Schloss & Sedak, 1986).

(2) 직업교육과정

효과적인 직업기술 개발의 요인은 직업교육과정에 영향을 주며, 이러한 요인은 지역사회 유형, 지역경제, 노동시장, 직업활용도, 서비스에 맞추어진 학생의 특성(나이, 장애유형), 자원활용(교수자, 교수자료) 등 모든 것이 교육과정 내용에 영향을 준다. 무엇보다 중요한 것은 지체부자유아의 취업은 지역사회에서 이루어지기 때문에 직업교과과정과 지역사회내의 노동시장을 연결시키는 것이 아주 중요하다. 직업준비와 직업획득은 직업교과과정에 중요하기 때문에 학생들은 모의 인터뷰, 이력서 작성, 시간제 작업이나 작업연구 프로그램을 동반한 실제 작업경험 등 직업적 사회기능을 연습해야 하고, 직업획득이 어려운 중증장애인의 유급직업 배치를 고려하여, 지역고용주들의 관심사항 조사, 전화, 메일조사, 직업재활 기관, 보호자립작업장, 노동조합, 고용공단, 지역상공회의소와 장애인 지역 옹호 지원그룹 등을 활용하여 습득기술과 직업준비를 개발해야 한다.

(3) 일상생활기술

일상생활기능은 독립적인 것, 일상생활과 관련된 기능으로, 개인생활 환경을 조성하는 것이며, 전환교육 계획수립의 구성요소로 지역사회의 독립적 기능으로 아주 중요하다. 이러한 영역은 가정생활기술, 지역사회 생활과 이동, 사회/대인관계 기능 등이다.

IV. 지체부자유아의 가족 관계 및 의사소통지도

제13장 지체부자유아의 가족관계 및 특성

1. 부모교육의 필요성 및 목적

1) 부모교육의 필요성

2007년 5월 25일 제정된 「장애인 등에 대한 특수교육법」의 가장 큰 특징 중 하나는 특수교육에서 부모의 역할을 강화하는 것이다. 특수교육 정책의 전반적인 사항을 심의하는데 장애학생 부모의 참가가 필수적이고, 장애학생을 배치하거나 개별화교육계획(IEP) 등을 작성하는 경우에도 해당 장애학생의 부모가 의무적으로 참여하도록 규정하고 있기 때문이다. 동법의 제정으로 인한 획기적인 변화는 유치원, 초등학교, 중학교 및 고등학교 과정의 교육은 의무교육으로 하고, 전공과와 만 3세 미만의 장애영아교육은 무상으로 한다는 규정이다(장애인등에 대한 특수교육법 제3조 제1항).

이와같이 특수교육 분야에서 점차 부모의 책임과 역할이 강화되고 있는 경향은 비단 우리나라만의 현상은 아니다. 역사적으로 보면 장애아 교육에 있어서 부모의 중요성은 오래 전부터 강조되어 왔지만 본격적으로 교육의 초점이 아동중심에서 가족중심으로 변화된 것은 1986년 미국공법 99-457이 개별화가족지원계획(Family Service Plan: IFSP) 조항을 포함하면서부터 더욱 본격화되었다고 볼 수 있다. 가족중심조기중재는 미국 공법 94-142(1975)의 개정 법률인 공법 99-457(1986)의 Part H에 그 내용이 처음으로 소개되었는

데, Part H는 특수교육대상아동과 그 가족에게 가족-중심의 체계적이고 적절한 유아특수교육을 제공하기 위하여 가족과 관련 서비스 전문가들의 협력을 강조하였고(Dunst, Trivette, & Deal, 1988, 이병인, 2004), 가족과 관련된 사항은 조기중재의 최상의 실제의 항목으로도 설정되어 있다(김은주, 1999). 가족-중심 조기중재의 핵심적인 내용은 특수교육대상아동 교육에 있어서 가족의 관심(concerns), 우선순위(priorities), 자원(resources)이 매우 중요하다는 것과, 가족이 서비스를 제공·계획하는 데 동반자로 참여해야 하며, 가족은 아동의 교육프로그램 개발 및 시행에 있어서 최종 의사-결정자(final decision-maker)라는 것이다(이병인, 2004, 2006).

장애영유아를 대상으로 하는 모델프로그램들은 물론, 널리 활용되고 잘 고안되었다고 평가받는 COACH(Giangreco, Cloninger, & Iverson, 1993)나 Syracuse 교육과정(Ford, Schnorr, Meyer, Davern, Black, & Dempsey, 1989)에서도 부모 혹은 가족이 중요한 요소로 포함된다(김은주, 1999).

우리나라는「장애인 등에 대한 특수교육법」에 특수교육에 있어서 부모의 참여가 권리로서 명시됨에 따라 장애아를 담당하는 교사는 장애아동의 부모들과 긴밀한 협조관계를 구축해야 한다. 따라서 장애아를 담당하는 교사들은 부모의 참여를 적극적으로 얻어내기 위해서 장애 아동들의 부모의 기대와 욕구를 파악하고, 가정의 기능과 역할에 대한 개념을 구체적으로 이해할 필요가 있으며, 구체적으로 부모의 참여를 통해 프로그램의 계획과 실천, 평가, 수정 등 모든 단계에서 부모가 의사를 표현할 수 있도록 하여야 한다(김동일 외, 2010).

우리나라에서 특수교육대상아동 가족에게 제공되는 지원에는 보육, 상담, 부모교육, 형제지원 프로그램, 가사보조, 보조 장구 지원, 의료비 지원, 세금 감면, 장애아동 부양수당 등이 포함되나, 아직 특수교육대상아동 가족지원에 대한 정책과 실천에 종합적으로 수립되지 않고, 교육, 의료 및 복지 분야 등에서 가족보다는 특수교육대상아동 개인에게 초점을 두어 정책과 실천이 특수교육대상아동의 가족기능을 부분적으로 지원하고 있는 실정이다(박원희 외, 2009).

<표 13-1> 부모교육의 필요성

- 통찰력있는 부모는 프로그램의 지속과 확장에 대한 가장 강력한 지지자가 될 수 있다.
- 부모는 프로그램에 대해 직·간접적으로 경비를 조달해 주는 사람들로서 그들의 자녀가 무엇을 그리고 어떻게 배우는지에 대해서 알 권리가 있다.
- 장애아의 부모는 비장애아의 부모보다 더 오랜 기간 동안 자녀에 대한 책임이 지속되므로 비장애아 부모가 필요로 하는 것 이상의 부모 역할과 가르치는 기술을 필요로 한다.
- 부모를 가르치는 데에 보조자로서 참여시키는 것은 개별화된 교수법을 실행하는 효과적인 방법이다.
- 자녀교육에의 부모 참여는 가족의 다른 형제들에게 긍정적인 영향을 끼칠 수 있다.
- 교실에서 부모의 참여는 장애아에게 다른 성인과의 관계를 배울 수 있는 기회를 제공해 준다.
- 부모는 다른 사람들보다 그들의 자녀를 잘 이해하고 있다. 그러므로 자녀를 위한 교수목표를 발달시키는 데 있어 교사들에게 결정적인 도움을 줄 수 있다.
- 부모는 학교와 가정 사이를 연결하는 데 도움을 줄 수 있다.
- 부모는 프로그램에 유용한 교육과정 자원으로 활용될 수 있다.
- 부모 참여는 장애아의 학습을 크게 가속화시킬 수 있다.

출처: 백은희 외(1994). 중복장애아동교육, 서울: 양서원.

2) 부모교육의 목적

가족지원 프로그램의 궁극적인 목적은 부모나 가족에게 직접적인 서비스를 제공하는 것이 아니라, 아동과 그 가족을 위해 가족에게 능력을 주고, 힘을 실어주며, 가족의 기능을 강화시켜주는 것이다(이병인, 2006; 최민숙, 1999).

<표 13-2> 가족 지원의 목적

·'가족에게 능력주기(enabling families)'이다. 이는 가족 구성원들로 하여금 가족기능을 강화하기 위해 필요한 새로운 능력을 학습할 뿐 아니라 잠재된 능력을 발휘할 수 있는 기회를 제공하는 것이다. ·'가족에게 힘 실어주기(empowering families)'이다. 이는 삶의 중요한 측면을 습득하고 통제하는 데 가족의 이해를 반영하는 행동과 신념 등을 의미한다. ·'강화하기(enhancing)와 촉진하기(promoting)'이다. 이는 가족에게 힘 실어주는 것에 대한 이해를 강화하기 위한 행동의 긍정적인 측면과 순향적인(prosocial) 측면을 강조하고 촉진하는 의미로 사용된다. ·'가족의 능력(family capability)'이다. 이는 가족이 가족 기능 수행을 충족시키기 위한 자원들을 동원하기 위해서 사용하는 지식, 기술, 재능 등을 의미한다. ·'가족 기능지원 및 강화(supporting/strengthening family functioning)'이다.

출처: Dunst, C. J., Trivette, C. M., & Deal, A. G.(1998). Enabling & empowering families: Principles & guidelines for practice. Cambridge, MA: Brookline Books.
이병인(2006). 장애아동 가족지원의 이해. 서울: 단국대학교 출판부.

특히 부모교육은 부모가 자녀의 장애 특성, 발달특성, 가정지도 방법을 정확히 이해하고 지금까지의 자녀 양육에 대한 사고, 행동 등 습관적인 태도와 방법을 재검토해 보도록 하여 바람직한 자녀 양육방법을 촉진시키는 교육적 경험을 말한다. 즉 자녀의 부정적인 문제가 발생하지 않도록 하는 예방적 입장과 이미 발생한 문제를 치료하는 치료적 입장을 모두 포함하는 것으로, 부모 역할에 변화를 주기 위한 일체의 교육적 활동이다(김동일 외, 2010).

이와 같이 부모교육이란 자녀교육에 대한 참여와 지원을 위한 방법으로 부모의 역할기능을 발달시키는 것이다. 아울러 교육 프로그램의 계획과 실천, 평가, 수정 등 모든 주요 단계에 부모가 참여하여 부모의 의사결정과 권리를 갖도록 하는 것이다. 즉 자녀의 교육에 대해 부모가 적극적인 역할을 수행하게 하여 자녀 양육의 질을 높이기 위한 것이다.

<표 13-3> 부모교육의 목표

· 가정교육의 질을 높일 수 있다. 부모와 아동의 상호작용은 모든 아동의 성장·발달에 영향을 주는데, 대부분의 부모들은 장애아동의 지도에 대한 전문적인 지식이 없으므로 부모교육이 장애아동에 대한 지식과 이해를 높일 수 있다.
· 조기교육의 효과를 높일 수 있다. 장애아의 교육은 조기에 발견하여 실행할수록 효과가 크다. 부모교육을 통하여 치료 또는 교육을 가정에서 연장할 수 있으므로 효과를 높일 수 있다.
· 학교교육과 가정교육의 일관성을 유지할 수 있다. 학교에서 학습한 내용과 가정에서의 지도방법은 일관성이 있어야 효과를 높일 수 있다.
· 이차적인 장애를 예방하고 도움을 준다. 조기교육실에서 배운 훈련이 가정에서 생활로 옮겨질 때 일차적인 장애에 따른 이차적인 장애 발생을 줄일 수 있다.
· 가정이 사회의 긍정적인 장애인관 확립에 모범이 될 수 있다. 부모의 장애아에 대한 태도는 형제, 친척, 이웃의 장애아에 대한 태도에 영향을 준다.

출처: 구본권(1992). 지체장애아동교육. 서울: 시그마프레스.

2. 부모의 역할

장애아동의 부모가 수행해야 할 부모 역할은 크게 양육자 및 부양자, 교사, 그리고 정보 전문가 및 대변자로 구분할 수 있다(김진호 외, 2006). 교사는 일정시간이 지나면 교체되어 아동들에게 일관성 있는 교육을 하는 데 어려움이 있겠지만 가족은 장기적으로 일관성 있는 교사로서의 역할이 가능하다(김동일 외, 2010). 부모는 가정의 중추적인 역할자로서 가정의 행복, 건강, 심리적 안정, 예의범절, 사고방식, 기본습관 함양, 인간관계 등을 교육해야 할 책임이 있으므로 자녀의 교사, 친구, 상담자, 인생의 선배 등으로서 행복한 가정을 꾸밀 역할을 해야 한다. 부모의 역할은 회의에 참여하는 것만이 아니라 학령기에는 주변인으로부터의 실패감을 격려해주고, 심리적 안정, 합리적 사고, 학습경험 제공 등과 같이 자녀의 교육수행에 있어 부모가 잘 가르칠 수 있는 수업방법을 아는 것이 중요하다. 팀 구성원으로 부모는 전문가에게 관찰한 정보를 제공하고 실제적인 기능이나 학습이 가정에서 적용되는지 관찰하여야 한다(권요한 외, 1998).

<표 13-4> 부모의 역할

· 사회 적응자로서의 부모 : 과잉보호나 겉치레적인 자선이 아닌 감정이입과 지원과 격려를 통해 자녀가 장애를 극복하고 적응하는데 도와줄 특별한 책임이 있다.
· 권리 옹호자로서의 부모 : 자녀의 공통된 요구를 사회나 학교가 책임을 질 수 있도록 주장하고 자녀가 인간으로서의 당연한 권리를 누릴 수 있도록 하는 역할이다. 부모단체를 형성하여 전문가들이 하기 어려운 입법 제정이나 정치적 영향력을 행사한다.
· 의사 결정자로서의 부모 : 의사결정은 자녀의 평가나 교육, 자녀와 관련된 권리나 사회참여 등에 관한 의사결정을 수행한다.
· 다양한 경험 제공자로서의 부모 : 장애로 인해 부족한 감각 자극(듣고, 만지고, 맛보고, 균형 잡기)과 또래집단 활동, 견학 등의 사회적 경험을 직접 제공해서 긍정적인 자아개념을 발달시킨다.
· 팀 구성원으로서의 부모 : 부모는 누구보다도 귀중한 정보를 가지고 있어 전문가에게 평가나 치료의 기초 자료를 제공하고 교육과정에서 적극적인 역할 그리고 학교에서 배운 기능이 가정에서 적용되는지를 알아보는 역할을 한다.

출처: Hallahan, D. P. & Kauffman, J,M(1991). Exceptional Children. New Jersy; Englewood Cliffs. Lowry, M. A. & Whitman, T. L.(1989). Generalization of parenting skill; An early intervention program. Child and Family Behavior Therapy, 11. 권요한 외(1998). 장애학생 부모교육 프로그램. 안산: 국립특수교육원.

3. 부모교육의 방법

가족은 하루일과 중 아동과 가장 오랜 시간을 함께 보내면서 아동을 지도하고, 아동의 발달을 촉진하며, 아동이 필요로 하는 다양한 요구를 충족시켜줄 뿐만 아니라 아동의 서비스 제공을 위하여 전문가와의 팀 협력을 통하여 아동의 교육적·치료적 효과를 극대화하는 데 중요한 역할을 한다

(이병인, 2004, 2006). 따라서 교사는 장애아의 능력을 솔직히 설명하고 그 가족과 협동적인 관계를 형성하기 위하여 각종 정보 교환, 각 모임의 견해 존중, 공동적인 노력에 대해 집중적으로 토의하고 지도하여 부모의 장애아 지도관을 정립해야 한다(김동일 외, 2010).

형제들은 부모와 일관된 행동계획에 참여하므로 장애아에게는 부모 다음으로 교육에 중요한 변인이 된다. 또는 형제들의 노력으로 가족 전체는 일관적인 행동을 할 수 있어 장애아의 교육적 효과가 높다. 그러나 간혹 사춘기의 형제들이 장애형제를 받아들이지 않는 경우가 있는데 우선 장애형제에 대한 장애이해 교육이 이루어져야 한다. 그렇지 않으면 오히려 장애아동의 문제를 더 커지게 할 수도 있다(김동일 외, 2010).

<표 13-5> 교사의 부모 상담방법

· 간단하게 전화로 상담하는 방법: 전화상담은 가장 쉽고 빠르게 필요한 내용을 전달하는 이점이 있으나, 단순한 정보를 교환하는 데 그칠 수 있기 때문에 다른 방법의 보조 수단으로 활용하는 것이 좋다. · 통신문 등 공식적인 문서로 전달하는 방법: 문서 형식은 형식적으로 전달하는 경우가 많기 때문에 부모들의 관심을 집중시키기가 어렵고, 친근감있게 전달하기가 어려운 경우가 많다. · 개인상담을 하는 방법: 일정 기간 간격을 두고 장애아의 발달과정을 관찰한 내용에 대하여 부모와 교사가 정보를 직접 전달하고 의견을 나눈다. · 특별한 일이 생겼을 때 편지나 이메일로 상담하는 방법: 최근 들어 이메일을 활용하거나 개인 홈페이지를 가지고 있는 경우가 많으므로 그것을 더 효율적인 의사소통의 장으로 활용할 수 있다. · 가정방문을 활용하는 방법: 이는 아동의 가정환경을 파악하기 위한 가장 좋은 방법이지만, 학부모가 가정방문을 거절하거나 꺼려 할 수 있기 때문에 사전에 충분한 교감이 이루어진 후에 방문계획을 세워야 한다. · 회의, 연수, 캠프 등의 참여를 위하여 학부모를 초청하는 방법: 학부모를 초청할 때는 그 목적이 분명해야 하고, 그 내용은 학부모에게 필요한 것이어야 한다. 부모는 처음 참여한 경험이 부정적이면 더 이상 참여하기를 꺼릴 수도 있기 때문이다.

출처: 김동일 외(2010). 특수교육학 개론. 서울: 학지사.

특수교사는 특수교육의 특징인 다학문적인 관점에 따라 의학적인 지식 등 다양한 기초 지식을 갖추도록 노력하여야 하고, 장애 관련법, 관련 기관 등 다양한 정보를 습득하고 있어야 한다. 중요한 것은 정보를 제공한다는 차원보다는 공유한다는 생각으로 접근하는 것이다. 또한 부모가 자유롭게 이야기할 수 있는 허용적 분위기를 조성해 주어야 한다. 아동교육에 관한 문제점에 대해서 개선하도록 요구하기보다, 부모의 이야기를 먼저 들어주고 권고할 문한 문제점을 하나씩 이야기해서 서서히 바꾸어 나가도록 지도해야 한다(김동일 외, 2010).

4. 장애아동 가족의 심리 특성

장애아동 가족의 심리 특징을 살펴보면 대부분 스트레스, 만성적인 슬픔, 우울 등으로 대표되는 부정적인 측면이 많다. 보통 장애아동 출생으로 인하여 가족은 상실감, 충격, 부인, 슬픔, 분노 등을 경험한다. 이러한 감정은 장애아동의 성장에 따라 새로운 발달 과업이 주어질 때마다 반복적으로 발생한다. 또한 장애아동 가족은 장애의 장기화 특성으로 인하여 만성적인 슬픔이 지속되는 무기력한 정서 상태에 빠지기도 한다. 그 결과로 장애아동 부모는 무력감 등을 경험하며, 이로 인해 낮은 자기 효능감, 자존감 등을 가질 수 있다. 특히 부부관계가 취약한 경우, 장애아동 출생은 가족갈등의 원인으로 작용하기도 하며(Singer 외, 1989), 형제간 갈등은 장애아동이 가족자원을 독점하는 경향과 관련이 밀접하다. 형제들은 장애형제를 돌보는 부모의 역할을 수행하도록 요구되는 경우가 많으며, 장애형제에 대한 부정적인 감정을 표현하지 못함으로써 내적 갈등을 경험하기도 한다. 이러한 장애아동 가족의 문제는 가족간의 통합 약화, 가족들의 행동 제한, 사회 정서적 억압, 신체적 긴장 및 경제적 압박 등을 받는다.

이상과 같이 장애아동의 가족들은 일반아동의 가족에 비해 지나친 가사부담, 양육부담, 경제적 부담, 정서적인 문제 등으로 어려움을 겪을 수 있으며 그 영향은 장애아의 형제자매에게까지도 파급되어 가족 전체가 큰 스트레스에 시달리게 되고 가정의 원활한 기능을 수행하기가 어려워 질 수 있다. 구체적인 내용은 다음과 같다.

1) 가족 기능의 변화

자녀에 대한 장애 진단은 먼저 가족 기능의 와해를 초래한다. Olson(1991)은 장애인 자녀를 둔 가정의 기능이 변화해 가는 모형을 가족 응집성과 가족 적응성 개념으로 나누어 제시하였다. 장애라는 충격에서부터 사회 통합에 이르기까지의 개인적 노력 수준과 함께 가족 응집성은 제1수준의 단절형(disengaged)에서 분리형(separated), 연결형(connected), 그리고 제4수준의 밀착형(very connected)으로 발전되어 간다. 가족 적응성은 제1수준의 경직형(rigid)에서 구조형(structured), 융통형(flexible), 그리고 제4수준의 강한 융통형(very flexible)으로 발전되어 간다. 장애아 가정의 가족의 해체는 재활 기간을 연장할 뿐만아니라, 그 가족 구성원 및 주위 사람들의 삶의 질을 저해하는 요인이 된다. 이를 사전에 진단하고 예방하기 위해서는 장애아 가정의 가족 기능을 정확히 파악하여 가족 구성원이 함께 참여하는 교육 및 치료 프로그램을 개발하여 가족 응집성과 적응성이 높아지면 각 개인은 가족들과 적절히 독립되어 있으면서도 균형을 가지게 되고, 그 결과 전반적인 가족 기능이 향상하게 된다(Olson, 1991; 임호찬, 2002).

2) 가족의 양육부담

보통 가정에서 자녀의 존재는 부모에게 심리적, 사회적 안정감을 주고, 자녀와의 상호작용을 통해 새로운 흥미와 관심을 갖게 하며, 자신의 삶을 반성할 기회를 갖게 한다는 점에서 긍정적인 면을 가지고 있다. 그러나 자녀 양육으로 인한 심리적, 경제적 부담과 가사노동의 과중한 부담은 어머니로 하여금 개인 생활을 가질 만한 여지를 주지 않게 되어 정체감 상실위기를 초래하기도 한다(Cochran, 1993).

장애아를 둔 부모의 장애아의 양육과정에서 많은 스트레스를 받고 있다. 장애아 부모의 양육스트레스의 특징은 다음과 같다. 첫째, 장기성을 가지고 있다. 즉 요람에서 무덤까지, 장애발생부터 무덤까지 지속된다. 둘째, 총체성을 가지고 있다. 즉 개인의 문제가 아니라 가족구성원의 문제이며, 개인의 의료, 교육, 사회심리, 직업, 여가 등의 문제를 포함하고 있다. 셋째, 통합성을 가지고 있다. 즉 교육 및 복지, 의료 등의 각 전문영역의 통합적 접근의 필요하다. 이러한 장애아의 양육과정에서 많은 스트레스외에도 교육을 받는 과정에서 비장애아의 양육에서 보다 많은 스트레스를 받기도 한다. 장애아동의 교육문제에 대한 스트레스는 요인은 다음과 같다. 첫째, 적절한 조기교육기관 찾는데에 대한 스트레스, 둘째, 제한된 기간 동안만의 조기교육에 대한 스트레스, 셋째, 교육 종결 후의 막연감에 대한 스트레스, 넷째, 사설 기관의 비용부담에 대한 스트레스, 다섯째, 특수학교 및 특수학급에 대한 스트레스, 여섯째, 형제자매와 같은 학교, 또는 다른 학교에 대한 스트레스 등이다(임호찬, 2002).

장애아동의 양육자는 아동의 일상적 양육 외에 장애아동의 치료와 교육, 병원입원, 전문가들과의 상담 등으로 절대적인 시간이 부족하며(Seifert, 1989), 이로 인해 아동을 돌보는 일 외의 다른 일을 할 수 없게 되므로 자연스럽게 사회적으로 고립된다. 더욱이 중도(severe)장애아의 어머니 경우 대부분 직장 생활을 포기하기 때문에 사회적 고립은 더욱 가중된다(Rache, 1989). 이러한 장애아동의 양육에 대한 가족의 스트레스를 대처하기 위한 교육이 필요하다. 장애아동의 부모의 스트레스 대처방법으로는 첫째, 각 가족 구성원이 균등한 경제적 배분을 한다. 둘째, 각 가족 구성원에게 애정의 공평한 배분을 한다. 셋째, 각 가족 구성원에 대해서 시간을 공평하게 배분한다. 넷째, 장애자녀의 교육 및 치료의 결과에 대해서 조급해 하지 않는다. 다섯째, 장애자녀에 대한 지나친 집착을 버리고 여유롭게 생각한다. 여섯째, 종교를 갖는다. 일곱째, 주 양육자는 적절한 자기시간을 갖는다(임호찬, 2002).

이와 같이 자녀양육 과정에서 발생되는 양육스트레스는 부모자신에 대한 부정적 영향뿐 아니라 부모의 부정적 양육행동과 관련되어 장애아의 사회적 적응의 중요한 결정요소가 될 수 있다(Abidin, 1990).

<표 13-6> 장애아동의 생애주기에 따른 가족의 어려움과 과제

생애주기 / 대상	유아기(0-5세)	아동기(6~12세)	청소년기(12~21세)	성인기(21세 이후)
부모의 어려움과 과제	· 정확한 진단받기 · 형제와 친척들에게 아동의 장애를 알리기 · 조기중재서비스 선정하기 · IFSP/IEP 회의에 참석하기 · 장애의 의미알기 · 의사결정을 하기 위해 자신의 생각을 명료하게 표현하기 · 가족이 처한 어려움을 알리기 · 장애의 긍정적 측면 인식하기	· 가족기능을 수행하기 위한 일과확립하기 · 교육적 개입을 위한 정서 조절하기 · 통합 또는 특수학급 배치 문제 명백히 하기 · 완전통합기회 주장하기 · IEP 회의에 참석하기 · 지역사회의 자원 알아두기 · 과외활동 준비하기 · 아동의 장래 가능성 개발하기	· 장애의 만성적 영향에 대한 정서 조절하기 · 아동의 성 정체감 확립시키기 · 사춘기의 신체 및 정서적 변화에 대처하기 · 동료들로부터의 고립이나 거부에 대처하도록 돕기 · 아동의 경력/직업을 개발하는 계획하기 · 여가활동 준비시키기 · 아동의 자기결정 기술 확립시키기 · 중등 이후의 교육 계획하기	· 직업과 생활을 위해 필요한 것에 대해 설명해주기 · 의존 가능한 성인으로부터 정서적 지원 받기 · 가족 외의 사회생활을 할 기회를 가질 필요성 설명해주기 · 직업을 선택하고 직업교육 프로그램 참여하기 · 보호 가능성에 대해 계획하기
형제자매의 어려움과 과제	· 부모와의 시간부족 · 관심부족으로 인한 질투심 · 장애와 관련된 오해로 인한 공포	· 신체적 보살핌에 대한 책임 분배 · 휴식과 여가를 위한 가족자원의 제한성 · 친구들과 교사에게 장애형제를 알리기 · 장애형제에게 관심 갖기 · 같은 학교내 장애형제의 통합 문제다루기 · 장애에 대한 기초 정보 얻기	· 장애형제와 과잉 동일시 · 사람들 간 차이점에 대해 이해하기 · 직업선택 시의 장애 영향을 받음 · 정신적 충격, 당황스러움에 대처하기 · 형제 훈련 프로그램에 참여하기 · 형제지원그룹에 소속할 기회 갖기	· 재정적 지원을 위한 책임 · 유전적 관계에 대한 관심 설명 · 장애에 대한 새 법률 소개 · 직업/생활에 대한 정보 요구 · 형제 변호 역할 · 보호문제

출처: TumBull, A. P., & Tumbull, H. R.(1997) Families, professionals, and exceptionality: A special partnership. Upper Saddle River, NJ: Prentice Hall/Merrill.
Turnbull, A. P., & Turnbull, H. R. (2001). Families, Professionals, and exceptionality: Collaborating for empowerment (4th ed.). Upper Saddle River, NJ: Merrill/ Prentice Hall.

3) 장애아 가족의 심리적 적응단계

자녀가 장애아동이라는 평가에 대한 부모들의 반응은 충격, 부정, 당혹감으로 나타나고, 이 단계에서는 자녀의 장애에 대한 본질을 이해하기 힘들다(Blacher, 1984). 이러한 초기 반응이 가라앉으면, 슬픔을 나타내는 과정이 시작되면서 부정과 죄책감, 분노, 적대감, 우울, 비통, 자기 존중감 저하, 부끄러움 등을 보이게 된다. 이때 부모의 감정상태는 절망 대 희망, 부정 대 수용, 거부 대 애착, 죄책감 대 결백함, 분노 대 안정감 사이에서 방황하게 된다.

Kubler-Ross(1969)는 암환자들을 대상으로 연구를 하여 사람들이 일반적으로 겪는 슬픔의 단계에 대해 밝혀냈다. 그 단계는 다음과 같은 5단계로 나누어 진다: (1) 충격과 불신, 부정의 단계; (2) 분노와 분개의 단계; (3) 타협의 단계; (4) 좌절과 우울의 단계; (5) 수용의 단계. 이는 장애를 가진 부모들에게 종종 적용이 된다. 일반적으로 장애학생의 가족들도 자녀의 장애를 알게 된 처음에는 충격을 받고, 믿지 못하며, 이를 부정한다. 이후 점차 분노를 느끼다가 스스로 타협을 하고, 좌절과 우울을 경험하며, 점차적으로 장애에 대해 수용을 하는 과정을 거친다. 표 13-7은 각 단계별 특성 및 단계별로 전문가들이 가족을 도울 수 있는 방법에 대해 설명하고 있다.

이러한 Kubler-Ross가 묘사한 슬픔의 단계를 겪는 장애학생 부모들의 특성은 다음과 같다(박지연 외, 2006).

첫째, 일반적으로 장애학생의 부모는 처음에 자녀의 장애진단을 부정한다. 그들은 종종 의사가 실수로 진단을 잘못했을 거라고 생각하고 여러 병원을 전전하며 '의사쇼핑'을 한다. 이러한 반응은 부모가 자녀의 장애를 더 잘 이해하게 될 수 있도록 할지도 모르지만, 적절한 시기에 필요한 도움을 얻지 못하게 할 수 있다. 불신과 부인이 없어지면, 가족 구성원들은 우울감을 경험하게 된다. 이 시기 동안 가족들은 사회적인 고립을 경험할 수 있다. 무엇보다도 지지가 필요한 이때에는 친척이나 가까운 친구들이 가족들에게 최소한의 지지를 제공할 수도 있다. 우울감은 시간이 지나면서 나아지지만 장애학생으로 인한 문제가 생활 전반으로 이어질 때는 만성적이 되기도 한다.

둘째, 위의 단계가 지나고 나면, 분노와 죄책감의 단계로 접어드는데 이때는 많은 부모들이 화가 나서 비난할 만한 어떤 사람이나 대상을 찾게 된다. 부모들은 때로 자신 스스로를 비난하기도 하고, 전문가와 같은 다른 사람들을 비난하기도 한다. 장애학생의 부모는 장애를 일으킨 것이 유전적인 문제나 자신들의 행동 때문이라고 믿게 되기도 하는데, 이로 인해 자아존중감이 낮아지기도 한다. 가족에게 가난 또는 그 외 사회적, 문화적 어려움이 있을 때, 가족이 느끼는 분노와 책임은 더 커진다.

셋째, 위의 시기들이 지나고 나면, 부모나 가족들은 점차 현실과 타협을 하며, 수용의 단계를 거치게 된다. 처음에 자녀의 장애를 없애 보려는 노력을 하며, 좀처럼 현실을 받아들이려 하지 않다가 궁극적으로 자녀의 장애를 받아들이고, 그 아이에게 필요한 요구를 잘 충족해 주기 위한 노력을 하고, 좋은 서비스를 받고자 한다.

그러나 모든 장애학생의 부모들이 이러한 과정을 모두 거치는 것은 아니다. 이러한 감정을 한꺼번에 경험할 수도 있고, 이 과정이 반복적으로 나타날 수도 있으며, 그 시기도 모두 개별적으로 다르게 나타난다.

장애를 가진 아기의 출산 혹은 아기가 장애를 가졌다는 사실을 알게 되는 것은 충격적인 사건이 아닐 수 없다. 장애아동 부모의 정서적 반응과 적응에 관해 많은 연구들이 수행되어 왔다(Blacher, 2001; Eden-Piercy, Blacher, & Eyman, 1986; Ferguson, 2003; Frey, Fewell, & Vadasy, 1989; Johnson, 1993). Anderegg 등(1992)은 장애아 가족의 적응과정을 슬픔의 순환으로 표현되는 직면하기, 조정하기, 그리고 순응하기의 세 단계로 구분하였다(Kubler-Ross, 1969).

<표 13-7> 심리적 적응단계의 특성에 다른 전문가의 지원 방법

단계	특성	전문가 지원
충격·불신·부인	· 죄책감 혹은 수치심을 경험할 수 있다. · 장애가 있음을 부인하려고 할 수 있다. · 의료진단을 받으러 여러 병원을 전전할 수 있다. · 진단을 수용하거나 필요한 지원의 제공을 완전히 거부할 수 있다.	· 수용하는 태도로 경청하라. · 가족들이 감정을 표현하도록 격려하라. · 가족들에게 그 감정이 자연스러운 것임을 확인시켜라. · 아이와 관련하여 가족들이 공유할 수 있는 강점을 찾아라. · 가족들이 준비가 되었을 때 필요한 자원과 서비스를 제공하라.

분노·분개	· 도움을 주려는 이들(배우자, 전문가, 가족)에게 화를 낼 수 있다. · 비장애아를 키우는 친구들에게 분개할 수 있다. · 진단의 정확성에 대해 전문가와 논쟁을 벌이려고 할 수 있다.	· 사려 깊은 경청의 태도를 취하라. · 가족들의 분노와 분개를 표현·표출할 수 있도록 격려하라. · 가족들의 '느낌'에 대해 논쟁하지 마라. · 공격적인 말에 방어하지 마라.
타협	· 장애가 없어질 수만 있다면 무엇이든 하려는 믿음을 갖는다. · 신과 협상하려고 한다. "장애를 사라지게 해 준다면 무엇이든 하겠다."	· 적극적인 경청을 하라. · 지지를 보여라. · 전문적인 견해를 부모들에게 강요하지 마라. · 비평을 삼가라.
우울·좌절	· 현실을 수용하기 시작하고 기대했던 아이를 잃어버렸음에 대해 슬퍼하게 된다. · 아이의 잠재력을 볼 수 없고 단지 아이의 결함만을 보려할지 모른다.	· 적극적이고 반영적인 경청을 하라. · 부모지원그룹과 같은 자원을 제안하라. · 우울증이 만성적으로 나타난다면 상담을 받을 수 있도록 의논하라. · 아이의 강점에 대해 지속적으로 의논하라.
수용	· 아동의 요구에 초점을 맞추는 대신 아이의 강점을 보기 시작한다. · 아이의 삶을 향상시키기 위해 긍정적이고 주도적인 입장을 견지한다.	· 경청을 계속하라. · 진보에 대해 격려하라. · 아이의 강점에 대해 지속적으로 강조하라. · 가족에게 사례관리 역할을 양도하기 시작해라. · 가족들의 역량강화를 위해 지원하라.

출처: Kubler-Ross, E. (1969). Locus of Control: Current trends in theory and rescarch. Hilsdale, NJ: Earlbaum.
박지연 외 공역(2006). 장애인 가족지원. 서울: 학지사.

직면하기 단계에서 부모들은 충격, 부인, 불신 등으로 특징지어지는 정서적 위기의 시기를 경험한다. 일반적으로 장애아동의 부모는 진단을 부정한다. 그들은 종종 의사가 실수를 했다고 생각해서 좀 더 낙관적인 의견을 듣기 위해 '의사 쇼핑'을 한다. 이것은 부모가 아동의 장애와 요구를 더 잘 이해하게 만들 수 있을지 모르지만, 필요한 도움을 얻는 데 혼란을 가져오거나 늦어지는 결과를 가져온다. 불신과 부인이 없어지면 가족 구성원은 극단적인 피로를 느끼고, 식욕이 없어지고, 쉬지 못하고 안절부절못하는 시기를 겪으면서 우울을 경험하게 된다. 지원이 무엇보다 필요한 이때에 확대가족 구성원과 친구들이 최소한의 지원을 제공할 수도 있다. 우울은 시간이 지나면서 나아지지만 생활의 여러 가지 일들이 장애아동의 문제와 부담을 증가시킬 때 만성적이 되기도 한다. 이 시기에는 가족과 함께 일하면서 장애의 확실한 진단에 대한 요구를 이해시키는 것이 필요하다.

다음 단계는 조정하기 단계로 분노, 죄책감, 우울, 수치심, 낮은 자아 존중감, 아동 거부, 과보호 등의 특성을 갖는 정서적 혼란의 시기이다. 이 시기에 많은 부모들은 화가 나서 비난할 만한 어떤 사람이나 대상을 찾게 된다. 그들은 때로 스스로를 비난하기도 하고, 전문가와 같은 다른 사람들을 비난하기도 한다. 장애아동의 부모는 장애를 일으킨 것이 유전적인 문제나 자신들의 행동 때문이라고 믿게 되면 자아 존중감의 문제를 경험하기도 한다. 가족에게 가난 또는 그 외 사회적, 문화적 어려움이 있을 때 가족이 느끼는 분노와 책임감은 더 크다. 가족이 분노와 죄책감을 표현하고 다루고자 하는 요구에 반응하는 것은 지지적이고 협력적인 관계를 발전시키는 데 매우 중요한 요소다.

세 번째 단계는 순응하기 단계로 부모는 자녀의 장애를 수용하게 된다(Anderegg, Vergason & Smith, 1992). 욕구 좌절과 실패는 가족이 사회적 타협을 위해 대안적인 처치를 찾는 단계를 마쳐 가고 있다는 증거다. 그들은 아동의 장애를 깨닫지만 처음에는 장애를 없애 보려고 하는 노력 외에는 좀처럼 받아들이려 하지 않는다. 그러다가 궁극적으로 가족과 아동은 아동의 장애를 받아들이고, 아동에게 필요한 요구를 성공적으로 다루기 위한 에너지를 재조정함으로써 더 좋은 서비스를 받을 수 있다.

장애자녀를 둔 모든 부모들이 전형적인 행동을 하는 것은 아니다. 장애아동의 부모들이 유사한 순서나 단계를 밟으며 적응해 가지만, 장애를 가진 자녀의 출생이라는 사실 앞에서 대처하는 방법은 가족들마다 다양하게 나타난다(Lin, 2000; Turnbull & Turnbull, 2006; Ulrich & Bauer, 2003). 부모의 적응과정에서 부모의 문제해결 방식과 성격, 부부관계, 공식적·비공식적 지원 체계 등의 다양한 변수들이 서로 상호작용한다. 또한 부모들은 궁극적으로 아동을 수용하며 적극적인 활동을 하는 중에도 다시 이전단계로 되돌아가 심리적 과정을 반복적으로 되풀이할 수도 있다.

5. 가족지원

가족지원에 대한 학문적 관심은 1970년대 중반부터 시작되었다. 개인을 중심으로 하여 그 개인과 상호관계를 맺고 있는 사람들로 인해 생겨나는 연결체계를 가족지원체계(Cochran, 1993; Salzinger, 1990)라 하며, 이러한 체계 중에서도 부모역할수행을 지원하는 양육과 관련된 체계를 양육지원체계라 한다(Jennings, Stagg, & Connors, 1991; Melson, Ladd, & Hsu, 1993).

가족지원은 심리적·육체적인 스트레스를 줄이고 아동을 포함한 가족전체의 복지를 증진시키게 되며, 가족에게 도움을 줄 수 있는 가족지원의 장점과 요구에 대한 특별한 관심을 가지게 될 때, 가족과 아동의 기능과 발달에 효과적이게 대처할 수 있게 된다. 따라서 가족지원은 가족 구성원 개개인과 가족전체의 기능이 원활히 이루어지는데 중요한 요인이 된다.

지금까지 이러한 가족지원에 관한 대부분의 연구는 아동을 양육하면서 겪게 되는 스트레스를 주요 주제로 다루고 있다(Cochran, 1993). 가족생활의 발달 맥락에서 나타나는 양육스트레스는 구체적으로 자녀를 양육하면서 발생하게 되는 어느 정도 예상되는 스트레스라고 볼 수 있다(Melson, Ladd, & Hsu, 1993; Krech & Johnston, 1992). 많은 연구에서 아동의 발달에 영향을 미치는 요인 중에 부모의 양육행동과 부모가 아동을 양육하면서 경험하게 되는 스트레스가 양육의 질을 결정할 수도 있다(이한우, 1999; Abidin, 1990).

아동의 발달과 관련된 기존의 양육행동 연구들은 부모의 양육행동의 질과 가정이라는 한정된 공간에서 이루어지는 상호작용에 초점을 두었다. 그러나 최근에는 부모의 양육행동에 영향을 미치는 변인을 사회·환경 맥락에서의 부모와 자녀간의 상호작용으로 초점을 확대하고 있다(Simons, Lorenz, & Conger, 1998; Rueter & Conger; 1995; Abidin,1990).

따라서 지체부자유아동과 그 가족들이 직면하는 스트레스 상황을 완화해 줄 수 있는 '충격 흡수 장치'의 역할을 가족과 연계된 가족지원과 그 구성원들간의 유기적 관계에서 찾을 수 있을 것이다.

가족지원은 상호 보완적이며, 복합지원 체계로서 정서적, 심리적 안정감과 자긍심의 근원이 될 뿐만 아니라, 개인의 외로움을 덜어 주고, 생활에 대한 만족감을 높이게 된다(Antonucci, 1991).

먼저 장애아동의 주양육자들은 심각한 육체적 피로를 느낄 수 있다. 주양육자들은 장애아동을 보살피는 식사, 세수, 목욕, 놀이 등의 일상적인 일과와 함께 아동을 학교나 치료기관에 데리고 다니는 등의 일과로 인해 잠시도 휴식을 취할 틈을 내지 못하고 과중한 아동 양육의 부담을 지게 된다. 특히 중증장애아동을 양육하는 어머니는 더욱 피곤한 상태에서 살고 있는데 중증장애아동 한 명을 키우는 어머니는 여러 명의 일반아동을 키우는 어머니와 동일한 정도로 육체적으로 피로하다고 보고되고 있다(최민숙, 2003).

가족과 연계된 가족지원은 개인이 대인관계로부터 얻을 수 있는 다양한 형태와 기능적 도움을 의미하는 것(Cochran, 1993; Salzinger, 1990)으로 대인관계의 다양한 측면을 포함하게 된다. 가족지원은 가족구성원 개인 혹은 그 개인을 포함한 가족전체를 도와주려는 사람들로부터 제공되는 지원을 말하며, 가족지원의 특성에 따라 가족구성원에게 제공되는 지원방법도 달라지게 된다.

1) 가족지원의 특성

가족구조의 특성은 장애를 보는 시각을 결정하거나 장애아에 대한 태도에 영향을 주게 되며, 가족의 기능은 장애아의 존재로 인해 영향을 받게 된다. Westling & Fox(1995)는 부모로 하여금 정서적인 고통과 같은 개인적인 어려움을 경험하게 되는 조건이란 일반적으로 여러 가지 유형의 지원과 관련이 있다. 특히 가족 내의 스트레스를 감소시키데 도움을 주는 것으로 중도 장애자녀를 위한 건강상의 보호, 적절한 교육적 서비스, 탁아지원(respite care), 재정적인 보조, 집 안에서의 지원, 대처기술에 관한 상담과 훈련, 가족, 친구, 중도장애인의 다른 부모들의 지원 등을 제시하였다(김은주, 1999). 이런 유형의 지원이 부족하거나 이런 사람들과 협력이 부족하게 되면 부모와 그 가족은 장애자녀가 몸담고 있는 "체제"에 불만족하게 되고, 좀더 큰 스트레스를 받게 되며, 집이 아닌 다른 거주지에 아동을 배치하는 것을 고려하게 하는 결과를 가져온다(Cole & Meyer, 1989; 김은주, 1999).

가족지원의 특성을 일반적으로 구조적 특성과 기능적 특성으로 구분할 수 있는데, 첫째, 가족지원의 구조적 특성은 가족지원 구성원 수, 가족지원 구성원들간의 지속 기간, 접촉 빈도, 구성원 유형, 구성원간의 서로 연결된 정도 등으로 기술된다. 가족지원의 구조적 특성 중에서 양육행동과 관련된 특성으로 주목되어 온 것은 구성원 수와 구성원 유형이다.

둘째, 가족지원의 기능적 특성은 개인에게 지원을 제공하는 긍정적 기능뿐만 아니라 스트레스를 유발하는 부정적 기능도 포함하게 된다. 가족지원의 긍정적 기능으로서 지원 기능을 살펴보면, 가족지원이 제공하는 지원의 유형은 정서적 지원, 도구적 지원, 정보지원으로 기술될 수 있다(Pearson, 1986). 정서적 지원은 자녀 양육의 어려움에 대한 이해, 공감, 격려를 표현하는 것이다. 도구적 지원은 부모로서 해야 하는 일들의 양을 감소시키는 구체적인 도움을 말하며, 정보지원은 자녀 양육이나 양육 행동에 관한 조언과 정보를 제공하는 것이다(Crockenberg, 1988). 또한 가족지원의 기능은 개인에게 지원을 제공하는 긍정적 기능뿐만 아니라 스트레스를 유발하는 부정적 기능도 포함한다.

2) 가족 지원의 방법

가족지원은 부모의 심리적 적응과 양육행동에 미치는 스트레스의 부정적 영향을 감소시킬 수 있다는 점에서 매우 중요하다.

양육스트레스와 가족지원간의 관계는 대부분 만성질환자나 장애아동 부모들을 대상으로 한 연구(Quittner, Glueckauf & Jackson, 1990)로 공식적, 비공식적 가족지원 모두 양육스트레스를 감소시키는 역할을 한다. 따라서 아동을 직접 양육하는 어머니의 스트레스 수준은 가족지원과 의미 있는 관계가 있으며(Hanson & Hanline, 1990), 가족지원이 스트레스를 감소시킬 뿐만 아니라 가족 구성원 개개인의 기능, 부모로서의 경험, 가족적응과도 높은 관련이 있다. 가족지원의 장점으로는 첫째, 부모가 지역사회의 구성원으로서 협력하게 되어 사회의 구성원이라는 일치감을 느끼게 된다. 둘째, 장애자녀를 양육하면서 부딪히게 되는 문제를 해결해 나갈 때 부모가 지원을 받고 있다고 느낌으로서 사회적 고립감이나 외로움이 감소되어질 수 있다. 셋째, 부모나 가족들이 가정, 학교, 지역사회 속에서 장애아동의 복지에 대해 비공식적인 형태일지라도 효과적인 결정을 내릴 수 있는 기회, 기술, 지식 등의 지지와 권한을 부여받게 된다. 넷째, 소아과 의사나 교사, 심리학자들로부터 그들의 경험을 전달받아 아동에 대한 충분한 정보를 얻을 수 있게 된다.

한편, 장애아동을 둔 가족을 지원하는 방법은 학교를 중심으로 교사나 전문가가 지원하는 방법과 국가적 차원에서 공식적 체제하에 가족을 지원하는 방법으로 구분할 수 있다. 학교를 중심으로 가족을 지원의 방법에는 가족의 관점 변화시키기, 아동의 교육계획 수립에 부모의 적극적 참여 지원하기, 그리고 가족 중심 실제를 촉진하기 지원하기를 들 수 있다(O'shea, O'shea, Algozzine, & Hammitte 2001).

국가적 차원에서 이루어지는 장애인이나 장애인 가족에 대한 공식적 지원은 보건복지가족부에서 시행하고 있는 장애인 복지시책으로 세제상의 조치와 공중시설 이용료 감면, 의료비 혜택, 장애 자녀교육비 감면, 보장구 지원, 장애인 자립 자금 대여 등을 들 수 있으며 그 외에 기타 중앙행정기관이나 지방자치 단체 또는 민간기관에서 실시하는 지원 사업들이 있다.

<표 13-8> 부모와의 대화를 저해하는 부적절한 대화 기술

구분	내용
명령하기	이렇게 하셔야 돼요. 이렇게 하세요. 부모는 이렇게 할 책임이 있습니다.
강의하기	제 설명을 이해하시겠어요? 제가 그때 설명하였듯이…
판단하기	잘못하셨어요. 그렇게 하시면 안 돼요! 어머니의 문제는… 그것은 나쁜 방법이에요. 이해를 잘 못 하시네요!
캐묻기	언제, 누가, 어디서, 어떻게, 왜 그랬어요?
위협하기	제 제안을 받아들이시지 않는다면… 그렇게 하시지 않는다면… 계속 그렇게 하신다면 저는…

피상적으로 위로하기	잘 될 거예요. (어머니가)잘하실 거예요. (학생이)잘 할 거예요.
진단하기	아직 어머니는 …단계에 계신 거예요. 그 행동을 하신 것은 …가 요인인 것 같아요.
빈정대기	너무 모르시고 하셨네요. 잘 하시는지 아시네요. 여태껏 그것도 모르셨어요? 너무 심하시네요.

출처: 이창미 외(2003). 장애아 통합보육론. 서울: 교육과학사.

6. 장애아동 가족지원의 과제 및 전망

가족은 장애아동에게 가장 중요한 자원이다. 특히 특수교육 대상자 중에서도 연령이 어릴수록 가족의 역할과 지원은 매우 중요하다. 가족은 장애아동의 지원자로서, 교육계획에 직접 참여하고, 아동의 행동을 관찰하여 실제 목표에 도달하도록 지원하며, 장애아동이 성장하고 발달하도록 가정에서 아동을 가르치는 역할을 하고 있다. 따라서 가족지원 프로그램의 목표는 장애아동과 가족의 기능을 강화하고 그들의 강점을 살려줌으로써 자신들의 능력을 촉진시킬 수 있도록 힘을 실어주는 데 있다(박원희 외, 2009).

가족지원 프로그램은 1980년대 이후 미국을 중심으로 발달지체 영·유아 가족을 위한 철학과 법을 근거로 한 유아특수교육 프로그램과 지원에서부터 강조되어 왔다. 즉, 프로그램과 지원체제의 중심이 아동 개인으로부터 점차 가족-중심으로 발달되어졌으며 오늘날 유아특수교육 프로그램의 주된 목적은 아동 전체의 생(生)을 관리하는 데 있어서 가족에게 힘을 실어주는 데 있다고 볼 수 있다. 아울러 이러한 유아특수교육에서의 가족지원에 대한 변화는 특수교육 전반에 걸쳐 많은 영향을 줌으로써 장애아동 가족지원을 위한 새로운 전기를 마련해 주었다(이미선, 김경진, 2000).

우리나라에서의 가족지원에 대한 관심은 2007년 제정된 장애인 등에 대한 특수교육법이나 2007년 국립특수교육원의 가족지원에 대한 조사가 중요한 의미를 지니고 있다고 볼 수 있다. 가족지원에 대한 법적 규정은 장애인 등에 대한 특수교육법(2007) 제2조 제2항과 동법 제28조에 규정되어 있다. 동법 제2조 제2항에서는 "특수교육 관련서비스"란 특수교육대상자의 교육을 효율적으로 실시하기 위하여 필요한 인적·물적 자원을 제공하는 서비스로서 상담지원·가족지원·치료지원·보조인력지원·보조공학기기지원·학습보조기기지원·통학지원 및 정보접근지원 등으로 규정하고 있으며, 동법 제28조 제1항에서 "교육감은 특수교육대상자와 그 가족에 대하여 가족상담 등 가족지원을 제공하여야 한다." 고 규정하고 있는데 가족지원의 욕구에 대해서는 2007년 국립특수교육원의 조사가 많은 시사점을 주고 있다.

2007년 국립특수교육원의 가족지원에 대한 조사에 의하면 첫째, 가족지원의 내용은 개별상담, 부모 소모임, 가정방문 및 참관 및 참여수업 등 다양한 방법을 통해서 각 가족의 다양한 상황을 지원할 수 있는 내용으로 구성되어야 하며, 둘째, 가족지원 프로그램 내용으로는 자녀의 교육기회 확대 및 교육의 질 향상, 부모교육 및 상담, 충분한 교육기관 및 전문가 확대, 심리-정서적 지원, 여가활동, 아동 탁아, 직업 등 직접적인 서비스와 경제적 지원등이 필요한 것으로 나타났다. 셋째, 효과적으로 학부모를 지원할 수 있는 가족지원의 자원으로 교육기관, 교사, 사회복지관의 서비스, 가족 구성원, 치료교육기관 등으로 나타났다.

이상과 같이 우리나라의 많은 특수교육 기관들은 장애아동 부모나 그 가족의 요구에 관심을 기울이고 그들의 욕구를 반영하기 위해서 나름대로의 노력을 기울여 왔다. 그러나 이러한 관심과 노력에도 불구하고 서비스를 지원하는 사람들은 오히려 많은 어려움을 겪고 있는 실정인데 이는 서비스를 제공하는 사람이나 서비스 대상자 모두 가족지원에 대한 올바른 인식과 체계적인 제도가 부족하기 때문이다. 따라서 서비스 제공자나 대상자 모두 가족지원에 대한 올바른 인식과 정보 제공 및 프로그램 개발을 위한 적극적인 참여는 물론 전문가와 가족 간의 효율적인 의사소통 기술이 중요하다(이병인, 2006). 장애아동 가족지원의 기본 방향은 가족-중심의 특수교육으로의 패러다임 전환, 가족의 능력 강화, 지역사회-중심, 자원과 지원의 동원, 특수교육기관 연계 서비스 통합의 확대를 강조하는 방향으로 나아가야 할 것이다.

제14장 지체부자유아의 의사소통 지도

1. 뇌성마비의 정의와 수반 장애

1) 뇌성마비의 정의와 원인

뇌성마비는 미성숙한 뇌의 비진행성 병변으로 인하여 야기된 운동 및 자세의 이상(Kurtz, 1992)으로 보통 정의된다. 이러한 정의에는 세 가지 의미가 포함되어 있다. 첫째, 뇌성마비는 몸을 움직이는 방식과 근긴장도에 영향을 미치고, 공간 속에서의 자세 조정에 어려움을 가져온다. 둘째, 뇌성마비는 비진행성이다. 이것은 뇌의 병변이 지속적으로 악화되는 것이 아님을 의미한다. 셋째, 뇌성마비는 발달장애이다. 왜냐하면 뇌성마비는 태아기나 영아기에 뇌가 여전히 미성숙한 상태에서의 손상에 의한 것이기 때문이다.

뇌성마비의 출현율을 살펴 볼 때 매년 약 5,000명의 뇌성마비 아동이 태어나고, 또한 매년 약 1200~1500명의 영유아들이 사고나 뇌손상 등으로 뇌성마비를 갖게 된다고 한다(Heller et al., 1996). Shames와 Anderson(2002)은 1000명의 신생아 중 2~5명의 출현율을 보인다고도 하였다. 그러나 이러한 출현율이 명확하다고는 할 수 없다. 왜냐하면 많은 뇌성마비 아동들이 출생 후 어느 시기까지는 뇌성마비로 판정받지 못하는 경우가 많고, 다른 장애로 분류되는 경우도 많기 때문이다.

뇌성마비의 가능성이 높은 두 가지 가장 주요한 경우는 출생시 산소결핍과 뇌출혈이다. 그리고 모자 혈액 부적합이나 미숙아 또한 뇌성마비의 원인이 되기도 한다. 미숙아는 영양 섭취 문제를 비롯하여, 시각 및 청각 손상, 만성적인 폐질환, 인지 발달 지체, 행동 문제 및 수용 언어와 표현 언어장애를 수반한 뇌성마비의 가능성이 매우 높다(김중선, 서경희, 1998; 한경임, 서경희, 1999, 2000). 감염과 중독 또한 태아의 뇌 발달에 부정적인 영향을 미치게 되며, 최근 들어 급증하고 있는 임신 중이나 신생아기의 사고는 태아나 신생아 뇌 손상의 주요 요인으로 작용하여 뇌성마비를 가져오게 된다.

2) 뇌성마비의 수반 장애

뇌성마비는 중추신경계 손상에 의한 것으로 뇌에서 메시지를 형성하고, 그 메시지를 척수를 통해 신체 전 분야에 보내는 데 결함을 보인다. 이러한 손상으로 메시지의 형성 자체가 어렵고, 그 메시지가 전달되는 과정에서 왜곡되어 운동, 감각, 인지 전 분야에 영향을 미치게 된다. 따라서 운동 장애 외에 많은 다른 수반 장애를 갖게 된다.

(1) 감각 손상

뇌성마비 아동은 주로 시각과 청각에 문제를 갖는 경우가 많다. 눈은 동안 근육(oculomotor muscles)의 협응 운동으로 사물에 초점을 맞추고, 눈동자를 부드럽게 이리 저리 움직일 수 있다. 만약 이러한 근육이 뇌손상으로 인해 왜곡된 정보를 받게 되면 눈 움직임은 비정상이 되며, 소위 말하는 사시, 안구진탕, 미숙아 망막증과 같은 시각장애를 갖게 된다. 감각 손상이 의심된다면 시각과 청각 기능에 대해 명확히 진단해 볼 필요가 있다.

(2) 의사소통 장애

말(구어: speech)은 입, 혀, 입술을 조절하는 근육의 움직임과 호흡의 협응을 통해 이루어진다. 그런데 뇌성마비의 경우 중추신경계 손상으로 이러한 기관을 움직이는 근육 조절에 문제를 가져와 말이 느리고 왜곡되는 특성을 보인다. 더욱이 인지 능력에 결함을 보이는 경우에는 정보를 수용하고 표현하는 언어(language) 면에서도 문제를 갖게 된다. 만약 말로 의사소통이 어려운 경우 보완·대체 의사소통(Augmentative and Alternative Communication) 체계를 필요로 할 수도 있다(한경임, 1993, 1998a, 1998b; 정해동 외 1999).

(3) 정형외과적 손상

뇌성마비는 진행성 질병과 달리 뇌 손상이 나아지는 것도 아니고 더 나빠지는 것도 아니다. 그러나 성장하면서 나타나는 변화가 신체 기능에 영향을 미칠 수 있어서 지속적인 근 수축은 척추와 사지 골격에 문제를 가져온다. 이러한 정형외과적 손상은 수술이나 재활 훈련을 요구한다.

(4) 영양과 섭식 문제

뇌성마비 아동은 신체의 균형을 유지하고 보행하는 데 많은 에너지를 필요로 한다. 결과적으로 체중을 얻기가 힘들고 영양 보충이 필요하다. 그리고 구강 움직임의 곤란이나 삼키기의 어려움으로 섭식 능력이 제한되어 있어서 복부로 직접 튜브를 넣어 영양을 공급하는 방법이 사용되기도 한다. 튜브를 필요로 하지 않는 아동들이라 하더라도 섭식 문제를 가지고 있고 이것은 이후의 언어 발달에도 영향을 미치기 때문에 교사는 적절한 섭식 프로그램을 수행할 필요가 있다(Reillyet al., 1994; Koontz- Lowman & Murphy, 1999).

(5) 인지 결함

뇌성마비는 영재아이거나 정상적인 지능을 갖는 경우도 있지만 인지 결함을 보이는 아동이 많다(Heller et al., 1996). 인지 결함의 정도가 뇌성마비의 유형에 따라 다양하기는 하나 정확한 관련성에 대해서는 연구의 필요성이 있다. 경직형 편마비의 경우 경직형 사지마비보다는 정상적인 지능에 가까움을 보이며(Pellegrino, 1997), 불수의 운동형이나 실조형 뇌성마비는 경직형 뇌성마비보다는 인지 결함을 보이는 정도가 낮은 것으로 보고된다(Hill, 1999).

(6) 학습장애

뇌성마비 아동은 시지각, 청지각적인 정보처리와 공간 위치 지각의 문제로 학습장애를 보이는 경우가 많다. 시지각 장애로 인해 특정 단어에 대한 시각적 기억을 지속시킬 수 없고, 칠판에 쓰여진 글자를 받아쓰지 못하며 산수 계산을 위해 숫자를 일렬로 배치하는 것도 어렵다. 청지각 장애는 교사의 지시에 따라 움직이거나 들은 이야기를 다시 말하기, 이해를 묻는 질문에 대답하기 등에 어려움을 초래한다. 그리고 공간 위치 지각 장애로 인해 자신을 공간의 어디에 위치시켜야 할지 모르고 책을 읽다가 다음 읽을 부분을 찾지 못하기도 한다.

2. 뇌성마비의 신경근 운동 장애

정상적인 운동 활동을 위해서는 근 긴장도(muscle tone)의 일정한 유지가 필요하며, 외부 환경에 대한 감각운동 체계의 탐색과 분석에 이은 운동의 협응이 중요하게 작용한다. 그리고 정상 운동 활동에 작용하는 또 다른 요인으로 반사활동(reflex)을 들 수 있다. 반사활동을 명확히 정의하기는 어렵지만 보통 자극에 대한 근육의 어느 정도 자동적인 반응을 이끌어내는 근육 활동으로 정의된다. 즉, 반사활동은 조직적인 반응이 아닌 무조건적인 반응으로서 비정상적인 반사활동은 이후 정상적인 운동 발달을 방해하는 요소로 작용하기도 한다. Shames와 Anderson(2002)은 뇌성마비와 같은 신경운동장애 아동은 일반적으로 근긴장도, 움직임, 협응 면에서 비정상적인 반응이 나타나지만 뇌성마비의 경우 비정상적인 반사활동 또한 많이 관찰되는 비정상 운동의 한 측면이라고 하였다.

1) 비정상적인 반사 행동

중추신경계에서는 많은 흥분과 억제 기제가 운동 활동 조정에 도움을 준다. 흥분과 억제 기제는 대뇌 성숙에 따라 적절히 조정되어야 하는데 예를 들어, 억제 기제가 제 기능을 하지 못하면 흥분 기제가 부적절하게 작용하며, 너무 많은 근육 활동을 야기하게 된다. 반대로 흥분 기제가 손상받으면 저긴장성(hypotonia)과 같은 불충분한 근육 활동이 나타나게 된다.

비정상적인 반사 행동은 뇌성마비 아동에게서 자주 관찰되는데 대체로 신경운동체계에서 억제 기제의 손상에 의한 것으로 보여진다. 사실상 전통적으로 볼 때 이러한 비정상적인 반사 행동에 대한 처치는 뇌성마비의 구어장애를 비롯한 다른 운동 장애를 치료하는 방법의 근간이 되어 왔다.

뇌성마비 아동의 상태를 이해하는 데 중요한 것이 정상 영아에게서 발견되어지는 원시반사이다. 예를 들어, 신생아의 흡철반사(sucking reflex)는 신생아의 입술에 자극이 닿일 때 자극이 있는 쪽으로 입을 돌리고 그 자극을 세차게 빨기 시작하는 것이다. 이러한 빨기 행동은 영양분 섭취에 도움이 되는 것으로 생존을 위해 매우 이상적인 행동이다.

이러한 원시반사는 중추신경계의 성숙과 정상 발달을 위한 반사 억제 기제에 의해 정상적으로 사라지게 된다. 그러나 뇌성마비 아동의 경우 원시반사가 오랫동안 남아 과장된 반응을 일으키게 되는 경우가 많은데 흡철반사의 경우 아주 작은 자극에도 지나치게 심하게 빠는 반응을 유아기가 지나서도 보일 수 있다. 또 다른 예로 비정상적인 원시반사 활동의 잔재로 인해 근 긴장도의 정상적인 변화에 따라 팔이 움직이는 것이 아니라 머리의 좌우 움직임에 따라 아무렇게나 움직이는 경향을 보인다. 이와 같이 뇌성마비 아동은 원시반사가 오랫동안 남아 있어서 과긴장 패턴을 일으키고, 정상적인 운동 능력을 발달시킬 수 없으므로 긴장성 반사활동을 억제하고, 운동발달 순서에 적합한 고도로 통합된 정위반응과 평형반응으로 숙련된 동작이 일어나도록 촉진시켜야 한다.

뇌성마비 아동의 섭식과 언어에 영향을 미치는 원시반사 활동과 소실 시기를 표 14-1에 제시하였다.

<표 14-1> 뇌성마비 아동의 원시반사 활동

원시 반사	특 성	소실 시기
흡철반사 (sucking reflex)	· 아기의 영양을 자동적으로 공급하기 위해 나타남 · 비정상적인 경우 입 주위의 감각 상실, 혀 운동 발달 방해, 소리내는 데 장애	생후 2-5개월에 소실
입술반사 (lip reflex)	· 입술에 주는 자극에 대해 입술을 둥글게 앞으로 내밀어 입술을 동그랗게 만드는 것 · 비정상적인 경우 조음 발달에 영향을 줌	생후 3-4개월에 소실

탐색반사 (rooting reflex)	· 이 반사에 의해 머리 돌리기가 가능해짐 · 비정상적인 경우 정상적인 빨기 기능의 장애, 섭식 장애	생후 3개월 경 소실
교반사 (biting reflex)	· 입의 측면에서 들어오는 자극을 처리하기 위해 턱을 다물어버리는 것 · 비정상적인 경우 턱의 개폐 운동 및 섭식 장애	생후 2-3개월에 소실
긴장성미로반사 (tonic labyrinthine reflex)	· 공간에서의 머리 조절과 관련 · 바로 누운 자세에서 신근 긴장이 현저하고, 엎드린 자세에서 굴근 긴장이 현저하여 호흡에 문제 · 비정상적인 경우 머리 조절, 돌아눕기 방해	생후 4-6개월 소실
대칭성긴장성경반사 (symmetrical tonic neck reflex)	· 중심선에서 균형을 유지하는 머리 조정 능력 발달시킴 · 비정상적인 경우 앉기, 기기 발달 방해, 머리 조정의 어려움으로 언어 발달 장애	생후 8-12개월 소실
비대칭성긴장성경반사 (asymmetrical tonic neck reflex)	· 비정상적인 경우 머리 조절이 어렵고, 눈과 손의 협응력 문제로 글씨를 가로 질러 읽거나 쓰기 어렵고 근육조절의 비협응으로 언어장애	생후 4-6개월 소실

윤병완(1997)에 의하면 뇌성마비 아동은 여러 가지 장애 때문에 손가락 빨기나 장난감을 핥을 수 없어 흡철반사나 입술반사, 교반사와 같은 포유반사의 일부가 계속 남아 있게 되는 경우가 많다. 따라서 손을 몸의 중심선에 모아 자신의 손가락을 탐색하게 해 주는 것은 긴장성 반사의 억제와 함께 포유반사의 소멸에도 도움을 준다. 이러한 원시반사 활동의 중요성 때문에 뇌성마비 아동의 언어 진단시 반사 활동의 유무에 대해 진단할 필요가 있다(오정희, 강세윤, 1990; Shanes & Anderson, 2002).

박혜숙과 나은우(1991)도 원시반사의 억제를 위해서는 뇌성마비 아동이 나타내는 전형적인 이상 자세를 잘 관찰해서 이 자세와 정반대의 자세로 몸을 바꾸어 놓게 해야한다고 하였다. 즉, 구부러진 것은 펴고, 회내운동(回內運動)은 회외운동(回外運動)으로, 내전(內轉)은 외전(外轉)으로 바꾸어 자세를 취하게 하는 것인데 이것을 반사억제자세(reflex inhibiting postures)라고 한다.

2) 비정상적인 근 운동 기능

뇌성마비는 후천적인 뇌손상으로 인한 신경근운동 장애보다 훨씬 더 많은 운동 기능 부전을 나타내는데 그러한 운동 기능부전은 사지, 체간과 구어 산출을 위한 근육 조직의 여러 가지 부분에서 나타난다. 경직형 뇌성마비의 경우 상지나 구강 근육 조직에는 어떠한 기능 부전이 없이 하지에만 장애가 나타나는 경우가 있는데 대마비(paraplegia)인 경우가 그러하다. 양마비(diplegia)의 경우에는 상지보다는 하지에 심한 장애를 보이면서 구강 조직 면에서는 경도의 기능 장애를 보이기도 한다. 그러나 사지마비(quadriplegia)의 경우 체간과 사지 전체의 근육 조직과 구강 근육 조직 전체에 기능 부전을 나타낸다.

3. 뇌성마비 의사소통 장애의 원인과 특성

1) 뇌성마비 아동의 의사소통 발달

뇌성마비로 인하여 가장 영향을 많이 받는 부분이 구어(speech)이다. 그리고 인지 능력과 학습장애 등으로 인해 수용 언어도 영향을 받으며, 자신이 무엇을 말하고 싶은지, 어떻게 말해야 할지 프로그램하는 것이 어렵다. 이러한 문제들은 수용언어 문제에 의한 이해 능력의 부족, 인지 결함에 의한 의사결정의 응용력 부족, 적절한 어휘 사용의 결함, 구어 반응의 결함 등으로 나타난다.

보통 의사소통은 전적으로 구어에만 의존하는 것은 아니다. 제스처를 이용한 의사소통 발달이 훨씬 더 일찍 발달하는데 유아가 "안녕"을 표현하기 위해 손을 흔드는 모양을 떠올리면 이해가 될 것이다. 유아는 "빠이 빠이"라는 말에 해당하는 일정 형태의 손 흔들기를 배우기 훨씬 전에 다양한 감정과 욕구 표현을 위해 얼굴 표정을 사용한다. "울기"를 가장 많이 사용하며, 호흡 상태도 자신을 표현하는 데 이용된다. 그리고 여러 가지 만족도에 대해 반응하기 위해 피부색이 바뀌기도 한다.

울기나 호흡과 피부색의 변화와 같은 생리적 반응은 보호자가 여러 가지 전략(우유를 주거나, 기저귀를 살펴보거나, 아기를 흔들어주거나, 달래는 말을 하는 등)으로 반응하도록 하는 신호가 된다. 이러한 행동들은 너무나 빨리 자연스럽게 교류가 되어서 아기와 보호자는 곧 서로의 신호에 익숙해지고 자신의 반응을 수정해 나간다.

한편, 뇌성마비 아동의 경우 이러한 정상적인 의사소통 경로가 왜곡되거나 아예 나타나지 않기도 한다. 웃으려고 짓는 표정은 얼굴을 찡그리게 되고, 그것은 곧 보호자에게 거부의 신호로 받아들여진다. 저긴장형이든 과긴장형이든 두 유형 모두 보호자의 팔에 안겨 있을 수가 없다. 섭식 문제 또한 갖고 있어서 음식을 내뱉어 버리거나, 구토를 일으키기도 하고, 혀를 자꾸 밀어내는 행동은 보호자로 하여금 아기가 음식을 먹기 싫어하는 것으로 해석하게끔 한다. 이러한 문제로 인하여 뇌성마비 아동이 보이는 중요한 의사소통 단서들이 잘못 해석되게 된다. 이로 인하여 보호자는 부적절하게(예, "아기가 나를 싫어하나봐") 반응하거나, 위축된 반응(예, "나는 아기를 돌보기에는 부족한가봐")을 보인다. 즉, Light(1989)가 지적한 것처럼 중요한 초기 의사소통 고리가 끊어지는 것이다.

McDonald와 Schultz(1973)에 의하면 이와 같이 뇌성마비 아동이 보이는 자신을 표현하는 데 대한 무능력은 아동의 사회적, 정서적, 지적 발달에 손실을 주는 행동과 반응의 한 형태를 굳혀 버린다. 그 이유는 아동이 보호자의 구어에 대한 음성적 반응이 거의 없게 되면 보호자가 종종 자신이 제공하는 구어 자극을 감소시켜 의사소통 상호작용이 중단되며, 더욱이 말할 때 수반되는 신체적 긴장과 자신을 이해시키려는 데 대한 어려움을 말하려는 시도를 약화시켜 아동으로 하여금 조용하고 비의사소통적인 상태가 되도록 하기 때문이다. 이러한 의사소통 장애로 인해 뇌성마비 아동은 자주 의존적이고, 수동적이며, 효과적인 사회적 상호작용의 발달에 필요한 언어 능력과 실제적인 경험을 갖지 못하게 된다.

Hanzlik(1990)은 뇌성마비 유아와 어머니 10쌍, 그리고 일반 유아와 어머니 10쌍 간의 상호작용을 비교한 연구에서 뇌성마비 유아들은 일반 유아보다 순응적이며, 비자발적인 반응을 보이고, 어머니의 신체적인 지시와 안내에 과도하게 의존하는 경향을 보였으며, 사회-정서적 발달에 중요한 영향을 끼치는 얼굴 마주보기 또는 눈 접촉도 일반 유아보다 50% 정도 덜 빈번하게 나타났음을 보고하였다.

이러한 뇌성마비 아동의 의사소통 문제는 이후 발달기에 계속 영향을 미치게 되고, 말을 통해 효과적으로 의사소통을 하지 못하는 문제로 지적 발달에도 문제를 가져오게 된다. 보통 대부분의 공식적인 지능검사는 언어와 운동 기능에 의존한다고 해도 과언이 아니다. 이러한 검사를 통해 뇌성마비 아동을 진단하려 할 때 목적성이 없는 듯한 움직임을 보이고 알아들을 수 없는 소리를 웅얼거리는 아동은 흥미도 없고, 위축되어 있으며, 지능도 낮은 것으로 간주된다. 따라서 뇌성마비 아동과의 대화는 예/아니오 반응만으로 간단히 이루어지고, 어휘 습득과 복잡한 언어 사용은 더욱 제한된다.

일반적으로 뇌성마비 아동의 70～80%가 언어장애를 갖고 있다(안병즙 외, 1995)고 하는데 특히 병형과 무관하게 중증 뇌성마비 아동에게 수반되는 언어 발달 지체, 음성 이상, 조음장애, 리듬 이상 등의 언어 장애는 당연히 상호 의사전달 능력의 발달 지체를 가져오고, 또한 말하는 태도의 장애를 가져와 결국 학습활동 전반의 지체를 가져오게 된다. 이러한 심한 뇌성마비 아동 중에는 각각의 언어 발달 단계 사이에 불균형이 일어나서 청각언어 수용 기능에 관해서는 거의 연령에 맞는 발달을 하는데도 유아기의 구강 반사가 잔존하고, 조음발달을 방해하여 비구어 상태로 남게 되는 경우가 많다(윤병완, 1992).

坂口亮(1988)도 심한 뇌성마비 아동은 조음기관의 운동 기능 장애나 호흡의 미조정에 의해 발성 자체가 곤란하고, 뇌성마비의 특징인 이상 긴장으로 특유의 표정이나 자세를 취하게 되기 때문에 상대방이 그들의 말을 알아듣기 힘든 경우가 많아서 뇌성마비의 언어장애는 그들의 사회 생활에 커다란 장벽이 된다고 하였다. 한경임(1998b)도 이러한 뇌성마비 아동의 의사소통 특성은 심리적 문제뿐 아니라 사회활동의 폐쇄성과 의사소통 과정에의 과도한 의존성을 야기한다고 지적하였다.

다행히도 보조공학의 발달이 뇌성마비 아동들에게 새로운 기회를 창출해 주고 있다. 보완·대체 의사소통 전략은 말로써 의사소통이 적절하지 못한 뇌성마비 아동으로 하여금 복잡한 의사소통이 가능하도록 만들어 주었다

(Beukelman & Mirenda, 1992; Glennen & DeCoste, 1997). 이러한 보완·대체 의사소통 전략이 비구어 뇌성마비 아동의 의사소통 문제를 완전히 해결해 주지는 못하며, 의사소통 상대방 역시 효과적으로 듣는 기술을 익혀야 하고, 아동의 이해도 촉진을 위해 특별한 상호작용 전략들을 사용해야 한다. 한경임(1998a, 2001a)은 보완·대체 의사소통을 사용하는 뇌성마비 아동의 상대방 훈련의 효과성에 대해 연구하고 그 중요성을 보고한 바 있다.

2) 호흡 특성

많은 뇌성마비 아동들이 말을 하기 위해 필요한 공기의 흐름을 적절히 조정하는 데 어려움을 보인다. Hardy(1983)의 연구에 의하면 뇌성마비 아동은 호기와 흡기 양의 감소를 가져오는 전체 근육의 위축을 보인다. 더욱이 뇌성마비 아동은 폐용적이 제한되어 있어 구어 산출에 필요한 호기 압력의 유지가 어렵다. 이러한 호흡의 문제로 인하여 뇌성마비 아동은 조음장애를 보이게 된다. 뇌성마비 아동은 구어 메커니즘이 정상인 사람들보다 한 음절을 산출하는 데 대해 더 많은 공기를 내보내야 하는데 그것은 조음기관을 느리고 부정확하게 움직임으로써 공기의 흐름이 비효율적으로 이루어지고, 결과적으로 공기를 조음에 모두 쓰지 못하고 낭비하게 되기 때문이다.

이와 같이 뇌성마비 아동은 말을 산출하기 위해 사용할 수 있는 공기 양이 제한되어 있기 때문에 재빨리 말을 해야 하고, 따라서 한 번의 호기에 단지 몇 음절 밖에 말하지 못하게 되는 것이다. 윤병완(1992)과 정진자(1995)는 뇌성마비 아동의 호흡 특성으로서 역호흡을 강조하였는데 이러한 역호흡으로 호흡주기가 불규칙하고, 호흡이 얕고 빨라 숨을 빠르게 들이쉬고, 천천히 조금씩 내쉴 수가 없어 결국 구어 산출에 문제를 가져온다고 하였다. 이러한 뇌성마비 아동의 비연속적이거나 부적절한 호흡은 발성에 영향을 미치게 되어 음성장애를 가져오기도 하는데 숨찬 소리에서부터 지나친 성대 접촉에 의한 긴장된 음성까지 다양한 방식으로 나타난다.

3) 후두 기능 장애

구어가 어느 정도 가능한 뇌성마비 아동 중에는 후두 메커니즘의 신경운동 부전을 나타내는 발성 특성을 보이는 경우가 많다. 이러한 특성에는 숨찬 음성을 나타내는 경우에서부터 말을 하려 할 때 단지 공기가 새어나가는 듯한 약간 비정상적인 경우를 보이는 것으로 나타나기도 한다. 이러한 양상은 발성을 위해 움직이는 성대의 부적절한 내전(adduction)과 긴장도 때문이다.

또 다른 발성 특성으로 뇌성마비 아동은 말을 하려 할 때 호기에 의해 이루어져야 할 성대 진동이 형성되지 않아 긴장되거나 귀에 거슬리는 불쾌한 소리를 내기도 한다. 이것은 성대의 지나친 긴장에 의한 것으로 성대가 너무 과도하게 닫혀지는 과내전(hyperadduction) 현상이 나타나기 때문이다. 뇌성마비 아동이 나타내는 마비성조음장애(dysarthria)는 무성자음을 유성음으로 대치시키는 경우가 많이 관찰되는데 이것은 무성음 산출을 위해 필요한 빠른 외전(abduction)이 신경운동 장애로 인해 방해를 받기 때문이다. 윤병완(1992)은 뇌성마비 아동은 의도적으로 발성하려고 노력할 때 성대의 긴장으로 성문이 강하게 닫히기 때문에 날숨조차 나오지 않거나 날숨은 나오는데 소리가 나오지 않는 경우도 있다고 하였는데 이러한 특성은 뇌성마비 본인의 의도가 강하면 강할수록 악화되는 경향이 있다.

대부분의 조음장애의 원인이 되는 후두 메커니즘의 신경학적 손상 정도를 결정하기란 매우 어렵다. 뇌성마비 아동은 구강 조직의 비효율적인 기능으로 자음을 산출하려는 경우 성로(vocal tract)를 통해 과도한 공기를 억지로 밀어내는 경향을 보인다. 이것은 구강 조직의 문제로 나타날 수 있는 비정상적인 음질을 보상하기 위해 성로를 통해 과도하게 공기를 내보내기 때문으로 결국 숨찬 소리를 발생시키게 되는데 이러한 숨찬 소리가 성대의 신경학적 문제가 원인이라고는 할 수 없다. 마찬가지로 무성음을 유성음으로 대치하는 것도 무성음을 산출할 만큼 재빨리 공기를 공급하지 못한다는 점에서 생리학적으로 유성음을 발성하기가 더 쉽기 때문으로 성대의 신경학적 문제라고 할 수 없다. 이와 같이 후두 메커니즘의 신경학적 손상 정도를 알아내기는 어렵지만 그러한 손상이 기반이 되어 기능적으로 과도하게 공기량을 배출시키려고 하기 때문에 문제가 발생한다고 볼 때 기질적인 손상의 정도를 가려내려 하기보다 증상으로 나타나는 문제에 대한 증상적 접근법을 이용한 언어훈련이 필요하다고 할 수 있다.

4) 연인두 기능 장애

연인두 메커니즘의 기능 부전은 신경학적 손상으로 인한 마비성조음장애를 나타내는 사람들의 구어 산출 문제의 주요한 요인으로 작용하는데 뇌성마비의 경우 구어 장애를 일으키는 다른 생리학적 문제와 항상 함께 나타난다. Hardy(1983)에 의하면 연인두 기능 부전은 성로를 통해 과도하게 공기를 내보내는 주요 요인이기도 하다. 그러므로 연인두 기능부전은 과비성(hypernasality)과 조음 산출의 어려움을 가져올 뿐 아니라 조음 산출시 뇌성마비 아동의 호흡 체계에 과중한 부담을 주게 된다.

연인두 메커니즘의 기능 부전은 삼키기 장애에도 영향을 미치며(윤병완, 1997; 권도하, 2001), 과대 비음을 나타내는 공명장애를 일으킨다. 그리고 자음의 명확한 산출을 위해서는 성로에서 공기 압력의 유지가 중요한데 비강의 폐쇄 불능은 공기 압력의 감소를 가져와 조음장애에까지 영향을 미친다(전헌선 등, 2002). 그림 14-1은 연인두 기능을 이해하기 위해 구강 및 비강 조직과 연인두 폐쇄에 대해 나타내준다.

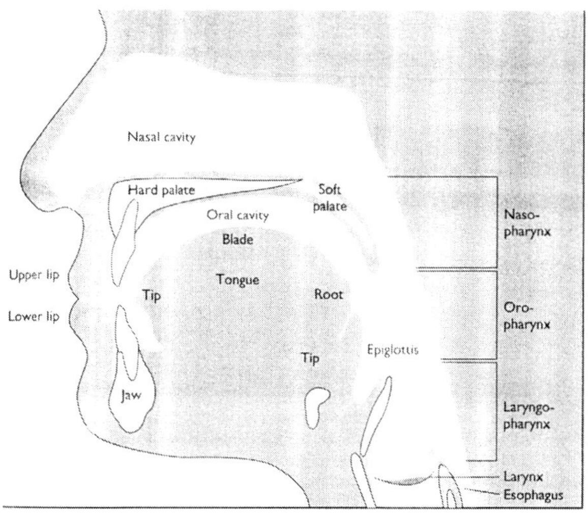

Nasal cavity 비강
Hard palate 경구개
Oral cavity 구강
Soft palate 연구개
Tongue 혀
Upper lip 윗 입술
Lower lip 아래 입술
Jaw 턱
Epiglottis 후두덮개
Larynx 후두
Naso-pharynx 비인두
Oro-pharynx 구인두
Laryngo-pharynx 후인두

<그림 14-1> 구강 및 비강과 연인두 폐쇄

5) 조음기관의 장애

조음은 조음기관을 통해 말소리가 만들어지는 움직임 과정으로서 조음기관에는 혀, 입술, 턱, 치아, 경구개, 연구개 등이 속한다. 뇌성마비 아동은 구강 근육 조직의 움직임이 원활하지 못한데 혀, 입술, 턱의 제한된 움직임은 같은 장애를 가진 사람에게서도 다양한 수준의 기능 부전을 나타낸다. 예를 들어, 연인두 기능 부전이 어떠하든 상관없이, 또는 장애로 인해 입술과 턱의 움직임이 원활하지 못하다 하더라도 혀는 비교적 좋은 기능을 나타낼 수도 있다.

혀의 움직임이 제한되어 있는 대부분의 경우에 혀는 하나의 전체적인 단위로 움직인다. 따라서 여러 가지 자음을 조음하기 위해 혀끝을 독립적으로 움직이기보다 혀의 앞 부분이나 전체를 구부려 조음하려는 경향을 보인다. 전헌선 등(2002)은 이러한 혀 운동의 문제는 뇌성마비 아동으로 하여금 혀끝의 도움으로 형성되는 /s/, /z/, /r/, /l/과 같은 음의 산출을 어렵게 한다고 하였다.

뇌성마비 아동은 입술의 움직임 또한 느리고 탄력성이 매우 제한되어 있는 특성을 보이고, 턱 움직임 또한 매우 느린 경향이 있다. 게다가 혀와 턱의 움직임은 서로 아주 밀접히 연관되어 있는데 예를 들어, 혀를 구강 위쪽으로 올리려고 하면 턱 또한 위로 올리는 것이 가능해야 한다. 따라서 턱의 문제는 조음 산출에 매우 중요하다 할 수 있다.

턱의 움직임과 관련해서 뇌성마비 아동은 근 긴장도의 좌우 불균형으로 아래턱의 부정교합을 보이는 경우도 있으며, 강한 신전 반사 때문에 아래턱이 정상 위치로 교합되지 않고 계속 열린 채로 있는 경우도 있다. 이러한 문제로 조음뿐 아니라 섭식에도 문제를 가져오게 된다(윤병완, 1992).

위에서 언급한 이러한 형태의 구강 조직의 기능 부전은 당연히 오조음을 유발하게 된다. 어떠한 경우에는 단지 몇 개의 자음만이 영향을 받기도 하지만 보다 심한 경우에는 알아들을 수 있는 자음을 전혀 산출하지 못하며, 명확한 구어 산출에 필요한 모음조차 산출하는 능력이 제한되어 나타나기도 한다.

6) 구어(speech) 장애의 특성

앞에서 제시한 호흡 및 연인두와 후두 그리고 조음기관 장애는 뇌성마비 아동의 구어(말) 장애에 큰 영향을 미치게 된다. 이러한 장애가 뇌성마비 아동에게 공통적으로 나타나기는 하나 그 양상이 모두 같지는 않으며, 오히려 아동들마다 너무나 다양한 구어 장애의 특성을 보인다. 그렇다 하더라도 뇌성마비 아동들이 나타내는 구어 장애의 공통된 특성을 살펴본다면 성대 진동의 빈도에 의한 음도 조절이 어려우며, 강도(소리의 크기)와 음절 산출의 타이밍 조절이 어려워 억양 패턴이나 운율에 장애를 가져온다는 것이다. 운율에 맞는 구어 산출에 여러 가지 근육이 빠르고 세밀하게 협응되어져야 한다는 것은 너무나 당연하다. 그러나 뇌성마비 아동의 경우 우선 신경계 손상에 의해 조음과 관련된 근육의 조절이 원활하지 못하므로 조음장애와 함께 운율 장애의 정도가 심하게 나타난다. 그리고 이러한 특성으로 뇌성마비는 신경계 손상에 의한 운동 패턴에 따라 구어 장애의 특징 또한 다르게 나타난다.

여러 문헌(오정희, 강세윤, 1990; 전헌선, 1993; 윤병완, 1995; 최성규, 2001)에서는 뇌성마비의 운동 패턴에 따라 언어 장애의 특성이 다름을 보고하는데 경직형은 일반적으로 억양이 없고, 단조롭고 느리게 말하며, 노력성으로 후두에서 쥐어짜서 내는 것과 같은 소리가 특징적이며, 소리의 크기·높이의 조정이 나쁘다. 불수의 운동형은 말에 명료도가 나쁘고 조음 장애가 많으며, 기식성의 가성대 발성을 나타내기도 하고, 헐떡이는 모양의 잡음을 수반한 호흡이 나타나는 수도 있다. 운동 패턴의 유형에 따라 나타나는 구어 장애의 특성을 표 14-2에 제시하였다.

7) 언어(language) 장애의 특성

언어(language)란 의사소통에 쓰이는 부호와 기호 체계(김선희 외, 2002)로서 음운론, 형태론, 구문론, 의미론, 화용론적 요소로 구성되어 있는 반면에 구어는 음성 체계를 통한 의사소통에 한정되어 있다. 따라서 언어장애는 의사소통을 위해 언어학적 상징을 활용하는 능력이 제한되어 있거나 무능한 것으로 의미 있는 언어가 표현되기는 하지만 내용이 제한되어 있는 경우나 최소한의 구문론적인 문제를 보이는 것까지 그 범위가 매우 넓다. 그에 비해 구어장애는 주어진 환경에서 받아들여지는 범위를 벗어나는 구어의 일탈을 보이는 것으로 특정한 소리 산출에 곤란함을 보이거나 대화할 때 리듬이나 강세의 부족 등이 나타나는 것이다.

많은 뇌성마비 아동이 표현 언어 발달에만 지체를 보이는 경우가 많다. 이것은 마비성 조음장애로 인해 구어 표현 능력이 제한되어 있기 때문이다. 따라서 뇌성마비 아동의 지능에 대해 검사할 필요가 있는데 이것은 지체된 언어 발달의 잠재적인 원인을 설명하는 데 도움을 줄 뿐만 아니라 교육 프로그램의 적절한 구안과 실행을 위해서도 필요하다.

<표 14-2> 운동 패턴에 따른 뇌성마비 아동의 구어 장애 특성

분 류	중추신경계 손상 부위	구어 장애의 특성
경직형	대뇌피질	· 약간의 공기를 억지로 밀어내기 위해 복부를 지나치게 압착하여 가슴 근육을 수축하는 경향이 있음 · 전신 긴장에 비정상을 초래하여 비정상적인 멈춤과 헐떡거림이 나타나고 실성증적인 음성을 보이기도 함 · 지나친 성대 긴장으로 말더듬과 비슷한 특성을 보임 · 연인두폐쇄 능력 부전으로 과대비성이 나타남 · 치조음(ㅅ, ㄹ, ㄴ) 발성이 어려움
불수의 운동형	기저핵	· 목소리의 크기가 약해 속삭이는 듯한 소리를 냄 · 성대의 진동이 매우 빠른 가성음질이 나타나기도 함 · 호흡이 거칠고 불규칙적임 · 목쉰 음성이나 기식성의 소리가 나타남
운동 실조형	소뇌	· 로봇이 말하듯 끊어지는 듯한 소리로 음절이 단절되는 발성을 나타냄 · 소리의 크기와 높낮이가 단조로워 리듬이 없는 특징을 보임 · 조음이 불명확하고 말하는 속도가 느림

한편, 최성규(2001)는 음운이 기초가 되어 어휘, 통사, 의미, 화용과 같은 언어를 구성하게 되므로 뇌성마비 아동의 음운 장애는 자연히 언어 발달지체로 이어지지만 심한 음운 발달 장애 자체가 문장 구조의 습득과 문해 능

력의 낮은 이해력으로 직결해서 해석해서는 안된다고 하였다. 이것은 뇌성마비 아동의 언어 발달 지체는 정신지체 아동의 언어발달 장애와 전적으로 같은 것이 아님을 의미한다.

뇌성마비 아동 중에서도 특히 말로 의사소통이 불가능한 비구어(nonverbal) 뇌성마비 아동은 표준화 지능검사의 시행이 어려워 당연히 정신지체로 간주되고 치료교육 프로그램이 구성되는 경향이 있다. 그러나 이러한 아동들 중에도 수용 언어 능력에 문제가 없으며 학습 능력이 우수한 아동이 많다. 따라서 이러한 아동의 언어 능력에 대한 연구는 음운론이나 구문론의 관점에서보다는 화용론적인 관점에서 이루어져야 할 필요가 있다.

Butterfield와 Arthur(1995)는 화용론이란 기능적인 의사소통을 의미하는 것으로 의사소통이란 그것이 질문을 하는 것이든지, 어떤 물건을 요구하는 것이든지, 다른 사람의 행동을 통제하든지, 주장을 하든지 또는 주위의 일들에 대해 단순히 진술을 하든지 간에 환경에 대한 통제를 행사하는 데 이용되는 것이라는 관점이다.

4. 뇌성마비아의 의사소통 지도의 실제

뇌성마비아의 의사소통 지도에서 항상 염두 해두어야 할 것은 구어 기능을 완전히 정상으로 개선시키는 데는 한계가 있다는 것이다. 그래서 언어 훈련을 하면서 교사는 아동이나 가족들에게 매우 중요한 결정을 내려야 할 때에 자주 직면하게 된다. 이러한 경우 중에 가장 중요한 두 가지가 첫째, 구어를 통해서는 더 이상 기능적인 의사소통 기술의 발전이 진행될 수 없는데 구어 훈련 프로그램을 계속할 것인가 말 것인가 하는 것이고, 둘째는 아동이 구어를 통한 의사소통 기술을 발달시킬 수 있을 것인가 없을 것인가 하는 것이다.

아동에게 적합한 장·단기 목표를 설정하고, 훈련을 통해 장기적으로 가장 현실적이고, 효율적인 결과를 얻기 위해서는 아동의 의사소통 내력과 현재 능력 등에 관해 다른 전문가들로부터 많은 정보를 얻고, 활용하는 것이 아주 중요하다.

1) 뇌성마비 의사소통 장애의 진단

뇌성마비 아동의 언어 장애를 진단하기 위해서는 앞에서 제시한 뇌성마비 아동의 언어 장애에 영향을 미치는 여러 가지 분야에서 광범위한 진단을 할 필요가 있다. Alper와 Manno(1996), Arvedson과 Lefton-Greif(1998) 그리고 McCurtin(1997)은 말을 할 때 뿐 아니라 음식을 먹을 때나 음료를 마실 때 호흡 상태나 입술과 혀 움직임의 상태, 몸을 움직일 때의 자세 등 여러 가지 측면에서의 관찰을 통해 간단한 진단을 한 뒤 좀더 세밀한 진단과 함께 언어 훈련을 실시해야 한다고 하였다. 표 14-3은 이러한 여러 가지 분야에서 관찰을 통해 진단해 보아야 할 내용들에 대해 간단히 기술한 것이다.

<표 14-3> 뇌성마비 아동의 의사소통 진단 내용

자세 조정과 움직임의 진단
1. 휴식할 때 아동의 기본적인 자세는 어떠한가? 2. 의도적으로 움직이려 하거나 말하려고 시도할 때 자세의 변화가 있는가? 3. 움직이거나 또는 여러 가지 자세에서 아동의 머리 조절과 체간 조절 상태는 어떠한가? 4. 음식을 먹을 때, 말 할 때, 의도적으로 움직이려 할 때 머리와 체간의 조절에 변화가 있는가? 5. 머리와 체간의 움직임은 입술, 혀, 턱, 안면근의 움직임에 영향을 미치는가? 6. 입술, 턱, 혀, 얼굴에 비대칭적인 움직임이 보이는가?
감각 자극에 대한 반응
1. 아동은 시끄러운 소리를 참을 수 있는가? 2. 아동은 다양한 시각적 자극에 반응하는가? 3. 아동은 새로운 맛이나 새로운 냄새에 쉽게 적응하는가? 4. 아동은 체간, 사지, 손, 발에 주어지는 촉각적인 자극에 반응하는가? 부드러운 자극과 딱딱한 자극에 대한 아동의 반응에 차이가 있는가? 5. 이마, 얼굴, 입술에 자극을 주었을 때 아동의 반응은 어떠한가? 부드러운 자극과 딱딱한 자극에 대한 아동의 반응에 차이가 있는가? 6. 치아, 잇몸, 경구개, 혀에 자극을 주었을 때 아동의 반응은 어떠한가?

호흡 기능

1. 휴식하고 있을 때 숨을 쉬는 형태는 어떠한가?
2. 일반적인 움직임 상태에서, 상지의 움직임 상태에서, 소리를 산출할 때, 음식을 먹을 때나 삼킬 때 각각 호흡 상태는 어떠한가?
3. 음식을 먹을 때나 삼킬 때 또는 일반적으로 움직일 때 소음이나 젖은 소리가 섞인 호흡 상태를 보이는가?
4. 아동은 소리를 쉽게 산출할 수 있는가?
5. 소리의 강도는 강한가 부드러운가?

음식을 먹을 때의 자세

1. 음료수를 마실 때, 수저로 음식을 먹거나 딱딱한 음식을 먹을 때 아동이 보통 취하는 자세는 어떠한가?
2. 음식을 먹는 동안 아동의 자세 조정과 움직임에 변화가 있는가?
3. 음식을 먹는 동안 아동의 자세 조정을 위해 교사나 부모는 어떠한 적응 설비를 취해주는가?

음료수를 마실 때 아동의 상태

1. 아동은 병이나 우유병 꼭지에서 쉽게 우유나 음료수를 빨기 시작하는가?
2. 병의 꼭지는 어떠한 형태인가? 보호자가 그 구멍을 크게 해주어야 하는가? 유동식은 진한가 그렇지 않으면 묽은 편인가?
3. 아동은 튜브로 음식을 먹는가? 만약 그렇다면 항상 그러한가 그렇지 않으면 보충식으로만 튜브를 사용하는가?
4. 우유 병이나 컵을 이용하여 음료수를 마실 때 아동은 비정상적인 구강 운동 패턴을 보이는가?
5. 음료수를 마시는 동안 머리나 목의 긴장이 관찰되는가?
6. 아동은 빨기, 삼키기, 호흡하기에 협응을 보이는가?

스푼을 이용하여 음식을 먹을 때

1. 아동은 스푼을 이용하여 어떠한 형태의 음식을 먹는가?
2. 아동은 스푼 위의 음식을 빨아들일 수 있는가?
3. 아동은 스푼 위의 음식을 먹기 위해 윗 입술을 사용할 수 있는가?
4. 스푼을 이용하여 음식을 먹는 동안 비정상적인 구강 운동을 보이는가?
5. 음식을 먹는 동안 질식하거나, 음식을 게워내거나, 기침하거나 음식을 내뱉는 양상을 보이는가?
6. 스푼을 이용하여 음식을 먹을 때 많은 양의 음식을 흘리는가?

구어 산출 동안의 구강 운동 기능

1. 아동은 의사소통을 하기 위해 소리를 사용하는가?
2. 언제 아동에 의해 소리가 표현되는가?
3. 구어를 산출하는 동안 아동은 비정상적인 구강 운동 패턴을 보이는가?
4. 산출된 소리의 음질이 목이 쉰 듯하거나 거친 소리의 특징을 보이는가?
5. 산출된 소리에 비음이 섞여 있거나, 긴장되어 있거나, 숨찬 목소리, 기식화된 소리의 형태를 보이는가?

의사소통의 사용

1. 아동은 의사소통 하려고 시도하는가?
2. 아동은 의사소통 하려 할 때 비정상적인 신체 움직임을 보이는가?
3. 아동은 식사 시간에 음식을 먹여주는 사람과 어떻게 의사소통 하는가?
4. 아동은 의사소통 하기 위해 얼굴 표정을 사용하는가?
5. 아동은 의사소통하기 위해 눈이나 팔, 손 등을 사용하는가?
6. 아동은 보완·대체 의사소통 체계를 사용하는가?

뇌성마비 아동의 언어 장애를 좀더 세밀하게 진단하기 위해서는 신체적인 준비도 검사, 조음 기관의 형태 및 기능 검사, 음성 장애의 정도 등에 대해 살펴보아야 하며, 언어 장애의 측면에서 아동의 언어 샘플 수집에 의한 화용론, 형태론, 의미론, 구문론적인 분석 또한 필요하다.

신체적인 준비도 면에서 머리 조절 능력이 나쁜 경우 후두가 정상 위치를 유지하는 것이 어렵고, 성대의 내전, 외전 운동이 곤란하므로 반사 활동 검사를 통해 원시 반사의 유무를 알아보고, 반사 억제 훈련을 위해 물리치료사, 작업치료사와 협력 관계를 유지할 필요가 있다. 그리고 혀, 구개, 입술 등 조음기관의 기능 검사가 필요하며, 조음오류의 특성을 알기 위해 우리말 조음음운검사(김영태, 신문자, 1992), 한국표준어음검사(최성규, 1996) 등을 이용할 수 있다.

2) 뇌성마비 아동의 섭식 지도

뇌성마비 아동은 빨거나 삼킬 수 있는 자세를 유지하거나 입술, 치아, 혀, 연구개 등의 조절 능력이 부족하여 음식을 씹고, 삼키기가 어려우며 이로 인하여 필요한 영양분을 섭취하지 못함으로써 뇌의 성장과 지적 능력에도 영향을 미치게 된다. 이러한 뇌성마비 아동의 섭식 문제는 아동 본인뿐 아니라 부모에게도 고통을 주게 된다. 더욱이 섭식과 관련된 기제들은 구어 산출에도 함께 관여하는 것이므로 섭식 훈련은 구어 산출을 위해서도 반드시 필요한 것이다.

우선 음식을 스스로 먹을 수 없는 뇌성마비 아동의 섭식을 도와주기 위해서는 좋은 자세를 유지하도록 도와주어야 한다. 오정희와 강세윤(1998), 그리고 정보인 등(2000)에 의하면 뇌성마비 아동이 마치 일어나려는 것처럼 몸통을 구부리거나 뒤로 뻗치려 하는 것은 아동의 섭식을 방해하는 나쁜 자세이다. 그러므로 교사가 아동을 안아서 먹이거나 또는 의자에 앉혀서 음식을 먹이려 할 때 교사는 아동의 어깨, 팔꿈치, 허리, 무릎, 발목 등의 관절을 굽혀주어 반사 억제 자세를 취해 주어야 하며, 머리는 항상 몸의 중심선에 두도록 조절해 주어야 한다.

뇌성마비 아동은 턱 조절이 어려워 항상 입이 열려 있고 이로 인해 침을 많이 흘리게 된다. 정진자(1995)는 과도한 침흘리기는 사회적으로 부정적인 영향을 주며 탈수현상과 감염을 일으킬 수 있기 때문에 침을 통제시켜 주어야 한다고 하였다. 특히 음식을 먹을 때 아래 턱 조절이 안되어 음식을 많이 흘려버리고 씹을 수 없기 때문에 교사는 아동의 옆에 앉거나 마주 앉아 아동의 턱 조절을 도와주어야 한다. 그림 14-2는 아동의 턱을 조절해주는 방법을 보여주는 것이다.

<그림 14-2> 뇌성마비 아동의 턱 조절 방법

입술로 숟가락에 있는 음식을 훑어서 먹을 수 없는 뇌성마비 아동의 섭식을 도와주기 위해서는 아래 턱을 조절하여 입을 다물도록 해주고, 숟가락 길이가 짧은 것을 이용하여 입 안에 숟가락을 놓고 수 초간 기다리다가 윗입술로 음식을 훑을 수 있도록 해 주어야 한다. 그리고 뇌성마비 아동은 삼키기가 어려워 혀로 음식을 밖으로 내 뱉으려는 경우가 많은데 특히 머리가 뒤로 젖혀지면 이러한 경향성 많이 나타나므로 머리를 젖히지 않도록 해주어야 한다. 또한 입 속에 음식이 너무 많으면 혀로 밀어내어 버리므로 음식의 양을 적절히 조절해주어야 하고, 농도가 묽은 것보다 걸쭉한 음식을 이용하면 혀로 밀어내는 경우가 적다. 이와 함께 혀를 앞으로 내밀기, 위로 올리기 등의 훈련이 필요하며, 혀의 긴장도를 높이고 근력을 강화시켜주는 훈련이 필요하다.

3) 뇌성마비 아동의 의사소통 지도

뇌성마비 아동은 신경계 손상으로 인하여 호흡 및 조음과 관련된 근육 조절이 어려우므로 호흡 훈련과 조음 기관의 훈련이 필요하다. 윤병완(1992), 강수균 등(1996)에 의하면 뇌성마비 아동의 호흡 패턴은 발성을 곤란하게 하는 이상 패턴이 나타나는 경우가 많은데 호흡 속도가 너무 빠르거나 역호흡이 그 특징이라 할 수 있다. 따라서 뇌성마비 아동은 안정된 호흡 자세를 확립하고 호흡 범위를 증대시키는 훈련이 필요하다. 여기에는 구강과 비강을 통한 호흡로 인식 방법 익히기, 빠른 흡기와 느린 호기 방법 익히기 등의 훈련이 필요하며, 여러 가지 도구를 이용한 불기 활동으로 호기 시간을 연장하는 훈련 또한 필요하다. 이러한 호흡 훈련 후에는 호흡 훈련과 발성을 연합하여 훈련해야 하는데 최대한 흡기한 뒤 복근에 압력을 주어 소리를 크게, 가능한 길게 발성하도록 훈련한다. 이와 같이 호흡과 발성을 연합하여 훈련할 때에는 먼저 쉬운 단모음 내는 것부터 촉진하고, 그 뒤에 모음을 연장 발성하도록 훈련한 뒤 자음을 연합하여 일음절 발성하기 훈련 후 이음절, 삼음절을 발성하도록 훈련한다.

혀는 구어 산출을 위해 매우 중요한 조음 기관으로서 혀끝을 올리는 훈련은 /t/, /d/, /n/, /ts/ 발음을 위해 필요하다. 혀끝을 올리는 훈련을 할 때는 혀 전체가 올라가지 않도록 설압자로 혀 중앙부를 아래로 누르면서 혀 끝만 올라가도록 도와주어야 한다. /r/ 조음을 위해서는 혀 끝을 위로 올려서 말려진 형태에 가깝도록 하여 상하 치아 사이에 유지하도록 훈련한다. /k/, /g/ 발음을 위해서는 혀의 뒤 부분이 연구개와 밀착하도록 훈련해야 하는데 바로 누운 자세에서는 혀의 뒤 부분을 연구개 쪽으로 밀어 올리기가 쉬워지므로 초기에는 바로 누운 자세로 훈련해보는 것도 좋다.

4) 보완·대체 의사소통 중재

DeCoste(1997)와 Lafontaine와 DeRuyter(1987)에 의하면 심한 구어 손상으로 의사소통이 거의 불가능한 상태로 특수교육을 받고 있는 아동 중 4%~6%가 뇌성마비를 포함한 중도장애아 및 지체부자유 아동이다. 박화문(1994)은 이러한 중도·중복 장애를 갖는 뇌성마비 아동은 상호 의사 전달 능력의 기초 그 자체가 이루어지지 못하여 일상적으로 사용되는 언어가 행동의 조정과 사고의 유효한 수단으로 기능을 다 하지 못한다고 하였다. 따라서 윤병완(1992), 이규식과 권도하(1992), 박숙자(1996), 한경임(1998a,b)은 이러한 중도(severe) 뇌성마비 아동에게는 조음 그 자체의 훈련을 시도하는 것은 무모한 일이며, 의사소통을 도와주고 말하는 의욕을 길러주기 위해 보완·대체 의사소통 체계의 적용이 필요하다고 하였다.

한경임(2001c)의 연구에 의하면 우리나라 지체부자유 학교에 재학하고 있는 지체부자유 학생 중 27.5%가 보완·대체 의사소통 체계를 필요로 하며 그 학생들 중 겨우 10.8%만이 보완·대체 의사소통 체계를 적용받고 있다. 그리고 보완·대체 의사소통 체계를 필요로 하는 지체부자유 학생의 60%가 뇌성마비 아동인 것으로 보고되었는데 이것은 고성아(1995)와 Murphy 등(1995)의 연구에서도 보고된 바 있다. 이와 같이 중도의 뇌성마비 아동의 의사소통 문제의 해결을 위해 보완·대체 의사소통 체계가 필요한데도 불구하고 학생 수가 많고 중재 방법에 대한 연수의 부족과 비용 부담 등으로 인하여 보완·대체 의사소통 중재를 전혀 하고 있지 않은 학교가 많다(한경임, 2001c). 보완·대체 의사소통 중재가 중도의 의사소통 장애아의 삶의 질에 큰 영향을 끼친다는 연구(한경임, 1997; Bryen et al., 1995) 등을 고려해 볼 때 특수교육 현장에 적용할 수 있는 실질적인 보완·대체 의사소통 중재에 관한 연구가 활성화 될 필요성이 있다.

Beukelman과 Mirenda(1992)에 의하면 보완·대체 의사소통 체계란 개인의 의사소통을 증진시키기 위해 사용되는 상징(symbol), 보조도구(aid), 전략(strategy) 및 기법(technique)을 포함하는 요소들의 통합군이다. 여기에서 상징은 도구를 이용하지 않는 상징(unaided symbol)과 도구를 이용하는 상징(aided symbol)으로 구분되며, 보조도구에는 상징을 구성하여 사용하는 의사소통판이나 음성합성도구가 포함된다. 그리고 전략에는 의사소통을 증진시키기 위한 역할놀이, 점진적인 촉구 방법 등이 포함되며, 기법에는 보조도구를 이용하여 메시지를 전달하기 위한 직접선택, 스캐닝(scanning) 등이 포함된다.

보완·대체 의사소통 중재를 위해서는 아동에 대한 신체 기능과 인지 기능을 진단한 후 아동에게 적절한 의사소통 상징 체계를 선택해야 한다. 도구를 이용하지 않는 상징 체계는 접근을 위해 어떠한 물리적 도움도 필요로 하지 않고, 전달 속도가 빨라 많은 어휘를 제공할 수 있다는 장점이 있지만 신체적인 운동 기능에 문제를 많이 보이는 중도 뇌성마비 아동에게는 적용하기가 어려운 경우가 많다. 도구를 이용하는 상징 체계는 의사소통 판이나 전자식 음성합성장치 등의 물리적 도구를 필요로 하지만 장애가 심한 경우 이동의 어려움 없이 도구에 배열되어 있는 것을 지적하여 선택함으로써 보다 쉽게 사용할 수 있다는 이점이 있다.

보완·대체 의사소통 체계 사용의 주 목적이 중도 뇌성마비 아동과 주변 사람들 간의 효과적인 상호작용의 촉진에 있지만 의사소통 장치를 단순히 제공하는 것만으로 상호작용을 효과적으로 할 수 있는 기능적인 의사소통 능력이 증진되는 것은 아니다(한경임, 1999). 그러므로 그러한 도구를 이용하여 기본적인 생각과 욕구를 표현하고 주위에서 일어나는 일들에 참여하고 영향을 끼치면서 다른 사람과 효과적으로 상호작용할 수 있도록 하기 위해서는 의사소통 기능 훈련이 필요하다. 그리고 아동이 사용할 수 있는 모든 어휘를 의사소통 판이나 음성합성 도구에 배열하거나 저장할 수 없으므로 아동에게 필요한 적절한 어휘를 선택(박은혜, 1996)하는 과정이 필요하다. 또한 의사소통은 상호작용으로 특히 보완·대체 의사소통 체계를 사용하는 중도 뇌성마비 아동의 의사소통 의도를 이해하고 반응해 주는 의사소통 상대방의 역할이 중요(Smith, 1994)하다. 의사소통 상대방 훈련 전략으로 아동이 시도한 화제를 다시 반복하고, 아동의 시도에 즉각적으로 반응해 주는 등의 방법이 사용되는데 한경임(1998a, 2001a)은 이러한 전략의 사용이 보완·대체 의사소통 사용자의 상대방인 어머니와 형제에게 유용하게 사용됨으로써 보완·대체 의사소통을 사용하는 중도 뇌성마비 아동의 의사소통 역할과 기능 면에서 많은 변화가 있었다고 하였다.

Horner 등(1990)과 Reichle 등(1991)은 장애 아동이 보이는 자해 행위나 공격 행동, 상동 행동 등의 문제 행동이 의사소통 수단의 부재에 의한 것임을 밝힌 바 있다. 따라서 보완·대체 의사소통 중재가 중도 뇌성마비 아동의 의사소통의 변화 뿐 아니라 문제 행동의 변화에 효과적으로 작용할 수 있으므로(한경임, 2002; 한경임, 맹현숙; 2003) 문제 행동 변화에 적용할 수 있는 보완·대체 의사소통 중재 전략에 대한 다양한 연구가 필요할 것이다.

참고문헌

간선우(2009). 장애수용 및 삶의 만족도와 장애발생시기간의 관계연구. 대구대학교 대학원 석사학위논문.

강수균, 이규식, 전헌선, 최영하(2004). **감각·운동·지각 훈련**. 경북: 대구대학교 출판부.

강혜경, 박은혜(2002). 장애아동을 위한 특수교육공학의 활용 및 지원방안. **특수교육연구, 9**(2), 3-25.

고보경 (2009). 뇌성마비 장애인의 자아존중감 증진 방안. 미간행 석사학위논문, 단국대학교 대학원.

고성아(1995). 보완·대체 의사소통(AAC) 중재의 현장 적용을 위한 초등 지체장애 학교 교사의 태도 및 욕구 조사. 이화여자대학교 대학원 석사학위논문.

곽승철(1987). CMMS에 의한 뇌성마비아의 지적능력. 대구대학교 대학원 석사학위논문.

교육과학기술부(2008). **장애인 등에 대한 특수교육법령 설명회 자료집**. 교육과학기술부.

권요한, 김원경, 강영심, 박찬웅, 김기민, 김동일, 강창욱, 곽승철(1999). **특수교육학 서설**. 서울 : 교육과학사.

권요한, 박종흡, 박찬웅, 최성규, 홍종선(1998). **장애학생 부모교육 프로그램**. 경기: 국립특수교육원.

김기장(2002). 뇌성마비학생의 자아존중감 특성. 우석대학교 교육대학원 석사학위논문.

김남진(2005). 특수학급교사의 ICT활용능력 인식수준과 교사효능감. 대구대학교 대학원 박사학위논문.

김동일, 손승현, 전병운, 한경근(2010). **특수교육학 개론**. 서울: 학지사.

김성희 (1999). 장애발생 시기와 귀인 양식이 장애수용과 우울 반응에 미치는 영향. 중앙대학교 대학원 박사학위논문.

김수경(2000). 음운자각 및 음운단기기억이 한글읽기에 미치는 영향. 카톨릭대학교 대학원 석사학위논문.

김영한, 김정현, 김하경, 박선희, 박정식, 엄태식, 연미희, 임채식, 조재규, 한석실, 홍정숙(2009). **특수아동의 이해**. 서울: 태영출판사.

김영한(2001). 자기교시훈련이 뇌성마비아의 시각-운동 기능 및 과제지속력에 미치는 효과. 대구대학교 대학원 박사학위논문.

김용욱(2005). **장애학생을 위한 특수교육공학의 활용**. 서울: 집문당.

김용욱, 우이구, 김영걸(2001). ICT의 효율적 적용을 위한 지원 방안. **특수교육저널: 이론과 실천, 2**(3), 183-201.

김용욱, 윤광보(2000). 구성주의 관점에서 본 장애인 교육을 위한 테크놀로지의 활용: 발달장애학생을 중심으로. **특수교육학연구, 35**(1), 53-81.

김윤혜(2001). 뇌성마비 학생의 교우관계가 자아존중감에 미치는 영향. 대구대학교 대학원 박사학위논문.

김은경(2004). K-ABC에 나타난 정신지체, 특정언어장애, 뇌성마비 장애유아의 인지특성. **유아특수교육연구, 4**(2), 53-69.

김은주(1999). 가족중심 유아특수교육 운영을 위한 특수교사의 역할과 임무. **특수교육연구, 6**, 15-330

김중선, 서경희(1998). 저출생체중 미숙아의 발달 및 학습상의 제 문제에 관한 고찰. **정서 · 학습장애아 연구**. 14(1). 25-44.

김진호, 박재국, 방명애, 안성우, 유은정, 윤치연, 이효신 역(2006). **최신특수교육**. 서울: 시그마프레스.

김하경(2002). 지체부자유아의 장애수용도 분석 및 비교. **중복 · 지체부자유아교육, 40**, 23-38.

김현자, 조증열(2001). 학령전 아동에서 음운인식, 시각지각 밀 한글 읽기와의 관계. **발달, 14**, 15-28.

김효선(1995). **지체부자유 교수-학습모델**. 경기: 국립특수교육원.

김희정(2003). 뇌성마비 아동의 사회성 발달을 위한 미술치료 사례. 영남대학교 대학원 석사학위논문.

남현욱(2009). 뇌성마비 유형별 구어산출 하위체계 특성 비교. 대구대학교 대학원 석사학위논문.

노선옥, 전헌선(2002). 비언어성 뇌성마비 아동의 효과적인 읽기 전략 연구. **중복·지체부자유아교육, 40,** 143-158.

노선옥, 전헌선(2003). 청각적 단서 제공 음운인식 프로그램이 읽기장애 아동의 음운인식 능력개선에 미치는 효과. **중복·지체부자유아교육, 42,** 183-198.

대한특수교육학회(1997). **특수교육 용어사전**. 대구: 대구대학교 출판부.

문수백, 여광응, 조용태(2003). **K-DTVP-2**. 서울: 학지사.

문용린, 유경재(2007). **다중지능**. 서울: 웅진지식하우스.

문예숙(1983). 정상과 지체부자유 학생의 성격 특성에 대한 비교 고찰. 영남대학교 교육대학원 석사학위논문.

박경희(1998). 뇌성마비아의 자유화에 나타난 심리적 특성. 우석대학교 교육대학원 석사학위논문.

박권생(1995). 한글 단어 재인을 위한 시각 처리 과정. **실험 및 인지,** 7(2), 61-78.

박권생(1997). 단어의 의미 파악에 관여하는 음운 정보의 역할. **실험 및 인지,** 9(2), 131-152.

박숙자(1996). 뇌성마비아의 의사소통. **제16회 지체부자유아교육 연수회 자료집**, 23-32.

박순길(2005). **뇌성마비아의 인지적 특성과 언어학습기능과의 관계 분석**. 대구대학교 대학원 박사학위논문.

박순길(2006). 뇌성마비아의 시지각 능력과 언어학습기능과의 관계 연구. **특수아동교육연구**. 8(1), 45-64.

박순길(2007). 지체부자유학교 초등부 뇌성마비 아동의 읽기를 예측하는 인지-언어적 변인 연구. **중복·지체부자유연구,** 50(2), 1-20.

박순길, 전헌선, 조증열(2005). 뇌성마비아의 음운처리능력과 읽기, 쓰기와의 관계 연구. **특수교육학연구** 40(3), 145-169.

박순길, 조증열(2007). 지체부자유학교 초등부 뇌성마비 아동의 읽기와 음운인식과의 관계 연구. **특수아동교육연구,** 9(3), 171-190..

박승희(2003). **한국장애학생의 통합교육: 특수교육과 일반교육의 관계 재정립**. 서울: 교육과학사.

박승희, 장혜성, 나수현, 신소니아(2007). **장애관련 종사지의 특수교육입문**. 서울: 학지사.

박영선(2006). 초등학생의 인지적 능력, 영어 알파벳 지식 및 한글. 영어 읽기와의 관계. 경남대학교 교육대학원 석사학위논문.

박영자 (1987). 뇌성마비아동의 시각-운동능력특성. 대구대학교 대학원 석사학위논문.

박영자(1987). **뇌성마비아동의 시각-운동 능력 특성**. 대구대학교 대학원 석사학위논문.

박원희, 김기창, 김영일, 김영욱, 이은주, 신현기, 한경근, 이숙정, 김애화, 윤미선, 김은경, 송병호, 이병인, 김송석, 양경희(2009). **특수교육학**. 서울: 교육과학사.

박은혜(1996). 보완·대체 의사소통 체계를 위한 기초 어휘 조사: 뇌성마비 초등 저학년 학생을 중심으로. **특수교육 논총,** 13(1). 29-56.

박은혜(2002). 장애아동을 위한 테크놀로지. **장애아동과 테크놀로지,** 1, 8-10.

박은혜, 김정연(2010). **지체장애학생교육**. 서울: 학지사.

박재호(1987). **사회과학에서의 장이론**. 서울: 민음사.

박지연, 김은숙, 김정연, 김주혜, 나수현, 윤선아, 이금진, 이명희, 전혜인 공역(2006). **장애인 가족지원**. 서울: 학지사.

박태희(1998). **신특수교육학**. 서울: 형설출판사.

박향아(2000). 아동의 음운인식 발달. **아동학회지,** 20(1), 35-44.

박혜숙, 나은우(1991). **뇌성마비의 언어치료-Bobath 치료법의 개요**. 서울: 연세대학교 출판부.

박화문(2001). **지체부자유아 심리**. 경북: 대구대학교 출판부.

박화문, 한경임(1997). 비구어 뇌성마비 아동의 의사소통 특징, **특수교육학회지,** 18(3), 213-226.

백은희, 김삼섭, 구본권(1994). **중복장애아동교육**. 서울: 양서원.

백종남, 김삼섭(2010). 발달장애 학생의 다중지능 특성. **중복·지체부자유**

아연구, 53(1), 217-239.
송영준, 김영태, 육주혜, 이병인, 정승민(2008). 우리나라 특수교육에서의 보조공학 요구 분석, **특수교육학 연구**, 43(1), 265~283.
송종용, 신민섭(1998). 학습장애평가척도에서 나타난 읽기장애 아동과 주의력결핍과잉행동장애 아동의 차이. **임상**, 17(1). 185-196.
신동경(2000). 시지각 훈련 프로그램이 중도 뇌성마비아동의 문자 학습에 미치는 효과. 대구대학교 특수교육대학원 석사학위논문.
신수정, 한경임(2009). 쓰기 중재 프로그램이 뇌성마비 아동의 초기쓰기 기술에 미치는 효과. **중복 · 지체부자유아교육**, 52(3), 209-229.
오정희, 강세윤(1990). **뇌성마비아 가정치료**. 서울: 사단법인 한국뇌성마비복지회.
유영대(2006). 읽기부진아의 음운처리능력 및 시지각 능력 연구. 경남대학교 교육대학원 석사학위논문.
육주혜, 송영준, 김병태, 이병인, 정승민(2008). 우리나라 특수교육애서의 보조공학 요구 분석. **특수교육학연구**, 43(1), 265-283.
윤광보, 김용욱, 최병옥(2008). **교육방법과 교육공학의 이해**. 서울: 양서원.
윤병완(1995). **뇌성마비 언어장애와 치료**. 대구: 요한바오로 2세 어린이집.
윤병완(1997). **섭식기능의 장애**. 대구: 요한바오로 2세 어린이집.
윤혜경(1997). 아동의 한글 읽기 발달에 관한 연구: 자소-음소 대응규칙의 터득을 중심으로. 부산대학교 대학원 박사학위논문.
이광오(1993). 한글 단어인지과정에서 표기법이 심성어휘집의 구조와 검색에 미치는 영향. **실험 및 인지**, 5, 26-39.
이규식, 권도하(1991). **언어치료학개론**. 대구: 대구대학교 출판부.
이미선, 김경진(2000). **장애 영 · 유아 가족지원 방안 연구**. 경기: 국립특수교육원
이병인(2006). **장애아동 가족지원의 이해**. 서울: 단국대학교 출판부.
이병택(1995). 작업기억 용량에 따른 언어이해 처리에서의 개인차. 서울대학교 대학원 석사학위논문.
이유정(2007). 국어 학습부진아와 일반아동의 인지-언어적 능력, 주의집중, 한자 및 영어 읽기 능력 비교. 경남대학교 교육대학원 석사학위논문.

이은화, 이승희(2003). 꼴라쥬 프로그램이 뇌성마비아의 시지각 발달에 미치는 영향. **중복 · 지체부자유아교육, 42,** 199-214.

이임숙, 조증열(2003). 초등학생의 읽기와 인지적 변인들과의 인과적 관계. **한국심리학회지: 발달, 16**(4), 211-225.

이주하(2001). 몬테소리교육에서 몸의 의미. **Montessori 교육연구, 6,** 69-80

이지영(2005). 초등학생의 언지-언어적 처리능력이 한글, 한자, 영어의 읽기와 쓰기에 미치는 영향. 경남대학교 교육대학원 석사학위논문.

이차숙(1999). 유아의 음운인식과 읽기 능력과의 관계에 관한 연구. **교육학연구, 37**(1), 389-406.

이차숙, 노명완(2003). 읽기 행동에서 어휘 처리 과정과 눈동자의 움직임. **유아교육연구, 23**(3), 219-239.

이창미, 장혜성, 김수진(2003). **장애아 통합보육론**. 서울: 교육과학사.

이태영(1995). **특수아동의 심리**. 대구: 대구대학교 출판부.

이한우(2002). 발달장애아동 가족지원 특성과 부모의 양육스트레스 연구. 대구대학교 대학원 박사학위논문.

이효정(2003). 뇌성마비아의 시지각에 관한 연구. **대한물리치료학회지, 15**(3), 433-446.

임경애(1999). 경직형 뇌성마비 아동과 지각에 관한연구. 대구대학교 대학원 박사학위논문.

임소희(2008). 장애청소년의 장애수용 경험에 관한 연구. 전북대학교 대학원 석사학위논문.

임호찬(2002). 장애아동 가족의 양육스트레스와 대처방안. **에덴장애인종합복지관 개관 2주년 기념 세미나 자료집,** 1-23.

장혜성, 장혜원(2009). 방과 후 음악활동이 일반학생과 장애학생의 친구관계에 미치는 영향. **중복 · 지체부자유아연구, 52**(1), 27-48.

전헌선(2001). 뇌성마비에 관한 초기의 심리학적 연구 동향 고찰. **중복 · 지체부자 유아연구, 38,** 89-102.

전헌선, 오세철, 박재국, 한경임, 노선옥, 박순길(2005). **중복 · 지체부자유아 교수-학습론**. 경북: 대구대학교 출판부.

전헌선(1993). 뇌성마비아 언어치료를 위한 호흡훈련 프로그램. **난청과 언**

어장애, 16(2), 71~78.

전헌선(1999). 뇌성마비아 운동 기능 진단의 과정 중심 접근 연구. **중복 · 지체부자유아교육, 33**, 29-42.

전헌선, 노선옥, 한경임(2004). **뇌성마비아 언어 치료 교육**. 경북: 대구대학교 출판부.

정미영, 이혜숙, 정재권 (2007). 자유화에 나타난 뇌성마비아의 정서적 특징. **특수 교육저널 : 이론과 실천, 8**(2), 475-492.

정보인, 정민예, 안덕현(2000). **뇌성마비 영유아 바로 키우기**. 서울: 교육과학사.

정영림(2007). 초등학생의 인지적 능력과 주의집중이 한글 및 영어 읽기에 미치는 영향. 경남대학교 교육대학원 석사학위논문.

정영옥(2003). 뇌성마비학생의 신체상과 열등감의 관계연구. 대구대학교 대학원 석사학위논문.

정재권(1987). 통학제 학교와 복지시설에 수용된 지체부자유 학생의 성격특성. **특수교육학연구, 8**, 43-57.

정재권(1991). 뇌성마비아의 문자와 배경색상 역전에 따른 단어습득과 파지. 대구대학교 대학원 박사학위논문.

정재권, 안병즙(2001). **지체부자유아 심리이해**. 서울: 학지사.

정해동(2001). 뇌성마비 아동의 쓰기 동작 특성에 관한 연구. 단국대학교 대학원 박사학위논문.

정해동, 김수영, 박은혜, 박숙자(1999). **장애학생을 위한 보완 · 대체 의사소통 지도**. 경기: 국립특수교육원.

정희선, 남경욱 (2009). 장애아동 사회성 관련 중재연구 고찰: 1990-2007년 국내학술지논문을 중심으로. **중복 · 지체부자유아연구, 52**(1), 149-173.

조경덕(2004). 언어획득과정에 있는 아동들의 단어쓰기 오류. **정서 · 행동장애연구, 20**(2), 309-326.

조선하, 우남희(2004). 한국 유아의 창안적 글자쓰기 발달 과정 분석. **아동교육연구, 24**(1), 315-339.

조성재(2007). 장애인의 심리 사회적응을 위한 재활상담 기법 및 중재방안. **특수교육저널: 이론과 실천, 8**(2), 493-508.

조증열, 서상록(2004). 초등학생의 한국어 음운처리 기술과 영어 어휘력 및 어휘학습과의 관계. **외국어 교육, 11(1),** 179-195.

주현숙(2002). 지체부자유 학생의 자아존중감 특성연구. **중복 · 지체부자유아교육학회, 40,** 159-175.

주현숙(2003). 뇌성마비 아동의 학습지도 사례연구. 문자지도 · 쓰기지도를 중심으로. **중복 · 지체부자유아교육, 42,** 51-63.

최민숙(1999). 가족중심 유아특수교육의 태동과 가족참여의 효율성을 저해시키는 변인. **특수교육연구, 6,** 3-14.

최민숙(2003). **장애아동 교육을 위한 가족참여와 지원**. 서울: 학지사.

최성규(1996). **한국표준어음 검사**. 서울: 도서출판 특수교육.

최성규(2001). **장애아동 언어지도**. 대구: 한국언어치료학회.

최용비(1996). 몬테소리 자유개념의 교육적 의미. 동덕여자대학교 대학원 석사학위논문.

최은주(1992). 경직성 뇌성마비아동의 도형-배경 색상역전과 시지각 및 시각-운동 수행능력. 대구대학교 대학원 석사학위논문.

한국교육공학회(2005). **교육공학 용어사전**. 서울: 교육과학사.

한국교육학술정보원(2001). **ICT활용교육 장학지원 요원 연수교재**, 교육자료 TM 2001-4. 서울: 한국교육학술정보원.

한국장애인고용촉진공단(2007). **장애인 보조공학기기 지원안내서**. 서울: 한국장애인고용촉진공단 고용개발원 보조공학센터.

한경임(1997). 보완 · 대체 의사소통 체계 사용자의 삶의 질에 관한 논의, **중복 · 지체부자유아교육**. 29. 83-101.

한경임(1998a). **중증 뇌성마비 아동의 보완 · 대체 의사소통 중재의 효과**, 대구대학교 대학원 박사학위논문.

한경임(1999). 보완 · 대체 의사소통 사용 중증 뇌성마비 아동의 의사소통 기능증진 방안, **난청과 언어 장애 연구, 22(1),** 145-158.

한경임(2001a). 보완 · 대체 의사소통 사용 중증 뇌성마비 유아의 형제에 대한 의사소통 상대방 훈련 효과, **중복 · 지체부자유아교육,** 37, 121-138.

한경임(2001b). 특수학교 유치부 치료교육활동 운영에 관한 질적 연구, **난청과 언어장애,** 24(3), 51-64.

한경임(2001c). 보완·대체 의사소통 체계 사용 지체부자유 학생의 현황 및 중재 방안 연구. **정서·학습장애 연구,** 17(2). 285-320.

한경임(2002). 보완·대체 의사소통 중재에 의한 중복 지체부자유아 문제 행동 지도, **중복·지체부자유아교육,** 39, 267-284.

한경임, 김수진(2003). 중복·지체부자유 아동의 읽기 중재 전략. **중복·지체부자유아교육,** 41, 121-140.

한경임, 서경희(2000). 저출생체중 미숙아의 퇴원 후 조기 중재. **중복·지체부자유아교육,** 36, 197-215.

황성수(1987). 뇌성마비아동의 쓰기장애 특성과 그 교정에 관한 연구. 단국대학교 대학원 석사학위논문.

橋本重治(1976). **脳性まび兒の 心理と 敎育**. 東京: 金子書房.

西本順次郎, 松原隆三(1979). **モンテツソ-リ 敎育による感覺訓練の實踐**. 東京: 學習硏究社.

昇地三郎(1974). 脳性まび兒の視運動機能に關する硏究-脳性ヌヒのタイプと認知·構成. **日本特殊敎育學會 第12回 大會 發表論文集,** 1-5.

昇地勝人(1978). 脳性痲痺兒の視覺-運動機能の發達的硏究. **The Japanese Journal of Psychology,** 49(5), 249.

柚木馥, 鈴木克明(1977). **中度·重複障碍兒敎育**. 東京: 學苑社.

坂口亮(1988). 脳性痲痺, **第 11回 日本 脳性痲痺 硏究會 記錄,** 11-45. 東京: 協同醫書出版社

Abidin, R. R.(1990). Parenting Stress Index (PSI); *Manual Pediatric.* Charlottesville. VA: Pediatric Psychology Press.

Ackerman, P. T., & Dykman, R. A.(1993). Phonological processes, confrontational naming, and immediate memory in dyslexia. *Journal of Learning Disabilities, 26,* 597-599.

AECT Definition and Technology Committee(2004). *The meanings of educational Technology.* www.indiana.edu/~molpagy/publications.html

Akira, M., & Priti, S.(1999). *Models of Working Memory.* Cambridge University Press.

Alper, B. S., & Manno, C.(1996). Dysphagia in infants and children withoral-motor deficits: Assessment and management. In J. Arvedson &Lefton-Greif(Eds.), Pediatric dysphagia: Complex medical, health, and developmental issues. *Seminars in Speech and Language*, 17, 283-310.

Anderegg, M. L., Vergason, G. A., & Smith, M. C.(1992). A visual represcntation of the brief cycle for use by teachers with families of children with disabilities. *Remedial and Special Education, 13*(2), 17-23.

Antonucci, T. C.(1991). Attachment, social support, and coping with negative life events in mature adulthood. In E. M. Cummings, A. L. Grrene, & K. H. Karraker(Eds.), *Life-Span Developmental Psychology: Perspective on Stress & Coping*. Hillsdale, NJ.: Lawrence Erlbaum.

Arvedson, J., & Lefton-Grief, M.(1998). *Pediatric video fluoroscopies swallow studies: A professional manual with care giver guideline.* San Antonio, TX: Communication Skill Builders.

Baddeley, A.(1992). Is working memory working :The fifteen bartlett lecture. *The Quarterly Journal of Experimental Psychology, 44A*, 1-31.

Baddeley, A., & Hitch, G.(1974). *Working memory.* In G. H. Bower(Ed.), *The psychology of learning and motivation, 8*, 47-89. New York: Academic Press.

Baddeley, A., & Willson, B.(1985). Phonological coding and short-term memory in patients without speech. *Journal of Memory and Language, 24*, 490-502.

Baddeley, A., Logic, R., Nommo-Simth, I., & Brereton, N.(1985). Components of fluent reading. *Journal of Memory and Language, 24*, 119-131.

Ball, E. W., & Blachman, B. A.(1991). Does phonemic awareness training in Kindergarten make a difference in early word recognition and development spelling. *Reading Research Quarterly, 26*, 49-66.

Bausch, M. E., & Hasselbring, T. S.(2004). Assistive technology: Are the necessary skills and knowledge being developed at the pre-service and in-service levels?. *Teacher Education and Special Education, 27*, 97-104.

Bennett, S. N. & Poit, C. H. (1963). The perception of auto kinetic movement by brain injured and families retardates. *Amer. J. ment. Defic., 68.*

Bensberg, G. J. (1950). A test for differentiating endogenous and exogenous mental defectives. *Amer. J. ment. Defic., 54.*

Beringer, V., & Gans, B. M.(1986). Language profiles in nonspeaking individuals of normal intelligence with severe cerebral palsy. *Augmentative and Alternative Communication, 2,* 45-50.

Beukelman, D. R., & Mirenda, P.(1992). *Augmentative and alter native communication : Management of severe communication disorders in children and adults,* Baltimore, MD : Paul H. Brookes Publishing Co.

Bezrukikh, M. M., Kreshchenko, O. Yu.(2004). Psychophysiology correlates of writing and reading difficulties in children of elementary school age. *Human Psychology, 30*(5), 521-525.

Bigge, J. L.(2010). ***Teaching individuals with physical and multiple disabilities.*** N.Y: Macmillan Publishing Company.

Bishop, D. V. M.(1985). Spelling ability in congenital dysarthria: Evidence against articulatory coding in translating between graphemes and phonemes. *Cognitive Neuropsychology, 2,* 229-251.

Bishop, D. V. M., & Robson, B.(1989). Accurate non-word spelling despite congenital inability to speak: Phoneme-grapheme conversion does not require subvocal articulation. *British Journal of Psychology, 80,* 1-13.

Bishop, D. V. M., Brown. B., & Robson, J.(1990). The relationship between phoneme discrimination, speech production and language comprehension in cerebral-palsied individuals. *Journal of Speech and Hearing Research, 33,* 210-219.

Blacher, J. (1984). Sequential stages of parental adjustment to the birth of a child with handicaps. Fact of artifact?. *Mental Retardation, 22,* 55-68.

Blachman, B, A.(1984). Relationship of rapid naming ability and language analysis skills to kindergarten and first-grade reading achievement. *Journal of Educational Psychology, 76,* 610-622.

Bonifacci, P.(2004). Children with low motor ability have lower visual-motor integration ability but unaffected perceptual skills. *Human Movement*

Science, 23(2), 157-168.

Bowe. F. G.(2000). *Universal design in education: teaching nontraditional students.* CT: Bergin and Garvery.

Bradley, L.(1988). Making connections in learning to read and spell. *Applied Cognitive Psychology, 2,* 3-18.

Bradley, L., & Bryant, P. E.(1983). Categorizing sounds and learning to read: A causal connection. *Nature, 301*, 419-421.

Browder, D. M. & Cooper-Duffy, K. (2003). Evidence-Based Practices for Students with Severe Disabilities and the Requirement for Accountabilities in "No Child Left Behind". *The Journal of Special Education,* 37-3, 157-163.

Browder, D. M., Wakeman, S. Y., Flowers, C., Rickelman, R. J., & Pugalee, D. (2007). Creating Acess to the General Curriculum with Links to Grade-Level Content for students with Significant Cognitive Disabilities: An Explication of the concept. *The Journal of Special Education, 41*(1), 2-16.

Bryant, D. P., & Bryant, B. R.(2003). *Assistive technology for people with disabilities.* Boston: Allyn and Bacon.

Bryen, N. D., Slesaransky, G., & Baker, D. B.(1995). Augmentative and Alternative Communication and empowerment supports: A look at outcomes. *Augmentative and Alternative Communication, 11*, 79-88.

Butterfield, N., & Arthur, M.(1995). Shifting the focus: Emerging prioritiesin communication programming for students with a severe intellectualdisability. *Education and Training in Mental Retardation and Developmental Disabilities, 1*, 41-50.

Calfee, R. C., Lindamood, P., & Lindamood, C.(1973). Acoustic-Phonetic skills and reading-kindergarten through 12th grade. *Journal of Educational Psychological, 64*(3), 293-298.

Calfee, R. C., Lindamood, P., & Lindamood, C.(1973). Acoustic-Phonetic skills and reading-kindergarten through 12th grade. *Journal of Educational*

Psychological, 64(3), 293-298.

Case, R.(1985). *Intellectual development: Birth to adulthood.* New York: Academic Press.

CAST(2008). *Universal design for learning guidelines version 1.0.* Wakefield, MA: Author.

Cathy, B. (2003). What is Assistive Technology? *Except Parent, 33(6),* 32-34.

Castle, J., Riach, J., Nicholson, T.(1994). Getting off to a better start in reading and spelling: The effect phonemic awareness instruction within a whole language program. *Journal of Educational Psychology, 86*(3),350-359.

Chall, J. S.(1983). *Stages of reading development.* NY: McGraw-Hill.

Cho, J. R., & McBride-Chang, C.(2005). Correlates of Korean Hangul Acquistition Among Kindergartners and Second Graders. *Scientific Studies of Reading, 9*(1), 3-16.

Cochran, M.(1993). Parenting and personal social networks. In T. Luster, & L. Okagaki(Eds.), *Parenting: An Ecological Perspective.* Hillsdale, NJ: Lawrence Erlbaum.

Cogher, L., Savage, E., & Smith, M. F.(1992). *Cerebral palsy: The child and young person.* London: Chapman & Hall Medical.

Cole, D. A. & Meyer, L. H.(1989). Impact of needs and resources on family plans to seek out-of-home placement. *American Journal on Mental Retardation, 93,* 380-387.

Council for Exceptional children(2005). *Universal design for learning: A guide for teachers and education professional.* Upper Saddle River, NJ: Pearson Merrill/Prentice Hall.

Crockenberg, S. B.(1988). Social support and parenting In Fitzgerald, H., Lester, B., & Yogman, M.(Eds.), *Theory and Research in Behavioral Pediatrics.* NY: Plenum.

Crowder, R. G.,(1982). *The psychology of reading.* New York: Cambridge University Press.

Cruickshank, W. M. (1976). *Cerebral Palsy* : A Development Disability. N.Y :

Syracuse University Press.

Cruikshank, W. M., Bentzen, R. H., Ratzeburg, F. H. & Tannhauser, M. T. (1961). *A teaching method for brain injured and hyperactive children.* NY: Syracuse University Press.

David, S.(2001). *Improving elementary school student's writing using reading and writing integration strategies.* Unpublished Doctoral Dissertation, Saint Xavier University of Illinois. USA.

DeCoste, D. C.(1997). AAC and individuals with physical disabilities. In S.L. Glennen & D. C. DeCoste(Eds.), *Handbook of augmentative and alternative communication*(pp.363-389). San Diego: Singular.

Dunst, C. J., Trivette, C. M., & Deal, A. G.(1998). *Enabling & empowering families: Principles & guidelines for practice.* Cambridge, MA: Brookline Books.

Eden, G. F., Stein, J. F., Wood, M. H., & Wood, F. B.(1995). Verbal and visual problems in reading disability. *Journal of Learning Disabilities, 28*(5), 272-290.

Eden-Piercy, G. V. S., Blacher, J. B., & Eyman, R. K. (1986). Exploring parents' reactions to their young with severe handicaps. *Mental Retardation, 24*, 285-291.

Ehri, L. C., & Wilce, L. S.(1979). The mnemonic value of orthography among beginning readers. *Journal of Educational Psychology, 71*(1), 26-40.

Ellis, N., & Large, B.(1987). The development of reading: As you seek to shall you find. *British Journal of Psychology, 78*, 1-28.

Ellis, N., & Large, B.(1988). The early stages of reading: A longitudinal study. *Applied Cognitive Psychology, 2,* 47-76.

Ferguson, P. M.(2003). A Place in the family: An historical interpretation of research on parental reactions to having a child with a disability. *Journal of Special Education, 36*, 124-130.

Fisher, A.G., & Murray, E.A. (1991). *Introduction to sensory integration theory.* In A.G. Fisher, E.A.

Foley, B. E.(1993). The development of literacy in individuals with severe congenital speech and motor impairments. *Topics in Language Disorders, 13,* 16-32.

Ford, A., Schnorr, R., Meyer, L. Davern, L., Black, J., Dempsey, P.(1989). *The Syracuse Community-Referenced Curriculum Guide for students with moderate and severe disabilities.* Baltimore; Paul H. Brookes.

Fox, B., Routh, D. D.(1975). Analyzing spoken language into words, syllables, and phonemes: A development study. *Journal of Psycholinguistic Research, 4,* 331-342.

Frey, K, S., Fewell, R. R., & Vadasy, P. F. (1989). Parental adjustment and changes in child outcomes among families of young handicapped children. *Topics in Early Childhood Special Education, 8*(4), 38-57.

Frith, U.(1985). Beneath the surface of development dyslexia. In: K. E. Patterson., J. C. Marshall & M. Coltheart(eds.), *Surface dyslexia*(pp. 301-330). London: Routledge & Kegan-Paul.

Frostig, M.(1963). *The Marianne Frostig development test of visual perception.* 1963 standardization. Palo Alto, California: Consulting Psychologists Press.

Galbraith, J. K.(1967). *The new industrial state.* Boston, MA: Haughton Mifflin.

Gardner, M. F.(1982). *Test of Visual-Perceptual Skills(non-motor).* San Francisco: Psychological and Educational Publication.

Gardner, M. F.(1986). *Test of Visual-Motor Skills.* Seattle: Special Child Publications.

Gardner, M. F.(1996). *Test of Visual-Perceptual Skills(non-motor)-Revised Manual.* Seattle: Academic Therapy Publication.

Gathercole, S. E., & Baddeley, A.(1990). Phonological memory deficits in language disordered children: Is there a casual connection?. *Journal of Memory and Language, 29,* 336-359.

Gathercole, S. E., Willis, C. S., & Baddeley, A, D.(1991). Differentiating phonological memory and awareness of rhyme: Reading and vocabulary development in children. *British Journal of Psychology, 82,* 387-406.

Giangreco, M. F., Cloninger, C. J., & Iverson, V. S.; (1993). Choosing Options and Accommodations for Children(COACH) : *A guide to planning inclusive education.* Baltimore: Paul H. Brookes.

Gibson, E. J., & Levin, H.(1975). *The Psychology of Reading.* Cambridge Mass: M. I. T. Press.

Glennen, S. L., & DeCoste, D. C.(1997). *Handbook of augmentative and alternative communication,* San Diego: Singular.

Goldstein, D. M.(1976). Cognitive-linguistic functioning and learning to read in preschoolers. *Journal of Educational Psychological, 68*(6), 680-688.

Goswami, U., & Bryant, P.(1990). *Phonological skills and learning to read.* Lawrence Erlbaum Association, Ltd.

Gould, J. H., & Glencross, D. J.(1990). Do children with a specific reading disability have a general serial-ordering deficit?. *Neuropsychologia, 28,* 271-278.

Hallahan, D. P. & Kauffman, J,M(1991). Exceptional Children. New Jersy; Englewood Cliffs. Lowry, M. A. & Whitman, T. L.(1989). Generalization of parenting skill; An early intervention program. *Child and Family Behavior Therapy, 11,* 1-17.

Hallahan, D. P., & Kauffman, J. M. (1982). *Exceptional Children 2nd,* ed. N.J :Englewood Cliffs Prentice-Hill Inc.

Hansen, J., & Bowey, J. A.(1994). Phonological analysis skills, verbal working memory, and reading ability in second-grade children. *Child Development, 65,* 938-950.

Hanson, M., & Hanline.(1990). Parenting a child with a disability. A longitudinal study of parental stress and adaptation. *Journal of Early Intervention. 14*(3), 234～248.

Hanzlik, J. R.(1990). Nonverbal interaction patterns of mothers and their infants with cerebral palsy. *Education Training in Mental Retardation, December,* 333-343.

Hardy, J. C.(1983). *Cerebral palsy.* Englewood Cliffs, NJ: Printice-Hall.

Harrison, E. M.(1970). The brain-damaged child and writing programs. I J. Arena(Ed.), *Building handwriting skills in dyslexia children.* San Rafael, Calif: Academic Therapy Publications.

Harste, J., Burke, C., Woodward, V.(1994). Children's language and World: Initial encounters with print. In R. Ruddell, & H. Singer, (Eds), *Meta cognition, cognition, and Human performance.* Academic Press, Inc.

Heinich, R., Molenda, M., Russell, J. D., & Smaldino, S. E.(2002). **교육공학과 교수매체**(설양환, 권혁일, 박인우, 손미, 손상호, 이미자, 최욱, 홍기칠 역). (주)피어슨 에듀케이션 코리아.

Heller, K. W., Alberto, P. A., Forney, P. E., & Schwartzman, M.N.(Eds.). (1996). *Understanding physical, sensory, and health impairments: Characteristics and educational implications.* Pacific Grove, CA: Brooks/Cole.

Hill, J. L. (1999). *Meeting the needs of students with special physical and health care needs*: Upper Saddle Fiver, N.J: Prentice-Hill.

HØien, T., & Lunberg, I.(1992). *Dyslexi [Dyslexia].* Stockholm: Natur och Kultur.

HØien, T., Lunberg, I., Stanovich, K. E., & Bjaalid, I-K.(1995). Components of phonological awareness. *Reading and Writing: An Interdisciplinary Journal, 7,* 171-188.

Horner, R., Sprague, J., O'Brein, M., & Heathfield, L.(1990). The role of response efficiency in the reduction of problem behaviors through functional equivalence training: A case study, *Journal of the Association for Persons with Severe Handicaps,* 15, 91-97.

Iverson, G. L., Slick, D., & Seemiller, L.(1997). Screening for visual-perceptual deficits following closed head injury: a short form of the Visual Form Discrimination Test. *Brain Injury, 11*(2), 125-128.

Jennings, K. D., Stagg, V., & Connors, R. E.(1991). Social networks and mothers' interactions with their preschool children. *Child Development.*

62, 966-978.

Johnson, A. (2002). Prevalence and characteristics of children with cerebral palsy in Europe. *Developmental Medicine & Child Neurology, 44,* 633-640.

Johnson, H. L.(1993). Stressful family experiences and young children: How the classroom teacher can help. *Intervention to School and Clinic, 28*(3). 165-171.

Johnson, L., Beard, L. A., & Carpenter, L. B.(2007). *Assistive technology: Access for all students.* Merrill Prentice Hall.

Just, M. A., & Carpenter, P. A.(1992). A capacity theory of comprehension: Individual differences in working memory. *Psychological Review, 99,* 122-149.

Kauffman, J. M., Hailahan, D. P.(1976). *Teaching children with Learning and behavior problems.* Columbia: Charles E, Merrill Publishing Co.

Kirk, S. A., & Chalfant, J. C.(1984). *Academic and developmental learning disabilities.* London: Love Publishing.

Koontz-Lowman, D. K., & Murphy, S. M.(1999). *The educator's guide tofeeding children with disabilities.* Baltimore: Paul H. Brookes.

Koppenhaver, D., Evans, D., & Yoder, D.(1991). Childhood reading and writing experiences of literate adults with severe speech and motor impairments. *Augmentative and Alternative Communication, 7,* 20-33.

Krech, K. H., & Johnston, C.(1992). The relationship of depressed mood and life stress to maternal perceptions of child behavior. *Journal of Clinical Child Psychology. 21,* 115-122.

Kubler-Ross, E. (1969). *Locus of Control: Current trends in theory and research.* Hilsdale, NJ: Earlbaum.

Kurtz, L. A.(1992). Cerebral palsy. In M. L. Batshaw & Y. M. Perret(Eds.), *Children with disabilities: A medical primer*(3rd ed., pp.441-469). Baltimore: Paul H. Brookes.

Lafontaine, L., M., & DeRuyter, F.(1987). The nonspeaking cerebral palsied: A clinical and demographic database report. *Augmentative and Alternative Communication,* 3(2), 153-162.

Lewkowicz, N. K.(1980). Phonemic awareness training: what to teach and how to teach it. *Journal of Educational Psychological, 72*(5), *686-700.*

Li. L. & Moore, D.(1998). Acceptance of Disability and Its Correlates. *TheJournal of Special Psychology, 138*(1), 13-25.

Liberman, I. Y., Shankweiler, D., Fischer, P. W., & Carter, B.(1974). Reading and the awareness of linguistic segments. *Journal of Experimental Child Psychology, 18,* 201-212.

Light, J(1989). Toward a definition of communicative competence for individuals using augmentative and alternative communication systems. *Augmentative and Alternative Communication, 5*(2), 137-144.

Lombardino, L. J., Bedford, T., Fortier, C., & Carter, J.(1999). Invented spelling: Development patterns in kindergarten children and guidelines for early literacy intervention. *Language, Speech, and hearing Services in Schools, 28*(4), 333-343.

Lovett, M. W.(1992). Developmental dyslexia. In : S. J. Segalowitz, I. Rapin, F. Boller, J. Grafman(eds.), *Handbook of Neuropathology, 7, Child Neuropsychology.* Amsterdam: Elsevier.

Mann, V. A., & Liberman, I. Y.(1984). Phonological awareness and verbal short-term memory. *Journal of Learning Disabilities, 17*(10), 592-599.

Masson, M. E. J., & Miller, J. A.(1983). Working memory and individual differences in comprehension and memory of text. *Journal of Educational Psychology, 75,* 314-318.

Mary, M.(2003). *Technology for inclusion: meeting the special needs of all students* (4th ed.). Boston, MA: Allyn & Bacon.

Mayer, R. E. (2005). Instruction to multimedia learning. In R. E. Mayer (Ed.). *The Cambridge handbook of multimedia learning.* New York: Cambridge University Press.

McBride-Chang, C.(1996). Models of speech perception and phonological processing in reading. *Child Development, 67,* 1836-1856.

McCurtin, A.(1997). *The manual of paediatric feeding practice.* Bicester, Oton, United Kingdom: Winslow.

McDonald, E. T., & Schultz A. R.(1973). Communication boards for cerebral palsied children. *Journal of Speech and Hearing Disorders, 38*(1), 73-88.

McLeod, P. H.(1967). *The Undeveloped Learner.* Springfield: Charler C.Thomas Publisher.

Melson, G. F., Ladd, G. W., & Hsu, H.(1993). Maternal support networks, maternal cognitions and young children's social and cognitive development. *Child Development, 64,* 1401-1417.

Miller, L. J., Anzalone, M. E., Lane, S. J., Cermak, S. A., Osten,E. T.(2007) Concept evolution in sensory integration: a proposed nosology for diagnosis. *American Journal of Occupational Therapy, 61,* 135 - 140.

Moats, L. C.(1995). *Spelling: Development, disability, and instruction.* Timonium, MD: York Press.

Murphy, J., Markovâ, I., Moodie, E., Scott, J., & Boa, S.(1995). Augmentative and Alternative Communication systems used by people with cerebral palsy in Scotland : Demographic survey, *Augmentative and Alternative Communication, 11(1),* 26-36.

Murray, & A.C. Bundy (Eds.), *Sensory integration: Theory and practice* (pp. 27-45), Philadelphia: F.A. Davis Company.

National Assistive Technology Research Institute(2003). http://natri.uky.org.

Newman, S. P., Fields, H., & Wright, S.(1993). A development study of specific spelling disability. *British Journal of Educational Psychology, 63,* 287-296.

O'shea, D., O'shea, L., Algozzine, R., & Hammitte, D. (2001). *Families and teachers of individuals with disabilities.* Austin: Pro-Ed.

Olson, D. H. (1991). Commentary: Three-dimensional circumflex model and revised scoring of FACES III. *Family Process, 30,* 74-79.

Pearson, J. E.(1986). The definition and measurement of social support. *Journal of Counseling and Development, 64*, 390-395.

Pellegrino, L.(1997). Cerebral palsy. In M. L. Batshaw(Ed.), *Children with disabilities*(4th ed., pp.499-528). Baltimore: Paul H. Brookes.

Quittner, A. L., Glueckauf, R. L., & Jackson, D. N.(1990). Chronic parenting stress: Moderating versus mediating effects social support. *Journal of Personality and Social Psychology, 59*, 1266-1278.

Rapala, M. M., & Brady, S.(1990). Reading ability and short-term memory :The role of phonological processing. *Reading and Writing :An Interdisciplinary Journal, 2,* 1-25.

Reichle, J., York, J., & Sigafoos, J.(1991). *Implementing augmentative andalternative communication: Strategies for learners with severe disabilities.* Baltimore: Paul H. Brookes Publishing Co.

Reilly, S., Skuse, D., & Poblete, X.(1994). Prevalence of feeding problems and oral motor dysfunction in children with cerebral palsy: A community survey, *Journal of Pediatrics, 129*, 877-882.

Rueter, M. A., & Conger, R. D.(1995). Interaction style, problem-solving behavior, and family problem-solving effectiveness. *Child Development, 66*, 98-115.

Salzinger, S.(1990). Social network in child rearing and child development. *Annals of the New York Academy of Sciences, 60*(2), 171-188.

Sandberg, A. D.(1998). Reading and spelling among nonvocal children with cerebral palsy: Influence of home and school literacy environment. *Reading and Writing: An Interdisciplinary Journal, 10,* 23-50.

Sandberg, A. D., & Hjelmquist, E.(1996a). Phonologic awareness and literacy in non-speaking preschool children with cerebral palsy. *Augmentative and Alternative Communication, 12,* 138-153.

Sandberg, A. D., & Hjelmquist, E.(1996b). A comparative, descriptive study of reading and writing skills among nonspeaking children - A preliminary study. *European Journal of Disorders of Communication, 31,* 289-308.

Sandberg, A. D., & Hjelmquist, E.(1997). Language and literacy in nonvocal children with cerebral palsy. *Reading and Writing: An Interdisciplinary Journal, 9*, 107-133.

Shames, G. H., & Anderson, N. B.(2002). *Human communication disorders.* MA: Allyn and Bacon.

Siegel, L. S., & Ryan, E. B.(1988). Development of grammatical-sensitivity, phonological, and short-term memory skills in normally achieving and learning disabled children. *Developmental Psychology, 24,* 28-37.

Simmons, R. L., Lorenz, F. O., Wu, C., & Conger, R. L.(1998). Social network and marital support as mediators an moderators of the impact of stress and depression on parental behavior. *Developmental Psychology, 29*(2), 368-381.

Smith, M. M.(1994). Speech by any other name: The role of communication aids in interaction, *European Journal of Disorders of Communication, 29*, 225-240.

Smith, R. M.(1968). *Clinical Teaching method Instruction for the Retarded.* New York: McGraw Hill.

Snell, M. E.(2000). *Instruction of students with severe disabilities(5th ed.).* McMillan Publishing Co.

Staub, D., Schwartz, I, S., Gallucci, C., & Peck, C. A. (1994). Four portraits of friendships at an inclusive school. *The Journal of Association for the person with Severe Handicaps, 19,* 314-325.

Sthal, S., & Murray, B.(1994). Defining phonological awareness and its relationship to early reading. *Journal of Educational Psychological, 68*(2), 221-234.

Strauss, A. A. & Lehtinen, L. E. (1947). *Psychopathology and education of the brain-injured child.* New York : Grune & Stratton.

Svensson, I., Lundberg, I., & Jacobson, C.(2001). The prevalence of reading and spelling difficulties among inmates of institutions for compulsory care of juvenile delinquents. *Dyslexia, 7*, 62-76.

Swinehart-Jones, D. & Heller, K. W. (2009). Teaching Students with Severe

Speech and Physical Impairment a Decoding Strateage Using Internal Speech and Motoric Indicators. *The Journal of Special Education, 43*(3), 131-144.

Taylor, R. L.(2002). ***Assessment of Exceptional Students***(5th ed.). Allyn & Bacon Publishing Co.

Trieman, R.(1992). Onset and rimes as units of spoken syllables: Evidence from children. *Journal of Experiment Child Psychology, 39*, 161-181.

Tulloch, D. (1984), ***Curriculum Design for Young Multiply Disabled Children.*** *Paper presented at the Conference A, Infants, Toddlers and Parents: Educational and Clinical Design B*(New York, NY, June 22, 1984). ERIC_NO: ED250869.

TurnBull, A. P., & Turnbull, H. R.(1997) *Families, professionals, and exceptionality: A special partnership.* Upper Saddle River, NJ: Prentice Hall/Merrill.

Turnbull, A. P., & Turnbull, H. R. (2001). *Families, Professionals, and exceptionality: Collaborating for empowerment*(4th ed.). Upper Saddle River, NJ: Merrill/ Prentice Hall.

Turnbull, A. P., & Turnbull, H. R. (2006). *Families and exceptionality*(5th ed.). Upper Saddle River, NJ: Merrill/Prentice Hall.

Tuttle, D. W. & Tuttle, N. (2006). *Self esteem and adjusting with blindness: the process of responding to life's demands.* springfield. I 11, U.S.C.C. Thomas.

Ulrich, M. E., & Bauer, A. M. (2003). Levers of awareness: A closer look at communication between parents and professionals. *Teaching Exceptional Children, 35*(6), 20-23.

Vaughn Gross Center for Reading and Language Arts(2003). ***Effective instruction for elementary struggling readers; Research-based practices***(Part Ⅰ and Part Ⅱ-Revised). University of Texas Systems/Texas Education Agency.

Wanger, R. K., & Torgesen, J. K.(1987). The nature of phonological processes and its casual role in the acquisition of reading skills. *Psychological Bulletin, 101,* 192-212.

Washington Assistive Technology Alliance(2003). http://wata.org.

Watson, C., & Willows, D. M.(1995). Information-processing patterns in specific reading disability. *Journal of Learning Disabilities, 28,* 216-231.

Werner, H. & Thuma, B. D. (1942). A deficiency in the perception of apparent motion in children with brain injury. *Amer. J. psycho, 55, 58-67.*

Westling, D. L., & Fox, L.(1995). *Teaching students with severe disabilities.* Englewood Cliffs, New Jersey: Prentice-Hall.

Wisconsin Assistive Technology Initiative(2003). http://www.wati.org.

Wright, B. A. (1983). *Physical disability: A psychological approach*(2nd ed). New York Haper & Row.

www.easymove.co.kr

www.ablemall.com

www.daese.com

찾아보기

가정 방문 교육(homebound education)_226
가정 순회모형_228
가족 참여_327
가족지원_348
감각_82, 83
감각 및 운동교육과정_219
감각 수용기_82
감각 · 운동교육_264
감각 · 운동정보_81
감각 · 지각발달_81
감각기관_81
감각장애_81
감각통합_265
강박 반응성(forced responsiveness)_80
강직형_91
개념 사고_12
개별화 교육과정_211
개별화전환교육계획(ITP)_327
개인중심 이론_306
개인차_79, 87
개정 장애아교육법(IDEA; P.L. 105-17)_298
견관절_3, 7
결과중심의 교육과정_299
경구개_93
경련형_91, 101, 103
경직형_93, 109, 368
경추(목)_3
고관절_3, 7
고등학교 선택 중심 교육과정_207
고집성(perseveration)_13, 80, 102
공간관계지각_85, 86, 127
공간위치지각_85, 86, 127
공격 행동_377
공교육_229
공명장애_94, 365
과내전_364
과동성(hyperactivity)_13
과제분석(task analysis)과정_255
교반사_359
橋本(1976)_101
교수내용의 수정_259
교수자료의 수정_259
교수적 수정_258
교수전달 방법의 수정_259
교수활동의 수정_260
교우관계_104
구문론_369
국민 공통 기본 교육과정_205, 258
국제 장애 정의 개정안(ICIDH2)_6
규준지향검사_91
그림 어휘력 검사_193
근 긴장도_357
근본 기술 접근_209
기관열등감_79, 97, 101
기능적 교육과정_328
기능적 기술 추출 접근_209
기능중심 교육과정_215
기법_376
기본 교육과정_204, 258
기숙제 특수학교_56

기질선_100
기질적 손상_93
기질적 장애_80
기초 학습 기능 검사_183
긴급 일시 보호 서비스(respite service)_253
긴장성미로반사_359

나무그림 검사_101
내분비론_100
내전_94, 359, 364
뇌성마비_354
뇌손상아(brain injured)_80
뇌장애아(brain damage)_80
능력저하(disablement)_7

다동성(hyperactivity)_80, 102
다중지능_91, 92
단기기억_121
단순화 접근_209
대구성보학교_73
대구보건학교_73
대뇌피질_81, 82
대마비_360
대안적 교육 배치_71
대인관계_92
대전성세재활학교_73
데트몰드(Detmold, L)_63
도형-배경지각_85
동료수용_105
동안 근육_355
동작성 지능지수_90
또래관계_104

리듬지각_82
리틀(Little)_60

마비성조음장애_364, 365
메아리학교_74
무정위운동형_91, 103
문성초등학교_73
문장 이해력 검사_193
문제 행동_377
미각_88
미국장애인교육법(IDEA)_162
미숙아_355

바인랜드_80
반사 억제_373
반사 행동_357
반사억제자세_359, 373
반사활동(reflex)_357
발달 선별 검사_165
訪問 敎育(visiting education)_226
방향지각_82
벅스의 행동 평정 척도_188
베넬(Venel)_56
병원내 학급_56
보완대체 의사소통_95, 356, 362
보조공학_70, 280
보조도구_281, 376
보편적 설계_277
부모 역할_337
부모교육_336
부산혜성학교_74
부인(denial)_106
분노와 회의(personal anger and questioning)_106
분리형 순회교육_228

불능(disability)_6
불리(handicap)_6
불수_91
불수의 운동형_109, 368
브라운_60
비강_365
비경련형_101
비대칭성긴장성경반사_359

사람중심계획(person-centered planning)_322
사시_84
사정(assessment)_160
사지마비_91, 360
사회 성숙도 검사_186
사회성_104
사회성숙척도_80
산소결핍_354
삼육아동재활원_74
상동 행동_377
상징_376
상호작용 중심_306
생득설_100
생활 중심 교육과정_211, 215
생활 중심 진로교육 영역_311
西本・松原_82
성로_364
손상(impairment)_6, 7
수반장애_92, 93, 94, 355
수용(acceptance)_106
수정된 교육과정_211
수직적 전환_296
수평적 전환_296
순응(adaptation)_106
순회교육_72, 223, 224, 225, 226, 227
숭덕학교_74
슈트로마이어_60
스캐닝_376
슬관절_3, 7
습득도_91
昇地三郎_91, 96, 99
시각-운동 통합 발달 검사_190
시각-운동 협응_85, 126
시각계열기억_128
시각기억_128
시간지각_82
시설 및 병원순회모형_228
시야결손_84
시지각_88, 125
시지각 발달검사_85, 191
신경생리학_90
신경회로_82
신뢰도_92, 168
신생아성 긴장_16
신체 직업 능력 및 정신 기능 검사_195
신체개념_98
신체도식_98
신체상_80, 97, 98
신체심리학_79
신체심리학이론_96
실조형_91, 93

안구진탕_84
안드레(Andry)_56
약시_84
양마비_360
양수 천수 검사_165
양육스트레스_342
억제곤란(disinhibition)_80
언어 이해・인지력 검사_192
언어명료도장애_108

언어성 지능지수_90
역행계획(backward planning)_323
역호흡_93
연구개_93
연세재활학교_73
연인두_365
연인두 메커니즘_365
외전_94, 359, 364
요추(허리)_3
욕구불만_101
우울(depression)_106
운동 실조형_109, 368
운동 장애_14
운동지각_82
운동형_91
운율체계_93
워드(Ward) 여사_56
원근지각_82
원시반사_88, 358
유창성장애_108
은혜학교_74
음악지능_92
음운론_369
음운인식_116
인간의 존엄성과 평등_229
인식_307
인식작용_83
인지처리_91
인천은광학교_74
일반 적성검사_194
일반 학급 간 순회모형_229
일반화_92
일상생활 지도_260
일상생활 기능_329
입술반사_358
자기개념이론_96
자기결정_321
자기성찰_92
자기주장력_71
자아존중감_102
자유화_102
자유화 그리기_101
자해 행위_377
작업기억_121
장애수용_105
장애아교육법(IDEA; P.L. 101-476)_298
장애의 중적 심화과정_99
장이론_96
재택 학급_228
저긴장성_357
저학년 교육과정_214
적응_106, 307
적응 행동 검사_186
적응과 성장(integration and growth)_106
전경-배경 지각_126
전도성(distractivity)_13
전략_376
전이, 전이서비스_298
전환(transition)_296
전환과정_298
전환교육_217, 272
전환교육과정_217
전환서비스_298
절건술(切腱術)의 사도_60
접근권_276
정보접근권_276
정상화_229
정위반응_358
조망훈련_105
조음기관_366

조음장애_364
족관절의_3, 7
주관절_3, 7
주장애_92
준비_307
중등 이후 교육_325
중등학교 직업프로그램 모형을_314
중복 · 지체부자유아_6
중적 심화_96
중추신경계_93, 357
지각_82, 83
지각-운동 발달 진단 검사_189
지관절_3, 7
지능분포_80
지능지수_91
지역사회 전문가 순회모형_229
지역사회중심학습경험_325
지체(체간 및 사지)_7
직무 분석_198
직업교육과정_329
직업교육의 단계_308
직업선택_306
직업적응_306
직업전환_298
직접선택_376
진로발달_306
진로발달이론_306
진로이론의 보편성_306
진주혜광학교_74

참여(participation)_7
청력장애_84
청지각_88
체간_14
체격론_100
체계적인 교수방법_257

초기충격(initial shock)_106
촉지각_88
최상의 실제(best practice)_320
취학의무 면제_178
측정(measurement)_160

컴퓨터 보조수업_278

타당도_92, 170
탐색_307
탐색반사_359
통학제 학교_56, 65
통합곤란(dissociation)_80, 102
통합교육_104
특수교육공학_275
특수교육백서_232
특수교육운영위원회_175
특수아 지능검사_184
특수학교 교육과정_200

파견 학급_228
편마비_91
평가(evaluation)_160
평행적 교육과정_214
평형반응_358
포유반사_359
표본 작업 평가_195
프로이드의 정신분석적 관점_96
피전도성(distractibility)_102
피전도성(distraction)_80

학습능력_92
학습양식_92

한국우진학교_74
한국판 오세레츠키 운동 능력 검사_191
항상성_85, 86
항상성 지각_127
현장 실습 평가_197
협력(team work)_8
화용론_369
활동(activity)_7
회내운동_359
회외운동_359
후각_88
휠체어_284
흉추(등)_3
흡철반사_358

Adler_79
Adler의 기관열등감이론_96
Ayres의 감각통합이론_84

Barker_79
Bennett_90
Bensberg(1950)_90
Binet_79
Brown_57
Brunner_82

CAI_278
Cruickshank_80, 91

Doll_80

FG: Fifure-Ground Perception_85
Frostig_83, 85

Gardner_91
Getman의 시각운동이론_84
G패턴_15

Hallahan_101
Halpern(1985)의 지역사회 적응 모형_316
Head_80, 94
Head의 신체상이론_96
Hebb_81

ICT_279
IEP_89
Itard의 감각 · 운동교육_82
ITPA_191

Johnson_91

K-ABC_91, 181
K-WAIS_181
K-WISC-IV_181
Kauffman(1982)_101
Kephart의 지각운동이론_84
Kohler의 전환 프로그램 분류 모형_318
Krankenhausschulen_65

Lehtinen_80
Lewin_79
Lewin의 장이론_96
Little_57

Massachusetts Hospital School_63
Montessori의 감각교육_82
myoelectric(bionic) limbs_70

Nielsen_96
norm-reference test_91

PC : Perceptual Constancy_85
Piaget의 인지발달이론_84
Poit(1963)_90
PS: Position in Space_85

Rhinelander Industrial School for Crippled Children_64

Schilder_98
Seguin의 감각 · 운동교육_82
Simon_79
SR : Spatial Relation_85
Strauss_80
Stromeyer_57

Thuma(1942)_90
Tuttle(1984)_106

VM : Visual-Motor Movement_85

Wechsler_91
Werner_80, 90
Will의 교량모형_314
WISC_90
Wright_79